网店推广（第2版）

主　编：李玉清
副主编：李丛伟　葛青龙　成荣芬
参　编：张燕军　方成民

北京理工大学出版社
BEIJING INSTITUTE OF TECHNOLOGY PRESS

图书在版编目（CIP）数据

网店推广／李玉清主编．—2版．—北京：北京理工大学出版社，2019.10
ISBN 978-7-5682-7777-8

Ⅰ．①网…　Ⅱ．①李…　Ⅲ．①网店-商业经营-高等学校-教材　Ⅳ．①F713.365.2

中国版本图书馆CIP数据核字（2019）第240602号

出版发行／北京理工大学出版社有限责任公司
社　　址／北京市海淀区中关村南大街5号
邮　　编／100081
电　　话／（010）68914775（总编室）
　　　　　（010）82562903（教材售后服务热线）
　　　　　（010）68948351（其他图书服务热线）
网　　址／http://www.bitpress.com.cn
经　　销／全国各地新华书店
印　　刷／涿州市新华印刷有限公司
开　　本／787毫米×1092毫米　1/16
印　　张／22
字　　数／519千字
版　　次／2019年10月第2版　2019年10月第1次印刷
定　　价／89.00元

责任编辑／王玲玲
文案编辑／王玲玲
责任校对／周瑞红
责任印制／李志强

前　言

随着移动互联网与新零售模式的应用发展，电子商务从平台电商到内容电商再到品牌电商，农村电商从淘宝村到微商村再到抖音村，电子商务从最初的信息检索、网上建站等到今天的网络零售贸易、网络营销、新媒体营销推广，各类平台应用模式及推广方法不断发展与应用创新，这对使用淘宝C店、天猫商城、企业网站、微商平台等商家来说，越来越需要把自己的店铺、商城、网站、产品与服务进行推广，让更多的人来光顾你的店，选择你的产品与服务。因此，网店推广的相关知识与实际操作训练也需要满足新零售电商发展的需要，也需要有更适合新时代电商发展的配套教材，为从事企业店铺营销推广人员提供帮助，更为中高职院校学生提供必需的知识和实践能力，为实际工作奠定基础。

本书立足于电商行业新零售的发展，切合高等职业教育20条改革实施方案及人才培养目标，本着“适用、够用、综合”的教学原则，侧重技能，强化实训为指导思想和出发点来编写，以淘宝卖家使用的淘宝工具和企业微信、微博营销推广为基础，利用淘宝、百度、无线手机（微店）等主要平台，深度讲解网店推广的知识与内容，为企业网店推广提供知识与技能服务。本书共包含7个项目，即网店推广基础、网店优化推广、网店流量引入、网店营销推广、网络营销推广、无线网络推广、网店效果评估。介绍了店内促销活动的类型，淘宝常规促销活动的报名渠道；站内营销与推广的工具和站外营销推广、社群营销推广、微博、微信营销推广的方法技术，如何运用直通车、淘金币和钻石展位推广店铺和宝贝；如何通过电子邮件、搜索引擎和社群、微博、微信开展营销推广。重点介绍了直通车、淘宝客、钻石展位、淘金币、硬广等推广技术，也介绍了社群、博客、微博、微信、无线手机淘宝的推广与应用，进而对量子恒道统计分析中的流量分析、销售分析、推广效果评估也做了重点讲解。希望通过本书各项目的学习，能够为更多的淘宝商家和企业营销推广人员服务，也希望企业根据自身企业实际情况，合理地选择和使用淘宝工具，在自己的店内、站内和全网开展全营销服务推广。

本书结构分为项目目标、任务描述、任务导入、知识准备、任务实施、任务拓展、项目总结、项目习题与训练、项目案例等。本书图文并茂，内容丰富，讲解透彻，选材合理，应用性强。为方便老师教学，本书配备了PPT教学课件，还附带案例的素材文件和教学录像等教学资源。本书结构清晰，语言简洁，具有针对性、完整性、实用性和丰富性等特色，可以为读者提供丰富的学习内容，便于学生更好地理解和掌握。本书适合想要在网上开店、手机开店等创业人员学习使用，可作为电子商务专业及相关专业的教材使用，也可供相关培训机构及相关从业人员参考使用。

本书由嘉兴职业技术学院李玉清教授任主编，负责项目总体设计与统稿。金华职业技术学院李丛伟副教授、台州职业技术学院葛青龙副教授、浙江工贸职业技术学院成荣芬副教授任副主编，嘉兴职业技术学院张燕军、方成民参与部分内容的编写。其中李玉清老师编写了项目一内容及项目五的部分内容，成荣芬老师编写了项目二、项目三、项目五、项目六，李丛伟老师编写了项目四与项目十，葛青龙老师编写了项目二与项目三。张燕军、方成民老师编写了项目四、项目七的知识拓展、习题与训练的部分内容。浙江浙商电子商务研究院有限公司总监潘磊、研究员景璐，嘉兴前程人力资源有限公司沈芳明经理为本书提供了大量企业案例与资料。

在本书编写过程中，参考了大量的文献资料，引用了大量淘宝、百度等成熟的工具与方法，引用了网店推广人员的资料与案例，在此表示诚挚的感谢。

由于编写时间仓促和作者水平有限，书中难免有不当之处，敬请诸位专家学者和广大读者批评指正。

编　者

目　录

项目一　网店推广基础……………………………………………………………… 001

任务 1　网店推广基本内容 …………………………………………………… 001
1. 1　网店推广岗位能力 ………………………………………………… 002
1. 2　网店推广营销知识 ………………………………………………… 006
任务 2　网店推广市场分析 …………………………………………………… 014
2. 1　网店推广市场分析 ………………………………………………… 014
2. 2　网店推广市场定位 ………………………………………………… 016
2. 3　网店推广调研与实施 ……………………………………………… 019
任务 3　网店推广计划制订 …………………………………………………… 024
3. 1　网店推广计划内容 ………………………………………………… 024
3. 2　网店推广计划书编制 ……………………………………………… 025

项目二　网店优化推广……………………………………………………………… 035

任务 1　网店优化 ……………………………………………………………… 035
1. 1　商品标题的优化 …………………………………………………… 036
1. 2　商品主图的优化 …………………………………………………… 041
任务 2　店内促销 ……………………………………………………………… 045
2. 1　限时折扣 …………………………………………………………… 046
2. 2　满就送 ……………………………………………………………… 052
2. 3　搭配套餐 …………………………………………………………… 059

项目三　网店流量引入……………………………………………………………… 071

任务 1　网店流量 ……………………………………………………………… 071
1. 1　流量入口 …………………………………………………………… 071
1. 2　流量解读 …………………………………………………………… 074
任务 2　免费自然流量引入 …………………………………………………… 080
2. 1　免费流量影响因素 ………………………………………………… 080
2. 2　免费引流技巧 ……………………………………………………… 082

项目四　网店营销推广 …… 090
任务1　店内营销推广 …… 090
1.1　网店营销推广基础知识 …… 091
1.2　店内营销推广的主要内容 …… 091
1.3　店内促销活动技巧 …… 104
任务2　站内营销推广 …… 111
2.1　常规促销活动 …… 112
2.2　直通车 …… 114
2.3　淘金币 …… 119
2.4　钻石展位 …… 123
任务3　站外营销推广 …… 131
3.1　淘宝客推广 …… 131
3.2　独立促销平台 …… 133
项目五　网络营销推广 …… 142
任务1　电子邮件营销推广 …… 142
1.1　许可 E-mail 营销推广 …… 143
1.2　邮件列表营销推广 …… 149
任务2　搜索引擎营销推广 …… 153
2.1　搜索引擎营销 …… 154
2.2　搜索引擎优化 …… 168
任务3　网络广告营销推广 …… 173
3.1　网络广告内容与形式 …… 174
3.2　网络广告策划与制作 …… 184
任务4　社区化营销推广 …… 190
4.1　社群营销推广 …… 190
4.2　微博营销推广 …… 198
4.3　微博营销推广 …… 219
4.4　微信公众号营销 …… 223
项目六　无线网络推广 …… 254
任务1　手机无线推广应用 …… 254
1.1　手机淘宝推广应用 …… 258
1.2　手机淘宝案例分享 …… 277
任务2　实体店免费 Wi-Fi 推广 …… 294
2.1　利用 Wi-Fi 进入移动网店 …… 295
2.2　实体店免费 Wi-Fi 推广注意事项 …… 298
任务3　微店推广 …… 300

项目七　网店效果评估 …… 307

任务1　网店运营评估工具 …… 307
1.1　量子恒道店铺统计分析 …… 308
1.2　电商分析 …… 317
1.3　量子恒道网站统计 …… 318
任务2　网店运营效果评估 …… 321
2.1　网店日常运营基本情况 …… 321
2.2　分析发现运营中的细节 …… 323
2.3　网店运营效果监测 …… 325
2.4　网店运营评估指标 …… 326

参考文献 …… 339

项目一

网店推广基础

【项目目标】

网店的推广就是运用一定媒介，有计划地进行的网店传播广告活动，简单地说，就是要让客户“知道我们”。网店的营销就是客户上门后，利用有效的促销宣传手段促使交易成功，也就是要让客户“选择我们”。因此，通过网店推广基础的学习，使学生了解网店推广对商家开展营销的真正意义，了解网店推广的目的与岗位责任，掌握网店推广的基本内容，掌握网络营销相关知识与方法，做好网店推广的市场调研与定位，正确进行网店推广的环境分析，并有针对性地编制网店推广计划书。

学习任务	能力要求	知识目标
任务 1 网店推广 基本内容	1. 能区分网店推广不同岗位的责任与要求 2. 能区分不同内容的网店推广活动	1. 了解网店推广的意义 2. 理解网店推广的主要内容 3. 了解网店推广的岗位责任 4. 了解网店推广对网店推广人员的基本要求 5. 掌握网店推广营销知识
任务 2 网店推广 市场分析	1. 能够正确分析网店推广的各项环境 2. 能实施网店推广的市场调研活动	1. 理解网店推广的行业分析内容 2. 掌握网店推广的市场定位 3. 掌握网络推广调研活动的组织与实施
任务 3 网店推广 计划制订	会编制网店推广的计划书	1. 掌握网店推广计划的制订原则 2. 掌握网店推广计划书的基本内容 3. 编制网店推广的计划书

任务 1　网店推广基本内容

【任务描述】

网店和实体店铺一样，需要做大量的广告来宣传自己，这样才能让店铺被更多的人发现。一个月前，小刚开了一个淘宝网店，通过 QQ 空间和微信朋友圈来推广自己的网店，可是光顾他网店的人并不多。小刚困惑起来，不知如何进行网店推广。对于一个新手来说，刚开店是有激情的，但经营了一段时日后，光顾的人少，甚至没人来光顾，那么店主应该如何面对这种情况呢？新手在网店推广前应该如何做好准备工作呢？

【任务导入】

网店推广前的一切准备活动对日后网店的运营有着很大的影响作用。中国有句古语："酒香不怕巷子深。"在追求高效快捷的电子商务时代，还有谁愿意花时间精力特意去"深巷"中寻找"美酒"呢？有哪些顾客愿意主动上门选购"深巷里"的产品呢？因此，是否了解网店推广的意义，是否明确网店推广的工作岗位和基本内容，是关系到网店推广运营得好坏的前提。小刚开了一个淘宝网店，为了更好地吸引顾客，他应该如何做好推广的各项准备工作呢？

【知识准备】

1.1 网店推广岗位能力

1.1.1 网店推广的意义与内容

1. 网店推广的意义

网店推广就是指通过各种宣传方式让更多网民进入你的网店、认识你的产品并产生购买的过程。

网店推广可以是详尽的产品描述展示，也可以是网络广告的强势攻击，更可以是老顾客的口碑宣传，还可以是线下的传统媒体的宣传。总之，不管采用哪种方式，目的都是一样的，都是要让你的店铺、你的产品走到顾客面前，并通过各种方式让他们购买。其意义有以下几点：

（1）吸引更多人关注，培养潜在顾客。

推广的意义不仅仅是直接带来店铺的销量，更重要的意义在于吸引更多人关注你的产品、你的店铺，如果持续地推广，可以挖掘更多的潜在顾客。

这和电视广告的作用类似。或许你的产品广告第一次出现的时候，很多人都记不住，但当你的广告总是持续不断出现的时候，就会在受众的心里留下印象。当某一天顾客需要这个产品的时候，他可能第一个想到的就是记忆中的产品或店铺，或当他再一次看到广告时，很快就下了购买的决心。

（2）推广带来流量，有了流量才有成交量。

有了流量就意味着有了生意，一个每天只有几个IP地址访问的网店和一个每天有上万个IP地址访问的网店，它们的成交量肯定有天壤之别。可以说，在其他因素一样的前提下，流量和成交量是成正比的。

（3）树立网店及产品的整体形象。

推广意味着从产品选择、店铺装修到各种宣传的方式，无不是在向人们展示自己店铺美丽、诱人的一面，或个性，或大众，或可爱，或优雅……，因此，店铺的形象在各种宣传推广中得以体现，宣传的过程也就是树立自己品牌形象的过程。可以说，卖家推广的不仅仅是产品，更是这个店铺的整体形象，你的店铺如果能成为一个明星级的店铺，它就是一个品牌。

（4）激发老顾客购买，培养忠诚度。

经常和老顾客保持联系，周期性地给他们发一些促销活动信息，不断激发老顾客购买。一般来讲，信誉越高的店铺生意越好，主要原因在于它们都拥有一批忠实的顾客。店铺信誉高的重要性不在于它积累了多少个好评，而在于它积累了多少个回头客。例如，在淘宝社区里有过一篇文章，说有一个三皇冠的老店，掌柜停了两个月没开张，再次开张的时候发现怎么做都达不到以前的销售业绩了。原来是因为两个月没有开张导致没有人气宝贝了，很多老顾客也选了别的店铺。这个店铺因为停业，导致老顾客严重流失。可见，持续不断地推广对店铺是非常重要的。

（5）提高店铺排名。

网上店铺有千千万万，要在众多店铺中脱颖而出，就需要店铺排名靠前。店铺排名与信誉、流量、收藏量等因素有关。持续不断地推广，信誉不断增长，收藏人数增多、流量倍增，都可以提高店铺排名。排名越靠前的店铺，被买家看到的机会就越多，信誉越高的店铺，给买家的感觉就越可靠，这是一个良性循环的过程。

2. 网店推广的主要内容

在做网店推广调研与定位的基础上，结合自身的经验，看看别人在卖什么，之后进行市场环境分析，看人们需要什么；抓住社会热点，看人们关注什么。一般来说，网店推广的主要包括以下内容。

（1）产品图片：开过网店的人都知道，产品图片是淘宝开店的“一宝”，所以淘宝产品图要尽可能地做漂亮一些（当然一定要跟产品一致才行），加一些额外的图片装饰或加一个背景。图片做得好，做得真实，有视觉冲击力，就有可能被相关编辑人员选上用来做推广。

（2）产品发布：产品发布的时间很重要，可以同一时间段发布十几个、几十个产品，但要分开时间点上架，比如一天分几点钟上架，一天就安排 5 ~ 10 张，次日再按钟点也分别上架 5 ~ 10 张，依此类推。这样操作后，每次新上架的产品图都会出现在分类产品淘宝排行某钟点的第一位。

（3）店铺连接：可以找一些卖家信用比较高或自己朋友们的网店相互友情链接。

（4）写帖跟帖：在淘宝，一个好帖可为你的店铺带来不少的浏览量，其实原理也跟我们现在的论坛一样。回帖也是一样的，可以给你的网店带来一定的浏览量，淘宝一样有签名和图片档。

（5）论坛广告：阿里论坛和淘宝论坛在论坛上下方都有广告位出租，用阿里财富值或淘宝银币可直接向该论坛的版主购买，但这一成本相对比较高。

（6）赞助活动：论坛会举行各式各样的活动，你可以与该论坛的负责人商讨活动赞助。成本也是相对比较高的。

（7）优惠活动：在网店可以举行一些优惠活动。比如节日优惠、购买优惠等。

1.1.2　网店推广职位与岗位

1. 网店推广职位描述

（1）负责公司淘宝店的全面运营、管理、推广，提高店铺点击率和浏览量，领导团队完成店铺销售目标。

（2）负责在公司现有商品中选定推广商品，制订商品推广方案策略，制订及执行营销方案，通过策划各类活动，结合各种互联网资源有效提升淘宝商城旗舰店及旺铺在淘宝网的知名度，聚齐流量和人气，形成销售。

（3）负责直通车关键字设定、文字编辑、文案，在配合美工工作下做好整体页面规划。

2. 网店推广岗位职责

（1）熟悉淘宝的运营环境、交易规则、淘宝推广方式，负责网店的推广工作。

（2）熟悉网店运营、淘宝网的各种营销工具，精通网络推广方式，熟练掌握淘宝直通车、淘宝客等推广技巧，熟悉淘宝各类社区的状况以及可利用的资源。

（3）熟练掌握软文、交换链接、邮件推广、SNS推广、论坛推广及其他推广方式。

（4）跟踪网店平台的运作规则、市场环境和竞争对手，及时协调调整网店运营方式。

（5）监测负责网店的运营水平，帮助制订标准作业流程和跟踪执行。

（6）协助网店商品描述信息的整理、上线和维护。

（7）负责协调内部各部门达成优质顾客服务和经营业绩，配合各部门及日常管理工作。

（8）负责营运部的外部合作伙伴和项目协调工作。

（9）负责与各部门人员沟通，全面负责整个团队的业绩考核工作。

3. 网店推广运营工作内容

（1）负责网店的总体运营，策划店铺及产品推广方案，组织产品销售、制单、发货、售后等营销工作。

（2）每日监控的数据：营销数据、交易数据、顾客管理、优化店铺及商品排名。

（3）协调团队成员，监督客服与美工的工作，推进店铺营销活动，保持网店的正常运作。

（4）负责执行和配合与工作相关的营销活动，策划店铺促销活动方案。

（5）制订销售计划，带领和管理本团队成员出色完成销售业绩目标。

（6）制订网店推广方案，并协同团队成员共同完成。

1.1.3 网店推广人员的素质能力

新手卖家，通常都会遇到零销量、宝贝类目单一、自然流量低等问题。作为经验不足的新手卖家，做好淘宝网店推广的必备能力有：

1. 网店推广人员必是产品推广的内行

网店推广是网店建设与运营的一个重要环节。作为一个刚开好网店的新手，除了有“激情”外，还要有效地解决网店推广产生的各种困惑。如果自己的店铺没人来光顾，不要怀疑自己的能力，要有自信，相信自己，相信行业发展，不要因为某一个人的失败与放弃，就否定一个行业，不要被一个外行人的判断影响自己的判断。要从自身找原因，寻找好的解决方法，不能责怪是自己的方法不好或努力程度不够，而是要做一个专业的内行人员，任何行业一定是内行，才能成功。开玉器的淘宝店主，如果想要成为一个内行人员，最好的方法是除了了解玉器商品及保养等方面的知识外，还要在实践中摸索学习。

2. 网店推广人员应具备的相关的素质能力

（1）信息识别能力。作为网店推广人员，必须有一定的信息辨别能力。

（2）基本策划能力。作为网店推广人员，必须具备一定的策划能力，特别是在操作网店推广项目时能处理存在的弊端和需要改进的问题。

（3）资源整理能力。互联网论坛资源有数十万家，如何区别有效资源，区分资源的时效性，这就需要网店推广人员能对资源进行分类整理，及时更新资源周期等。

（4）创意设计能力。常规的推广方法只能起到将信息公布于众的作用，有时候，当公布于众的信息，有点击量，有回复量，但两者都不是很高时，那么，网店推广人员就必须得有一定的创意设计能力，能吸引人眼球，进而提高点击量和回复量。

（5）文字编辑能力。作为一个优秀的网店推广人员，要能将推广文案中的文字进行编辑处理，这样不同的推广内容就有不同的推广模式和不同的推广文字。

1.1.4 网店推广实用技巧

网店推广基础只是网店推广入门的介绍，很多时候有些人不注意网店推广的细节，从而影响推广的效果。而在实际网店推广中有关的技巧都可以应用。

1. 善于利用签名

签名档，一定要展示一些自己产品的图片，这样比一些广告语更直接。一般店铺的签名档一开始就是广告语，因为开店初期搞活动，想通过签名档增加浏览量，但效果非常不好。而将广告语换成图片时，顾客就会被你的签名档吸引到你的小店里，浏览量就随之上升。所以一定要充分利用它们。

2. 努力发帖

发帖最好发主题帖，多发些能够吸引大家的帖，回帖也要认真对待，首先要认真看帖的内容，有针对性地发表一下自己的意见、看法，争取使你的回帖给人留下印象，而且要找新帖进行回复。

3. 商品名称仔细推敲

商品名称很重要，淘宝规定商品名称在30个字以内，就要把这30个字用足，或者给自己所有的商品名称前面都加上店铺名称，这样让买家在众多的商品中能够多次浏览到你的店名。或者就加上最低价、特惠活动之类的吸引眼球的字眼。

4. 淘宝首页的橘黄色字

当打开首页后，可以看到有很多橘黄色的小字，在众多蓝色字体中很醒目，而且是过不多久就会更换的，买家也一定会先看到这些橘黄色的类目。因此，我们就要看看自己的宝贝有没有与这些小字沾边的，如果有，就要进行橱窗推荐，这样会增加浏览量。

5. 利用旺旺上的状态信息

这个状态信息也可以成为你的一个小广告，名字后面可以放上你的优惠活动信息，或者新货上架信息，状态信息不要太长，如“2015 公务员资料新货到喽，快来看看吧”。

6. 利用自动回复信息

不在线的时候，可能会有买家的旺旺留言，所以最好是设置自动回复信息，这个信息也可以帮助我们安抚并且留住买家。

7. 利用 QQ 聊天的个人资料

每个想在 QQ 上寻找聊天对象的人都会先查看一下对方的资料，那么，可以趁机做个小广告推广，或许就有哪个人成为我们的买家。如淘宝小店：“英特华图书专营店万种图书任你选，价格优惠，发货速度快，欢迎来小店。”

8. 利用其他论坛

除在淘宝论坛做推广外，还可在其他的论坛上留下小店的广告。如在其他论坛上的个人签名换成自己的店名、店址和经营项目，应该说还是有效果的。

9. 充分利用个人空间做店铺介绍

如果有人点击你的用户名，首先看到的就是个人空间，在空间里进行推广宣传，让人一看就能知道你店里卖的产品，这样就会让人产生到你店里看看或购买产品的欲望。

10. 利用评价宣传店铺

有时看到卖家做出的评价都非常简单，要么是“好买家”三个字，要么干脆什么都不写，因此，可以把这个发言的机会利用起来。因为很多买家在购买商品的时候会首先查看卖家的信用，所以就要趁机做个广告，如“很好的买家，希望再次光临英特华图书专营店，老顾客一定会有优惠的。”或者是“新货会不断上架的，有时间来看一下吧。”

1.2 网店推广营销知识

1.2.1 什么是网络营销

美国营销学之父——菲利普·科特勒将市场营销定义为“个人和集体通过创造、提供并同他人交换产品价值，以获得其所需所欲物的一种社会和管理过程”。也就是说，营销是以满足人类各种需要和欲望为目的，通过市场变潜在交换为现实交换的活动总称。

而网络营销（Cybermarketing）是指借助于互联网络、电脑通信技术和数字交互式媒体来满足消费者的需求，实现企业营销目标的一系列营销活动，是企业整体营销战略的一个组成部分。

从广义来理解，凡是以互联网为主要手段进行的、为达到一定营销目标的营销活动，都可称为网络营销。网络营销贯穿于企业经营的整个过程，从信息收集、信息发布、贸易磋商到交易完成，网络营销自始至终都存在着。

按发展的观点看，网络营销是以互联网为载体，利用数字化信息和互联网的交互性来辅助实现营销目标的市场营销方式。

网络营销的本质，是经营一个能够系统地、持续地、互动地建立、维护、转化客户关系的应用平台。

1.2.2 网络营销发展现状

网络营销市场的大幅稳定增长表明越来越多的人已开始重视网络营销这种新的营销方式、新的营销平台，例如短视频、抖音等，它给越来越多的企业带来了和传统营销完全不同的效果。以短视频为例：

1. 短视频行业热度不减，市场规模仍将维持高速增长

艾媒咨询分析师认为，短视频作为新型媒介载体，能够为众多行业注入新活力，而当前行业仍处在商业化道路探索初期，行业价值有待进一步挖掘。随着短视频平台方发展更加规范、内容制作方出品质量逐渐提高，短视频与各行业的融合会越来越深入，市场规模也将维持高速增长态势。

2. MCN 机构竞争加剧，内容趋向垂直化、场景化

当行业发展趋于成熟时，平台补贴逐渐缩减，MCN 机构的准入门槛及生存门槛都将提升，机构在抢夺资源方面的竞争日益加剧。通过场景化、垂直化的内容进行差异化竞争将是众多 MCN 机构的主要策略。

3. 短视频存量用户价值凸显，稳定的商业模式是关键

目前，大部分短视频平台基本完成用户积淀，未来用户数量难以出现爆发式增长，平台的商业价值将从流量用户的增长向单个用户的深度价值挖掘调整，然而用户价值的持续输出、传导、实现都离不开完善、稳定的商业模式。

4. 短视频营销更加成熟，跨界整合是常态

短视频营销在原生内容和表现形式方面的创新和突破更加成熟化，跨界整合也将成为常态。通过产品跨界、渠道跨界、文化跨界等多种方式，将各自品牌的特点和优势进行融合，突破传统固化的界限，发挥各自在不同领域的优势，从多个角度诠释品牌价值，加强用户对品牌的感知度，并借助短视频的传播和社交属性，提升营销效果。

5. 短视频平台价值观逐渐形成，行业标准不断完善

行业乱象频发凸显了短视频平台在发展过程中存在的缺陷和不足。随着技术的不断进步及社会各界持续的监督，短视频平台价值观也将逐渐形成和确立，行业标准不断完善。

6. 新兴技术助力短视频平台，降低运营成本、提升用户体验

5G 商用加速落地，会给短视频行业带来一波强动力，加速推进行业发展。人工智能技术的应用有助于提升短视频平台的审核效率，降低运营成本，提升用户体验，同时能协助平台更好地洞察用户、更快地推进商业化进程。

数据来源：艾媒研究院发布的《2018—2019 中国短视频行业专题调查分析报告》。

1.2.3 网络营销发展趋势

2019 网络营销的发展是随着互联网发展而发展的，网络营销依然是营销的主流方式。

1. 全网营销是必经之路

当前网络营销竞争激烈，单一的网络营销方式已经逐渐不能满足企业的需要，全网营销、整合营销就成为企业必争的营销方式，进而获得流量的最大化。

2. 小程序营销正当时

2018 年是小程序大爆发之年，微信用户已经突破 10 亿，小程序已达 58 万个，日活跃账户超过 1.7 亿个，小程序也是创业者们积极布局的新战场。特别是诞生的第一批小程序插件，打通了微信社交关系链和虚拟支付能力，因此，小程序成为新的营销点。

3. 流量获取

2018 年流量获取的成本越来越高，只有掌握了短视频、抖音等技术与方法，才能够快速、低成本地获取到更多的流量资源，得到很多的精准粉丝。

4. 短视频营销依然会大火

随着快手、抖音的走红，短视频又一次迎来了大爆发，短视频依旧会持续，依然是风口导向，需要用网络营销的观点精雕细琢地创作短视频。预计 2020 年短视频市场规模将超 300 亿，短视频营销又一次成为营销关注的方向。

5. 用户对内容的要求更高

内容要突出价值和质量，同时要经得起时光的打磨。做内容一定要守得住根本，从量变到质变是需要一个过程的，尤其在前期积累阶段需要坚持，要从目标用户角度出发，分享他们关注的内容，这样持久地坚持就会达到非常好的效果。

内容的价值性越来越被更多的用户推崇，用户越来越理性，所以创作者需要具有真水平和扎实的基本功。

无论是短视频、自媒体、公众号还是传统的网络广告，随着用户更加年轻化，对营销内容质量的要求也会更高，而单一、枯燥、广告性较强的内容必将被逐渐淘汰。

特别是一些大V、网红们的微博和公众号，他们的内容都具有自己的特色，无论是视频还是漫画、文章，都非常吸引人。即使是做广告，也是在用心地做，将广告植入有趣的内容中，让用户不反感，更容易接受。

1.2.4 网络营销新特征

网络营销除了具备跨时空、多媒体、交互式、人性化、成长性、整合性、超前性、高效性、经济性、技术性的基本特征外，还具有以下新特征：

1. 移动化，即手机成为最大接入终端

截至2014年12月，中国网民规模达6.49亿人，互联网普及率为47.9%。其中，中国手机网民规模达到5.57亿人，年增长率为19.1%，继续保持上网第一大终端的地位。网民中使用手机上网的人群比例由2013年年底的81.0%提升至85.8%，远高于其他设备上网的网民比例。

2. 社会化媒体渗透率增长，社交移动趋势明显

截至2014年12月，我国微博用户规模为2.49亿人，较2013年年底减少了3 194万人，下降9.0%。网民中微博使用率为38.4%，较上年年底降低7.1%。其原因是：一方面，基于社交网络营销的商业化并不理想，盈利能力有限；另一方面，来自竞争对手的冲击导致微博用户量下降。

3. 展示广告仍有稳定的用户基础，用户改变带来挑战

PC互联网用户规模、页面浏览量仍稳定增长。

4. 电子商务进一步增长，移动电子商务潜力巨大

截至2013年12月，我国网络购物用户规模达到3.02亿人，较上年增加5 987万人，增长率为24.7%，使用率从42.9%提升至48.9%。

2013年，移动商务市场爆发出巨大的市场潜力。手机网络购物在移动端商务市场发展迅速，用户规模达到1.44亿人。

5. 移动互联网盛行，搜索从PC向移动转移

截至2013年12月，我国搜索引擎用户规模达4.90亿人，与2012年年底相比增长3 856万人，增长率为8.5%，使用率为79.3%。随着移动互联网技术快速增长，网民部分搜索行为从PC端向移动端转移。

网民手机端搜索行为与PC端有所差异：搜索方式上，手机搜索输入方式更加多样化，除了文字输入外，还有语音、二维码扫描等输入方式，且使用率快速增加。搜索内容上，除娱乐和阅读等内容外，用户在手机端搜索本地生活服务类信息和应用信息的需求更大，手机

搜索已成为互联网的重要渠道之一。

1.2.5　网络营销常见方法

1. 搜索引擎营销

SEO 营销是网络营销的主要手段，对于网站推广、网络品牌建设、产品推广、在线销售等具有明显的效果。它通过较高的搜索引擎排名来增加您的网站的点击率，即浏览量，从而获得产品或服务销售额的提升。这是最经典、也是最常用的网络营销方法之一。

2. 百度知道

百度知道的营销模式是在帮忙别人解决问题的同时，把自己的产品介绍给他人。在百度知道回复问题时，要很巧妙地把推广内容放在其中，不让管理员看出来是商业途径，否则，容易被管理员删除。

3. 网站链接

网站链接或交换链接，是具有一定互补优势的网站之间的简单合作形式，即分别在自己的网站上放置对方网站的 logo 或网站名称并设置对方网站的超级链接，使得用户可以从合作网站中发现自己的网站，达到互相推广的目的。交换链接的作用主要表现在几个方面：获得访问量、增强用户浏览时的印象、在搜索引擎排名中增加优势、通过合作网站的推荐增加访问者的可信度等。

4. 病毒性营销

病毒性营销并非真的以传播病毒的方式开展营销，而是通过用户的口碑宣传网站，使信息像病毒一样传播和扩散，利用快速复制的方式传向数以千计、数以百万计的受众。例如没有做过一次电视广告，没有粘贴过一张海报，没有做过任何网络广告链接，完全依靠网民的“口碑”，价值 20 亿美元的品牌树立起来的网络搜索引擎巨头 Google 就是典型的病毒性营销。

5. 许可 E－mail 营销

基于用户许可的 E－mail 营销比传统的推广方式或未经许可的 E－mail 营销具有明显的优势，比如可以减少广告对用户的滋扰、增加潜在客户定位的准确度、增强与客户的关系、提高品牌忠诚度等。开展 E－mail 营销的前提是拥有潜在用户的 E－mail 地址。这些地址，企业可以从用户、潜在用户资料中自行搜集整理，也可以利用第三方的潜在用户资源。

6. 邮件列表营销

邮件列表实际上也是一种 E－mail 营销形式，邮件列表也是基于用户许可的原则，用户自愿加入、自由退出。略有不同的是，E－mail 营销直接向用户发送促销信息，而邮件列表是通过为用户提供有价值的信息，在邮件内容中加入适量促销信息，从而实现营销的目的。邮件列表的主要价值表现在四个方面：作为公司产品或服务的促销工具，方便和用户交流，获得赞助或者出售广告空间，收费信息服务。邮件列表的表现形式很多，常见的有新闻邮件、各种电子刊物、新产品通知、优惠促销信息、重要事件提醒服务等。

7. 个性化营销

个性化营销的主要内容包括：用户定制自己感兴趣的信息内容、选择自己喜欢的网页设计形式、根据自己的需要设置信息的接收方式和接受时间等。个性化服务在改善顾客关系、培养顾客忠诚度以及增加网上销售量方面具有明显的效果。据研究，为了获得某些个性化服务，只有当个人信息可以得到保护的情况下，用户才愿意提供有限的个人信息，这正是开展个性化营销的前提保证。

8. 会员制营销

会员制营销已经被证实为电子商务网站的有效营销手段，国外许多网上的零售型网站都实施了会员制计划，并几乎已经覆盖了所有行业。国内的会员制营销还处在发展初期，不过已经看出电子商务企业对此表现出浓厚的兴趣和旺盛的发展势头。

9. 网络广告

网络广告是大家最常见的一种网络营销手段，相比较传统媒体高额的广告费，网络广告低成本、有效、快捷的优势便不可避免地体现出来，在雅虎、新浪、搜狐等门户网站做网络广告也已经成为越来越多企业“扬名立万”的一种手段。而随着网络广告形式的不断翻新，企业展示自己优势信息的视觉传达也逐渐简洁、清晰起来。几乎所有的网络营销活动都与品牌形象有关，在所有与品牌推广有关的网络营销手段中，网络广告的作用最为直接。

10. 信息发布

信息发布既是网络营销的基本职能，又是一种实用的操作手段，通过互联网，不仅可以浏览到大量商业信息，同时还可以自己发布信息。最重要的是，能将有价值的信息及时发布在自己的网站上，以充分发挥网站的功能，比如新产品信息、优惠促销信息等。

11. 网上商店

网上商店可以是企业自建或建立在第三方提供的电子商务平台上，也可以是由商家自行经营的。网上商店除了通过网络直接销售产品这一基本功能之外，还是一种有效的网络营销手段。从企业整体营销策略和顾客的角度考虑，网上商店的作用主要表现在两个方面：一方面，网上商店为企业扩展网上销售渠道提供了便利的条件；另一方面，建立在知名电子商务平台上的网上商店提高了顾客的信任度。从功能上来说，对不具备电子商务功能的企业网站也是一种有效的补充，对提升企业形象并直接增加销售量具有良好的效果，尤其是将企业网站与网上商店相结合，效果更为明显。

12. 整合营销

整合营销是一种对各种营销工具和手段的系统化结合，根据环境进行即时性的动态修正，以使交换双方在交互中实现价值增值的营销理念与方法。整合就是把各个独立的营销综合成一个整体，以产生协同效应。这些独立的营销工作包括广告、直接营销、销售促进、人员推销、包装、事件、赞助和客户服务等。战略性地审视整合营销体系、行业、产品及客户，从而制订出符合企业实际情况的整合营销策略。包括旅游策划营销、事件营销等相关门类。

13. 精准营销

精准营销（precision marketing）就是在精准定位的基础上，依托现代信息技术手段建立个性化的顾客沟通服务体系，实现企业可度量的低成本扩张之路。

14. 直复营销

直复营销是一种为了在任何地方产生可度量的反应或达成交易而使用的一种或多种广告媒体的互相作用的市场营销体系。其特点是：“双向交流信息”使营销的效果可测定。基本形式包括邮件广告、电话营销等。

15. 关系营销

与主要客户建立起“一对一”关系或对话的任何营销战略，基本都可以称为关系营销。其思想以与顾客建立良好关系为中心，强调企业间合作，共同开发市场，协调与政府的关系，创造良好的营销环境。

16. 服务营销

服务营销特点是在传统市场营销的4P策略（产品、价格、渠道、促销）上外加3P，即人员、环境、程序三个因素。其重点在于以高质量的顾客服务反映独具特色的企业文化。

17. 虚拟营销

虚拟营销是指由若干成员企业为共同获得某一市场优势，依靠信息手段，以最快捷的速度进行全球资源重组组成的没有企业界限、超越空间约束的临时性动态联盟，市场机遇一旦消失即解散的一种组织结构形式。

18. 事件营销

事件营销（event marketing）是企业通过策划、组织和利用具有名人效应、新闻价值以及社会影响的人物或事件，吸引媒体、社会团体和消费者的兴趣与关注，以求提高企业或产品的知名度、美誉度，树立良好的品牌形象，并最终促成产品或服务的销售的手段和方式。

19. 移动营销

移动营销是以移动互联网为主要沟通平台，配合传统网络媒体和大众媒体，通过有策略、可管理、持续性的线上线下沟通，建立和转化、强化顾客关系，实现客户价值的一系列过程。微营销实际就是一个移动网络微系统，微营销 = 微博 + 微视（微电影）+ 个人微信 + 二维码 + 公众平台 + 公司微商城。微营销就是将线上线下营销整合起来，线下引流到线上支付，线上引流到线下（实体店面）浏览。

20. 绿色营销

英国威尔斯大学肯·毕提教授在其所著的《绿色营销——化危机为商机的经营趋势》一书中指出：“绿色营销是一种能辨识、预期及符合消费的社会需求，并且可带来利润及永续经营的管理过程。”绿色营销观念认为，企业在营销活动中，要顺应时代可持续发展战略的要求，注重地球生态环境保护，促进经济与生态环境协调发展，以实现企业利益、消费者利益、社会利益及生态环境利益的协调统一。

1.2.6　网络营销与传统营销的整合

网络营销与传统营销有一个整合的过程，企业在进行营销时应根据企业的经营目标来进行市场细分，恰当地整合网络营销和传统营销，使之互相补缺和互相促进，直至实现相互融合的内在统一，以最低成本达到最佳的营销目标。例如，线上线下融合的O2O营销模式。供二者整合的内容有以下方面：

1. 顾客概念的整合

传统市场营销中的顾客是指与产品购买和消费直接有关的个人或组织。网络营销与传统营销所面对的顾客并没有明显的区别。但网络社会的最大特点是信息的“爆炸性”，每一个消费者只是根据自己的兴趣或需要浏览一些信息或网站，而使用最多的就是搜索引擎，它可以节省很大部分的时间和精力。面对这种现象，从事网络营销的企业必须改变自己原有的顾客概念，将搜索引擎当作企业的特殊顾客。企业在设计广告或发布信息时，不仅要研究网上顾客及其行为规律，也要研究计算机与各类搜索引擎的规律。

2. 产品概念的整合

市场营销学中将产品解释为能够满足某种需求的东西，并认为完整的产品由核心产品、形式产品和附加产品构成，即整体的产品概念。网络营销将产品的定义扩大化，即产品是提供到市场上引起注意、需要和消费的东西。网络营销在扩大产品定义的同时，还进一步细化了整体产品的构成。它用五个层次来描述整体产品的构成：核心产品、一般产品、期望产品、扩大产品和潜在产品。

3. 营销组合概念的整合

营销组合概念与产品的性质相关联。对于知识产品，企业可以直接在网上完成其销售过程，在这种情况下，市场营销组合发生了很大的变化。首先，传统营销组合 4P 中的产品、渠道和促销由于摆脱了对传统物质载体的依赖，已经完全电子化和非物质化了。其次，价格不再以生产成本为基础，而是以顾客意识到的产品价值来计算。再次，顾客对产品的选择和对价值的估计在很大程度上受网上促销的影响。最后，由于网上顾客普遍素质高、收入高，因此网上促销的信息含量大大提高。对于某些有形产品和服务，虽然不能以电子化的方式传递，但企业在营销过程中可利用互联网传递信息。此时传统的营销组合没有发生变化，价格则由生产成本和顾客的感受价值共同决定。促销及渠道中的信息流则是由可控制的网上信息代替，渠道中的物流则可实现速度、流程和成本最优化。

4. 网络营销对企业组织的整合

网络营销带动了企业理念及企业内部网络的发展，使企业内外部沟通与经营管理均以网络为主要渠道。销售部门人员的减少，销售组织及管理层级的扁平化，销售渠道的缩短，都导致企业对于组织进行再造工程的迫切需要。企业组织再造过程中，将衍生出一个负责网络营销和公司其他部门协调的网络营销管理部门。该部门区别于传统的营销管理，主要负责解决网上疑问、新产品开发以及网上顾客服务等事宜。同时，企业内部网的兴起将改变企业内部运作方式以及员工素质。

【任务实施】

作为一名网店推广专员，应具备哪些网店推广的基本素质和岗位知识与能力呢？请你根据所学的知识内容，并结合自己网店的内容与实际，说说在网店推广之前要做好哪些准备工作。

【任务拓展】

奥巴马网络整合营销应用

2008 年的美国总统大选虽然早已尘埃落定，但是从网络营销的角度来看，奥巴马创造了政界竞选互联网营销的奇迹。过去的美国总统选举活动中，参选人通常运用集会演讲、纸质媒体、电话和电视等手段，把自己的观点、计划、施政理念和措施告诉公众。但在这次美国大选中，各竞选团队在充分使用传统方式的基础上，更注重 IT 和网络技术，千方百计创新竞选手段，可以说，网络创新了美国总统大选的传统手段。从奥巴马团队所采用的网络营销方法就可以窥见一斑：

1. 竞选官方网站

以 Web 2.0 的模式为主，内容丰富，而且将博客、视频、投票等互动环节充分利用，包括奥巴马的博客更新速度在竞选当天几乎是每 10 分钟更新一篇。

2. 电视广告宣传

奥巴马在电视广告方面砸出重金，从 NBC 环球买了价值 500 万美元的广告时段，被认为是政治人物在奥运期间购买广告时段的最大手笔之一。其在 9 月份的广告宣传花费已经达到了创纪录的 15 000 万美元。

3. 网络广告

据国外媒体报道，奥巴马在竞选中投入在网络政治广告上的支出占了美国 2008 年所有互联网政治广告的 50%，远超其他候选人的总和。他在谷歌、雅虎和 Facebook 也投入了近 800 万美元的广告，还在一些游戏类及新闻网站也投入了广告额。据透露，在谷歌上就投入了 350 万美元，业内称，这或许也是谷歌首席执行官施密特支持奥巴马的一个原因。

4. 电子游戏广告

奥巴马还使出奇招，把他与共和党对手麦凯恩的战场扩大至电子游戏。奥巴马阵营在美国一些最热卖的电子游戏的网络版上置入竞选广告。

5. 3G 广告宣传

在美国大选中，诸如手机短信等交流工具的使用使候选人能够跨越传统媒体直接和选民联系。在 iPhone 3G 投放市场数天之内，奥巴马阵营就发行了一个特殊的 iPhone 程序，该程序允许其支持者通过各自的 iPhone 讨论和接收来自奥巴马阵营的最新消息。

6. 搜索引擎营销

奥巴马购买了 Google 的“关键字广告”。如果一个美国选民在 Google 中输入“Barack Obama”，搜索结果页面的右侧就会出现奥巴马的视频宣传广告以及对竞争对手麦凯恩政策立场的批评等。奥巴马购买的关键字还包括热点话题，如“油价”“伊拉克战争”和“金融危机”，有助于人们更好地了解奥巴马对这些敏感问题的观点评论。

7. 网络视频炒作

奥巴马团队通过 Myspace、Facebook、YouTube 等平台建立与选民之间的互动，在 Facebook 拥有一个包含 230 万拥护者的群组，而在最流行的视频类网站 YouTube 上，仅仅在一星期，其竞选团队就上传了 70 个奥巴马的相关视频。

8. 邮件病毒营销

奥巴马的竞选团队甚至发动了病毒营销这种形式。一封名为《我们为什么支持奥巴马——参议员写给华人朋友的一封信》的邮件到处传播。邮件内容甚至非常有针对性地采用了中文，非常详细地阐述了奥巴马当选对美国当地华人选民的好处，他们说：“请将这封信尽快转送给您的亲朋好友，并烦请他们也能将这封信传下去。”

9. 网络博客营销

博客一开始是网民共享个人思想的一种方式，但是，现在博客已经成为一种高级媒体，美国联邦选举委员会甚至正式裁定政治博客属于媒体，按照这一裁定，博客已经被列入媒体的范畴。奥巴马通过自己在网络的博客为自己鲜明地树立起清新、年轻、锐意进取的候选人形象，拉近了选民与自己的距离，更具亲和力，更有竞争力。

10. 网友互动营销

奥巴马对网络互动的应用更为神奇。奥巴马筹集的超过6亿多美元的竞选经费，据估计超过85%来自互联网，其中绝大部分是不足100美元的小额捐款。在自己的官方网站、Facebook、Myspace、YouTube等都开设个人主页，与网民互动交流，拉近距离，效果甚好。

奥巴马运用了个人网站的品牌建立到Web 2.0视频、博客，到搜索引擎的全面推广，从品牌影响到效果传播，从头到尾彻底完成了一个漂亮的整合营销案例。互联网的营销只有整合营销才能产生最大的协同聚合效应，整合营销不是简单的组合，而是有计划、有组织、有策略、有方案的全方位营销。

任务2　网店推广市场分析

【任务描述】

网店推广前的市场调研与分析关系到网店能否在市场上立足，能否发展壮大。小刚为了更好地推广自己新开的网店，已经做好了网店推广的准备工作，下一步就是考虑如何推广的问题了，也就是该怎么做好推广，路的方向在哪里。所以，做好网店推广的前期，还需要对所经营的网店进行市场调研分析，以确保所开设的网店推广工作顺利开展。

【任务导入】

网店推广市场调研与分析必须要有针对性地开展，主要包括确定网店推广的目标客户，了解竞争对手的销售额、热卖商品及进货渠道，掌握同类产品的淘宝商城、旺铺等店铺的销售数据等。例如，善于发现目标买家感兴趣的信息，并能把这些信息放到他们能接触到的地方；熟悉了解网络买家的购物习惯和步骤，提供有诱惑力的营销方案和销售引导；抓住已成功的营销成果进一步创造新的可延续性的推广机会，把买家的购买行为变成一种惯性。

【知识准备】

2.1　网店推广市场分析

淘宝网店推广前应分析行业环境，如为单品爆款的打造做好前期准备，也要分析竞争对手，做到知己知彼百战不殆。还要分析消费者的购买需求，以便更好地迎合消费者的需求。还可通过分析渠道来准确找到打造爆款的路。

2.1.1　网店推广行业环境分析

1. 行业爆款特征分析

了解与本店相关产品同行的爆款都具备什么特征（如时间、款式、数量、利润等）可以方便确立哪一个单品适合用来打造爆款，产品定位是否准确等，这直接关系着爆款打造能否成功。

行业爆款的特征主要分四个方面，如图1-1所示。多了解行业的时间差、行业的爆款周期、行业的爆款能火多久，这对我们选择爆款有指导作用。越受欢迎的商品，越是适合我们打造的，这样打造的商品才能更容易被消费者接受。了解行业店铺中爆款的数量、比例，可以用打造爆款的数量、比例作指导。了解行业爆款利润可以决定预计费用中推广费用比例是多少。

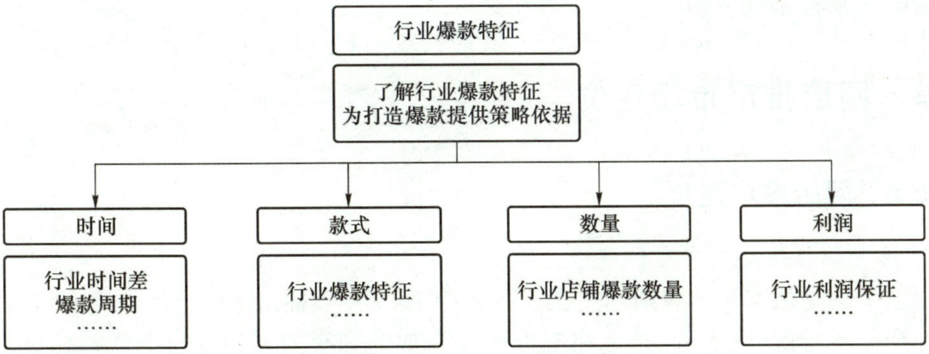

图 1－1　行业爆款特征图

2. 行业网店的店铺分析

对行业内同类网店的盈利模式进行分析，如，在线广告；电信增值服务；产品交易性网站；提供特供资源，为会员提供服务而获得的收益；网络游戏运营，虚拟装备道具买卖；搜索竞价，产品招商，分类网址和信息整合，付费推荐和抽成盈利；广告中介（联盟）；企业信息化服务；融资；建立会员数据库，为企业提供精准营销服务；建立网络产品，通过销售产品服务来获得收益。

同时，对自己的网店（或新开店）进行特征分析，如以自己的淘宝女装店为例分析：

（1）宝贝定价浮动大，不是太高就是太低，销量低，该店铺客单价：140～1 680 元。

（2）有基础销量但是店铺整体质量差，宝贝评价与服务等都没优势。

（3）宝贝类目单一，数量少，店铺几乎都是秋冬款宝贝，销量基本上为零。

（4）每日的流量都在 100 左右徘徊，流量不高。

2.1.2　网店推广竞争分析

怎样让人眼前一亮？那就要知己知彼，通过和竞争对手的对比，得出自己的竞争力。将竞争力细化到产品上，挖掘优势和卖点，别人没有的特质你有，那就是你的核心优势。怎么能吸引客户，怎么留住客户，怎么盈利，都要看你有什么核心竞争力。因此，网店推广竞争分析包括竞争对手店铺宝贝排名、销量排名、款式色彩、店铺风格、消费者群体心理需求分析。此外，还有市场竞争形式分析，如对手销量、商品评价、商品款式、商品价格、质量做工、消费者群体等。还有商品价格定位分析，如商品成本估算、商品定价、促销价格、折扣力度。确定竞争对手网店的营销方式、单品营销方案、关联搭配套餐。总之，从商品、店铺、营销、消费群体等方面找出店铺推广的优势与劣势，为自己的店铺推广做充分的准备。

2.1.3　网店推广顾客分析

分析消费群体的基本特征，从消费群年龄层面了解顾客消费能力、购物特点、买家地域、购物时段等。了解顾客需求，包括刚性需求（款式、价格、质量、性价比）、柔性需求（搭配因素、潮流因素、从众心理、冲动消费、购买风险等）。在目前大数据背景下，用户的习惯发生了很大变化。如，顾客从期待新品到对产品需求的求新求快，从奢侈到平价，从个体到社群，从推销到依赖。

2.2 网店推广市场定位

2.2.1 网店推广定位

1. 市场定位与网店推广定位概念

定位这个词是由艾尔·里斯和杰克·屈劳特于1972年提出来的，他们说："定位并不是你对一件产品本身做什么，而是你在有可能成为你的顾客的人的心目中做些什么。也就是说，你得给你的产品在他们的心中定一个适当的位置。"不管企业是否意识到产品的定位问题，对于消费者来说，不同商标的产品在他们心目中会占据不同的位置，他们会在内心按自己认为重要的产品属性将市场上他们所知的产品进行排序。随着市场上的商品越来越丰富，与竞争者雷同的产品通常无法吸引消费者的注意。因此，企业应该根据竞争者现有产品的特色以及在市场上所处的地位，针对顾客对产品特征或属性的重视程度，强有力地塑造本企业产品与众不同的、形象鲜明的个性或特征，并把这种形象生动地传递给顾客。从这个意义上来说，目标市场定位是一种竞争性定位。

网络市场定位就是针对竞争者现有产品在网络市场上所处的位置，根据消费者或用户对该种产品某一属性或特征的重视程度，为产品设计和塑造一定的个性或形象，并通过一系列营销活动把这种个性或形象强有力地传达给顾客，从而适当确定该产品在网络市场上的位置。

网店推广市场定位就是指一个网店经营的产品是针对哪一些客户群体来进行推广的销售产品。只有明确了产品、目标客户、盈利模式定位及策略后，才能够更好地进行网店的运营和推广。

2. 网店的类型定位

店铺类型的定位，可以看作是战略上的首要开端，在哪里选择平台，在哪个平台开设店铺都成为重要的一步。淘宝现今的两大平台各有优势。

店铺类型的模式选择是开店的重中之重，集市店铺和天猫店铺，无论在宣传推广、市场份额、人群定位、资源配备等方面，都有很大的差异。所以在选择最适合自己店铺的类型时，商家应该着重针对自己的各项优势，结合自己的资源和团队配备进行选择。

3. 网店的产品定位

开店之初，要想想自己打算卖什么产品，这些产品是否是自己了解的产品，这些产品有没有好的货源。这就是通过调研之后来确定自己的店铺要卖哪类产品。例如，作为企业，针对实体商品可销售民用品、工业品、农业品类；针对软体商品可提供资讯服务和软件销售，即销售资料库检索、电子新闻、电子图书、电子报刊、研究报告、论文类和电子游戏、套装软件；针对服务商品中的情报服务可销售法律查询、医药咨询、股票行情分析、银行、金融咨询服务；针对服务商品中的互动式服务可销售网络交友、电脑游戏、远程医疗、法律救助；针对服务商品中的网络预约服务可销售航空、火车订票、电影票、音乐会、球赛、入场券预定、预约饭店、旅游预约、医院预约类产品。再如，根据特定的产品属性来定位。如广东客家酿酒总公司生产的“客家娘酒”，把其定位为“女人自己的酒”，突出这种属性，对女性消费者来说就很具吸引力。因为一般名酒酒精度都较高，女士们多数无口福享受，客家娘酒宣称为女人自己的酒，就塑造了一个相当于“XO 是男士之酒”的强烈形象，不仅可在女士们心目中留下深刻的印象，而且还会成为不能饮高度酒的男士指名选用的品牌。

同时，还可根据产品所能满足客户的特定需求或所提供的利益、解决问题的程度来定位。如中华、白玉牙膏定位为“超洁爽口”，广东牙膏定位为“快白牙齿”，洁银牙膏定位为“疗效牙膏”，宣称对牙周炎、牙龈出血等多种口腔疾患有显著疗效。

4. 网店目标客户定位

传统企业开展电子商务，首先要明确产品的目标客户在哪里，哪些人群会购买自己的产品。“二八定律”使大家知道，20% 的产品占据了 80% 的销售额，20% 客户的消费额是总金额的 80%。所以，网店目标客户定位就更需要明确这 20% 的客户是谁，他们的性别、年龄层、喜好、需求、购物习惯……了解了他们的特点才能精准营销、对症下药。

还有刚开店的时候，就要考虑打算把你的产品卖给谁，这些人群一般会聚集在什么地方，他们有什么爱好，如何投其所好。你如果经常去网上逛，会发现有一个卖孕妇装的网店，消费群定位很清晰，就是孕妇，孕妇一般都会去一些孕妇类的论坛以及一些孕妇 QQ 群，她们对怀孕阶段该做什么比较关心。如何提供她们所关心的东西呢？这就需要我们动脑筋了，我们要做消费者的咨询顾问，而不是简单地卖东西。这点很重要。

再如，假如你的消费群中有男性消费者市场、中青年消费者市场、具有较高文化水准的职业层市场、不愿面对售货员的顾客市场，这时产品定位就要有针对男性消费者市场的耐用消费品，如汽车、摩托车、房屋等；要有针对中青年消费者市场的唱片、游戏软件、体育用品等；要有针对具有较高文化水准的职业层的图书、计算机操作软件等产品；针对中等收入阶层市场的定位要推出中高档的产品或服务；针对不愿面对售货员的顾客市场的推出涉及有关隐私的产品。例如，携程网（www. ctrip. com）致力于向旅行者提供包括酒店预订、机票预订、度假预订、商旅管理以及旅游资讯在内的全方位在线旅行服务，它的目标客户群主要锁定网上的商旅客户，因此，携程所有的服务都会围绕商旅客户的需求展开，这样的定位决定了携程可以最终成为商务旅行方面最优秀的网络服务专家。

5. 网店的定价定位

一个相同的东西在不同的地方可以卖不同的价格。当消费群已经固定之后，我们还要想产品的价格应该定在怎样的范围。拿孕妇装来讲，孕妇装有很多的款式以及面料，价格肯定不同，那么要思考是走高档路线还是中低端路线，消费群的接受能力如何，还有一点，一件定价 30 元的衣服和一件定价 29 元的衣服给人的感觉是不一样的，虽然它们只相差 1 元。

6. 网店的赢利模式定位

赢利模式也能造就一个店铺的定位。部分品牌或自身有优势的产品，将高利润作为自己赢利模式的唯一定位。集市卖家，根据批发为目的、自有渠道等优势，迅速占领市场份额，以分销的模式，增大出货量。传统线下品牌、知名品牌等迅速占领电商市场，提倡高的市场占有率。新晋卖家，在分销平台进货、同类同质产品居多且无核心竞争优势的情况下，多以低利润抢占市场为先机。

在网店推广过程中，一般考虑的盈利策略有：低成本盈利；获取新客户盈利；增值服务盈利；B2B盈利；细分市场，通过渠道盈利；整合资源盈利等。

2.2.2 网店推广常用方法

2019年8月12日，淘宝网发布《淘宝平台服务协议》调整公示通知。此次调整主体结构内容与上一版本的基本一致，分为定义、协议范围、账户注册与使用、淘宝平台服务及规范、用户信息的保护及授权、用户的违约及处理、协议的变更、通知、终止九大板块和最后的淘宝网法律声明。据网经社电数宝数据库（100EC.CN）显示，截至2019年第一季度，阿里巴巴活跃用户数达6.54亿人。同时，此次调整也影响着超1 000万店家。虽然淘宝平台服务协议调整相关结构内容，但淘宝的核心永远不变：永远推荐符合买家需求和买家喜欢的产品。因此，网店推广可以做全网推广，在各大平台上曝光自己产品。例如网红推广、抖音/快手推广、直通车推广、钻展位推广、大数据推广、爆款打造、宝贝优化排名、热门推荐、活动等。

1. 社区发帖回帖

发帖回帖是所有卖家提高店铺浏览量的最常用手段，具体效果因帖而异，有的人的一篇帖子能带来数百甚至上千的浏览量，而有的人发了几十个帖子，带来的浏览量却寥寥无几。

2. 到其他论坛发软广告

除了淘宝社区，其他论坛也应该多去逛逛，顺便发几个小广告，也能提高一下小店的知名度，为你的小店带来一定的流量。不过发广告时要注意，直接去发广告会被删帖，可以采用比较含蓄的方式发广告，写个帖子，内容丰富一些，然后再其中透露出广告信息，这样就大大避免了被删帖的可能。

3. 友情链接

网店间做链接推广。

4. 宝贝上架时间

买家在淘宝贝的时候，淘宝的默认排序方式是按下架时间来排的，越接近下架的宝贝越排在前面，越容易被买家看到。因此，就要努力让自己的宝贝在人气最旺的时候接近下架。要控制宝贝的下架时间，只能从上架时间着手，所以最好选择人气较旺的时候上宝贝！

5. 合理设置宝贝名称

宝贝名称尽量多包含热门搜索关键词，这样能增加宝贝被搜索到的概率，自然也增加了被买走的概率。

6. 用好橱窗推荐

千万不要让你的橱窗推荐空着，使用了橱窗推荐的宝贝比没有使用橱窗推荐的宝贝更容易被买家搜索到，而且概率大好几倍！一定要推荐快下架的宝贝，最好是既漂亮又便宜的宝贝，这样买家才更有兴趣到你的店里去逛逛。

7. 利用好评价管理

评价管理包括你给买家的评价和买家给你的评价。在给买家评价的时候，可以适当地打一下小广告，能起到一定的宣传效果。同时，买家给我们评价以后，可以充分利用解释的地方做宣传广告，并不是只有中评差评的时候才需要解释，好评的时候更应该好好利用这个机会进行宣传，因为许多聪明的买家在买东西之前都会看一下评价，这里如果有广告信息的话，效果会非常好！

8. 利用店铺留言进行宣传

在自己的店里是可以随时留言的，把网店与产品的优势写出来，把促销信息写出来，买家到店里之后就有可能看到这些信息，增加购买的概率。另外，还可以到链接的店里去留言，进去看一下人家卖的产品，然后留言夸一下掌柜人好，东西漂亮，紧接着就是自己网店的广告信息，这家店有客人来的时候就可能看到你的留言信息，他可能被吸引到你店里去。

9. 用好宝贝描述模板

现在卖宝贝描述模板的卖家非常多，很容易找到价格实惠又漂亮的描述模板，但是许多人只追求模板要好看，而忽略了描述模板的作用。选宝贝描述模板一定要选侧面可以插图的模板。在对某一件宝贝进行描述的时候，在侧面插入其他宝贝的图片和链接。买家在查看宝贝描述的时候，就会顺便点击旁边感兴趣的宝贝，增加我们的宝贝被浏览的概率，否则的话，很多买家看了这个页面就直接走了，不会看店里其他产品。

10. 登录各大搜索引擎

需要找到各大搜索引擎的入口，填一下你的店名和地址，直接提交就行。

2.3 网店推广调研与实施

1. 网络市场细分

网络市场细分是指企业在调查研究的基础上，依据网络消费者的需求、购买动机与习惯爱好的差异性，把网络市场划分成不同类型的消费群体，每个消费群体就构成了企业的一个细分市场。这样，网络市场可以分成若干个细分市场，每个细分市场都是由需求和愿望大体相同的消费者组成。在同一细分市场内部，消费者需求大致相同；不同细分市场之间，则存在着明显的差异性。2013 年电子商务市场细分行业结构中，B2B 电子商务占比 80.4%，网络零售交易规模市场份额达到 17.6%，网络团购占比 0.6%，其他占 1.4%，如图 1－2 所示。据中国电子商务研究中心（100EC. CN）监测数据显示，在细分行业方面，互联网金融

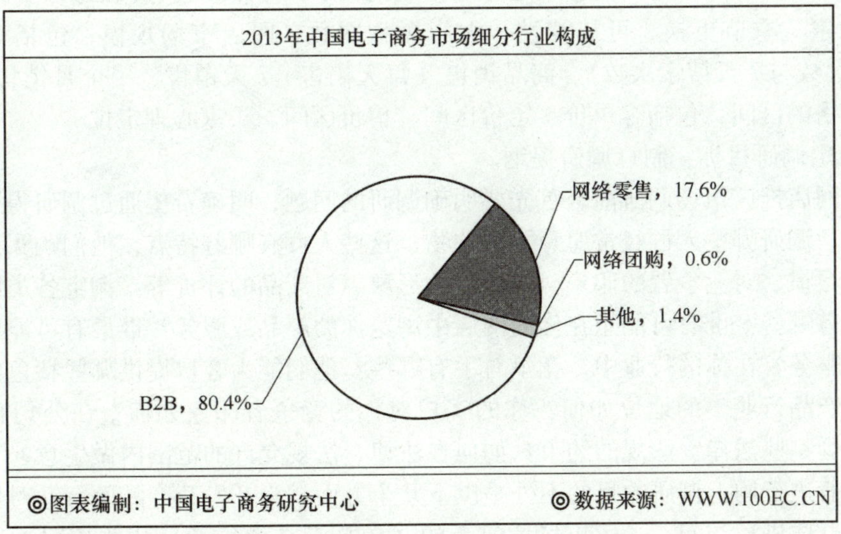

图 1－2　中国网络营销细分市场规模

及B2C电商的投融资占全行业的24.85%，并列全行业第一位，电子商务服务占全行业20.61%，居第二位，之后是O2O行业占比15.76%、B2B行业占比4.85%、其他电商领域占比9.09%等。中国网络营销市场依然保持高速发展。

网络消费者的需求差异是网络市场细分的内在依据。只要存在两个以上的消费者，便可根据其需求、习惯和购买行为的不同，进行市场细分。况且在市场竞争中，一个企业不可能在营销全过程中都占绝对优势。为了进行有效的竞争，企业必须评价、选择并集中力量用于能发挥自己相对优势的市场，这便是市场细分的外在强制，即它的必要性。

企业可以根据自身的条件，选择适当的细分市场为目标市场，并依此拟定本企业的最佳网络营销方案和策略。

2. 网络市场调研

网络市场调研是指企业利用互联网系统地、有目的地对消费者、生产者、经营者及整个市场信息进行收集、整理、分析和研究的过程。网络市场调研所解决的主要问题是通过各种网上市场调研的方式方法，系统地收集大量有关市场营销的数据和资料，客观地测定及评价现有市场和潜在市场，用以解决市场营销的有关问题，为企业开展营销活动提供依据。

网络市场调研有两种方式：

①网上直接调查，也叫在线调查，是利用互联网直接进行问卷调查等方式收集资料。中国互联网络信息中心（CNNIC）每年两次发布的《中国互联网络发展状况统计报告》中的大部分信息都是通过在线调查方式获得的，调查的内容涉及用户的上网习惯、个人资料、对互联网领域一些热点问题的看法等，通过对这些调查数据的整理，形成了内容丰富的调查报告。CNNIC的在线调查已成为最有影响力的网上调查之一，由此也可见网上调查的重要价值。

②网上间接调查。网上间接调查方法是利用互联网的媒体功能，从互联网收集二手资料。

3. 网店推广市场调研的步骤

通过市场调研主要了解网店市场趋势和市场规模，网店市场趋势包括款式风格、款式受众、流行元素、季节更换、可持续性、大店爆款次数。网店市场规模，包括商品搜索量（每天搜索次数与7天搜索次数）、商品销售（每天销售、7天销售、一个月销售），知道并掌握商品价格的区间，包括客单价、定价区间、售价区间、买家心理定位。

（1）确定调研目标，制订调研提纲。

在进行网店推广市场调研前，首先要明确调研的问题，明确希望通过调研得到什么样的结果。例如，调研哪些人群经常愿意上网购物，这些人群有哪些特点，他们购买产品的消费心理、购物习惯、对竞争者的印象、对企业的形象、对产品的评价等。淘宝各类网店热销的产品和服务有哪些？谁有可能想在你的网店中浏览你的产品或服务？谁最有可能要购买你提供的产品或服务？在你的行业中，竞争对手有哪些？他们能为客户提供哪些特色的产品和服务？你在本产品行业中的地位如何？你的客户对你的竞争者印象如何？在公司日常的运作中，可能要受哪些法律、法规的约束？如何在法律、法规允许的范围内做生意？

一般企业进行网上调研的目的不外乎以下几个方面：为开发新产品而有针对性地对市场前景或用户群体进行访问；了解市场竞争者的（包括潜在竞争者）相关情况；通过顾客的声音来发现市场机会，或改善目前经营效果，降低经营风险等。一旦调研的目的确定之后，就应制订网店推广调研提纲。调研提纲可以将网上调研的思路具体化、条理化，将企业（调查者）与客户（被调查者）两者结合在一起。调研提纲内容包括调研的时间、调研对象、资料信息的收集、调研方法与手段、实施步骤等。

（2）确定调查的对象。

网店推广调研的对象分为三大类，即网店产品的消费者、网店产品的竞争者、网店合作者和行业内的中立者。

（3）制订市场调研方案。

制订市场调研方案，包括三个方面，即确定资料来源、确定调查方法、确定调查方案。

资料来源：确定收集的是二手资料还是一手资料（原始资料）。

调研方法：网上市场调查可以使用专题讨论法、问卷调查法和实验法。

①专题讨论法是借用新闻组、邮件列表讨论组和网上论坛（也可称 BBS，电子公告牌）的形式进行。

②问卷调查法可以使用 E-mail（主动出击）分送和在网站上刊登（被动）等形式。

调查手段：

①在线问卷，其特点是制作简单、分发迅速、回收方便。但要注意问卷的设计水平。

②交互式电脑辅助电话访谈。

（4）收集信息。

问卷、注册等形式的网上调查，通过表单中的提交功能，被调查者的信息就可以直接进入相关的数据库中，并且利用程序监控被调查者填写的资料是否完整、正确，若有遗漏，可以拒绝提交，调查问卷会重新发送给访问者要求补填。

（5）分析整理有效信息。

推广人员从互联网上获取了大量的信息后，必须对这些信息进行整理和分析，通过筛选、分类、整理等定量、定性的方法进行分析研究，以掌握市场动态，探索解决问题的措施和方法。

（6）撰写网店推广调研报告。

对信息整理后要写出一份图文并茂的市场调研分析报告，直观地反映出网店推广中的动态。调研报告不是数据和资料的堆砌，是市场调研成果的最终体现，是在对所获资料的分析的基础上，对所调研的问题做出结论。

4. 调查问卷设计的步骤与基本格式

所谓问卷设计，它是根据调研目的，将所需调研的问题具体化，使调研者能顺利地获取必要的信息资料，并便于统计分析。通常问卷的设计可以分为以下步骤：

（1）根据调研目的，确定所需要的信息资料。

在问卷设计之前，调研人员必须明确需要了解哪些方面的信息，这些信息中的哪些部分是必须通过问卷调研才能得到的，这样才能较好地说明所需要调研的问题，实现调研目标。在这一步中，调研人员应该列出所要调研的项目清单。根据项目清单，问卷设计人员就可以进行设计了。

（2）设计调查的问题。

设计人员应根据信息资料的性质，确定提问方式、问题类型和答案选项如何分类等。对一个较复杂的信息，可以设计一组问题进行调研。问卷初步设计完成后，应对每一个问题都加以核对，以确保问卷中的每一个问题都是有必要的。

（3）确定问题的顺序。

在设计好各项单独问题以后，应按照问题的类型、难易程度安排询问的顺序。如果可能，引导性的问题应该是能引起被访者的兴趣的问题。有困难的问题或私人问题应放在调研访问的最后，以避免被访者处于守势地位。问题的排列要符合逻辑的次序，使被访者在回答问题时有循序渐进的感觉，同时能引起被访者回答问题的兴趣。有关被访者的分类数据（如个人情况）的问题适合放在问卷最后，因为如果涉及个人的问题，容易引起被访者的警惕和抵制情绪，尤其在电话式问卷调查中。

（4）问卷的测试与检查。

在问卷用于实施调研之前，应先选一些符合抽样标准的被访者来进行试调研，在实际环境中对每一个问题进行讨论，以求发现设计上的缺失。如，是否包含了整个调研主题，是否容易造成误解，是否语意不清楚，是否抓住了重点等，并加以合理的修正。

（5）审批、定稿。

问卷经过修改后还要呈交给调研部的部长，审批通过后才可以定稿、复印，正式实施调研。

（6）调查问卷的基本格式。

一份完整的调研问卷通常由标题、问卷说明、填表指导、调研主题内容、编码和被访者基本情况等内容构成。

1）问卷标题：问卷的标题概括地说明调研主题，使被访者对所要回答的问题有一个大致的了解。问卷标题要简明扼要，但又必须点明调研对象或调研主题。

2）问卷说明：在问卷的卷首一般有一个简要的说明，主要说明调研的意义、内容和选择方式等，以消除被访者的紧张和顾虑。问卷的说明要力求言简意赅，文笔亲切又不太随便。

3）问卷主体：问卷主体是按照调研设计逐步逐项列出调研的问题，是调研问卷的主要部分。这部分内容的好坏直接影响整个调研价值的高低。

4）结束语或致谢。

5. 网店推广市场调研报告

网店推广市场调研报告的基本内容一般由标题和正文两部分组成。

（1）标题。

标题可以有两种写法。一种是规范化的标题格式，即“发文主题”加“文种”，基本格式为“××关于××××的调查报告”“关于××××的调查报告”“××××调查”等。另一种是自由式标题，包括陈述式、提问式和正副题结合使用三种。

（2）正文。

正文一般分前言、主体、结尾三部分。

1）前言。有几种写法：第一种是写明调查的起因或目的、时间和地点、对象或范围、经过与方法，以及人员组成等调查本身的情况，从中引出中心问题或基本结论；第二种是写明调查对象的历史背景、大致发展经过、现实状况、主要成绩、突出问题等基本情况，进而提出中心问题或主要观点；第三种是开门见山，直接概括出调查的结果，如肯定做法、指出问题、提示影响、说明中心内容等。前言起到画龙点睛的作用，要精练概括，直切主题。

2）主体。这是调查报告最主要的部分，这部分详述调查研究的基本情况、做法、经验，以及分析调查研究所得材料中得出的各种具体认识、观点和基本结论。

3）结尾。结尾的写法比较多，可以提出解决问题的方法、对策或下一步改进工作的建议；或总结全文的主要观点，进一步深化主题；或提出问题，引发人们的进一步思考；或展望前景，发出号召。

【任务实施】

实训的目的与要求：

通过实训，掌握网店推广市场调研方案制订，选择合适的调研系统，开展网店推广的调研活动。请每小组选择一家网店作为基础，分析其网店的基本情况，并以小组为单位完成下列相关任务。

操作内容：

(1) 制订网店推广市场调研方案，包括一手资料和二手资料的收集整理，确定相应的调查提纲和调查方法。

(2) 选取合适的在线问卷调查系统，设计在线调研问卷，实施网店推广的调研活动。以问卷星为例：

①启动 IE 浏览器，在地址栏内输入问卷星的网址：http://www.sojump.com/。

②单击“注册”按钮，如图 1－3 所示。

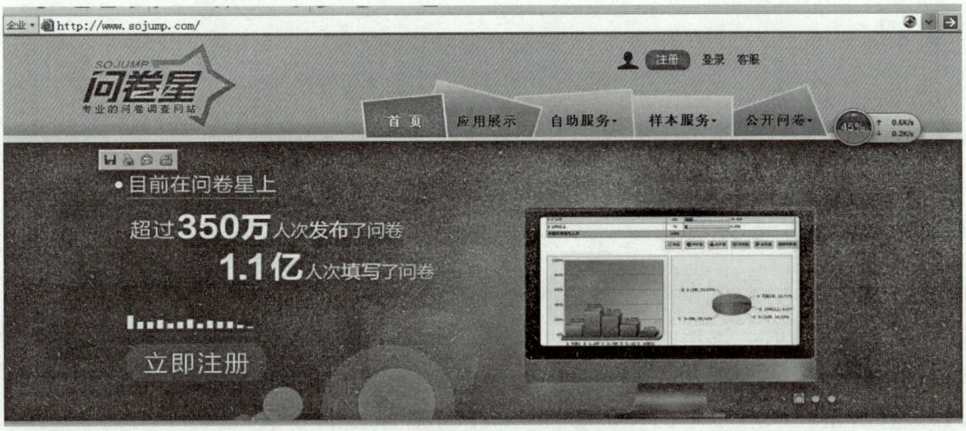

图 1－3　问卷星注册界面

③填写用户信息后单击“注册”按钮。

④创建新问卷，填写有关内容。

⑤发布问卷。

⑥收集并分析数据。

⑦提交调查结果。

(3) 资料的收集与整理。

①资料的收集。进入嘉兴各企业网站收集一手资料和二手资料。

②对一手资料和二手资料进行加工、整理与分析，总结归纳有价值的信息。

(4) 撰写网店推广市场调研报告文本。

【任务拓展】

请你以自己熟悉的浙江一家传统企业为载体，调查其网上有没有开店，如有开店，看看其网店推广运营的基本情况。

任务3　网店推广计划制订

【任务描述】

作为网店卖家，只有努力对自己的网店进行推广营销，让买家了解你的网店和你的商品并且建立起对你的信任，对方才有可能购买你的商品。好产品是基础，而长期有效的推广则决定着你的销量和你的店铺能否存活。

小刚开淘宝网店有一个多月了，光顾的人不多，于是，小刚准备在网店推广前制订网店推广计划，那他应该从哪些方面入手呢？

【任务导入】

制订网店推广计划是在进行网店推广市场调研工作的基础上，根据网店推广的目的要求，完成网店推广目标、推广手段与方法，最后要评价网店推广的效果。那么如何编制网店推广计划书呢？

【知识准备】

3.1　网店推广计划内容

3.1.1　网店商品规划

首先从市场需求、买家偏好、店铺风格、生产成本、生产周期等几方面考虑来选择商品；其次把握商品要素，包括基本款式、受众、质量保证、工艺细节、性价比高等；最后定好商品定价策略，包含市场价格区间、商品成本、利润率、商品标价、促销价格、最低价格、关联套餐价格。网店首页设计都围着产品和品牌做，能够吸引顾客的眼球。同时，通过编辑处理好产品图片与文字，提高客户视觉体验（首页视觉、详情页视觉）、客服体验（客服响应速度、服务态度、专业知识、关联推荐、售后服务等）、发货速度、产品包装质量等。

在商品规划中要注意更好地选择宝贝，选择宝贝涉及量子后台数据，参照的数据指标一般是以下几个：流量排行、销量排行、店铺总体日常流量与客户的个人需求。

在店铺质量差的时候主要关注店铺总体流量趋势和宝贝流量。缺少销量基础支撑的店铺，流量类的数据更适合作为挑选宝贝的依据。在选完宝贝之后与客户做好沟通，完善店铺的装修、宝贝详情页和标题图片等视觉类工作，为店铺推广做好准备。

3.1.2　确定推广平台及工具

网店建设好后，可用免费的平台与工具进行推广，也可用付费平台与工具进行推广，还可利用门户网站、企业网站和社区媒体平台等开展各项推广。

对于小网店来说，适合做的就是直通车，因为这个小店假如在25天的销售额有十几万元，而且是代理商，那么在初期这个小店一天广告额规定最高限额为一百多元。淘宝上直通车有一定的流量，但并不是每一个流量都能带来销售量，相对来说，从直通车上来的客户有一半是实在的客户，有一半是潜在的顾客，我们只有通过自己的产品、友好的客服、完好的物流、好的信誉等才能把客户留住。

但是，有很多小卖家或新卖家对直通车的认知有限，认为直通车的关键词越精准，越容易转化，所以沟通过程中总是要求服务商加词的时候多加精准词。但是添加关键词需要考虑很多方面，需要跟客户做好充分沟通。

操作加词时注意的几个要点：

1）对于单价高、性价比较低的宝贝，可以考虑减少单品的推广，尽量多地去做低价引流。但是低价引流要有一定的针对性，不是做全店宝贝的低价引流，而是对于店铺中流量、销量、收藏等方面都排名靠前的宝贝做集中低价引流推广。有条件做店铺推广的，可以考虑做店铺推广。

2）对于单价低、有一定性价比的宝贝，可以多加一些相关度较高的精准词（属性词、品牌属性词、属性热搜词等单词及单词的组合），把精准词做低价培养，待销量等反馈上升后，再把一些流量大、转化差的关键词的出价降低。

3）对于预算少的新店铺，通常不会去尝试定向流量。但是如果关键词前期质量得分都很低，可以考虑通过提高站外折扣、定向这两方面去提升宝贝点击率，培养关键词。此时需要实时关注各项推广数据，与客户做好配合，力求把推广效果最大化。

3.1.3　制作网店推广的方案

包括店铺商品宝贝描述和商品促销方案。宝贝描述包括详情页排版、促销文案、商品文案、拍摄效果、商品细节图、好评设计、忧虑排除等。促销方案包括店内促销活动（赠送优惠券、满百包邮等）、单品促销方案（如现时折扣、单品包邮）、关联销售。

3.1.4　确定推广方式

可选择免费推广，包括标题优化、店铺推广、帮派活动、软文推广及免费活动等。同时也可做付费推广，如直通车、短信营销、付费广告等。还可以通过第三方平台进行推广，如通过试客联盟进行试用营销推广，通过试用活动提高店铺单品人气，也可对店铺单品进行大量的口碑宣传，为打造爆款奠定基础。

3.2　网店推广计划书编制

制订网店推广计划本身也是一种网店推广策略，推广计划不仅是推广的行动指南，同时也是检验推广效果是否达到预期目标的衡量标准。网店推广计划书至少应包括三个方面的基本内容：网店推广的阶段目标；网店运营的不同阶段所采取的网店推广方法；网店推广策略的控制和效果评价。

3.2.1 确定网店推广目标

如在发布后1年内实现每天独立访问用户数量、与竞争者相比的相对排名、在主要搜索引擎的表现、网店被链接的数量、注册用户数量等。

3.2.2 确定网店推广方法

在网店发布运营的不同阶段采取不同的淘宝网店推广方法。如果可能，最好详细列出各个阶段的具体淘宝网店推广方法，如登录搜索引擎的名称、网络广告的主要形式和媒体选择、需要投入的费用等。

3.2.3 网店推广效果评价

网店推广效果评价指网店阶段推广目标的控制、推广效果评价指标等。对网店推广计划的控制和评价是为了及时发现网店营销过程中的问题，保证网店推广活动的顺利进行。

3.2.4 网店推广计划书实例

1. 前言

建好的网店如何让买家了解产品，如何让买家光顾店铺，唯一的方法就是积极主动地推广，否则尽管产品质量非常好，价格非常低，店铺也很有特色，但买家根本不知道它的存在。所以，要想让网店被人们熟知，可以使用几个不同的途径进行推广。

2. 推广目的

网店运营后，尽可能地增加访问量，让更多的买家光临店铺购买宝贝，以增加盈利。

3. 目标客户分析

比如，目标客户群体主要为青少年，其特点是喜欢新鲜事物，追求时尚。

4. 推广渠道

（1）淘宝网内部的免费渠道。

包括在社区发帖回帖、参加帮派组织的活动、用银币抢广告位宣传店铺或单品。

（2）店铺装修和店标的设计。

店铺装修是很关键的。给顾客营造一个舒服的购物环境，他们愿意在你的店里多待一会，你成功交易的机会就大一点。同时，也能够更好地达到推广的目的。装修时最好能做到色彩统一和谐，和自己的商品协调，突出个性。

店标意味着店铺的标志形象，要设计得有特色。店铺的名字也要注重特色，好记，最重要的是要简单明了，让人一看就知道你卖的是什么。如店铺“女生宿舍”，第一感觉就是温馨，一看就知道卖女性的东西，宿舍就像是家一样，有家就有衣橱。店标放置内容为店名+图片+联系地址+店铺网址。

5. 推广方法手段

（1）淘宝个人空间推广。

多写一些分享经验、表明网店掌柜的为人处世原则等的帖子，引起顾客的共鸣，以达到宣传的目的。穿插的广告不宜太过明显，否则会因为明显打广告而被删帖。

（2）合作推广。

友情链接：淘宝对每个商家提供最多35个友情链接。多链接一些人气高、信誉好的店铺，自己主动把它们加入友情链接。同时，也可以与别的店铺合作推广，进行物品共享。比如卖衣服的店铺，可以与饰品店做链接，也可以去人气旺的店铺留言并希望得到更多人的回访，以此提高自己店铺的人气。

（3）论坛推广。

比如，店铺“女生宿舍”，论坛昵称为“女生宿舍”，个性签名为“女生宿舍——衣橱的发源地+淘宝网店地址”。因为主要是经营女性服装，所以可以在一些女性论坛注册，比如“猫扑大杂烩-大小姐版区、瑞丽女性网论坛”等。此外，发帖和回帖的质量要高，还要转载一些有意义的帖子、与商品相关的专业性的帖子。

如发帖主题：衣服如何搭配；网店经验；夏季女性必备的三种款式等，吸引论坛成员来“灌水”。在回帖中的末尾处加上一些商品打折信息，以达到宣传的目的。这样既可以有效防止自己的广告做得太过于明显，又避免引起论坛网友的反感。实行以软文推广为主。也可以认真回复淘友的帖子，回帖最好是“沙发”，第一页宣传效果都很好，也能增加店铺的浏览量。

（4）使用阿里旺旺推广。

在淘宝上开店使用最多的聊天工具则是阿里旺旺，可以通过旺旺挖掘我们的潜在消费者。

比如店铺“女生宿舍”，网店旺旺昵称为“女生宿舍”，个性签名为“女生宿舍——衣橱的发源地+淘宝网店地址”。多加女性好友，以好友聊天方式来委婉地推荐自己的店铺（如“其实我店里就有这种类型的衣服啊”）。利用旺旺推广则是一种比较好的手段，这使得我们所做的广告能够更好地得到推广。

（5）聊天工具推广。

聊天工具，如QQ、MSN、飞信等，在个性签名、QQ、QQ群、百度、新浪、飞信等空间里加入店铺的链接或者做一些店铺以及产品的介绍，让更多的人光顾网店。

具体方案：

1）QQ群具体推广：QQ越多，可以加入的群就越多，如果加入的是大群，每个群的人数就更多，则宣传效果更好。即使排除不在线的QQ用户，效果也不容低估。要忍辱负重，不怕被踢。

2）在QQ群是可以发群邮件的，可以把网店上的一些新上架的宝贝图片及说明写在邮件里，发给大家看，以吸引大家的目光。

（6）电子邮件推广。

利用百度邮箱、雅虎邮箱及新浪、163、网易、QQ等邮箱进行推广。

具体方案：利用这些电子邮件给好友定期发送相关产品的信息，最好是一个月一次。E-mail推广方式使用一次即可，多发会给他人留下不好的印象，影响口碑。发送E-mail推广方式成功的关键是发送邀请别人访问自己网店的广告信，写得要有诚意，把最有特色的宝贝和最新的宝贝动态，加上网店网址和网店介绍写在广告信里，并期待得到好友的回访。

如，邮件标题：“女生宿舍——美女衣橱发源地！”

内容：“凡任意购买2件35元的衣服或3件衣服，可以包邮。希望大家多多光临本小店+淘宝网店地址。”附上3~4件新商品的缩略图，图片有链接。

若提供的信息内容正好是收到这封信的网友所需要的，就可以大大提高网店的曝光率了。

（7）博客推广。

可以注册多个博客。博客要活跃，比如，在名人博客里回复内容（借助名人博客的高访问量，宣传我们的淘宝店），尽量在第一页回复，这样带来的流量是很可观的。

但是回复内容不能直接宣传本店，否则容易引起反感。比如，可在回复内容的结尾处加上“希望大家多多光临本小店!”。

（8）查看买家求购信息，随时了解买家的需求，主动出击。

淘宝的求购集市是个好地方，很多懒得一家家逛店的买家都直接在求购集市发求购信息。卖家可以进去寻找合适的客户，有针对性地推荐产品，这样成交率是相当高的。即使没有求购者所要的商品，也可把相关的商品推荐给求购者，这也是个很好的产品推广方法。

（9）优惠促销、赠送活动。

折扣促销：根据店铺具体情况给老顾客折扣优惠（不能同时享有两种活动的优惠），比如：

1）第二次上门的顾客，商品可以打九折，第三次来时打八折，第四次打七折，以后的购物均可打七折等。

2）购物满100元，可以赠送价值15元的丝袜。

3）任意购买2件35元的衣服或3件衣服可以包邮等。

如此一来，一次赚的钱可能会少一些，但是从长久考虑，能留住许多老买家，还是值得的。

赠送活动：比如，凡在店里购买任意一件宝贝，将会赠送小礼品（如发圈等）。例如某店铺，商品的价格一般是45元，有一批商品价格在3~5元，例如小发圈。一般情况下，将低价格的宝贝作为赠品，鼓励买家拍下赠品，并从正常购买的40元的商品中扣去赠品的价钱。这样该店在支持一个宝贝就是40元的情况下，使买家花费40元获得了两个宝贝，也就是多了一个赠品。这种方法可以用在促销中，买家从心理上得到了满足，卖家最大的好处是赠品也形成了一个交易，多了一个好评，信用增加极快。

（10）自主印发宣传单。

例如，内容：“各位亲亲们，欢迎来到‘女生宿舍’，小店虽然刚起步，但是我家的衣服质量是保证的哦，希望大家多多支持。您的支持是对我们最大的鼓励，您的需求是我们服务的宗旨。小店每件商品都是我们精挑细选的哦，亲亲可以放心选购。”

优惠活动有：①购物满100元，可以赠送价值15元的丝袜。②任意购买2件35元的衣服或3件衣服可以包邮。

宣传单尾处：“希望大家多多光临本小店+淘宝网店地址”。

也可以和其他企业合作，比如和超市合作，在小票上印上网店地址，客户购买时，输入小票的标号可享受折扣，以达到推广的目的。

（11）包裹推广。

可以在顾客购买的包裹中放入名片，介绍自己的店铺和宝贝，留下ID和店铺链接，以便买家再买时记得你的店铺，提高客户忠实度。另外，还要给客户一些小赠品（发圈），提高顾客的回头率。

（12）淘宝客户发送节日祝福。

每逢佳节倍思亲，在佳节即将到来之时发上一句温馨的节日祝福，让客户感受到你对他的重视，留下好印象。比如在母亲节日前2～3天，给QQ、阿里旺旺、MSN、飞信上的客户发送母亲节日即将到来的温馨小提醒信息。信息内容为："母亲节就要到咯……亲们赶快想想送什么给您和蔼可亲的妈妈吧！"结尾："淘宝小店——'女生宿舍'提醒您＋淘宝网店地址"。这样客户若下次有需要购物时，也许会首先考虑你的店铺，从而大大提高了网店的服务形象。

（13）淘帮派推广。

现在淘宝网里面的淘江湖很受人的关注，里面的帮派很受广大卖家和买家的关注，卖家多在帮派参加帮派活动，提高自己的人气、增加自己店铺的曝光率。加入一个好的帮派能为你带来大量的流量。每个帮派都有广告位，有免费的也有付费的，这个对宣传也很有效果，免费的最主要的就是多发帖、回帖，多做一些促销活动。帮派越大，人数越多，客户越多，多发帖、回帖，店铺流量也会增加。

（14）加入淘宝团购。

团购是团体购买和集体采购的简称，其实质是将具有相同购买意向的零散消费者集合起来，向厂商进行大批量购买的行为（实质就是批发）。这样团购的价格相对也比较低，单件比零售要少3～5块，现在多以网络团购的形式出现。可以利用这一点把店铺的信誉提升上去，也起到了宣传店铺的作用。

6. 推广团队分工

比如，可分为网上推广方法的实施与内容撰写、网下推广方案的内容和前言撰写、总稿撰写。

7. 项目费用预算

名称	费用/元
宣传单	××
海报	××
横幅	××
画笔	××

【任务实施】

网店推广计划书编制

实训的目的与要求：

（1）各组以经营的网店（或商城、网站）为载体，制订网店推广计划书（或制订推广方案）。切实有效地开展网店推广，扩大网店知名度，使自己的网上商店能吸引顾客访问，并带来销售额。

（2）开展网店推广工作，可进行网上与网下的推广。做好网店推广有助于树立网店形象，提高浏览量，吸引更多的顾客，尽快卖出商品，促成更多的交易。

（3）要求每位同学写出网店推广实训心得。

操作内容：

（1）确定网店推广的计划书的主体内容。

（2）实施网店推广计划方案，完成相关的网店推广。

（3）寻找适合于本网店推广的基本方法和策略。

【任务拓展】

淘宝网某家纺店开设店铺计划书

一、店铺的设定

1. 店铺定位

网店中150~350元价格区间的家纺（四件套、春秋被、枕头、蚊帐）销售较好。考虑到运费因素，不建议销售100元以下的商品。100元以下的家纺，如果需要买家支付20元的运费，会很难成交。

2. 店铺资金投入

投入资金=店铺版本费用+消费者保障服务押金+网店模板费用+推广费用+进货费用（与供应商联系可省）

店铺版本：扶植版、标准版、拓展版（官网型）、拓展版（营销型）、旗舰版。

标准版，每月30元；拓展版，每月98元；旗舰版，每年2 400元。

消费者保障服务押金：1 000元。

网店模板费用：一般的是50元左右。

推广费用：费用根据点击数量或成交量收取。

3. 店铺名称

网店店铺名称易记，不宜过长。

4. 店铺风格

根据经营商品的主要类型设定店铺风格，如主打是四件套，则店铺风格要温暖、舒适，有视觉冲击感。

二、经营新产品定位及分类

1. 专营一种品牌的多个系列

若专营一种品牌，需要品牌有一定的知名度或是高仿某个大品牌。做专营的优点是能够形成喜欢该品牌的固定群体。

2. 经营多种品牌的多个系列

经营系列不宜过多，如高低价位、高低品质等。优点是在点击率相同的情况下成交的成功率高。

3. 经营产品基本大类设想

四件套、羽绒被、蚕丝被、空调被、春秋被等。

三、店铺推广

（1）无费用推广：店铺内宣传，如宝贝推荐、店铺介绍、店铺留言、友情链接、个人空间、淘宝社区、淘宝大学、经验畅谈区、社区广告、阿里旺旺、参加淘宝活动、加入商盟等。

（2）有费用推广：淘宝有偿推广服务项目等。

四、店铺管理

（1）店铺模板的设定和更新。

（2）特价、促销新产品的发布与淘宝网的接洽。

（3）店铺商品图片的美化，熟练运用 Photoshop 软件。

（4）与营销人员的协调及销售方面的授意。

（5）管理和查看各商品的销售情况，决定商品的上架和下架。

（6）与供货商的接洽。

（7）确定店铺的主打产品、高利润产品、吸引客户的无利润或是微利润产品。

五、营销人员

（1）网店步入正轨后必须有专职人员时时在线，至少开两个旺旺号，工作时间为9:00—23:00。

（2）每天分不同时间段上传和更新产品及图片，分时段更新，这样被搜到的可能性更高。

（3）接待买家，接待过程很重要，要热情，且回复信息速度快，思想灵活，不放过每一位顾客。前期发展阶段价格优惠，同样的商品，我们争取让买家满意，留住买家，获得信誉好评。

（4）对所有买家都要加好友，并进行分组，如老客户、交易成功客户、爱砍价客户等。对交易成功的客户购买意向进行分析，对分组后的买家昵称进行备注，如买过什么商品、咨询过哪个商品等。

（5）按质、按量完成无费用推广的各项任务，营销人员不能坐在电脑前等客户。

（6）利用淘宝网提供的买家求购模块功能，主动出击，寻找买家。

（7）挖客户，在同行业的店铺评价区、留言区找到客户 ID，加好友，推广和介绍产品。

（8）新品上市，给所有的客户发手机信息、邮件、旺旺信息等。

六、发货管理

（1）质量保证：必须与店铺描述信息一致，发货前要认真检查商品的外观是否完好。

（2）发货速度：务求做到当天发货，最迟推后一个晚上，也就是第二天上午一定要发货。

（3）包装方式：保证快递过程中商品的完整性，要求包装要结实，物流公司的保证是不能完全信任的。

七、承诺选择

（1）消费者保障。

（2）7 天无条件退换货。

八、确定支付宝、淘宝账号、银行收款账号公司专门申请还是用现有的

九、商品营销手段

（1）礼盒：根据客户的要求进行包装，需要单收费。

（2）赠品：赠送小礼品，或简易包装盒。

（3）满额送运费：根据成本核算，达到盈利的百分比要求可送运费。

十、补充

（1）长期合作的物流单件运费应低于市场价。

（2）经营的所有产品，包括常用礼盒、赠品等，在营销人员手中应有实物，以满足客户视频看货的要求。

【项目总结】

本项目主要介绍了网店推广前必备的知识、素质和能力要求，以及网店推广的市场调研与定位、网店推广的环境分析和网店推广的实施、网店推广的计划制订。作为一名网店推广的专员，除了必须具备扎实的推广知识和能力素质外，还能根据企业实际来做好网店推广的计划与实施。

【项目习题与训练】

一、理论自测题

1. 关键概念：网店推广、网店营销、网络营销、整合营销、网络市场调研、网络市场细分、网络市场定位

2. 思考题：

（1）网店推广与网店营销有什么不同？

（2）网店推广人员要具备哪些基本能力与素质？

（3）网店推广市场调研一般包括哪些步骤？

（4）网店推广常用的方法有哪些？

（5）网络营销常用的方法有哪些？

（6）如何进行网店推广市场分析？

二、实务自测题

1. 实训任务：利用常用的搜索引擎工具收集相关商务信息。

2. 实训目的：了解用户通过企业网站、搜索引擎、电子邮件等常用的网络营销工具来获取商品/服务信息，掌握各网络营销工具的使用方法及其信息传递的特点，为后续内容学习奠定基础。

3. 实训内容和步骤：

（1）以小组为单位从备选商品/服务名称中选择一种，收集你希望购买的这种商品/服务，或者希望了解与这种商品/服务相关的更多信息；

备选商品/服务名称：苹果手机、500 万像素数码相机、童装、女装、笔记本电脑、五金产品、食用油、网络营销师认证考试咨询。

（2）利用该关键词分别在 3 ~ 5 个常用搜索引擎中进行检索，观察检索结果第一页的信息差异情况。

常用搜索引擎：

www. google. com

www. baidu. com

www. zhongsou. com

www. sogou. com

www. iask. com

www. yisou. com

4. 实训思考：思考这个实验过程中的一些相关问题。

（1）如果采用同一关键词，在不同搜索引擎中检索的结果有没有大差异？如有差异，则分析是什么原因造成这种差异，这种状况对网络营销信息收集是否会产生影响。

（2）搜索引擎检索结果中的信息为什么吸引你的注意力，并驱使你点击进入这个网页，对此你受到什么启发？你能否获得期望的信息和服务？

【项目案例】

网店推广案例——老婆的淘宝店

2005 年，小王的老婆开了一段时间的网店，主要卖衣服，3 个月过后，这个网店因为供货商的原因停了。今年 4 月，小王又开了一家实体全皮鞋店，这使闲置的网店又可以用上了。现在两个月过去了，实体鞋店运行正常，但网店没有什么进展，小王的老婆很着急。小王从以下方面帮助了他老婆。

一、对网店的分析

1. 店铺的基本情况

店铺名称：花美丽流行鞋馆（实体店同步销售）。

卖家信用：50；买家信用：31；宝贝数：47。

店铺介绍：舒适自然！本店主打全皮男女单鞋，依托实体店销售，欢迎大家选购！

宗旨是：最优质的产品，最低廉的价格，欢迎各位新老顾客光顾!!!! 坚决打击暴利!!!

店铺公告：为了庆祝花美丽流行鞋馆开张，购买店内任意一双鞋子，包平邮。小店主营各类男女鞋，实体店同步销售。

旺旺会员名：秦桑低绿叶。

2. 经营情况

店铺的浏览量低。

二、淘宝上销售同类商品的网店分析

选取三钻网店 5 家，主要从他们的经营产品特点、定位、经营特色上分析。

网店一：Anna&Vera 真皮女鞋专卖店

产品特点、定位：以真皮为主，推出了大码区和小码区。

经营特色：时尚、真皮、低价。

网店二：广州茜茜性感高跟鞋淘宝专卖店

产品特点、定位：以高跟鞋为主题，推出不同高度的高跟鞋。

经营特色：时尚、差异化销售。

网店三：高新区聚美鞋店

产品特点、定位：以外贸鞋为主，时间、价格、鞋码突出卖点。

经营特色：低价、多元化促销方式体现特点。

网店四：大宝熊秀足坊（批发、零售）——上海真皮精品女鞋，外贸女鞋

产品特点、定位：以真皮鞋为主题，兼顾价格、外单、名品鞋，突出品种丰富。

经营特色：真皮、时尚。

网店五：gc - shop. cn 金手艺鞋业

产品特点、定位：批发概念定位产品。

经营特色：低价、时尚。

通过对以上 5 家网店分析总结如下：

（1）从店铺名称来看，除了 1 家外，其余 4 家紧跟产品定位，起到一目了然的宣传效果。

（2）产品定位明确，并结合自身情况通过新款、真皮、价格、特色来突出卖点。

（3）经营特色方面：4家时尚，紧跟时尚潮流元素；3家低价主题明确；2家以真皮为卖点抓住人心；1家抓住差异化销售“高跟鞋”。

在分析这些店铺时，小王特别留意了一下开店日期，1家2003年开的，2家在2004年，2家2005年的；三钻是至少销售了1 000件商品以上的，小王就想知道要升三钻要多长时间，光从时间上来看是片面了些（小王也看到一家2007年6月开的也是三钻了），但至少可以说明“坚持”是做网店的不二法则。

产品的定位和经营特色是网店灵魂，在上百万卖家、6 000多万商品中怎么突出我们的优势，别人为什么要买我们的东西，是做网店要不断思考的问题。以上5家在摸索中就是不断凸显自身的特色，创造出自己的网店灵魂。

三、结合同类网店分析“花美丽流行鞋馆”的不足

（1）经营没特色，在实体店中经营面对的对象已婚和中年妇女居多，所以，在鞋样和款型上并不是紧跟时尚元素；同时，在价格上，由于都是厂家自己定做的真皮皮鞋，跟时装鞋相比没有任何价格优势，唯一可以作为卖点的就是全真皮皮鞋。

（2）产品特点、定位不明确，全真皮卖点不突出，没采用多元化促销方式，网店栏目、产品说明不吸引人。

（3）网店名称、介绍、公告不够突出主题。

（4）商品没到50件以上。

（5）产品照片需要美化一下。

（6）产品发布时间没有注意。

（7）网店没有注重推广。

四、“花美丽流行鞋馆”的改进措施

（1）首先需要创造出经营特色，在上面已经提到网上和网下针对的客户群有点出入，在现有基础上，在网店上突出以真皮皮鞋为卖点，以实惠的价格和优质服务为辅的经营特色。同时，在不改变产品定位的情况下进行卖点包装，根据真皮皮鞋产品的特性（舒适、自然），创意为“送父母”“送爱人”“送自己”的爱心特送，再辅以平价促销和不断增进新的品种来进行多元化促销。

（2）网店名称、店铺介绍、公告围绕主题来设计。改现在“花美丽流行鞋馆”为“真皮皮鞋馆——真皮女鞋、男鞋、单鞋”；店铺介绍：舒适、自然的真皮皮鞋送父母、爱人、自己，很舒适很自然。

（3）店铺类目设计为：送父母、送爱人、送自己，新款真皮女鞋（单鞋、凉鞋）、真皮男鞋（单鞋、凉鞋），1元拍区；宝贝命名采用：“送父母，舒适真皮皮鞋，88元特价”格式。

（4）重新拍一些店里的宝贝，丰富种类。

（5）每周分三批，隔天发布一次新产品，每个产品间隔30分钟发布，分别在9:00—12:00或2:00—5:00或8:00—22:00发布。

（6）网店主要通过淘宝论坛+博客的方式推广，每天要至少抽1小时浏览论坛，至少有20条留言。结合博客日记写开店感受和经验总结，并把好帖发到淘宝论坛上和淘宝个人空间里面。

（资料来源：http://shop33302711.taobao.com/）

项目二

网店优化推广

【项目目标】

在进行任何推广前，网店自身的优化尤为重要。通过本项目的学习，使学生了解并掌握商品标题及主图的优化，了解限时折扣、“满就送”、搭配套餐等常见的店内促销手段，并能有针对性地制订网店优化方案。

学习任务	能力要求	知识目标
任务 1 网店优化	1. 会优化商品标题 2. 会优化商品主图	1. 了解淘宝搜索排名的影响因素 2. 掌握商品标题优化技巧 3. 掌握商品主图优化的技巧
任务 2 店内促销	1. 会合理设置限时折扣 2. 会根据网店实际情况使用“满就送” 3. 能利用搭配套餐做好商品关联销售	1. 掌握限时折扣的设置方法 2. 了解“满就送”的各种方式 3. 理解搭配套餐的作用和意义

任务 1　网 店 优 化

【任务描述】

网店在准备推广前，先要做好“内功”，也就是做好网店自身的优化。网上商品主要以图片和文字展现，所以网店的优化，也主要针对这两个方面，即商品标题优化和商品主图优化。通过学习，了解影响商品搜索排名的因素，并有针对性地优化商品标题，提升排名，同时优化商品的主图，吸引顾客点击。

【任务导入】

小张开网店有一阵子了，但店内商品排名一直上不去，每天访问量寥寥无几，他开始意识到推广的重要性，准备策划网店推广，做好数据化引流，增加访问量，提高销售收入。但朋友告诉他，没有做好网店优化，任何推广只会“烧钱”，那么，小张该如何优化网店呢？

【知识准备】

1.1 商品标题的优化

众所周知，流量对于卖家来说很重要，流量大多来自商品，商品的流量又是通过关键词得来的，所以就需要优化商品标题，以此来增加展现量，增加点击率。有了展现量和点击率，才会有流量。

1.1.1 淘宝搜索排名影响因素

所有商品排序影响因素：相关性、作弊降权、橱窗推荐、下架时间、消保等。

人气排序影响因素：相关性、人气分（销量、收藏、浏览量、转化率等）。

相关性：买家在搜索的时候，已经有了较为明确的意图。关键词代表搜索需求，我们要做的就是把商品标题和买家的需求对接，这时候就需要关键词和类目的相关性要高。

1.1.2 商品标题优化技巧

1. 避免使用大量的类似或重复标题

标题多样化，避免重复铺货、堆砌品牌。

2. 不要使用特殊符号

如“<>”“<<”“>>”“[ ]”等，系统认为大部分这样的符号没意思，就会将其屏蔽。可以使用“/”或者是空格。

3. 在标题中写出主要类目和属性

不要出现类似的“+”“-”号，如 GPS + 导航，系统认为是 GPS +。

4. 注意敏感词过滤

如“高仿”“山寨”等。

5. 等效搜索词规律

（1）紧密排列规律：第一关键词 + 第二关键词 = 第一关键词 + 特殊字符 + 第二关键词，即紧密排列规律。搜索时特殊字符将被忽略，搜索结果不含拆分（即搜索结果中多个关键词按照顺序紧密相连）。

（2）顺序无关规律：第一关键词 + 空格 + 第二关键词 = 第二关键词 + 空格 + 第一关键词，即顺序无关规律。

1.1.3 商品标题优化过程

我们以一款眼霜为例来优化标题，例如：五皇冠进口欧莱雅复颜双效眼霜 15 mL 提拉抗皱紧致双重眼部精华新版。

1. 类目分析

类目选择的是：美容护肤/美体/精油 > >眼部护理。

名称：L’oreal 欧莱雅/复颜抗皱紧致眼霜。

通过类目分析，可以得出，所属类目：眼部护理，宝贝品牌：进口欧莱雅，名称：复颜抗皱紧致眼霜，功效：去眼袋、眼部提拉紧致、眼部抗皱，如图 2 - 1 所示。

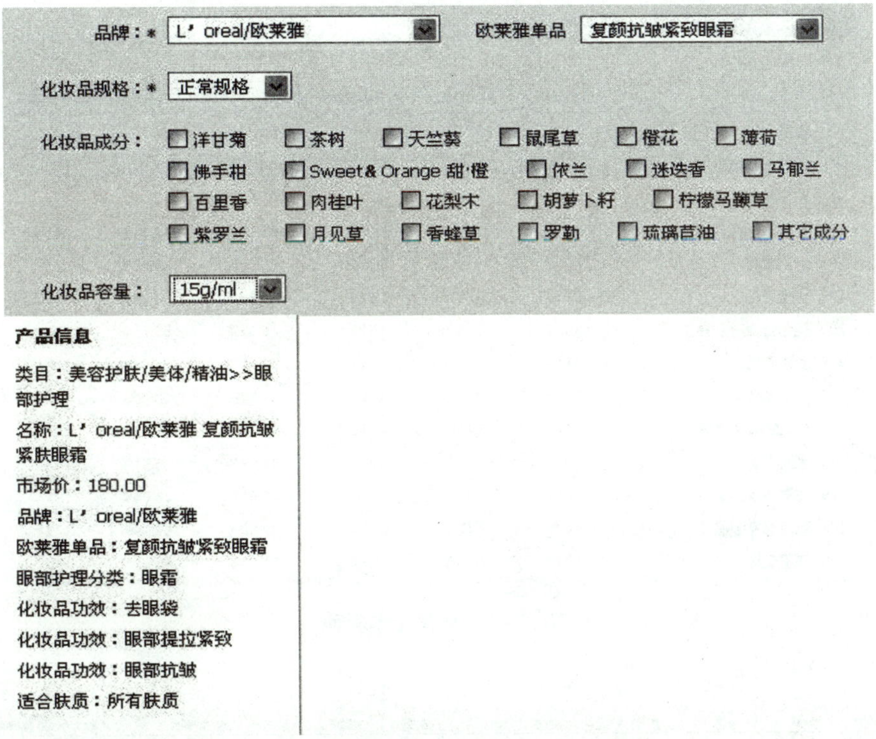

图 2－1　产品类目

2. 关键词选择

关键词的选择是为了更多地获取搜索流量，搜索流量又是由宝贝标题的关键词得来的，我们的目标就是得到更多的流量、更多的转化率。宝贝的标题最长不能超过 60 个字节，也就是 30 个汉字，这样就要求充分利用这 30 个汉字。首先我们考虑的是流量，什么样的关键词搜索的人最多，点击的最多，下面借用几个工具。

（1）数据魔方。

首先借用数据魔方，通过上面的类目了解到这是一款欧莱雅复颜抗皱紧致眼霜。分析类目为的是找到更为准确的关键词。

下面在淘词里搜眼霜。

得出关键词（图 2－2）：眼霜、去细纹、保湿，欧莱雅、复颜、眼霜、15，眼霜、去眼袋、正品。

接着在淘词里搜索欧莱雅（图 2－3）。

提炼关键词：欧莱雅、欧莱雅正品、欧莱雅眼霜、巴黎欧莱雅正品、巴黎欧莱雅。

综合两次搜索，得出关键词：眼霜、去细纹、保湿，欧莱雅、复颜、眼霜、15，眼霜、去眼袋、正品，巴黎欧莱雅正品。

注：不是说点击率高的关键词我们就要，我们要结合类目，找出相关度高的关键词，上面说过人气排序和所有宝贝排序都有相关度，可见其他同等条件下，相关度高的产品排名一定靠前，并且相关度高的产品转化率一定要高，关键词代表搜索需求，我们要做的就是把宝贝标题和买家的需求对接，所以一定要注意关键词和类目的相关性。

行业关键词热搜TOP榜　行业关键词热搜飙升榜

每页显示 25 条　　搜索：眼霜

	热门关键词	搜索人数	搜索次数	点击次数	商城点击占比	点击率	成交笔数
4	眼霜	85,317	252,510	98,661	53.43%	39.07%	4,696
40	雅诗兰黛眼霜	24,746	48,026	22,007	23.33%	45.82%	602
71	欧莱雅眼霜	16,496	36,527	15,568	31.54%	42.62%	458
143	眼霜 去细纹 保湿	8,925	25,368	10,467	46.16%	41.26%	516
168	丸美眼霜	7,533	14,712	6,555	51.50%	44.56%	265
194	眼霜 正品	6,357	21,139	7,819	48.28%	36.99%	350
203	欧莱雅 复颜眼霜 15	6,157	6,642	4,128	10.32%	62.15%	92
216	兰蔻眼霜	5,809	10,582	3,727	43.41%	35.22%	58
218	玉兰油眼霜	5,756	11,025	3,561	41.59%	32.3%	82
327	丸美眼霜 去眼袋	3,803	6,715	4,220	34.57%	62.84%	161
355	大宝眼霜	3,477	6,213	3,455	47.87%	55.61%	142
379	眼霜 去眼袋 正品	3,281	9,011	4,239	49.87%	47.04%	184
398	眼霜 去黑眼圈	3,076	9,175	5,504	62.59%	59.99%	172
459	眼霜 走珠	2,229	7,064	3,247	53.34%	45.97%	170

图 2－2　眼霜搜索界面

	热门关键词	搜索人数	搜索次数	点击次数	商城点击占比	点击率	成交笔数	转化率	直
9	欧莱雅	10,473	23,017	4,039	41.74%	17.55%	61	0.27%	1
42	欧莱雅 正品	3,524	8,915	2,789	30.62%	31.28%	45	0.50%	C
74	欧莱雅眼霜	2,258	5,056	2,176	31.30%	43.04%	69	1.36%	1
82	欧莱雅套装正品	2,095	5,007	2,580	16.24%	51.53%	39	0.78%	1
88	欧莱雅 男士	1,996	4,320	1,809	50.58%	41.88%	55	1.27%	1
126	欧莱雅套装	1,462	3,090	1,264	27.14%	40.91%	23	0.74%	1
232	欧莱雅 官方 旗舰	737	1,938	198	97.98%	10.22%	0	0.00%	C
271	巴黎欧莱雅 正品	640	1,596	474	28.27%	29.7%	4	0.25%	1
276	欧莱雅 男	634	1,087	453	37.09%	41.67%	20	1.84%	
430	巴黎欧莱雅	412	878	168	47.62%	19.13%	0	0.00%	1

1-10/10条　　首页　上一页　1　下一页

图 2－3　欧莱雅搜索界面

（2）淘宝搜索栏。

其次可以借用淘宝搜索栏，如果说我们的产品在数据魔方里搜不到有关的关键词，这时候可以在淘宝的搜索栏里搜，同样会出来系统推荐的关键词，这些关键词的点击率也很高。搜索眼霜出来相关内容如图 2－4 所示。

我们会得出关键词：眼霜、去细纹、保湿，眼霜、正品，眼霜、去眼袋、正品，眼霜、紧致等。

搜索欧莱雅出来的内容如图 2－5 所示。

我们会得出关键词：欧莱雅眼霜，欧莱雅、正品、眼霜，欧莱雅正品等。

通过搜索栏得出关键词：眼霜、去细纹、保湿，欧莱雅、眼霜、正品，眼霜、去眼袋、正品，眼霜、紧致。

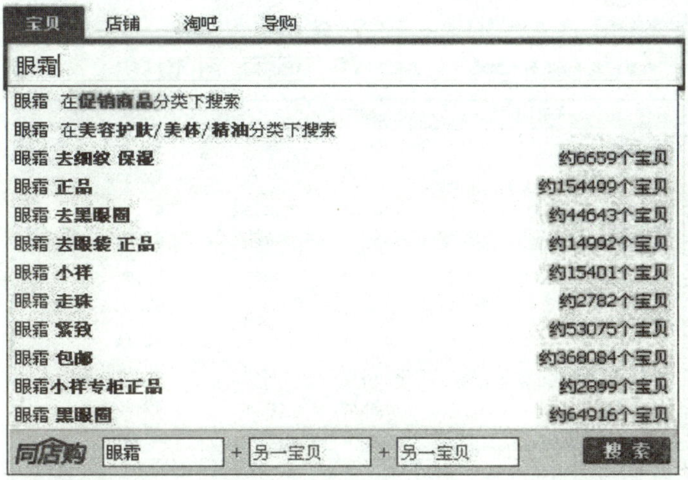

图 2－4　眼霜搜索界面

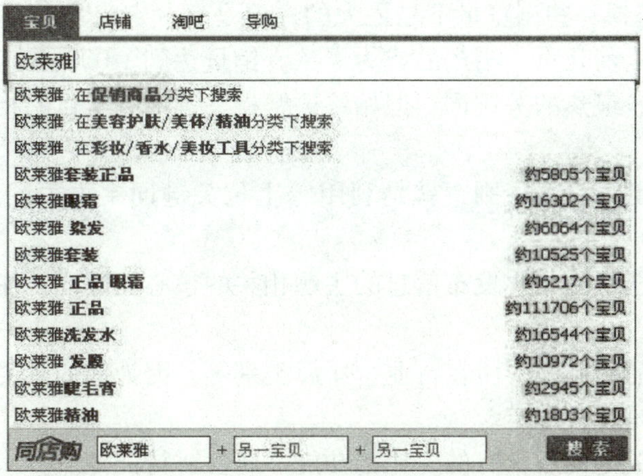

图 2－5　欧莱雅搜索界面

两种方法找到的点击率高并且相关度高的关键词基本一致，所以没有数据魔方的卖家，也可以通过这种方法来找关键词。

（3）直通车。

最后还可以借用直通车，有的关键词在淘词里搜不到，这时候可以利用直通车，在直通车里推广新宝贝，添加关键词，可以看到系统推荐的关键词，如图 2－6 所示。

结合类目提炼关键词：欧莱雅眼霜、欧莱雅复颜、提拉紧致、眼霜紧致、欧莱雅复颜抗皱、眼部精华、抗皱紧致、抗皱眼霜、眼部护理、进口欧莱雅。

最后对根据以上方法提取的关键词进行整理得出眼霜、去细纹、保湿，欧莱雅、复颜眼霜、15，眼霜、去眼袋、正品，巴黎欧莱雅正品，欧莱雅复颜抗皱，提拉紧致，进口欧莱雅这几个关键词。

备注：现在的关键词太多，不知道如何去选，如果宝贝没成交，则人气排序肯定很靠后，这时候选择搜索次数多的关键词。如果销量到了一定程度，例如 300 多笔（具体要看产

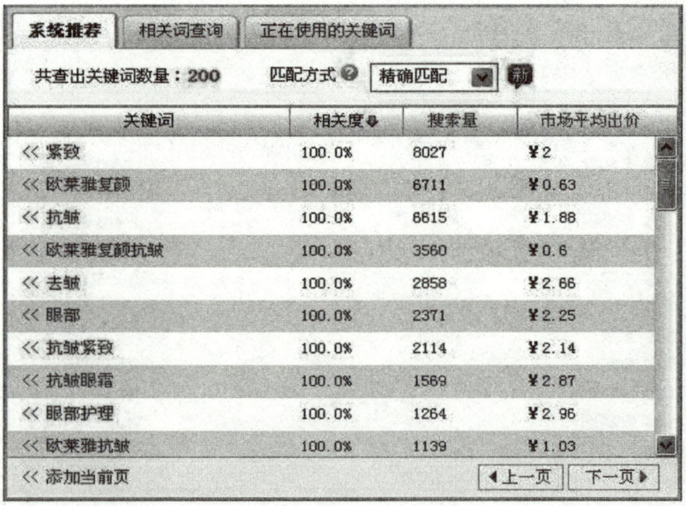

图2-6　直通车推广界面

品），这时候可能会选择一些浏览量不是最大的，但是有一定流量的关键词，确保人气排序会展现在第一页或者是前几页。当产品成为爆款，销量达到1 000多笔的时候，就要选择搜索次数最多的关键词、最热的关键词，但始终要坚持关键词和类目的相关性。

3. 标题成形

目前最先进的关键词设置规则，就是利用“上位关键词+主关键词+下位关键词”给出关键词组。

主关键词：即你选择的与你发布信息的主题相关的核心关键词，在淘宝中，可以是产品名称。

上位关键词：产品的品牌、所在行业、所属类别等，因为你的主关键词属于它们，因此叫上位，对主关键词是一种限定。

下位关键词：主关键词所具有的，比如功能、属性、特征等。

关键词代表搜索需求，我们要做的就是把宝贝标题和买家的需求对接，所以得出：

正品巴黎欧莱雅复颜抗皱紧致眼霜15 mL提拉去细纹去眼袋保湿

这就是我们得出的标题，可是这么紧凑的标题，会使整个标题看上去很乱，这么多字没有一个标点符号，完全不断句，虽然有利于增加被搜索到的概率，但是会让买家看得很辛苦甚至厌烦，展现量可能会很多，但是点击量就很少。我们的流量是由这两个方面组成的，缺一不可，此外，转化率也会因此降低，所以，少量而必要的断句是应该的，而且断句符号的选择也是门学问。

那么下面就来把上面的标题断句。根据紧密排列，在断句的时候不要使用逗号，可以使用“/”和半角空格等，这样系统会忽略这些特殊符号的存在，而且看上去有断句，买家看的时候就会非常清晰，很快了解此款产品，点击量就会上去，转化率也相对会高。由此得出宝贝标题：正品　进口欧莱雅复颜抗皱紧致眼霜15 mL提拉去细纹/去眼袋保湿。

1.2　商品主图的优化

1.2.1　主图优化的好处

1. 防止处罚

淘宝上的同款商品很多，淘宝判断同款最主要的根据就是主图。相信收到“待优化的宝贝”系统提示的卖家不在少数，这个提示会在“卖家中心”相关处出现，如图 2－7 所示。

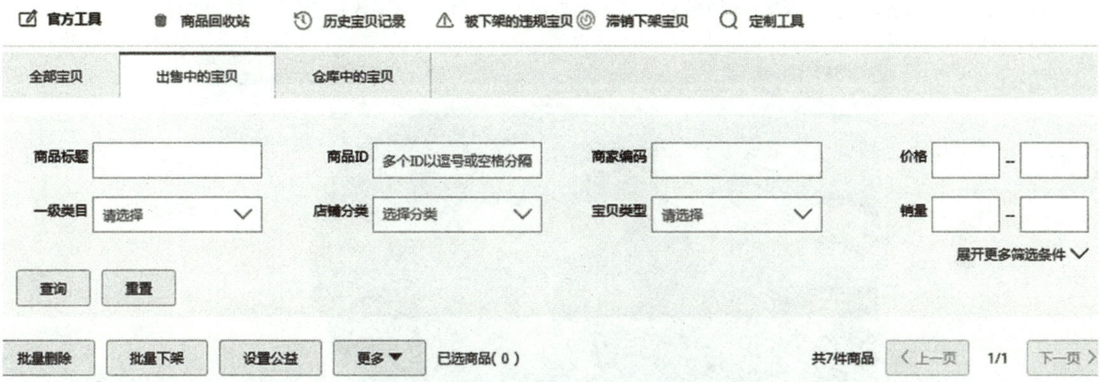

图 2－7　主图优化系统提示界面

开淘宝店的人不在少数，好卖的款式大家都会上架，有时候一个款，摆上架卖的卖家没有 1 000 也有 800。大家很多时候上的图都是工厂提供的图，工厂大量批发，免不了会给出同样的图，而淘宝查重图的上限是 400，所以，主图优化势在必行。

尤其是做代销、代理的卖家，肯定早就被主图给拖累了。即使是实物实拍，也要研究“主图优化”。

2. 带来流量

漂亮而新颖的主图肯定是最吸引买家的，尤其是当搜索页打开无数同款同质的商品时，如果你的商品犹如鹤立鸡群，能够脱颖而出，你还担心店铺的流量吗?

3. 促进转化

会做关联营销的人总能将一些促销、包邮、减价、热门情况标注在主图范围内，从而使喜欢商品的人更多地变成了购买商品的人。当然，这些都必须是在买家可以接受的范围内，千万不能让主图变成“牛皮癣”图片。

1.2.2　如何简单快速地进行主图优化

所谓主图优化，并不是在你原来的图上加个水印、加点文字就可以了，而是需要在描述页里选取一张和原主图差异很大的图，然后再经过 PS 处理，并重新添加商品描述。所谓 PS，就是 Photoshop 的简称，下面稍做讲解。

(1) “取” 图。可以用 “矩形选框工具”，或者 “裁切工具”，截取你认为最漂亮，最想要的那一块区域。

（2）编辑。用得多的是“编辑”菜单栏下的“拷贝”“粘贴”菜单，另外配合“移动工具”。

（3）大小调整。可以用“图像”菜单栏下的“图像大小”菜单，配合“裁切工具”。

（4）添加文字。用“文字工具”添加文字，文字大小、颜色、方向、特殊变化可以在相对应的工具栏上进行编辑。

（5）水印制作。水印制作的方法，主要有两种：一种是将店名、店标制作成 PS 成品图，然后与商品主图合二为一，用的是“拷贝”加“粘贴”的方法；第二种是将店名、店标制作成“填充图案”，然后在商品主图上进行图案“填充”。推荐使用第二种方法，不仅操作简便，而且大小调节容易。

取样品图（原尺寸为 750×904），主图优化过程如图 2-8 ~ 图 2-11 所示。

图 2-8　样品图

图 2-9　水印样品图

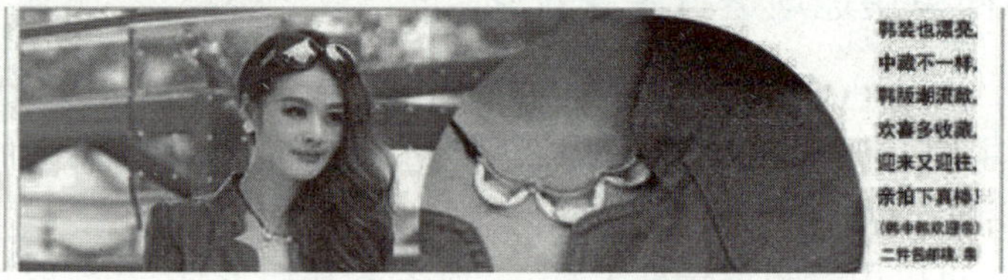

图 2-10　加文字图

▲ 独特袖子皱褶设计，让衣衣更
完美更舒适。机车风狂野演绎
出精致优雅的色彩，适合多种
场合穿搭！

图 2-11 加特有设计文字图

1.2.3 主图优化的 3 点基本原则

（1）严谨。在优化的时候一定要找到适合自己店铺、自己商品的方法，不盲目。

（2）凸显卖点。把商品的卖点也就是优点表现出来，不要再用老套的秒杀、折扣、包邮等词，可以主打价格。

（3）注重实际效果。图片做好之后一定要进行对比测试，不要主观地认为自己做出来的图片一定就好，我们要客观地对待，进行对比测试，通过流量变化来判断。没达到优化预期效果、不合格的要果断删除，然后继续优化。

【任务实施】

商品标题设计与优化

实训目的：通过实训，理解掌握选词工具优化标题的方法。

操作内容：

多喜爱家饰织用品有限公司是一家以专业设计生产和销售床上用品为主的公司，产品涉及被套、床笠、床单、床裙、枕套、被芯、枕芯、婚庆产品、垫类产品、床具等（图 2-12）。现为了扩大公司产品的市场占有率，加大产品的销售，公司积极进军电子商务领域，入驻各大时尚电子商务生态圈，开展网络销售。现公司入驻淘宝商城，为提升公司商城人气、带动店铺销量，公司拟在淘宝平台实施一些推广措施。

图 2-12 产品样品图

公司决定采用淘宝直通车推广，而直通车推广的关键是商品关键词的设置。直通车搜索的原则是当卖家设置的词和买家搜索的词完全一样的时候，才会展示产品的广告。所以说，给产品设置竞价词是至关重要的。产品直通车推广可以使用 200 个关键词，关键词可以选择直通车系统推荐的词或淘宝 top5W 中的词，还可以采用以下方法为产品的直通车推广进行关键词选择和优化设置。拟采用直通车推广的产品宝贝资料如下。

产品名称：多喜爱（喜玫瑰）婚庆套件

工艺：印花工艺

款式：床单式

类型：婚庆六件套

货号：090152

商品规格：1.8米床，1.5米床

（1）通过在淘宝首页搜索框中输入“多喜爱”，可以从搜索下拉框的衍生关键词中进行选择（图2－13）。

<table>
<tr><th>搜索界面的截图</th><th>选择1个与产品
最接近的关键词</th></tr>
<tr><td>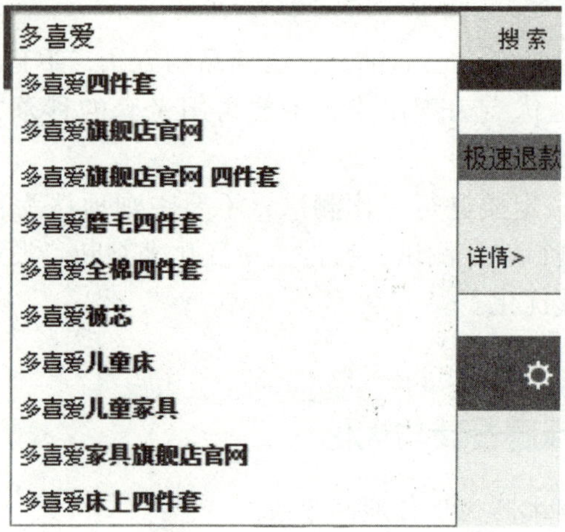
</td><td>多喜爱四件套</td></tr>
</table>

图2－13　淘宝搜索页面

（2）从搜索结果页的“您是不是想找”相关的搜索词中进行关键词选择（图2－14）。

搜索界面的截图	选择1个与产品 最接近的关键词
您是不是想找：　多喜爱磨毛　多喜爱被套　多喜爱旗舰店　多喜爱冬被	多喜爱被套

图2－14　淘宝搜索结果显示页面

（3）从产品的维度去选择和组合关键词（表2－1）。

表 2-1　产品关键词选择显示

产品维度	分类	关键词
品牌（各设 1 个关键词）	品牌名称	多喜爱（喜玫瑰）　婚庆套件
	货号	090152
产品名称（各设 1 个关键词）	产品种类	六件套
	产品符号	婚庆六件套　喜庆六件套
产品细节解剖（各设 1 个关键词）	材质	丝绵
	颜色	红色
	图案	提花
目标人群（各设 2 个关键词）	精准定位	新婚夫妇　乔迁　情侣
	搜索习惯	多喜爱喜玫瑰　婚庆六件套
产品用途与保障（各设 2 个关键词）	基本功效	新婚　礼物
	品质保证	7 天无条件退货　正品
市场活动（流行元素设 1 个，其他设 2 个）	节日功用	新婚　结婚纪念日·
	促销	特价　达到多少包邮
	流行元素	床笠　丝绵

（4）为直通车推广的产品进行类目选择（类目选择至少包括两级类目）（表 2-2）。

表 2-2　类目选择设置

一级类目	家居建材
二级类目	床品　婚庆

（5）商品标题设计。

买家能否看到商品，标题尤为重要。标题要简洁明了（不超过 30 字），突出产品的最大卖点（功效、品质、信誉、出价优势等）。好的标题需要包含很多热搜关键词，而且商品标题匹配程度也要高。请根据优化的原则，为此商品设定两个适合推广的标题（可参考表 2-3）。

表 2-3　优化推广可选标题

标题 1	多喜爱丝绵提花红色婚庆六件套
标题 2	正品丝绵多喜爱实用婚庆六件套

任务 2　店内促销

【任务描述】

当今是淘宝市场激烈竞争的年代，也是电子商务市场剧烈变化的年代，在这个变化当中，很多卖家都会感到彷徨，觉得作为卖家是一种痛苦，但是这是成长过程中一个转变阶段的痛苦，这个痛苦是正常的，健康的。为了提高店内的商品销量，首先必须先把店内的促销做好，促销是一个直接提升销量非常有效的方式。

【任务导入】

店内促销是一个非常有用的手段，如果想做好网店，店内促销是必须要做的事情，而且要坚持常年不懈地做，经常换新、更新地做，一个促销如果做得时间太长，买家也就没什么兴趣了。那么，究竟该如何设置店内促销呢？

【知识准备】

2.1 限时折扣

限时折扣：在较短时间段内的促销活动，利用时间的限制激发买家的购买欲。

（1）以百宝箱工具为例，首先进入首页，单击限时折扣图标（图 2－15）。

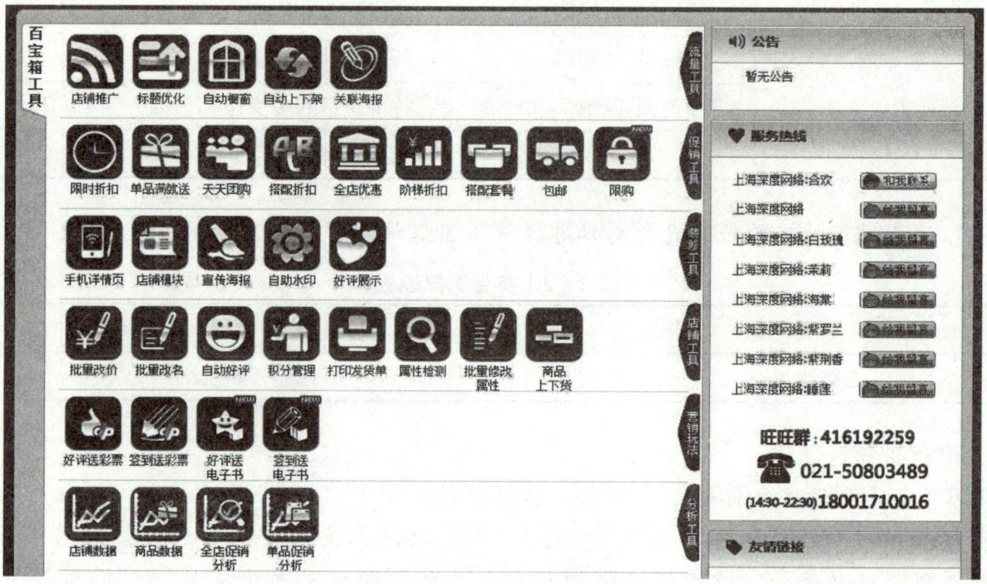

图 2－15 百宝箱界面

（2）限时折扣基础设置（图 2－16）：活动时间（开始时间默认为当时的时间，结束时间默认为 7 天之后）、商品折扣、商品减价、促销名称、包邮地区。

（3）水印和推广、促销信息设置。

1）水印设置（图 2－17（a））要注意：水印位置、水印底色、水印底色的透明度、水印文字内容、水印文字颜色。（注：图片如同时存在自助水印和促销水印，那么删除任意一个水印，两个水印都会消失。）

2）推广和促销信息设置（图 2－17）：勾选微博分享，活动将推广在微博上（先绑定微博）；勾选显示促销信息，促销信息将在商品详情里显示；单击“预览”按钮，可见详情促销信息；可填入显示在详情页卖家要说的自定义内容；最后单击“下一步”按钮。

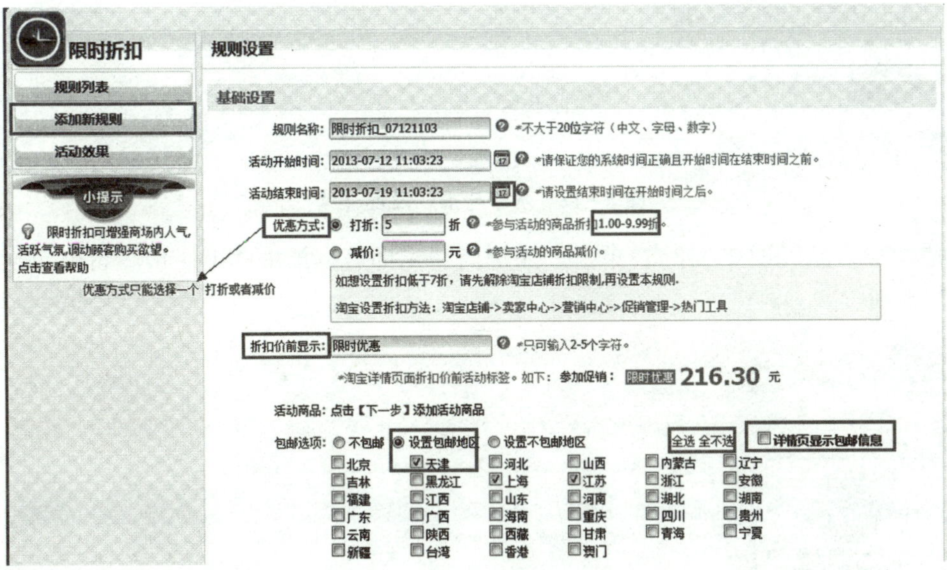

图 2－16　限时折扣基础设置

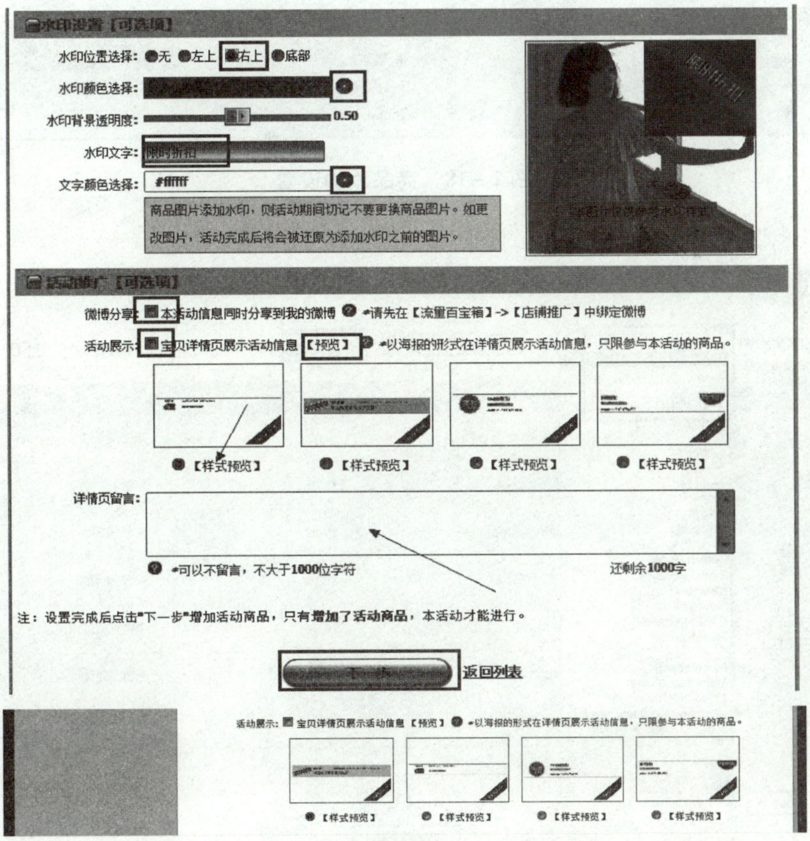

（a）

图 2－17　水印与推广设置

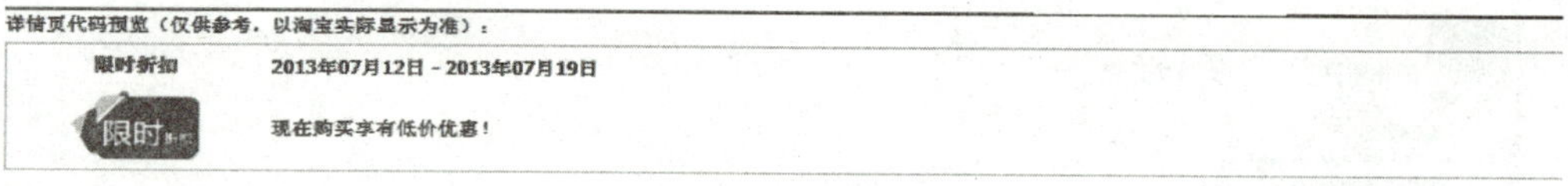

(b)

图2－17 水印与推广设置（续）

（4）增加商品（图2－18）：单击“添加商品”即可。单击“上一步”可以回到规则设置，修改规则。

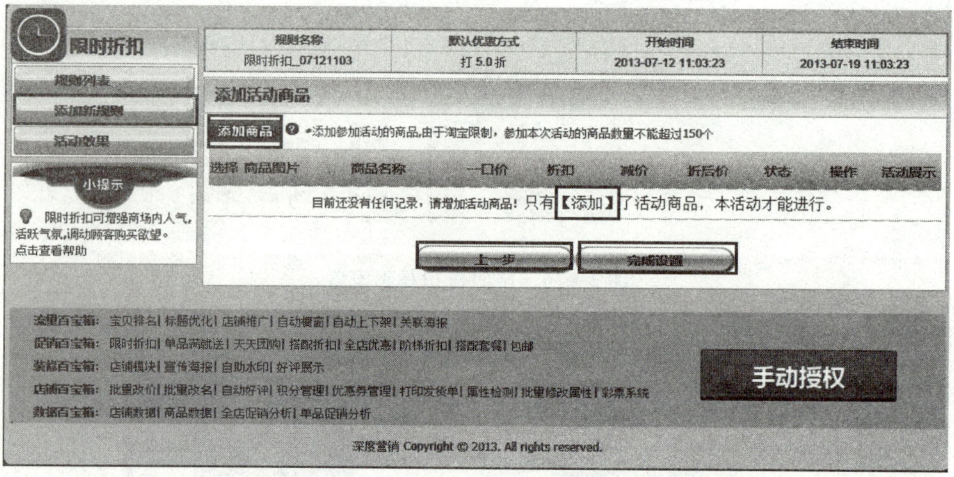

图2－18 商品添加设置

（5）可以按照店铺分类或商品名称搜索、添加（图2－19）。

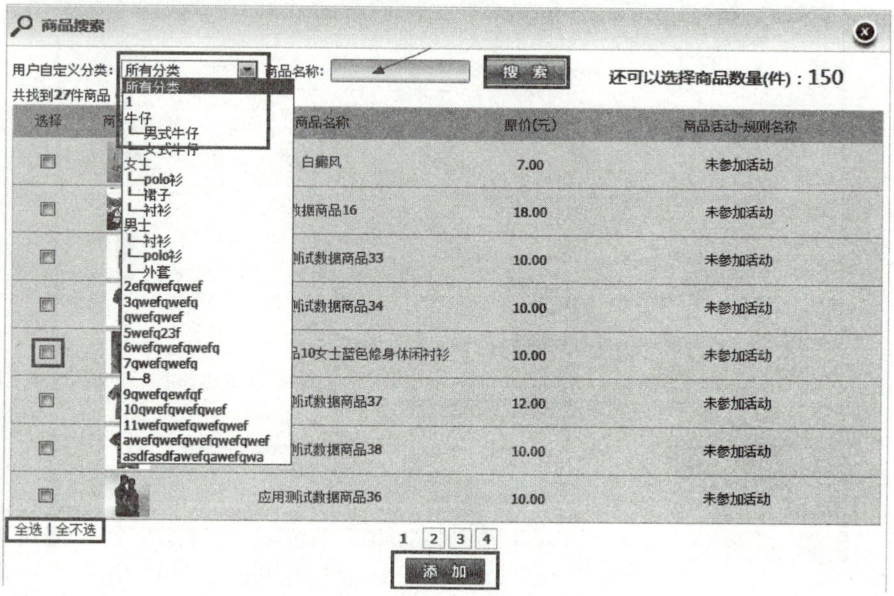

图2－19 搜索商品添加设置

（6）商品列表：可以进行商品后续的调整，最后单击“完成设置”按钮。

1）编辑商品：可以勾选或全选商品，单击“批量编辑”命令，编辑水印和促销信息等。

2）修改商品折扣及取整：改动“折扣”，可以自定义设置各个商品的不同折扣，改动“折后价”，可以使折扣价取整或者点击批量取整。

3）删除商品（图2－20）：单击“批量删除”命令可以将选择的商品一起删除。

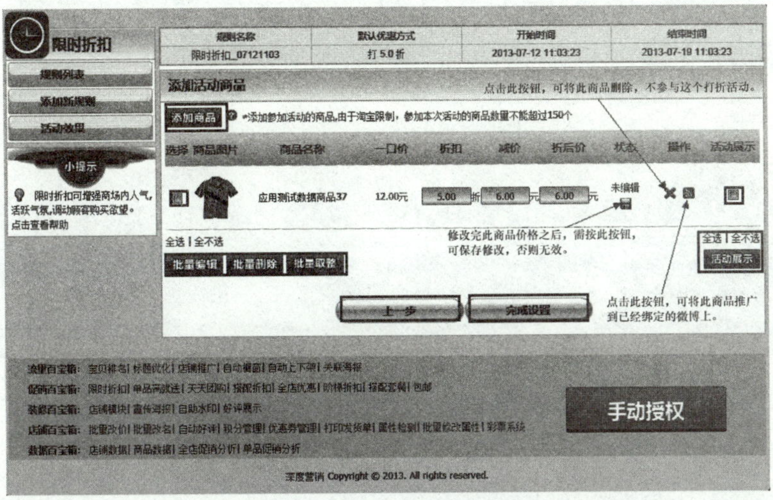

图2－20　删除商品设置

（7）编辑商品。最后单击“编辑”按钮（图2－21）。

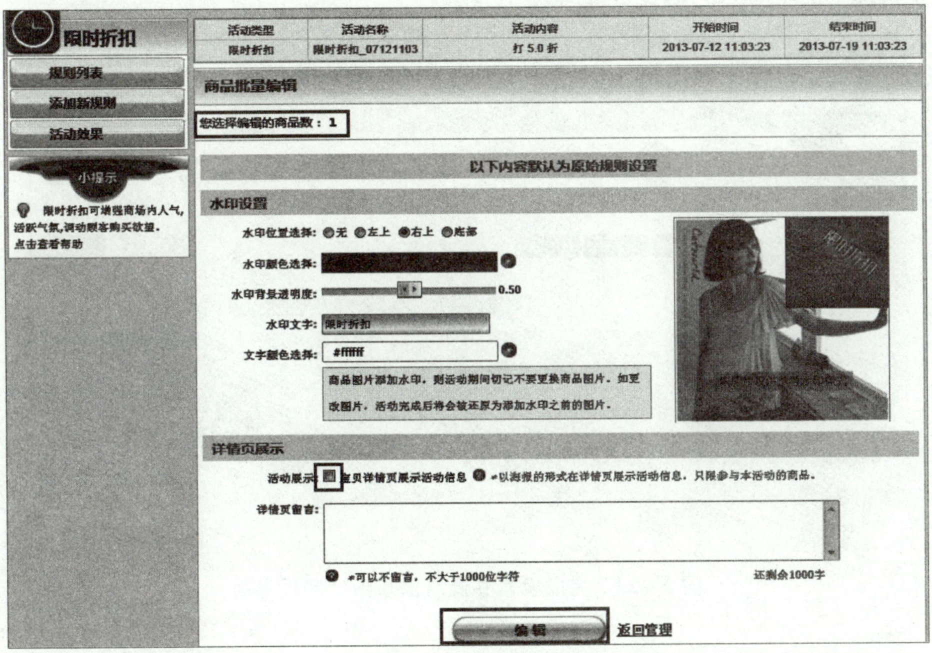

图2－21　编辑商品设置

（8）规则列表（图2－22）：“绿色”为在进行的规则，“灰色”为已经结束的规则；单击“规则名称”可以进入规则，对规则进行修改。

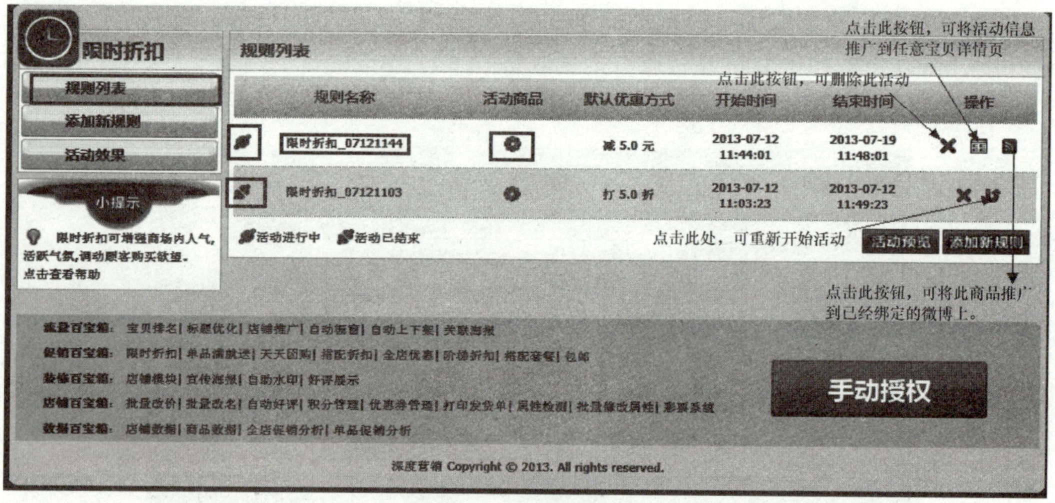

图2－22　规则列表设置

（9）单击“添加”，添加显示促销信息的商品，还可复制促销信息代码，粘贴到需要的地方展示，最后单击“发布到详情页”，如图2－23所示。

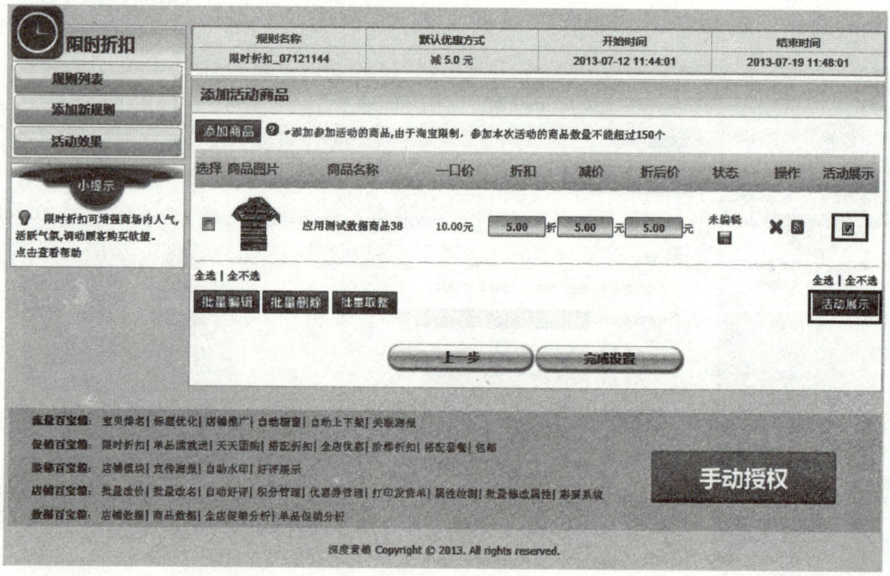

（a）

图2－23　完成设置并显示发布到详情页界面

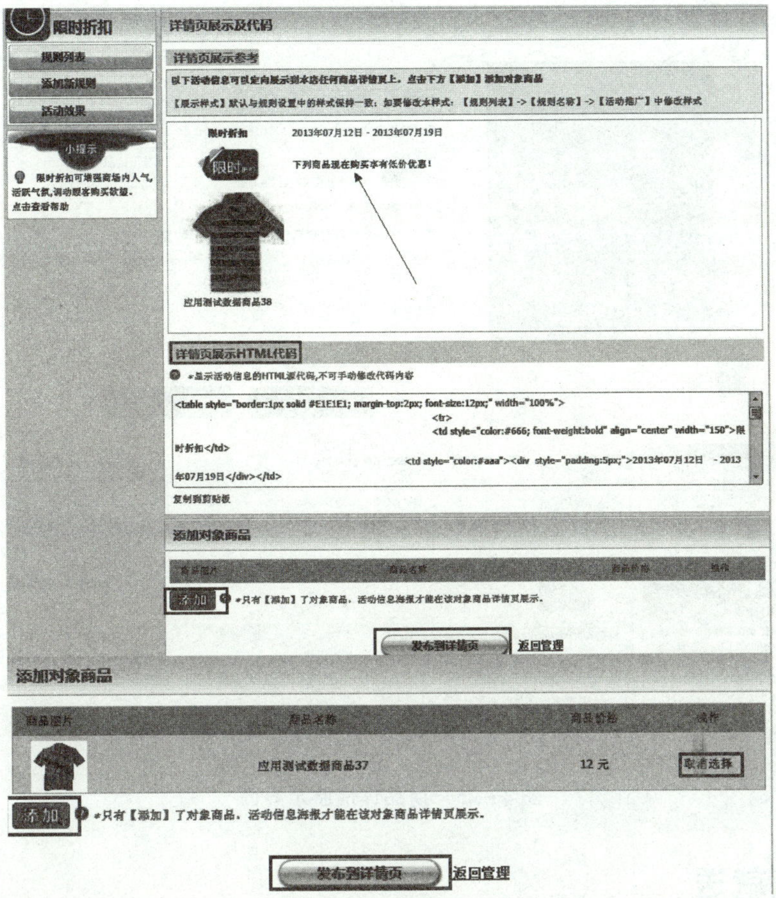

（b）

图 2－23　完成设置并显示发布到详情页界面（续）

（10）单击“活动预览”，在店铺首页模块进行预览，如图 2－24 所示。

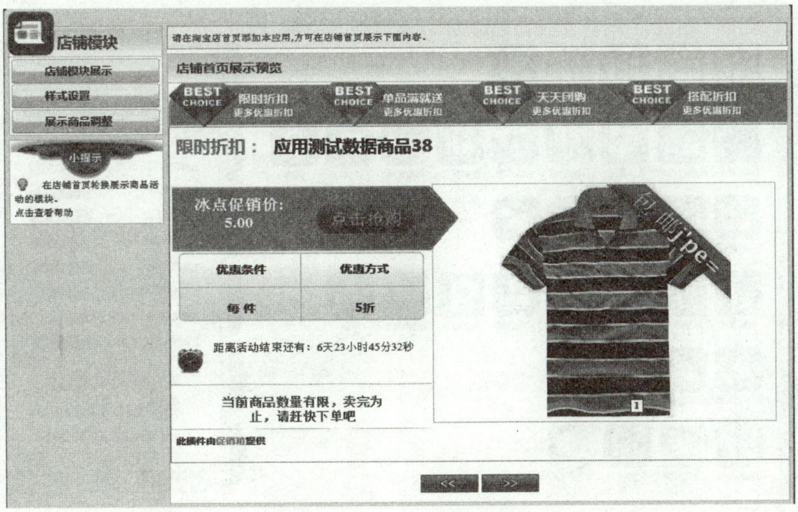

图 2－24　活动预览界面

（11）商品详情展示（图2－25）。

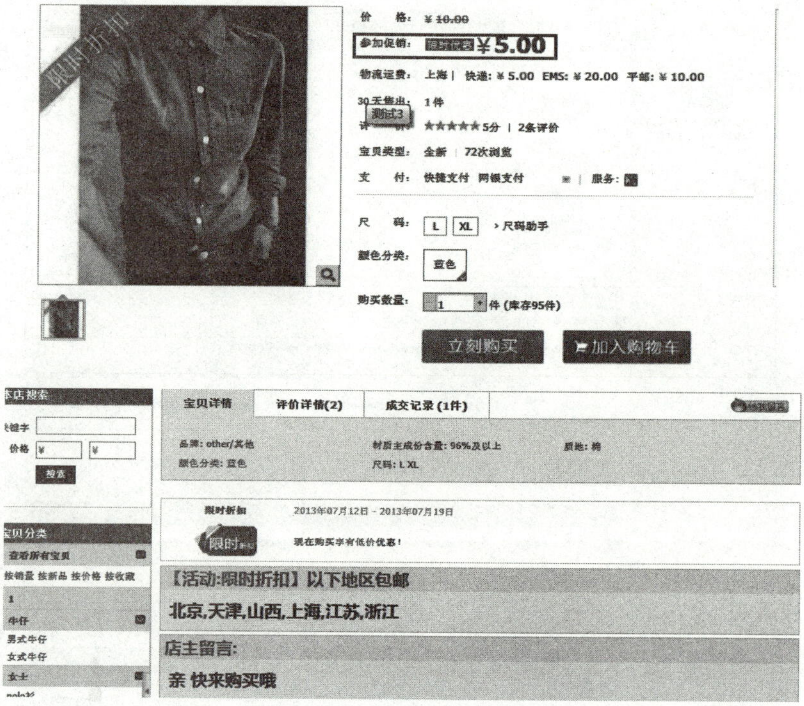

图2－25 商品详情展示界面

2.2 满就送

满就送有八大形式：满件送礼、满元送礼、满件包邮、满元包邮、满件打折、满元打折、满件减价和满元减价。

（1）首先进入百宝工具箱首页（图2－26），单击“满就送”图标。

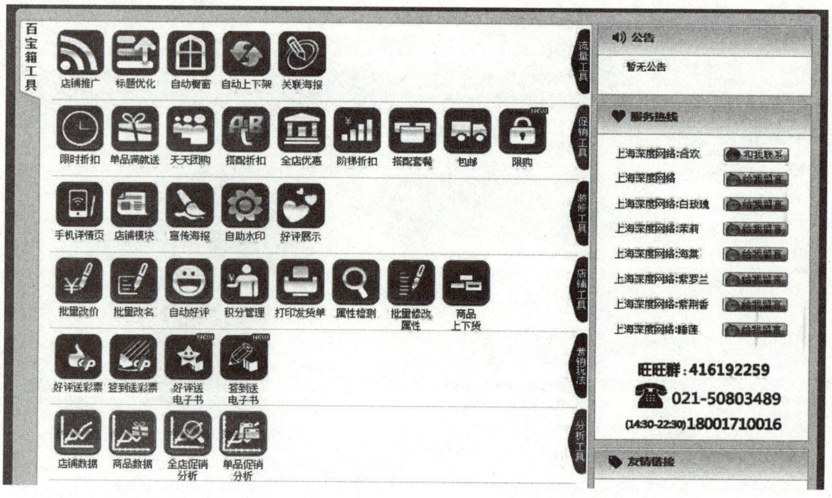

图2－26 百宝工具箱首页

（2）满就送基础设置：活动时间（开始时间默认为当时的时间，结束时间默认为 7 天之后）、优惠条件、优惠方式和包邮地区，如图 2－27 所示。

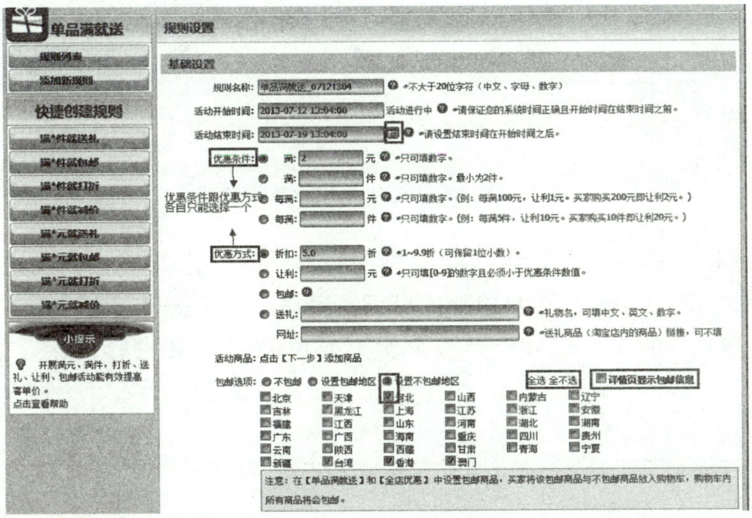

图 2－27　满就送设置界面

（3）水印和推广、促销信息设置：

1）水印设置（图 2－28（a））要注意：水印位置、水印底色、水印底色的透明度、水印文字内容和水印文字颜色。

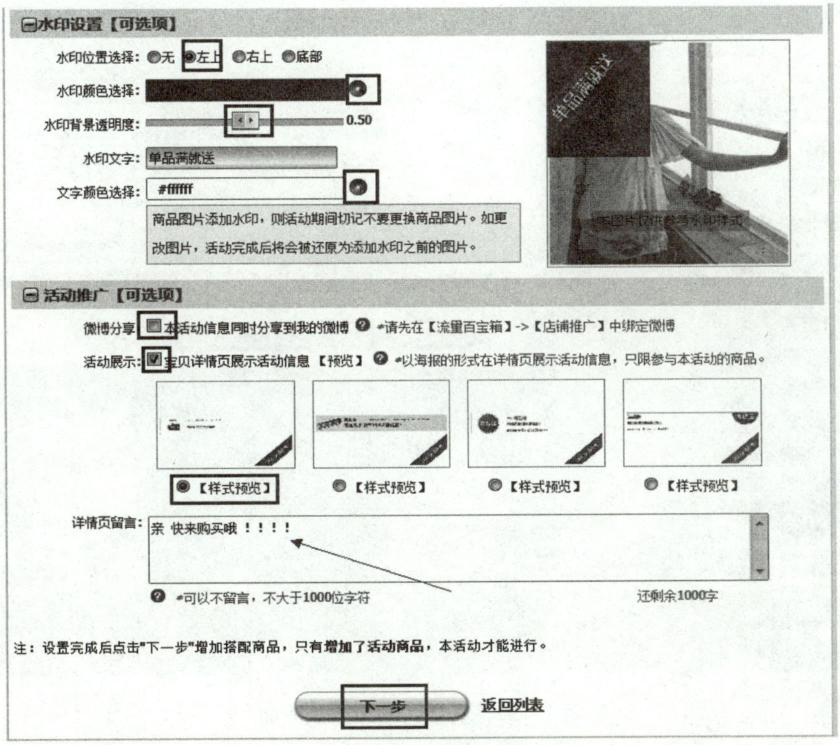

（a）

图 2－28　满就送水印设置界面

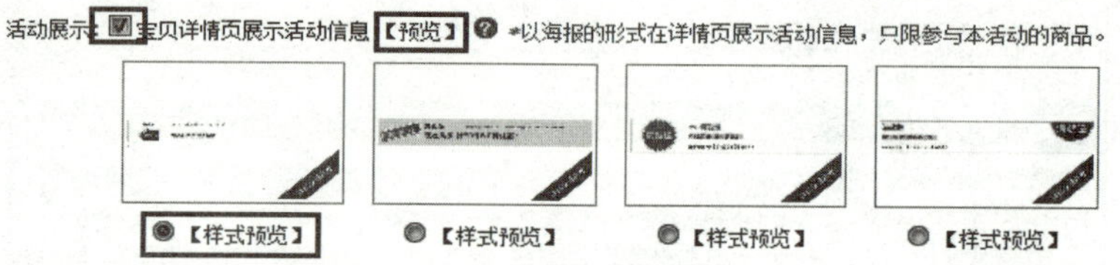

（b）

图2-28　满就送水印设置界面（续）

2）推广和促销信息设置（图2-28）：勾选微博分享，活动将推广在微博上（先绑定微博）；勾选显示促销信息，促销信息将在宝贝详情里显示；单击“预览”按钮，可见详情促销信息（图2-29）；可填入显示在详情页卖家要说的自定义内容；最后单击“下一步”按钮。

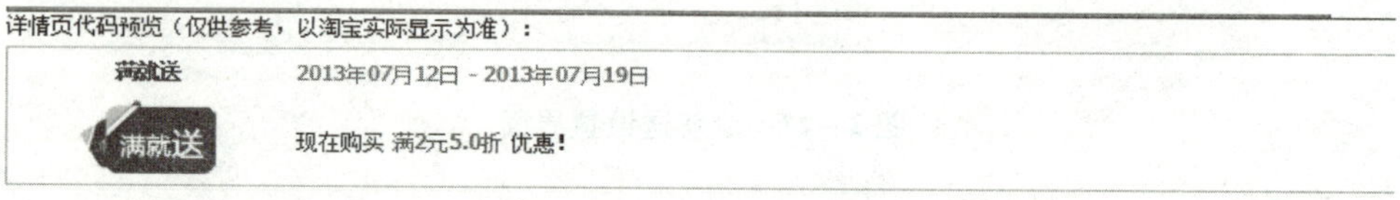

图2-29　满就送预览界面

（4）增加商品（图2-30）：单击“添加商品”，单击“上一步”按钮，可以回到规则设置，修改规则。

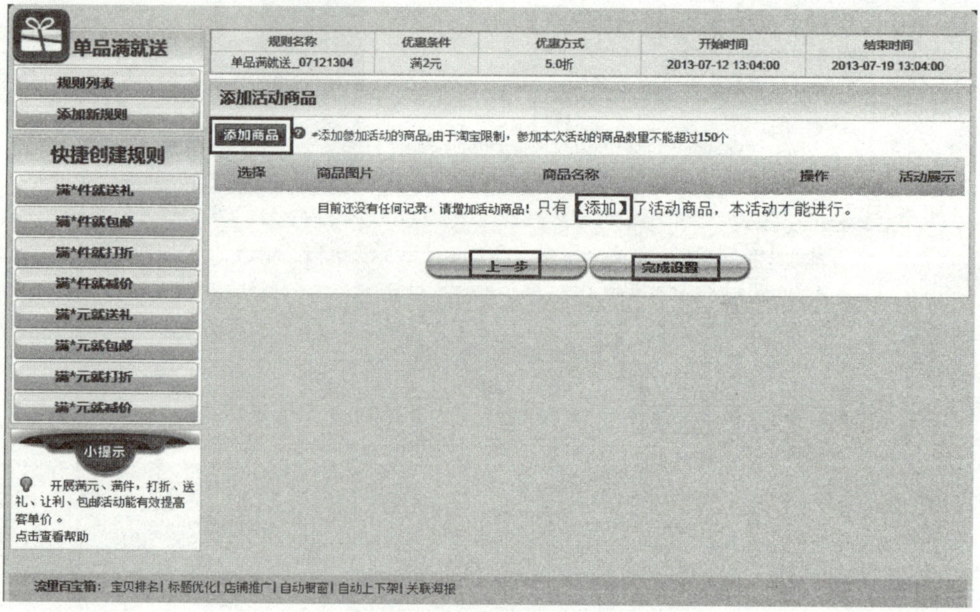

图2-30　满就送增加商品界面

（5）可以按照店铺分类或商品名称搜索、添加（图2-31）。

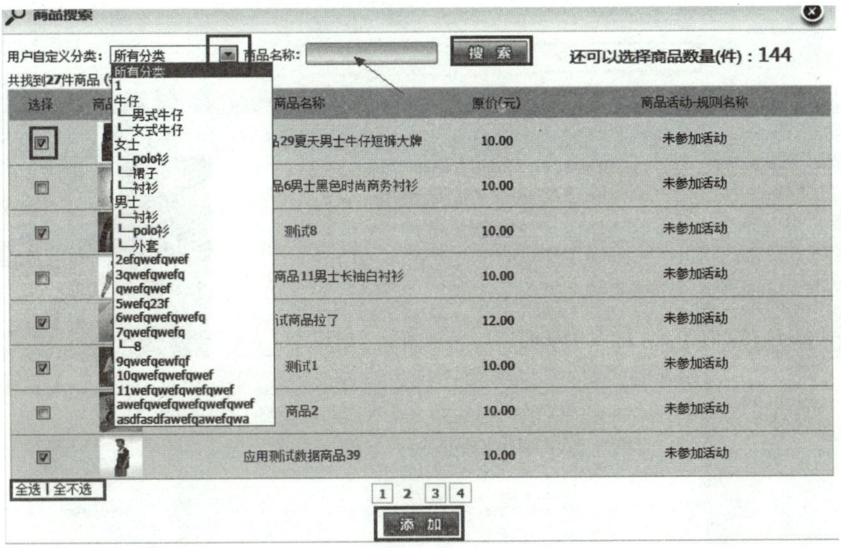

图 2－31　满就送添加商品搜索界面

（6）商品列表：可以进行商品后续的调整，最后单击“完成设置”按钮（图 2－32）。

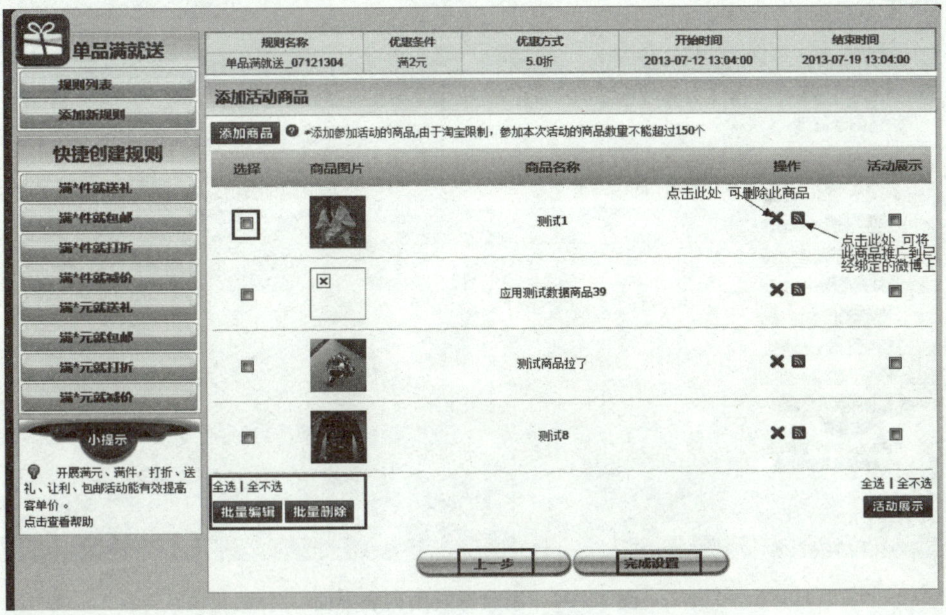

图 2－32　满就送商品列表界面

编辑商品：可以勾选或全选商品，单击“批量编辑”命令，编辑水印和促销信息等。

删除商品：单击“批量删除”命令，可以将选择的商品一起删除。

（7）编辑商品。最后单击“编辑”按钮（图 2－33）。

（8）规则列表：“绿色”为正在进行的规则，“灰色”为已经结束的规则（图 2－34）。

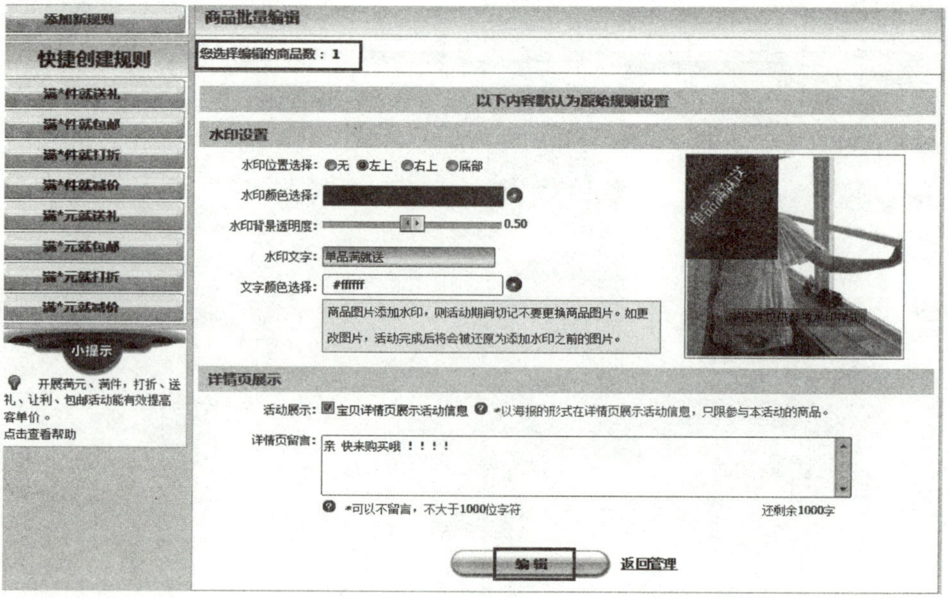

图2-33　满就送编辑商品界面

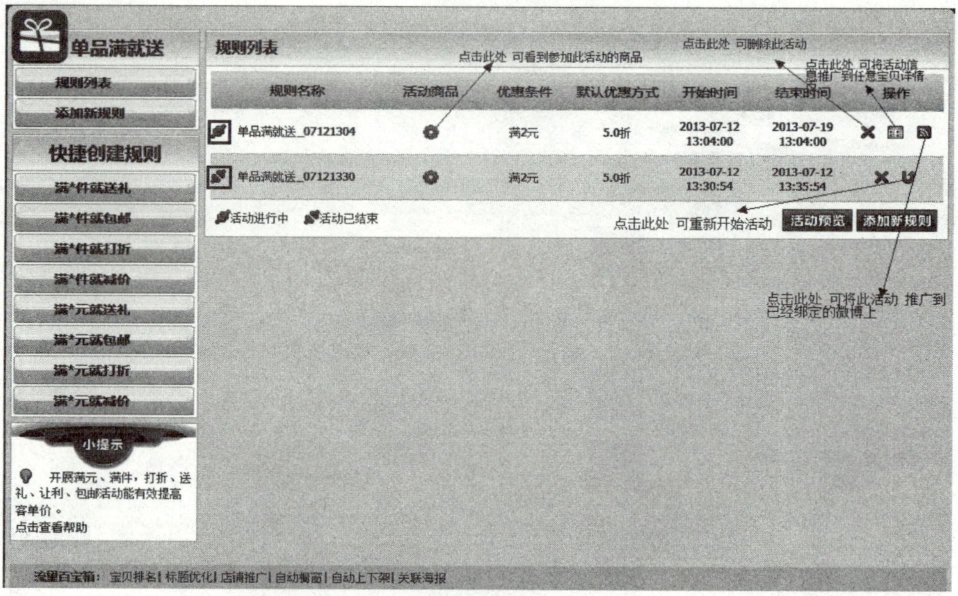

图2-34　满就送规则列表界面

（9）单击“添加”按钮，添加显示促销信息的商品。还可复制促销信息代码，粘贴到需要的地方展示，最后单击“发布到详情页”按钮（图2-35）。

（10）单击“活动预览”按钮，在店铺首页模块进行预览（图2-36）。

（11）商品详情展示（图2-37）。

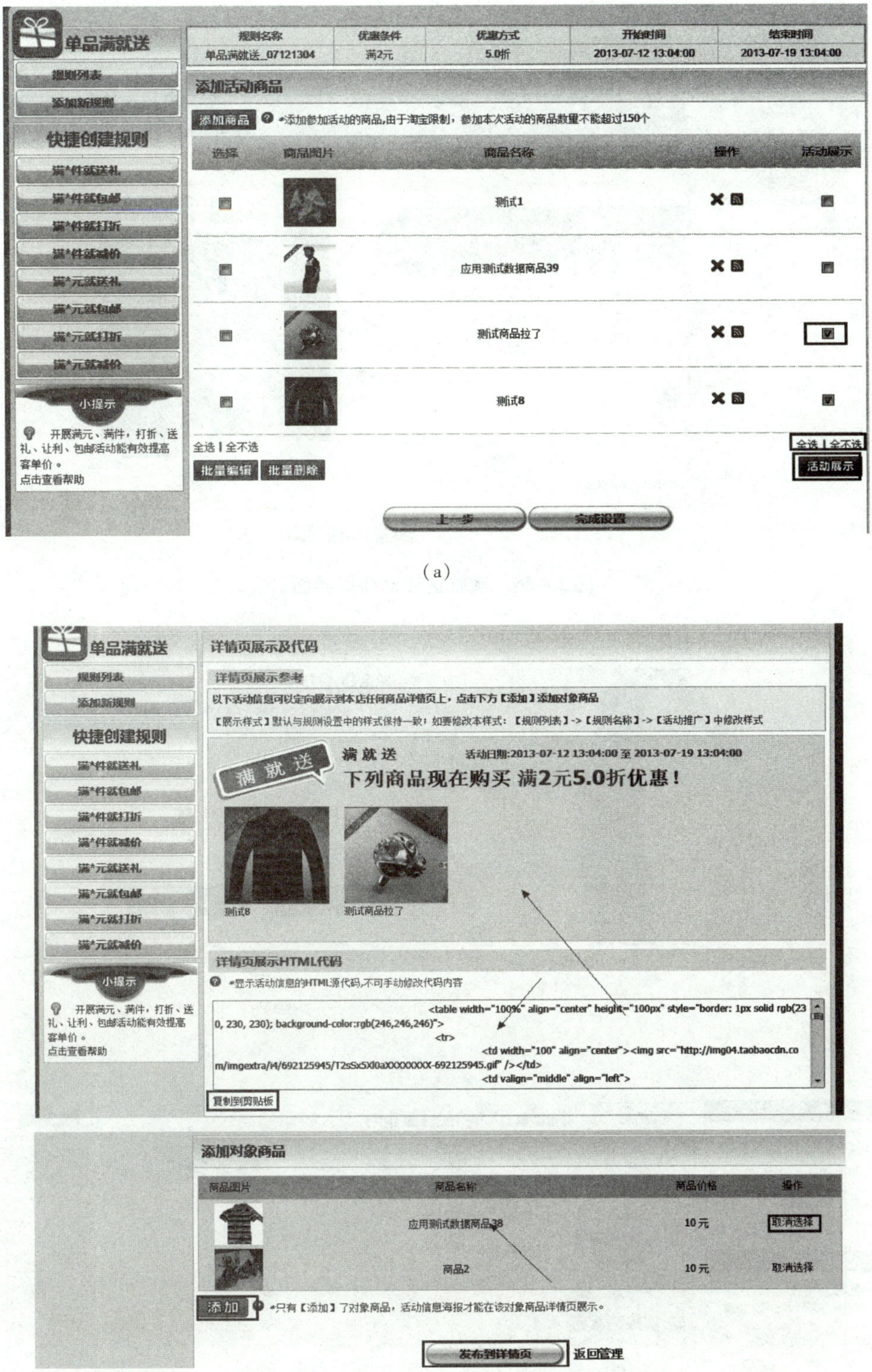

图2-35　满就送添加与发布界面

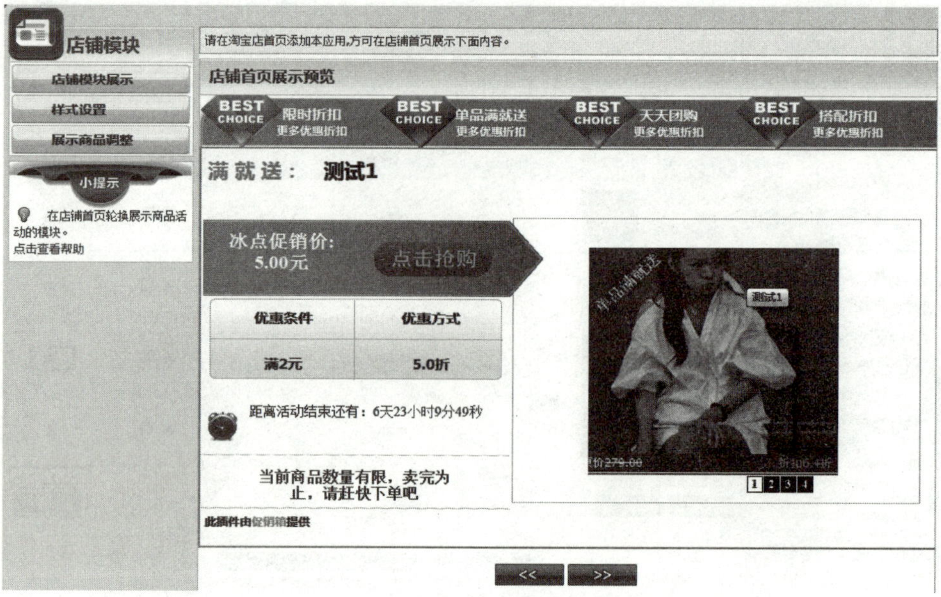

图 2－36　满就送活动预览界面

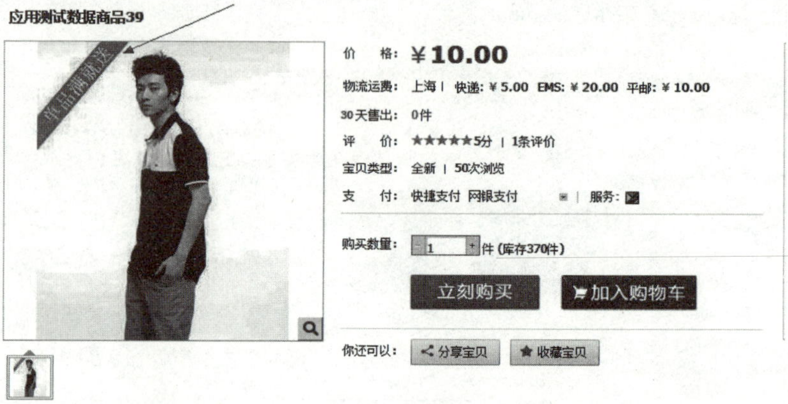

（a）

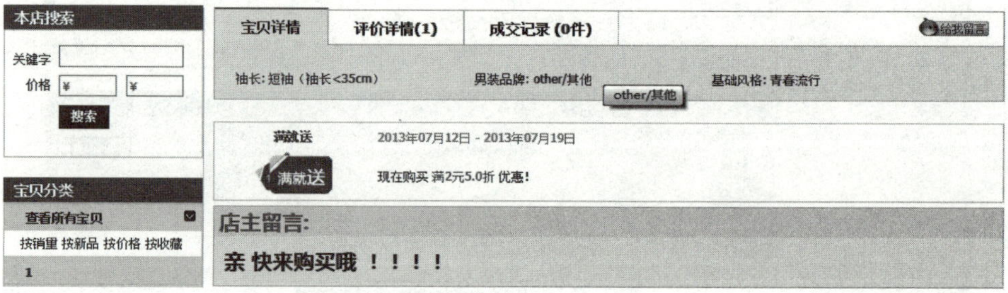

（b）

图 2－37　商品详情展示界面

2.3　搭配套餐

搭配套餐：是几个商品组合成一个商品，降低几个商品的价格总和，达到关联销售目的的促销活动。

（1）首先进入百宝箱首页，单击搭配套餐图标（图2－38）。

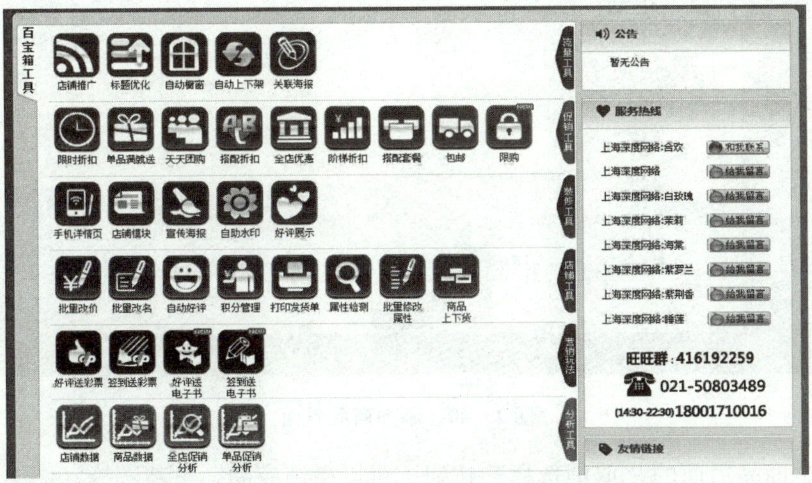

图2－38　搭配套餐设置界面

（2）套餐基础设置（图2－39）：活动时间（开始时间默认为当时的时间，结束时间默认为7天之后）、添加商品，单击“添加”按钮，可添加活动商品的颜色与尺码的组合（总组合数不可超过24种）、套餐名称（为套餐商品的标题）、套餐单价、套餐库存、运费模板（若软件提示需要设置运费模板，可在此设置）、包邮地区。

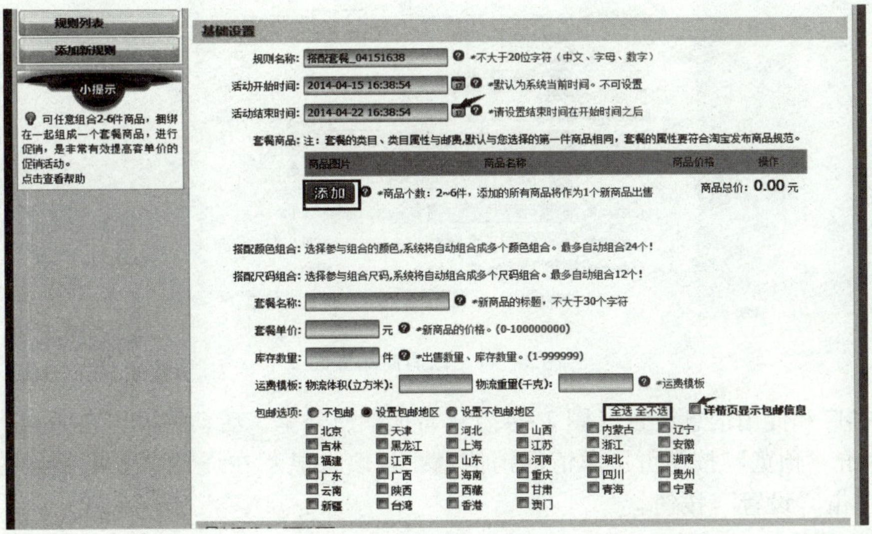

图2－39　套餐设置界面

（3）添加商品：单击“添加”按钮，可以按照店铺分类或商品名称搜索、添加（图 2－40）。

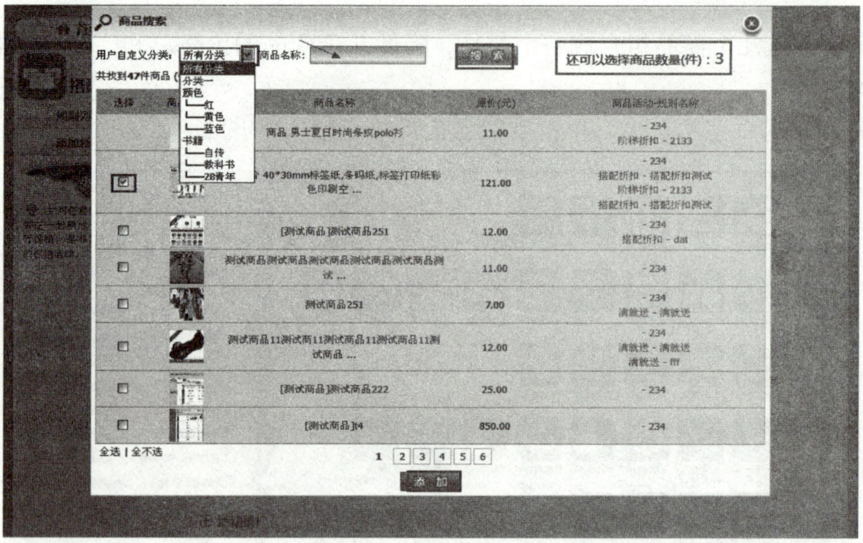

图 2－40 添加商品界面

（4）单击商品后面的“取消选择”按钮，可以撤销商品，重新选择（图 2－41）。

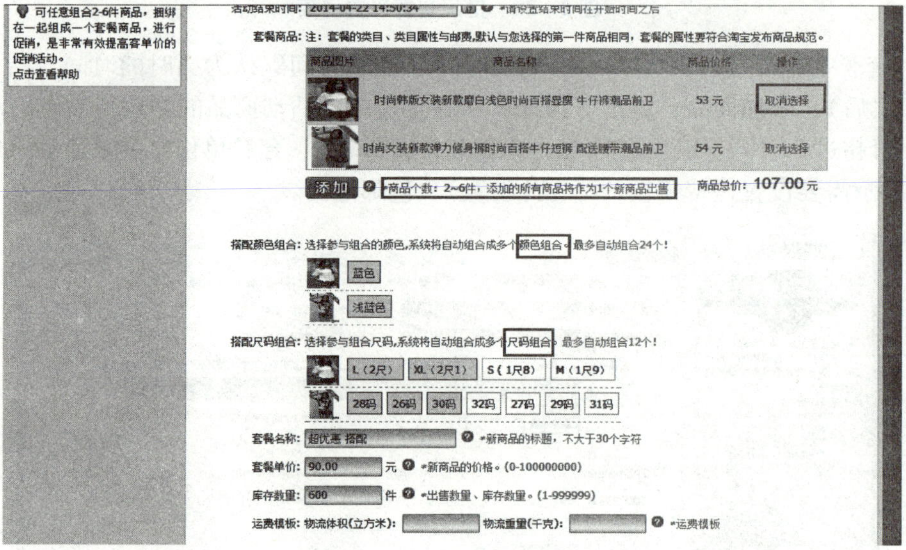

图 2－41 取消商品界面

（5）推广和促销信息设置（图 2－42）：勾选微博分享，活动将推广在微博上（先绑定微博）；单击“预览”按钮可见详情促销信息；可填入显示在详情页卖家要说的自定义内容；最后单击“设置”按钮。

（6）规则列表：“绿色”为正在进行的规则，“灰色”为已经结束的规则。单击“套餐名称”按钮可以进入新套餐商品，单击商品详情查看促销效果；单击“规则名称”按钮，

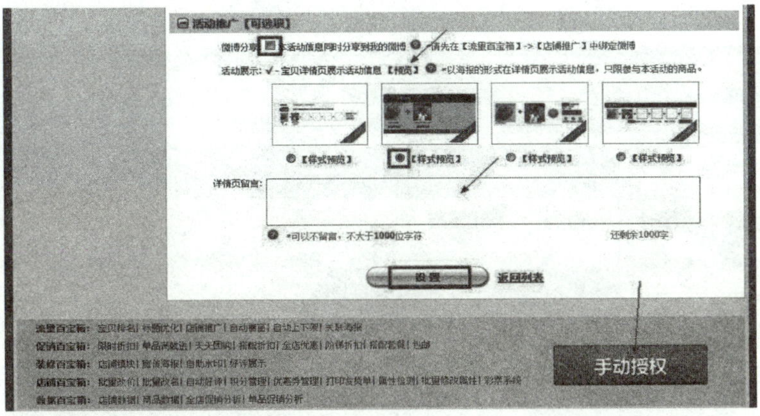

（a）

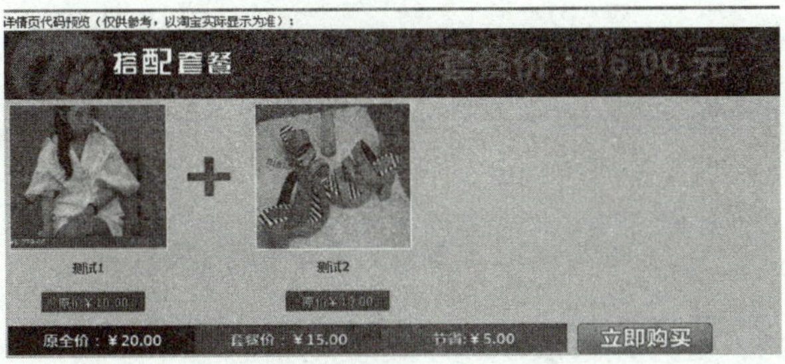

（b）

图 2－42　活动设置与预览界面

可以进入规则，对规则进行修改；单击“活动预览”按钮可以看到活动在店铺首页模块上的展示情况，如图 2－43 所示。

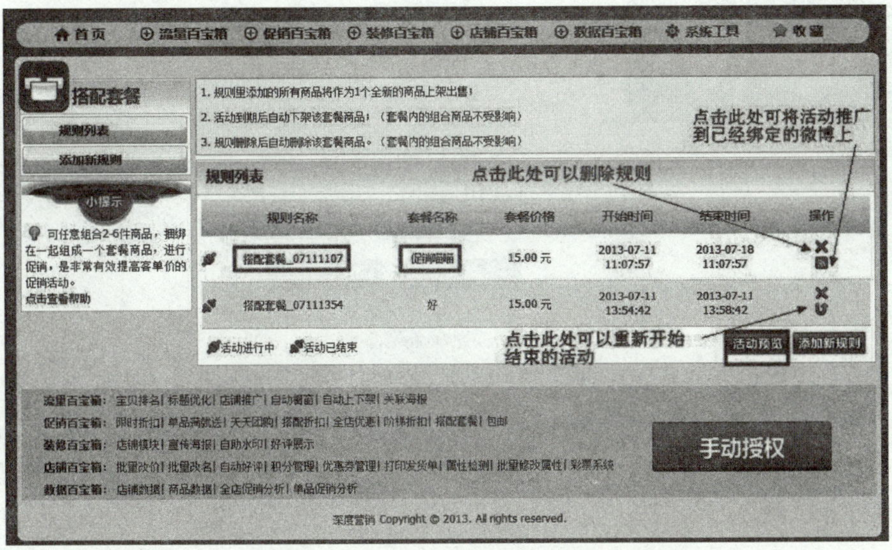

（a）

图 2－43　套餐规则设置界面

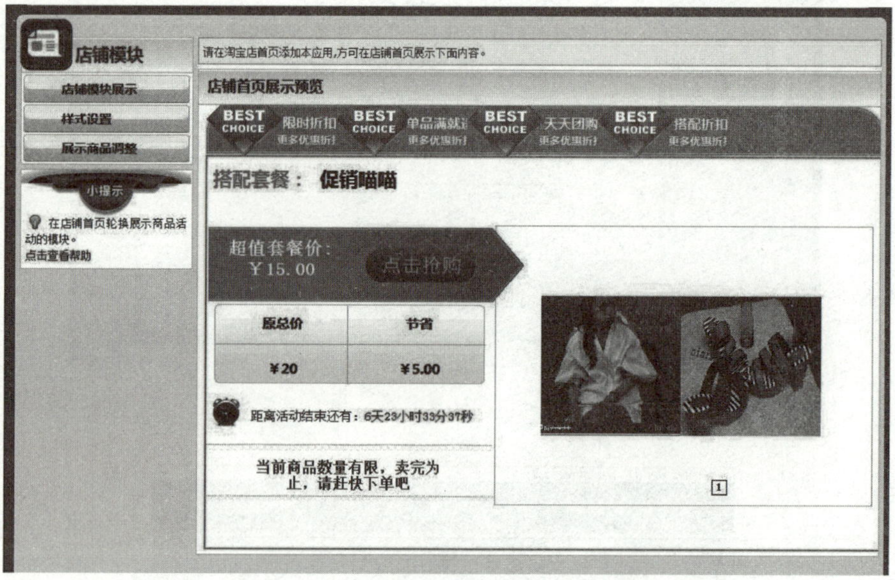

(b)

图 2-43 套餐规则设置界面（续）

（7）组合套餐商品，宝贝详情展示：单击促销信息中单个商品的图片，可查看单个商品的信息展示，如图 2-44 和图 2-45 所示。

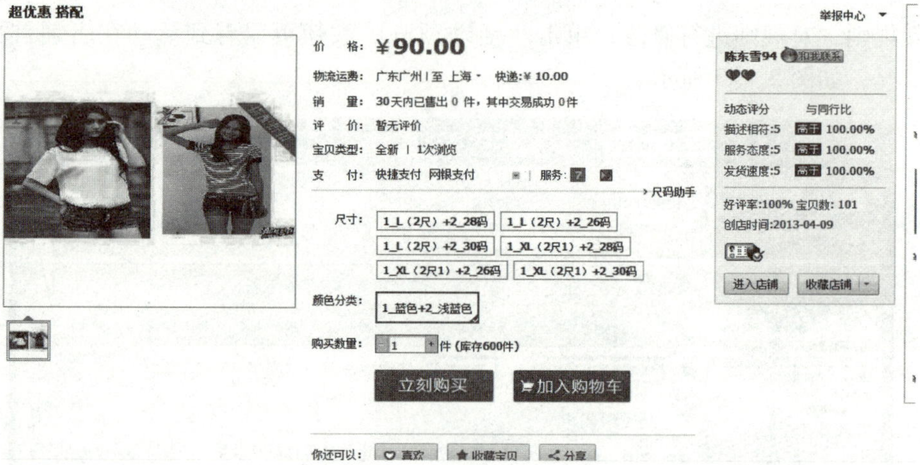

(a)

图 2-44 组合套餐展示界面

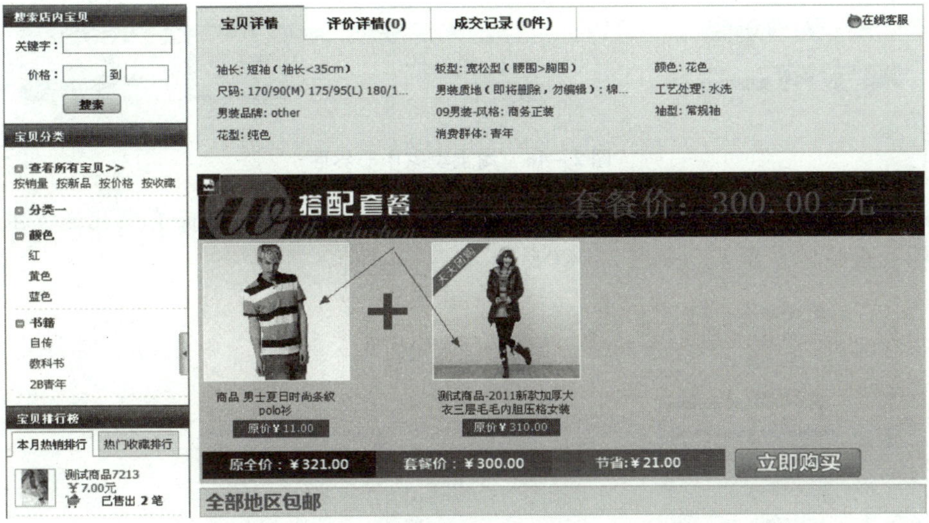

（b）

图2－44　组合套餐展示界面（续）

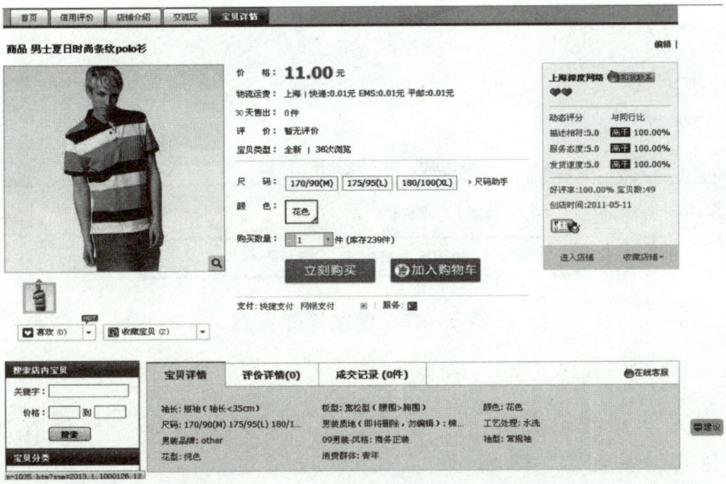

图2－45　图2－44（b）所示组合套餐相关单品展示界面

【任务实施】

淘宝限时打折促销设置

实训目的与要求：

限时打折是淘宝提供给卖家的一种店铺促销工具，订购了此工具的卖家可以在自己店铺中选择一定数量的商品在一定时间内以低于市场价的价格进行促销活动。活动期间，买家可以在商品搜索页面根据“限时打折”这个筛选条件找到所有正在打折中的商品。通过本实训为商品设置限时打折，提升店铺流量，提高转化率。

操作内容：

首先卖家登录淘宝进入卖家中心，如图2-46所示。

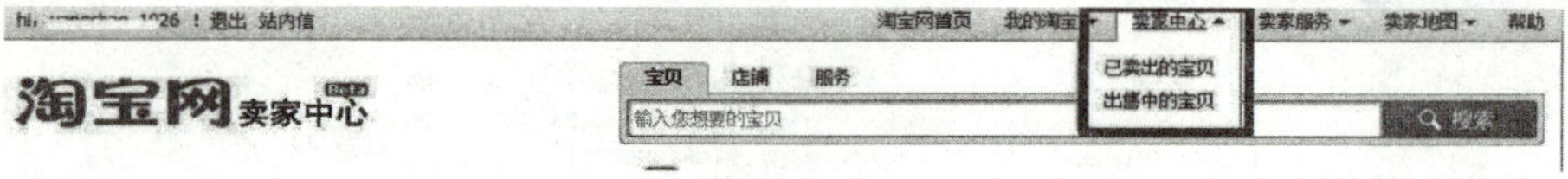

图2-46 淘宝卖家中心界面

在左下方找到“营销中心”里的“促销管理”，单击进入，里面有满就送、限时打折、搭配套餐、店铺优惠券等，如图2-47所示。

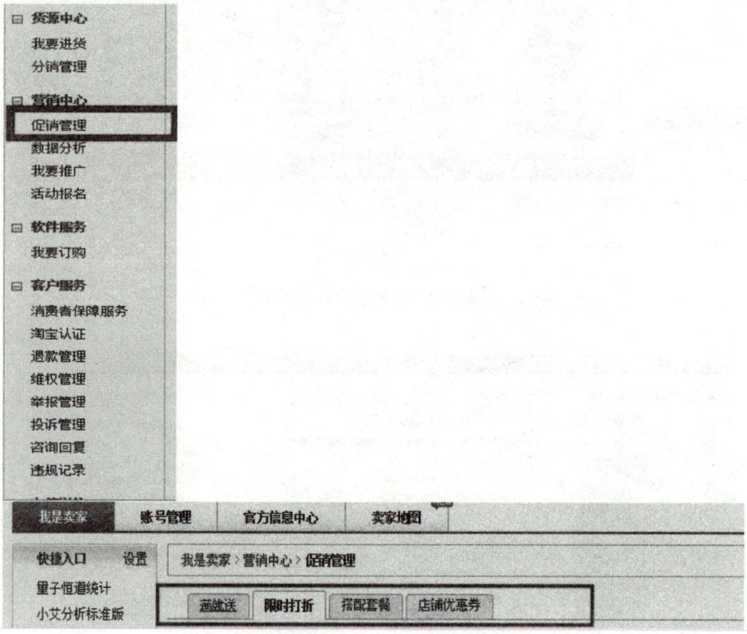

图2-47 促销管理界面

1. 设置路径

单击“我的淘宝”→“我是卖家”→“营销中心”→“促销管理”→“限时打折”，可以看到限时打折的各项信息，如图2-48所示。

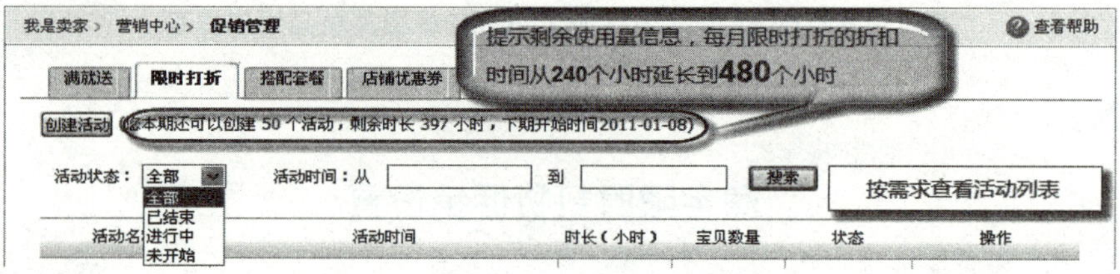

图2-48 淘宝卖家设置路径界面

2. 创建活动

步骤一：设置促销时段（图2-49）

步骤二：选择商品（图2-50）

步骤三：设置折扣（图2-51）

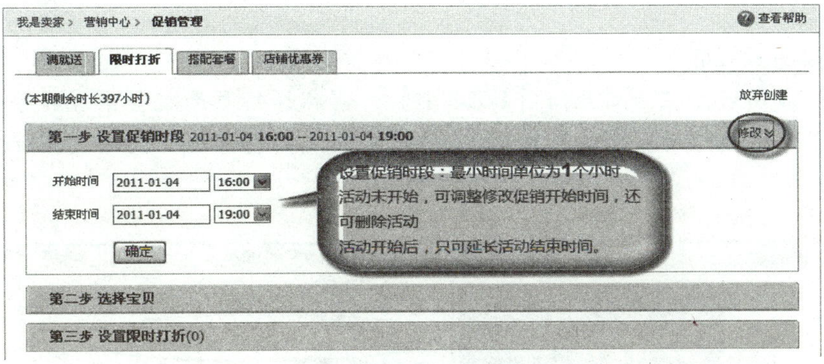

图 2－49　淘宝卖家活动设置界面（一）

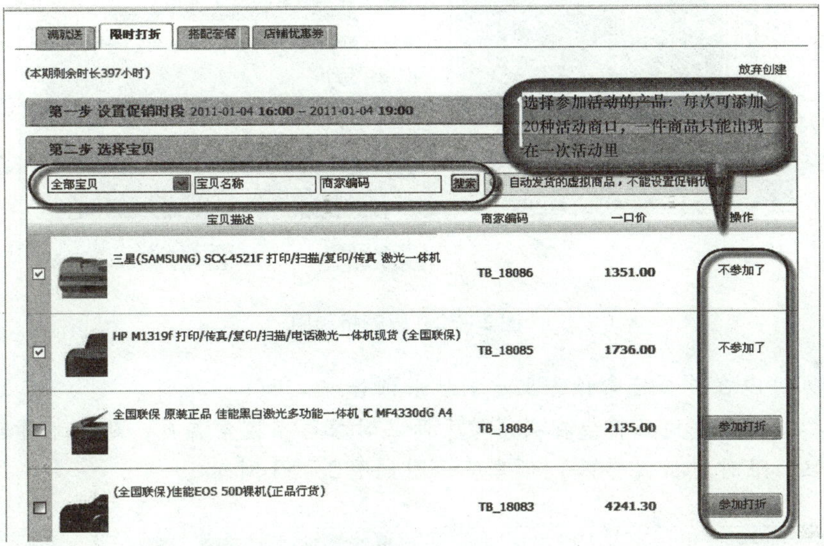

图 2－50　淘宝卖家活动设置界面（二）

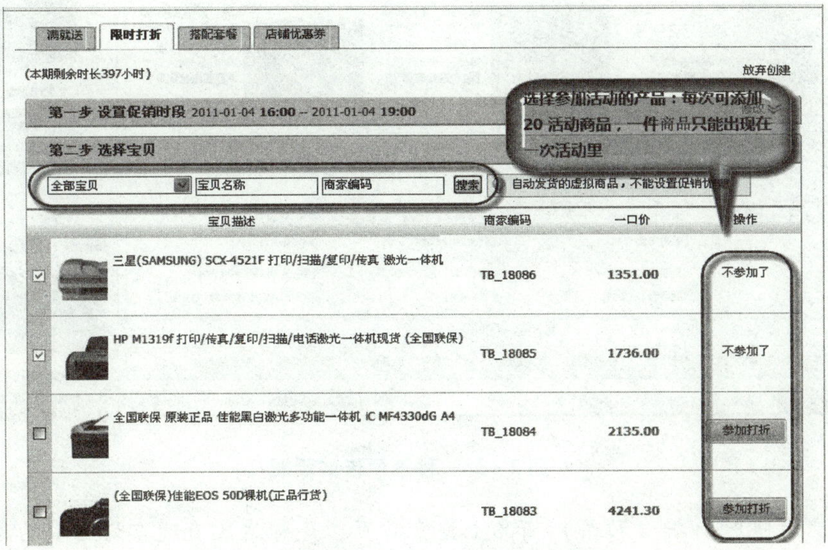

图 2－51　淘宝卖家活动设置界面（三）

3. 活动展示

（1）商品页面显示。

活动设置成功后，在活动开始前的24小时，商品详情页面就会出现秒杀信息的预告，卖家可以提前做营销活动。活动生效后，“限时折扣”的标签显示就一直保留，如图2-52所示。

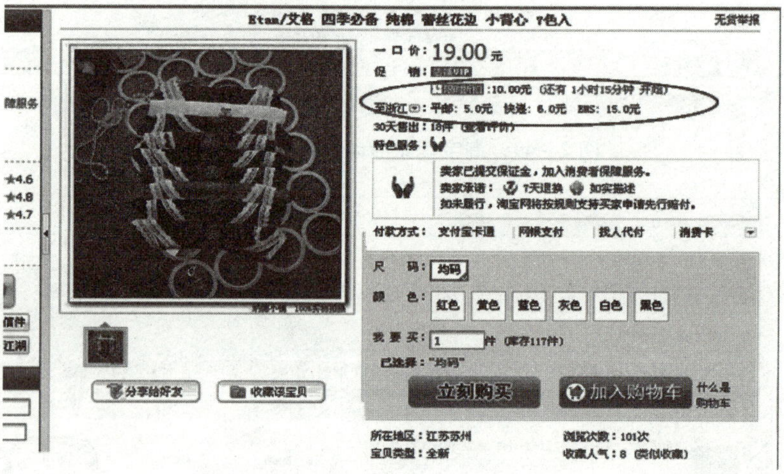

图2-52 限时折扣图

（2）买家可以在首页搜索预告里看到秒杀预告。

店铺内参加的秒杀商品将会在买家搜索商品时推荐在搜索首页，是比直通车还要棒的免费黄金流量位。限时打折（秒杀）预告展示图如图2-53所示。

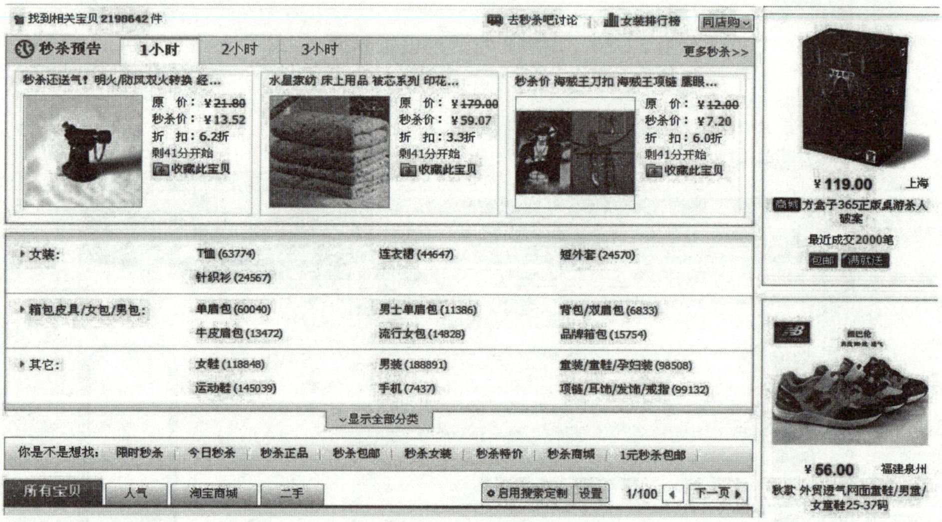

图2-53 秒杀预告展示图

详情可参考限时打折（秒杀）商品上搜索首页，免费送比直通车好1倍的流量位置。

（3）买家可以通过搜索秒杀产品来查找限时折扣产品（图2-54）。

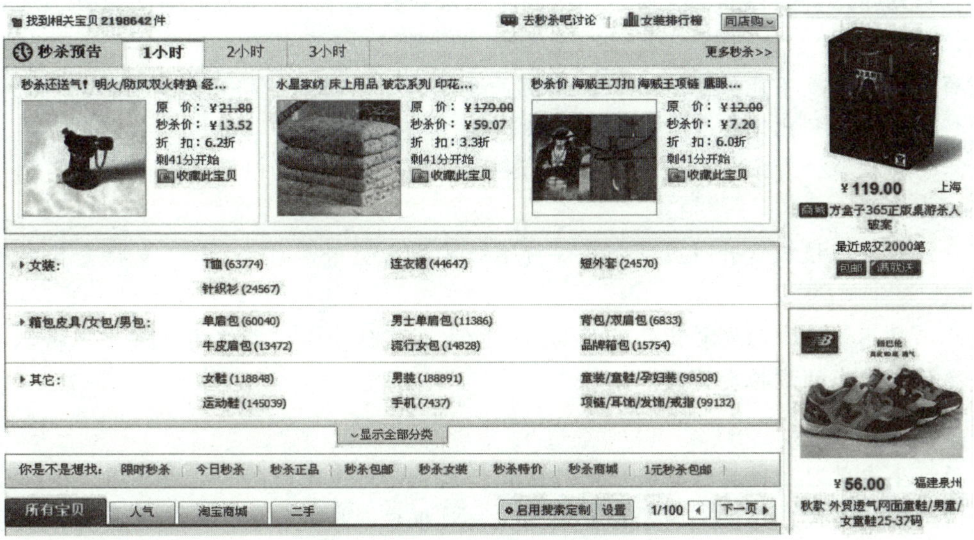

图 2-54　客户搜索秒杀展示图

4. 活动记录

很多卖家想做限时打折促销活动的时候会有这样的担心：促销活动结束后，促销价格会影响到正常价格的销售，客服需要花费大量的时间去和顾客进行价格解说。限时打折的成交记录显示原价后，做秒杀，便再也没有后顾之忧了。

活动产品显示页面如图 2-55 所示。

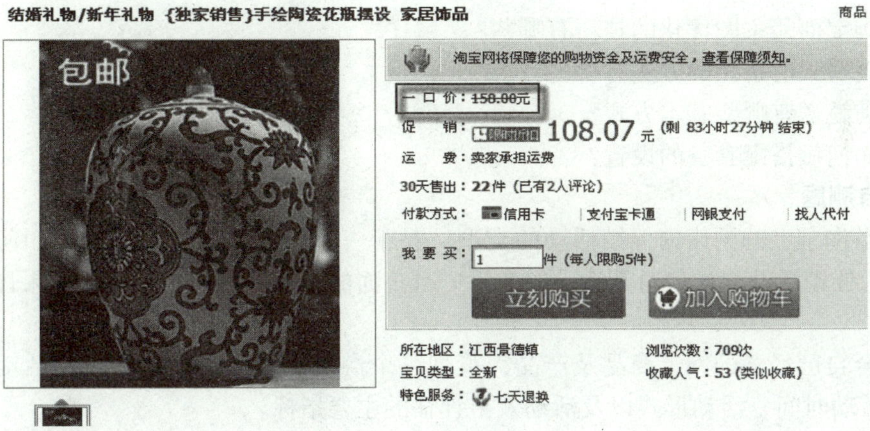

图 2-55　活动产品显示页面

注意事项：

①为了减缓疲劳度，每个卖家每个月的总活动时间是 480 个小时（扶植版为 100 个小时），创建活动的次数是 50 次。一个月的概念是按照卖家订购之日起往后推 30 天。

②每次活动时间不能少于 1 小时，不能大于 240 小时。单个活动因库存销售提前结束，未用完的时间会从总可用时间中扣除。

③每个活动最多添加的商品数是 20 个。一个商品只能出现在一个活动中。

④在活动中添加的商品，上架时间必须早于活动开始时间，下架时间必须晚于活动结束时间。

⑤商品的折扣度不能低于0.1折，不能高于9.5折，折后价格不能低于1.00元。限时打折的折扣度，必须比淘宝VIP的折扣度低。

⑥活动开始前，卖家可以修改活动所有参数。开始后，活动时间不能修改，其他参数还可以修改。

⑦营销套餐扶植版需升级成营销套餐标准版才能享受480小时，暂不支持套餐中单个产品升级。

⑧此工具不支持自动发货商品及移动/联通/电信充值中心、网络游戏点卡、腾讯QQ专区三个类目下发布的虚拟类商品。

【项目总结】

本项目主要学习了商品标题及主图的优化，重点介绍了限时折扣、满就送、搭配套餐等常见的店内促销手段，这也是网店自身的优化，对推广专员进行推广尤为重要。在学习与实际工作中还应根据企业实际有针对性地制订网店优化方案。

【项目习题与训练】

一、理论自测题

1. 关键概念：主图优化、限时折扣、满就送、套餐搭配

2. 思考题：

（1）影响淘宝搜索排名的因素有哪些？

（2）在淘宝网店推广中，商品的标题优化从哪些方面来考虑？

（3）淘宝商品主图优化的技巧有哪些？

（4）设置限时折扣的方法有哪些？

（5）满就送有哪些基本方式？

（6）如何做搭配套餐的设置？

二、实务自测题

1. 列举淘宝上的网店内促销活动的类型。对于一个新建的淘宝网店铺，如何选择适合自己参加的促销活动？如何对其活动的效果进行全面的评估？可列举出活动效果评估的主要指标。

2. 结合自己经营的网上商品及产品，策划一个淘宝店外促销活动，包括活动目标、活动主题、活动时间、活动形式以及活动效果评估的主要指标。

【项目案例】

一、案例描述：直通车钱也花了，小卖家仍深陷困境

小王来自不富裕的农村，做过普工，做过技术员，做过家居设计师，进过工厂，做过店面。2010年接触网店，刚起步还算比较可以，而2014年一直都不见什么起色，听朋友和论坛上都说开直通车效果还是不错的，所以他就开了直通车，钱倒花出去不少，可转化呢，还是没有几单，这么多点击就只有几个转化。

还有，小王2013年报天天特价活动还比较好报，到2014年就不一样了，报一次报不上，再报一次还是报不上，报了很多次也不行。

店铺困惑求解问题：小卖家如何选择促销方式才有效？为什么直通车钱也花了却仍深陷困境？

二、案例分析：中小卖家如何为网店选择付费推广方式

（一）案例基本情况概述

①从描述可以看出上述店铺属于淘宝的中小卖家群体之一。

②店主有实体店经营的经历和经验，但进入淘宝后深感网店营销与实体店的传统营销截然不同，甚至感到迷惑，无所适从。

③关于网店营销，店主已在不同时期选择了淘宝的“直通车”付费推广和“天天特价”促销活动，有成效，但效果甚微。

④开网店已有几年但店铺始终不见起色，而且深感2014年情况更不好，忧心忡忡。

（二）关于中小卖家网店经营推广的方法和心态解析

1. 关于直通车付费推广

店铺花费约1 516元，选择了直通车店铺推广，获得点击量3 858（人）次；以3天付费计，3天成交13笔，获毛利约976元；点击转化率为0. 34；另外，获得收藏86。按理说店铺实行的付费直通车推广业务，转化效果不算太坏。大家都知道，任何行业，任何企业，任何商品的推广其实都有一个成长周期，绝不可能因为一次小小的投入就可获得持续的推广效果。在此，一方面是店铺根据自己的经营实力，只选择了短期尝试性直通车付费推广活动，所以无法持续为店铺带来流量和转化率也无可厚非。

2. 关于参与天天特价促销活动

淘宝网推出的天天特价活动，通过几年的经营和努力，的确让许多中小卖家脱颖而出。正因为活动的聚合效应，才使更多的中小卖家都希望涉足天天特价的推广活动。正因如此，与店铺经营者说的一样，2013年报天天特价活动还是比较好报的，到2014年就不一样了。这是由于参与活动的中小卖家多了，店铺促销竞争激烈了，淘宝作为管理方必然要对活动入门条件进行提升。

另外，天天特价活动通过几年的经营，已为更多的消费者所熟悉。首先，其累积效应形成，不断有新买家参与抢购；其次，使很多消费者成了天天特价的忠实粉丝，并由此造就了一大批消费需求相对成熟、消费品质不断提高的淘特价群体。因此，要做好天天特价平台的营销，淘宝与商家必然要优中选优。

3. 中小卖家参与活动支招

（1）在选择参与的每一项付费推广活动中，都要对自己的实力进行综合评估。

（2）任何形式的推广都需要有一定的持续性、周期性；短期付费推广营销并不能带来长期持久的营销推广效果。

（3）参加促销活动需要根据自有商品的性质、类别、品质等，事前要对参与促销活动的商品进行生命周期评估，并据此计算出对该商品促销推广进行投放的资本放量、渠道类别、促销形式、参与人员以及预期效果等指标，进行合理的综合计划；最终决定是否选择该商品参与促销，选择哪种合适的投资付费推广活动。

（4）营销活动选择的推广工具、推广渠道，与自己的店铺经营风格、类目、商品和经济实力有着非常重要的关联性，只有适合的，才是有效的。

（5）不要让每一次推广与店铺持久营销脱节。即，首先，参与推广前要做好充分的辅

助准备；其次，准备好线下及线上后期与推广活动相衔接的营销互动，让每一次投入都能达到事半功倍的效果。

（6）同时，如果想把自己的网店做得风生水起，还要注意将网店的文化、品牌、故事等软实力，有效融入每月、每季、每年的营销推广活动之中，这样才能形成有效的累积效应。当然，这是一个更高层次的网店营销，我们将在以后的微信文章中给卖家做案例解析。

（资料来源：http://mp.weixin.qq.com/s?_biz=MzA3Njg2MjcxMQ==&mid=201835336&idx=2&sn=64bfdf5d396666599bbea15fc8c613de&3rd=MzA3MDU4NTYzMw==&scene=6#rd）

项目三

网店流量引入

【项目目标】

一个网店最重要的其实就是流量，因为有了流量才有顾客下订单，有订单才有钱赚，所以网上开店的首要问题就是：流量。因此，通过本项目的学习，使学生了解网店流量的来源，了解免费自然流量引入的方法。

学习任务	能力要求	知识目标
任务1 网店流量	1. 会分析网店流量的来源 2. 能看懂常见的网店流量数据	1. 了解网店流量入口 2. 了解网店流量常见的几项指标
任务2 免费自然 流量引入	1. 会诊断店铺免费流量的几个因素 2. 能利用免费流量的几个影响因素为店铺引入免费流量	1. 了解免费流量的影响因素 2. 掌握免费流量引入的方法

任务1　网 店 流 量

【任务描述】

不管是大卖家还是中小卖家，只要是在网上开店铺的，绝大部分都很关心的一个问题就是流量。因为这与一个众所周知的销量公式有关：销量 = 流量 × 转化率。这个公式表明：想要提高销量，让店铺生意好起来，可以从转化率入手，也可以从流量入手。大部分情况下，短时间内提升转化率的难度比较大，因为影响转化率的因素太多。但是，只要懂得方法，同时手里有一定的广告预算，想在短时间内提升流量是极有可能的。

【任务导入】

提升流量，必须要了解淘宝网的流量结构，并且掌握流量的入口和获取方法。下面让我们一起来解开流量的秘密吧！

【知识准备】

1.1　流量入口

淘宝网的流量惊人，结构错综复杂。首先，需要了解整个淘宝网的流量来源是如何构成的，了解了这个才能更清楚地知道，进入淘宝网店铺带来成交的流量都是从哪里进入的，并且针对这些流量入口做更有针对性的推广及优化。

1.1.1 淘宝流量结构

淘宝网的流量可以分成八大模块。第一，淘宝站内搜索入口；第二，淘宝社区（门户）入口，如帮派和社区等；第三，我要推广（硬广）入口，这个入口也是最常使用的；第四，线上媒体资源入口；第五，线下媒体资源入口；第六，淘宝旗下（站外）入口；第七，手机淘宝；第八，站外入口延伸。接下来详细了解一下每个入口的结构。

1. 站内搜索入口

首先看一下站内搜索入口，主要分为淘宝首页、天猫首页（原淘宝商城）、嗨淘、淘宝全球购等。主要来源有宝贝搜索、类目搜索、店铺搜索等。

2. 淘宝社区（门户）入口

淘宝社区（门户）入口主要由淘宝资讯、购物交流、站内其他三个部分组成。

3. 我要推广（硬广）入口

淘宝付费引流中最常使用的是我要推广入口。这里包含硬广、钻石展位、直通车和超级卖霸，还有淘宝客（CPS付费模式）和淘宝联盟营销资源平台（CPT付费模式）。

在这几个付费引流中，淘宝客的展现量和点击量都是免费的，但需要支付成交后产生的相应的佣金。在整个付费推广中，目前最常用并且效果最好的三种推广方式是直通车、钻石展位和淘宝客。

4. 线上媒体资源入口

线上媒体资源入口主要有淘宝天下子站和快乐淘宝。

5. 线下媒体资源入口

线下媒体资源入口主要分为淘宝代购、淘一站、淘代码、淘宝天下和快乐淘宝。

6. 淘宝旗下（站外）入口

淘宝旗下（站外）入口主要分为独立搜索引擎，如一淘、淘淘搜、淘满意（趣淘）、淘网址（淘店铺）。

7. 手机淘宝入口

手机淘宝入口主要由搜宝贝、搜店铺、类目搜索、活动等组成。

8. 站外入口延伸

站外入口延伸有豆瓣小组等。

通过上面的几个流量入口介绍，我们了解了淘宝网的流量地图分布情况。接下来再看一下真正经常进入店铺的流量来源，淘宝站内流量来源最多的还是以搜索流量为主（图3-1）。

图3-1是淘宝店（时尚达人堂 lonvi. taobao. com）量子恒道统计出的该店铺淘宝站内流量来源构成。首先需要了解这些来源所蕴藏的含义。

来源	详细	到达页浏览量	百分比
淘宝免费流量	淘宝搜索	1,671	39.84%
	天天特价	827	19.72%
	淘宝站内其他	241	5.75%
	淘宝类目	66	1.57%
	淘宝专题	51	1.22%
	阿里旺旺非广告	46	1.10%
	淘宝首页	25	0.60%
	淘宝店铺搜索	12	0.29%
	淘宝客搜索	10	0.24%
	合计	2,949	70.31%
淘宝付费流量	直通车	528	12.59%
	淘宝客	203	4.84%
	合计	731	17.43%
自主访问	直接访问	246	5.87%
	购物车	130	3.10%
	我的淘宝	103	2.46%
	宝贝收藏	1	0.02%
	合计	480	11.44%
淘宝站外	搜索引擎	26	0.62%
	淘宝站外其他	8	0.19%
	合计	34	0.81%

图 3-1 淘宝站内流量来源构成

1.1.2 淘宝店铺访问来源中相关数据定义

(1) 搜索引擎：是买家从搜索引擎搜索到卖家的店铺并且单击进入的流量，例如，百度、谷歌、114、必应、搜狗、有道、搜搜等。

(2) 淘宝管理后台：是从淘宝管理后台进入的流量，例如，买家已买到的宝贝、购物车等。

(3) 淘宝店铺搜索：是从淘宝搜索店铺进入店铺的流量。

(4) 淘宝搜索：是从淘宝直接搜索宝贝进入店铺的流量。

(5) 淘宝类目：是从类目分类页进入店铺的流量，例如，鞋子、连衣裙、iPhone 4S 等。

(6) 淘宝信用评价：是从淘宝信用评价页面进入的流量，例如，从买家评价的宝贝信息进入的流量。

(7) 淘宝其他店铺：是从自己店铺以外的其他店铺进入的流量，例如，通过友情链接进入店铺的流量。

(8) 淘宝收藏：是从买家的收藏进入店铺的流量。

(9) 淘宝看图购：是从淘宝看图购进入的流量。

(10) 淘江湖：通过淘江湖进入店铺的流量。

(11) 淘宝专题：参加旺铺和直通车等服务的用户，其中指定类目的店铺可以报名参加一些活动，参加活动后会有专题产生，从个这活动专题页面进入店铺的流量。

(12) 淘宝空间：用户在空间里加入了卖家的链接，也有可能是卖家自己在空间里进行了推广。

(13) 淘宝首页：淘宝首页这个流量比较少见，基本上也是参加活动后轮换显示，然后被一些人看到单击进入的流量。

(14) 淘宝频道：从淘宝的各个类目频道进入的流量。

（15）淘宝站内其他：淘宝站内的其他地方进入的流量，也就是除了一些主要的地方，从其他一些未分类的地方进入店铺的流量。

（16）直接访问：就是买家知道卖家的店铺地址或者在本地保存了相应的宝贝链接或者店铺链接（本地收藏夹等），直接在浏览器上输入店铺地址或者单击收藏夹里面的链接进入的流量。

（17）直通车：淘宝直通车的流量。

（18）钻石展位：通过钻石展位广告单击进入的流量。

（19）淘客：通过淘宝客推广链接进入店铺的流量。

（20）阿里旺旺广告：大客户硬广的一种，以CPT包时（按天计算的广告）形式的广告流量。

（21）定价CPM：大客户硬广的一种，以CPM千次展现来收费的一种广告流量。

1.2 流量解读

流量是店铺生存的生命线，是一切店铺活动的基础。没有流量的店铺，再好的产品和设计，再有竞争力的价格，都无法产生实际的销售。因此，各种各样的流量入口成为卖家必争之地，关键词搜索、类目、各种活动、直通车、钻展、淘宝客、微博、论坛等，大家都使出浑身解数，想尽一切办法让自己店铺的流量更多一些。

但是大家知道，流量终归是有限度的，而且不是所有流量都是有效的，很多流量非但无法为店铺带来成交，反而会拉低各项数据指标，影响店铺整体权重。所以，本内容是对一些流量数据进行解读，让大家从梳理的数据中挖掘更多对店铺有用的信息。

1.2.1 常见数据指标

（1）UV（独立访客）：即Unique Visitor，访问你的网站的一个客户端为一个访客。00:00—24:00内相同的客户端只被计算一次。

（2）PV（访问量）：即Page View，页面浏览量或点击量，用户每次刷新即被计算一次。

（3）收藏量：用户访问店铺页面过程中，添加收藏的总次数（包括首页、分类页和宝贝页的收藏次数）。

（4）浏览回头客：指前6天内访问过店铺，当日又来访问的用户数，所选时间段内会进行去重计算。

（5）浏览回头率：浏览回头客占店铺总访客数的百分比。

（6）平均访问深度：访问深度是指用户一次连续访问的店铺页面数（即每次会话浏览的页面数）。平均访问深度即用户平均每次连续访问浏览的店铺页面数。在“月报－店铺经营概况”中，该指标是所选月份日数据的平均值。

（7）跳失率：表示顾客通过相应入口进入，只访问了一个页面就离开的访问次数占该入口总访问次数的比例。

（8）人均店内停留时间（秒）：所有访客的访问过程中，平均每次连续访问店铺的停留时间。

（9）宝贝页浏览量：店铺宝贝页面被查看的次数，用户每打开或刷新一个宝贝页面，该指标就会增加。

（10）宝贝页访客数：店铺宝贝页面的访问人数。所选时间段内，同一访客多次访问会进行去重计算。

（11）宝贝页收藏量：用户访问宝贝页面添加收藏的总次数。

（12）入店页面：单个用户每次浏览您的店铺时所查看的第一个页面为入店页面。

（13）出店页面：单个用户每次浏览你的店铺时所查看的最后一个页面为出店页面。

（14）入店人次：指从该页面进入店铺的人次。

（15）出店人次：指从该页面离开店铺的人次。

（16）进店时间：用户打开该页面的时间点，如果用户刷新页面，也会记录下来。

（17）停留时间：用户打开本店最后一个页面的时间点减去打开本店第一个页面的时间点（只访问一页的顾客停留时间暂无法获取，这种情况不统计在内，显示为“—”）。

（18）到达页浏览量：到达店铺的入口页面的浏览量。

（19）平均访问时间：打开该宝贝页面到打开下一个宝贝页面的平均时间间隔（用户访问该宝贝页后，未点击该页其他链接的情况不统计在内，显示为“—”）。

（20）全店宝贝查看总人次：指全部宝贝的查看人次之和。

（21）搜索次数：在店内搜索关键词或价格区间的次数。

（22）转化率，就是所有到达淘宝店铺并产生购买行为的人数和所有到达你的店铺的人数的比率，转化率 = 产生购买行为的客户人数 ÷ 所有到达店铺的访客人数。

1.2.2　流量数据分析

1. 流量数据分析重要指标

对有关流量的 4 个数据进行深入剖析，这 4 个数据分别为流量比例、平均访问深度、停留时间和浏览回头率。

2. 网店流量来源构成

淘宝网店流量的主要来源有基础自然流量（以搜索带来的流量为主）、付费流量、会员流量、活动流量；从大、中、小淘宝店铺分析来看，一般比较合理的流量比例是：自然流量 40% ~45%、直接点击流量 15% ~20%、直通车流量 35% ~40%、淘宝客 5% ~10%，其他少到可忽略不计。

也可把在淘宝里流量主要分为付费流量和免费流量，即可以从 4 个维度把这些付费和免费的流量进行划分。

（1）转化率高的流量。

转化率比较高的流量有以下几类：

1）人气排名流量；

2）销量从高到低排名流量；

3）所有宝贝流量；

4）直通车流量。

（2）最好的免费流量。

最好的免费流量有以下几类：

1）自然搜索流量；

2）淘宝活动流量；
3）淘宝客流量；
4）关卡流量。
(3) 不错的站外流量。
不错的站外流量有以下几类：
1）专业社区流量；
2）购物社区流量；
3）SNS 流量；
4）博客流量；
5）微博流量；
6）IM 流量（QQ 群、旺旺群）。
(4) 联合活动流量。
联合活动流量有以下几类：
1）店铺广告图互换；
2）店铺联合活动；
3）商品保障卡、宣传册、店铺名片、二维码标签互相放到对方包裹里，发货时一起发送。

转化率高且性价比高的流量其实都在淘宝站内，所以在思考如何引流的时候，首先要考虑站内流量，等站内流量已经无法再增加或者增长速度缓慢时，或者店铺推广人员较多时，再去考虑站外流量。因为做好站内流量也是需要很大的人力、财力和精力的。当然，淘宝站内流量的效果也是最好的。

1.2.3 流量引入的常用方法

淘宝流量引入的方法非常多，如搜索引擎营销推广、网络广告、论坛营销、博客营销、微博、微信营销、加入流量联盟等，这些内容项目五中会一一介绍。下面主要介绍一些常用淘宝店铺流量引入的方法。

1. 淘宝首页

淘宝首页是流量的总入口，如，一个卖家在首页的钻石展位显示一天淘宝首页的流量达到了三千多万。

2. 网站导航

在淘宝首页上方有一个网站导航，进入可以看到有服饰、美妆、家居、数码、母婴、运动、食品等，点击进入可以看到这个行业的各种分类以及一些宝贝展示。

3. 类目导航

在淘宝首页有很大的篇幅是淘宝类目，有需要的买家很多会通过类目一级一级往下找。所以类目一定不要放错，其次是要有人气宝贝，还有一种是收费方式，在直通车最上方有类目。

4. 宝贝搜索

淘宝上通过类目进来的买家只有 30% ~40%，因为毕竟一级一级进有些慢，60% ~70% 的买家是通过搜索进来的。所以关键词的作用就非常重要了。

5. 宝贝详情页面

如果说类目导航、搜索、各频道是大街的话，宝贝详情就是店面，卖家之间可以结成联盟相互打广告，另外，还可以以赠品的方式和其他商家合作，也有的卖家通过淘宝客的方式合作。

6. 店铺页面

根据买家的习惯，在被商品描述吸引后，有购买意向的买家通常还会进入卖家店铺首页浏览，所以店铺的装修是很重要的。很多第三方活动要求卖家必须在店铺首页放活动 logo 也是这个道理。

7. 交易过程页面

在“我的淘宝”中的“已买到的宝贝”“购买过的店铺”“我的收藏”等下方都有广告宣传。另外，在客户支付成功的页面，支付宝页面都是很多广告页面。这些也都是钻石展位的作用。

8. 店铺动态

很多客户收藏了店铺，可以从店铺动态收到店铺的活动信息。

9. 淘宝运营活动

单击“我是卖家”→“营销中心”，进入“我要推广”，可以看到官方活动、第三方活动；进入“活动报名”，还有很多活动可以报名。

【任务实施】

淘宝流量综合分析

实训目的：

在淘宝官方的量子恒道中，默认把流量来源分为四大块：淘宝免费流量、自主访问、淘宝付费流量、淘宝站外其他。这四种分法可以说把店铺流量的主要来源都概括进去了。那么，这四种流量到底是什么关系？有没有主次之分？一个店拥有怎样的流量才算是一个健康的店？

操作内容：

对于这四种流量，给大家打个比方，这就好像一个完整的凳子，需要三个支撑点和一个可以坐的平面。那么哪三个流量是支撑点，哪个流量是面呢？换句话说，哪三个流量是为一个流量增加而服务的呢？免费流量、付费流量、站外其他为支撑点，自主访问为面。也就是说，前面的三个流量都是为自主访问流量的增加而服务的，一家店只有自主访问流量最多时才算是一个真正健康成熟的店。

肯定有人会产生疑问：为什么这么说呢？我的店就不是自主访问流量最多，但是我卖得依然很好，赚的钱也比一般的店多。接下来我们依次分析这四种流量对整个店铺的影响。

第一，付费流量。之所以先说它，是因为它是四种流量中最容易获取的流量。特点是：精准、流量大。只要你花钱，就会有流量。当然，这里先不讲付费流量获取的方法和质量，付费流量我们用得最多的是淘客、钻展、直通车、各类活动。一个店如果付费流量占主要地位，那么它的投入成本就高，投入成本高了，利润就会低，甚至是亏钱。但是如果没有付费流量是不是就好呢？也不对，我们知道付费流量的一个重要特点就是精准度，精准度高了，转化率就高，转化率高对搜索权重的影响也是非常大的。所以，一个好的店铺付费流量也是不可缺少的。

第二，免费流量。说白了就是不要钱的流量，它的获取方式说难也不难，说不难也难。不难是它不要钱，谁都可以去拿，没有任何门槛。说难是因为不是说谁都可以拿的，它需要投入大量的工作和精力。特点：成本低，精准度相当较低。对于免费流量，我们要做的就是如何一步一步提高，提高以后又该如何稳定这些来之不易的流量。大家都知道不管什么产品都有一个生命周期，我们不可能把店里所有的宝贝都打造成爆款，这就需要在主款宝贝进入生命周期的最后时段打造出另一款宝贝，来维持免费流量。在这个过程中存在两种可能：一是维持流量成功了，那就可以坐等赚钱；然而，一旦失败，重新选款肯定是来不及，这对于一家靠一款爆款宝贝来维持生命的店铺来说是很大的一个打击，严重的话可能直接导致店铺倒闭。

第三，自主访问流量。自主访问流量是所有店铺梦寐以求的流量，这个流量不仅稳定性高，而且转化率高。同时，也可检验我们付出了多少努力。它的流量构成主要是直接访问、我的淘宝、购物车、宝贝收藏、店铺收藏等其他搜索。这些流量从正面反映了我们店铺的客户性质和质量。一般情况下，他们不是我们的老客户，就是对我们的产品有很高购买欲的一类群体。既然他们能第二次来，说明他们对我们的产品非常满意，对我们的品质也是相当信赖的。对于这么好的流量，我们如何提高，如何维护，这就需要我们的产品和售后服务的及时跟进。产品再好，后续服务跟不上，那么他们的回头频率就会低，也许时间久了就会遗忘我们，遇到其他好的店铺，如果人家服务好，客户就会永久流失。如果我们只是服务好，产品质量跟不上，再好的服务也换不回客户的回头。因此，这两点必须及时改善，及时跟进配合，建立售后回访体系，把中差评提前解决，不要等出现了再解决，这样客户的回头概率将会增加不止一倍。我们也可以进行电话回访，当然，不是每个人都去回访，因为每个客户的情况不一样，消费水平也不一样，对于那些消费水平高，回头频率高的客户，一定要及时跟进，就算不把他们当“上帝”，最起码也要当个朋友。

第四，站外其他流量。这个流量可以说是店铺的“奇兵”，因为流量质量参差不齐，出现的地点也不确定，它可以付费投放，也有可能是别人免费投放。付费投放适合那些有自己品牌，并且已经成型的店铺，以增加品牌的知名度。对于小店或者资金有限的小品牌来说，就不太合适。那么如何来增加这方面的流量呢？第一是主动出击，多在适合自己产品的网站、论坛、社区、微博、免费的搜索引擎露露脸提高知名度。第二就是坐等别人推广，这一点唯一的办法就是做好前面的流量引入。只要自己的店铺做起来了，做好了，自然会有人帮你推。所以，这个流量来多少那就是赚多少，来得多就赚得多，可以说是真正的“奇兵”。

【任务拓展】量子统计流量来源解释（表3-1）

表3-1 量子统计流量来源解释

淘宝站内	淘宝搜索	是在淘宝直接搜索宝贝进入的
	淘宝类目	从淘宝官方分类页面进入店铺的流量，比如：鞋子
	淘宝收藏	是从买家的收藏进入店铺的流量
	淘宝专题	参加专题促销活动引来的流量
	淘宝首页	来自淘宝首页，如首页轮播广告及推荐等位置引入的流量

续表

淘宝站内	淘宝频道	就是从淘宝的类目频道进入店铺的流量
	淘宝空间	来自淘宝空间 SPACE 的流量
	嗨淘	从嗨淘网进入店铺的流量
	淘宝画报	从淘画报进入店铺的流量
	淘江湖	从淘江湖进入店铺的流量
	淘宝管理后台	是从淘宝官方管理后台进入的，例如买家已买到的宝贝、购物车等，有可能是回头客哦
	淘宝其他店铺	是从其他店铺进入，比如从友情链接里的店铺进入
	淘宝信用评价	是从淘宝信用评价页面进入的，例如从买家评价的宝贝信息浏览你的宝贝
	阿里旺旺非广告	访客通过点击旺旺聊天窗口进入店铺访问相应宝贝所带来的流量
	淘宝店铺搜索	是在淘宝搜索店铺进入店里的流量
	富媒体广告	访客通过访问店主投放的富媒体广告所带来的流量
	淘宝客搜索	由“淘宝客”搜索进入店铺浏览带来的流量
	淘宝站内其他	是从淘宝站内的其他地方进入的，也就是除了一些主要的，从其他一些未分类的地方进入店铺
	商城类目	从淘宝商城类目进入的流量，比如“潮流服饰”
	商城搜索	从淘宝商城直接搜索宝贝进入店铺的流量
	商城专题	报名参加淘宝商城专题活动进入店铺的流量
	聚划算	通过参加聚划算的宝贝而进入店铺的流量
	新品中心	通过参加新品中心的宝贝进入店铺的流量
	淘女郎	通过淘女郎的展示而进入店铺的流量
	淘宝看图购	从淘宝看图购进入的流量，看图购就是进入产品类目以后有那种都是大图的类目
	卖霸	例如 http://www.taobao.com/go/act/other/maiba79_1.php
	淘客	由淘客推广带来的流量
	直通车	淘宝直通车的来源，有的时候会显示为：tmatch.simba.taobao.com
淘宝推广	品牌广告	访客通过访问店主投放的按时长收费的广告进入店铺访问相应宝贝所带来的流量
	钻石展位	在钻石展位投放的广告带来的流量
	定价 CPM	由你在定价 CPM 投放的广告带来的流量
	阿里旺旺广告	从旺旺弹出框进入店铺访问相应宝贝所带来的流量

续表

搜索引擎		是说客户从搜索引擎搜索到你的店铺并进入带来的流量。比如 Google、百度、114、搜狗、bing 等
直接访问		客户知道你的店铺或者在本地保存了相应宝贝的链接（本地收藏夹等），直接在地址栏输入后进入你的店铺
其他		其他非主流路径引入的流量

任务2　免费自然流量引入

【任务描述】

随着传统企业大量地入驻淘宝，淘宝卖家越来越多，竞争也越来越激烈，再加之外部的电商环境竞争越来越激烈，现在流量的获取成本也越来越高，有些类目直通车的 CPC（Cost per Click，每点击成本）甚至高达几十块。

【任务导入】

最近一段时间，不管是新开的店铺，还是开了很长时间的店铺，都在苦恼的一件事就是怎么提高流量，尤其是免费流量。开好淘宝店，关注四个指标：流量、转化率、客单价、重复购买率。而流量是最关键的一点，尤其是自然流量，它是核心重点，那么我们应该怎么引流呢？

【知识准备】

2.1　免费流量影响因素

2.1.1　DSR

现在淘宝搜索规则中对服务的要求越来越高，从搜索来看，前几个页面的商家基本描述、发货速度、服务态度都是在平均水平之上的商家；从淘宝的搜索的规则上做了进一步的优化后，同时，在前几页的搜索中，多数商家的店铺动态评分 DSR（DSR =（店铺得分 - 行业平均分）/（行业最高分 - 行业平均分））都高于行业的平均水平，如图 3 - 2 所示。

2.1.2　规则遵守

店铺或者产品被扣分过于严重的商家基本进入不了前几页的排名，推荐大家经常使用诊断助手查出产品的情况，如图 3 - 3 所示。

图 3－2　淘宝搜索界面

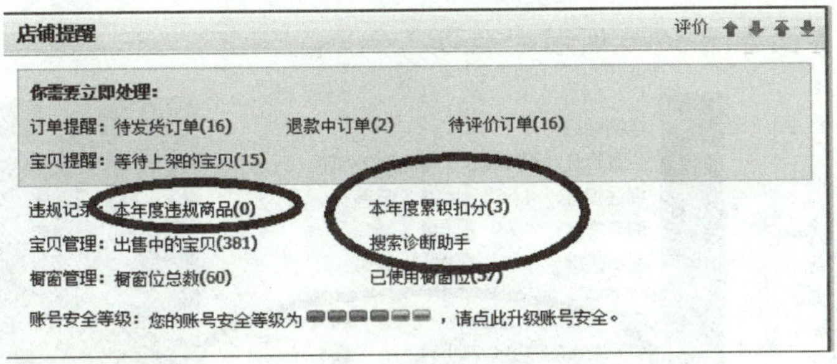

图 3－3　淘宝违规界面

2.1.3　店铺好评率/单品的好评率

中差评过多，或者单品的评分低，会影响单品搜索展现。

有些卖家要做爆款时尤其要注意！

淘宝评价界面如图 3－4 所示。

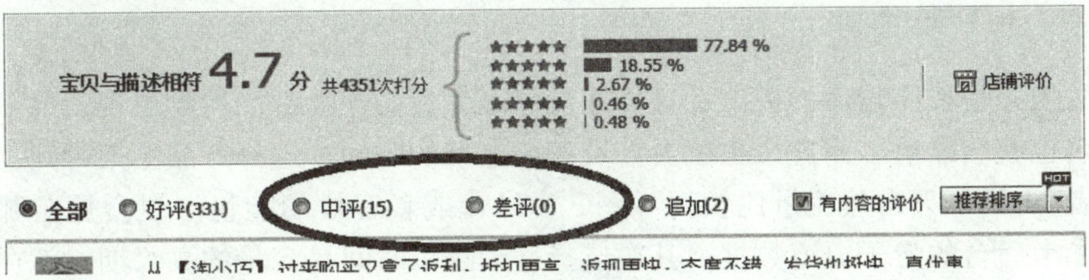

图 3－4　淘宝评价界面

2.1.4　旺旺在线时间长

搜索的前几页基本很难看到旺旺不在线的商家，而旺旺在线以及旺旺的响应时间都是影响搜索的因素。

2.1.5 支付方式

主要有两个方面：一是是否支持信用卡，二是支付宝付款率，如图3－5所示。

图3－5　淘宝支付方式界面

2.1.6 发货速度

淘宝发货速度界面如图3－6所示。

图3－6　淘宝发货速度界面

2.2 免费引流技巧

2.2.1 上下架时间

淘宝的搜索是按照轮流的模式，这样才能保证大量的产品都能得到展现；离下架的时间越近，排名也就会靠前，而这个也就会涉及产品上架的时间。选择产品上架时间，首先找出每7天或者14天哪天自然流量比较高（图3－7），或者客户的购物习惯会是在哪天购买产品，这个参考后台的量子恒道数据；其次选择这天哪个时间是流量的高峰期，就在这个时间选择上架商品。

2.2.2 产品的相关性

标题与产品的相关性也是很重要的，相关性强的产品，搜索到的可能性也就越大（图3－8）；特别是在做直通车推广时，标题与产品的相关性越高，产品的质量分就越高。

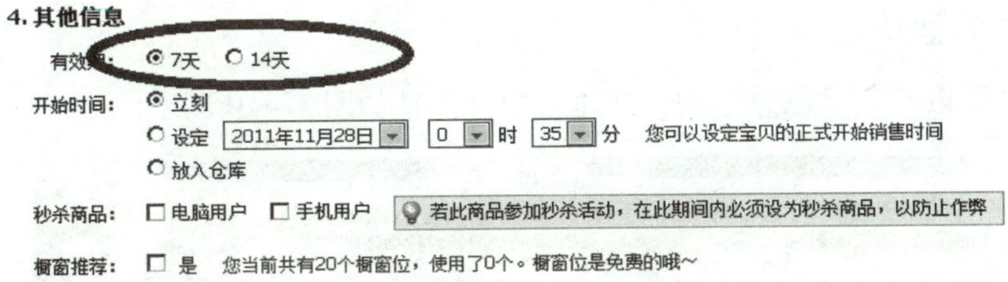

图 3－7　淘宝上下架时间信息界面

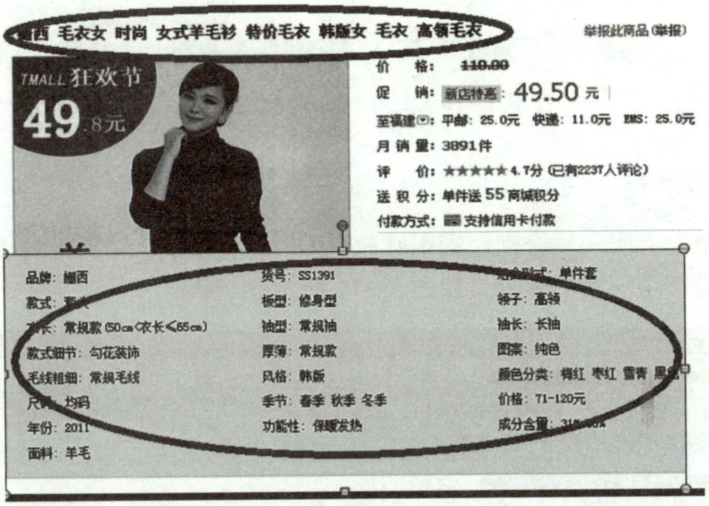

图 3－8　淘宝产品描述信息界面

2.2.3　产品图和细节图

现在淘宝搜索里添加了“一览”，产品图应清晰并且是 500 × 500 像素（这个尺寸以上的有放大功能，如图 3－9 所示）以上，同时产品图必须要有实拍细节图的展示。

图 3－9　淘宝产品界面

2.2.4 产品描述

有产品实拍图以及产品信息图的，在排名中优先，如图3-10所示。

图3-10　淘宝产品描述信息界面

2.2.5 橱窗推荐

店铺的橱窗推荐有限，要合理地利用好橱窗推荐，特别是店铺要推的爆款，有推荐的产品对自然流量也会产生一定的影响，如图3-11所示。

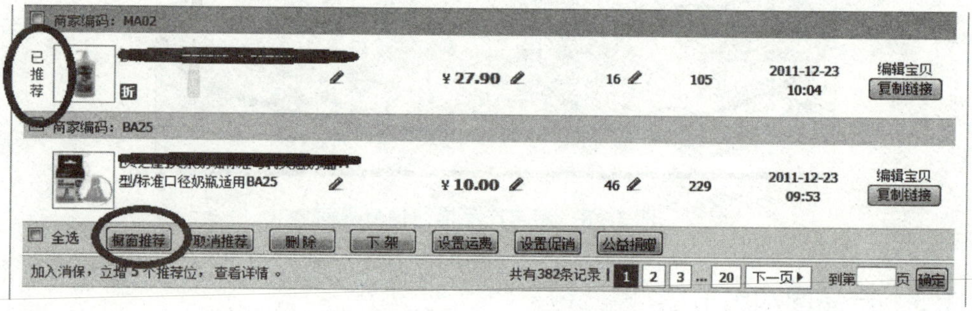

图3-11　淘宝橱窗推荐界面

2.2.6 所在地

淘宝搜索中针对搜索的地址做了优化，比如搜索福建的时候尽多地展现福建地区的产品（图3-12）；因此，如果是C店（个人开的淘宝店）的话，可以把店铺设置在一些搜索比较多的城市。

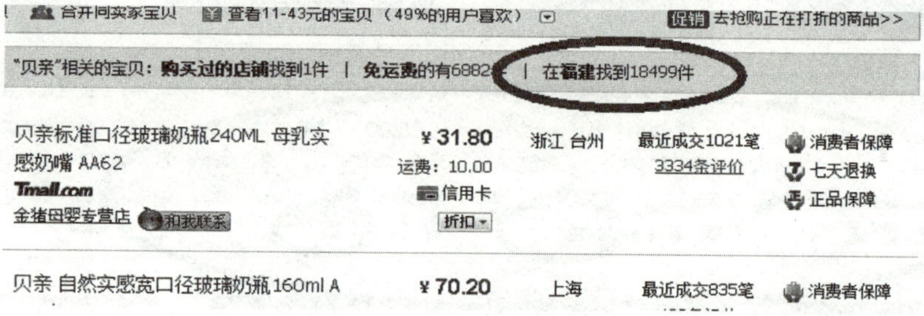

图3-12　淘宝所在地显示界面

2.2.7　价格

产品的价格也对搜索产品有影响，淘宝很少去把一个价格高得离谱或者低得离谱的产品放在搜索的前两页，而定价趋向合理的产品总是在首页比较受欢迎，如图 3－13 所示。

图 3－13　淘宝价格显示界面

2.2.8　库存量

产品上架之后，一定要经常检查产品的库存，库存比较少的产品展现很靠前的可能性比较低。

【任务实施】

如何快速打开淘宝流量入口

一、实训目的

淘宝开店，最重要的莫过于流量和转化。说到流量的问题，很多人做推广、软文、直通车、钻展、三方平台之类的，殊不知，流量是有了提升，但转化却见效甚微。如何利用最少的钱，快速打开淘宝流量入口，这是很多卖家朋友都经常苦恼的事。通过实训，理解淘宝流量的影响因素，掌握快速打开淘宝流量入口的方法。

二、操作内容

其实说到淘宝流量，不管是大、中、小淘宝店铺，一般比较合理的流量比例都是：自然流量 35%～50%、直接点击流量 15%～20%、直通车流量 35%～40%、淘宝客流量 5%～10%，其他就很少了。淘宝平台流量的产生主要取决于五个因素：标题关键字、排名位置、直通车、首图、详情页面。下面，我们就相关淘宝流量渠道进行分析，看看如何快速打开淘宝流量入口。

1. 自然流量要用好宝贝标题

影响标题的不利因素：

（1）关键词堆砌：如卖裤子的，有打底裤、保暖裤、牛仔裤、哈伦裤等，一个标题里最多可以出现两个带“裤”的词，三个以上就过多了。

（2）滥用符号：关键词用符号括起来会导致宝贝在淘宝的搜索结果中权重下降。

（3）重复标题：新开店铺里同质商品比较多，几十个宝贝的标题都差不多，这些都是对标题优化不利的。

（4）触犯淘宝高压线：指的是标题中不要出现“山寨”“高仿”以及违法的词语。

（5）滥用品牌词：若宝贝卖的不是北极绒、南极绒，在标题中就不要出现北极绒、南极绒的字眼。

此外，还要注意敏感词、标题关键词与空格、淘宝SEO关键词等效原则及关键词位置的运用等，这些都是影响搜索排名流量的重要因素。

2. 宝贝上下架优化

一些淘宝大类目虽然综合排名受上下架时间的影响，但可以通过人气排名去查。若能有稳定的搜索和转化的词，一般在人气排名中都能找到，只是靠前还是靠后的问题。而对于小类目来说，一般都是直接看综合排名，下架时间基本不明显，不过在综合页面首页，关键词只要维持好就可以了。

在上下架优化问题上，相关性是基础。若相关性不好，再高的人气分，这个宝贝排名也不会靠前，或者根本没有展示的机会。像宝贝标题、搜索关键字、类目相关性等都是影响排名的因素。

3. 直通车引流

直通车基本上是开淘宝店铺必备的引流工具，它不单是引流工具，更是精准营销工具。精准与否就体现在转化上，转化率也是影响直通车权重的一个重要因素。在其他因素相同的情况下，如同样销量百件的两个宝贝，直通车成交占比更高的卖家宝贝排名会更靠前。

4. 首图制作推广

在首图的制作上，若推广的宝贝在价格和销量上是有明显优势的，就要用亮色标记出来，这是一个竞争优势，现在虽然说“酒香不怕巷子深”，但是要让买家“闻”到酒香，宝贝有独特的优点要第一时间标注出来，这是给你的店铺形成无形的竞争力。

5. 具有吸引力的详情页面

一个好的宝贝详情页，会让买家瞩目，要吸引买家，第一个要向消费者证明的是——这个宝贝就是根据他的需要来设计的，十分适合他。如何制作具有吸引力的详情页？首先文案和图片要相结合。爆款打造，要有关联，买家进入详情页，第一眼看到的就是一段精心设计的关联销售，看到你店铺的宝贝就可以大概了解你店铺的款式特点。再者就是引导语的设计，要让买家愿意留下来“等待”你的宝贝展开。如何告知你宝贝的吸引点，抓住客户的眼球和心理需要，你必须要清楚以下几个问题，能有理由说服自己。

（1）客户为什么要选择你的宝贝？

（2）客户为什么今天就必须买？

（3）客户为什么不应该在别家买？

（4）买过的客户对你的产品评价怎么样？

（5）你的宝贝跟别人的有什么不同？

因此，要经营一家淘宝店，快速打开淘宝流量入口，做好关键词优化及店铺装修、图片处理工作都是提升网店销量的关键。

【任务拓展】免费引流图解（图 3－14）

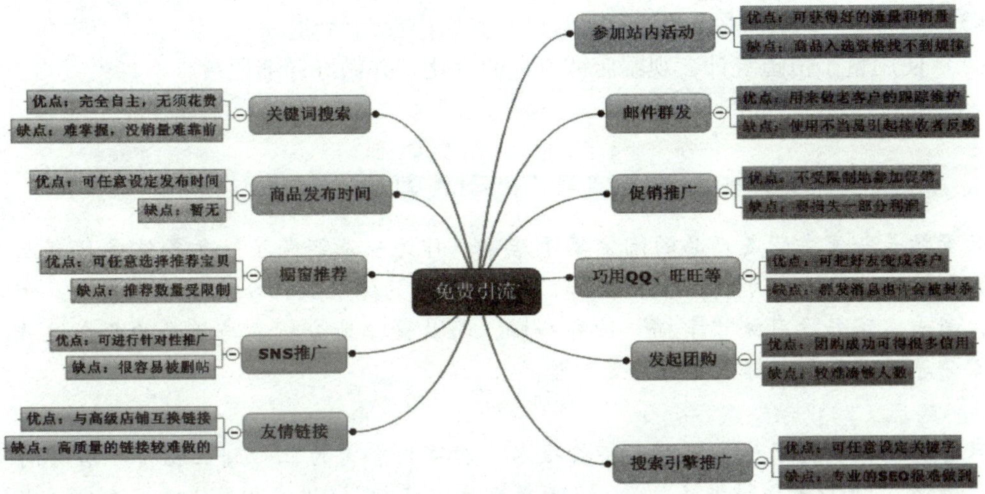

图 3－14　淘宝免费引流图解

【项目总结】

本项目主要介绍了淘宝网店流量常见的数据指标、流量来源及重要流量数据分析指标、免费自然流量的几个影响因素，以及流量的引入方法。流量对一个淘宝店铺来讲是非常重要的，有了流量才有顾客下订单，有了订单才有钱赚，所以，在日常运营与推广中不可忽视流量的引入。

【项目习题与训练】

一、理论自测题

1. 关键概念：流量、UV（独立访客）、PV（访问量）、转化率、自然流量

2. 思考题：

（1）淘宝网店铺带来成交的流量都是从哪些入口进入的？

（2）如何从 4 个维度把流量划分为付费流量和免费流量呢？

（3）免费流量的影响因素有哪些？

（4）免费流量是如何进行引流的呢？

（5）如何快速打开淘宝流量入口？

二、实务自测题

1. 实训目的：

淘宝平台上积聚了庞大的卖家群体，这些卖家要取得成功，就要积极地开展营销推广工作，把客户引入店铺，再通过优质的商品与服务让客户满意。请结合自己在淘宝网上开设的店铺，在 1 个月内完成网店流量的引入任务，进而提高网店的流量。

2. 实训要求：网络硬件环境通畅，软件环境必在 IE6.0 以上，要有订购量子恒道工具和店内促销工具等。

3. 实训内容：

（1）做好宝贝信息发布的基础工作，包括标题关键词优化、宝贝图片优化、宝贝上架

时间优化等。

（2）开通直通车账号，投入直通车广告。

（3）选择1~2种店内促销工具，尝试开展店内促销活动。

（4）使用量子恒道统计，观察店铺流量的变化，并做好详细记录。

【项目案例】

长寿坊店铺是如何引入更多的流量的

长寿坊是一家主营姜产品的淘宝集市店铺，作为一家经营了一年多信誉只有五心的卖家，6月底刚刚参加了淘宝天天特价活动，突飞猛进的销售数据令卖家非常兴奋。但是兴奋背后，新手卖家并没有被“幸福”冲昏头脑，而是谨慎地分析参与活动的各个过程，与其他卖家分享天天特价引爆流量背后的经验。

一、维护商品，防止动态数据变化

只有淘宝集市卖家可参与天天特价报名，卖家信誉需为三心到五钻，开店时间不少于90天，加入“消费者保障服务”及“7天无理由退换货”，描述相符、服务态度、发货速度均不低于4.6，实物宝贝交易应不低于90%。此外，报名店铺B类侵权扣分应为0分。尤其值得卖家注意的是，审核通过至活动上线期间淘宝会再次进行资质审查（包括信用积分、DSR评分、虚拟交易、炒信、是否在全网黑名单信息），所以卖家报名后应注意商品的维护，以防此期间商品动态数据变化，耽误上线。

而在宝贝要求方面，报名宝贝严禁先提价再打折，切忌炒作销量，一经发现，会被取消活动资格并拉黑处理。

二、上线前充分准备

参与一次淘内免费推广活动，需要较长时间的准备，才能使结果更趋近于营销目标。

1. 素材准备

参加活动的商家，店铺应自报名日起悬挂天天特价logo和banner一个月，不悬挂视为自动放弃报名。所以卖家应按照活动提示，首先下载图片放到自己的图片空间，然后添加超链接到指定网页，报名宝贝图片处理成310×310的白底无logo、无水印图片。

另外，卖家店铺报名参加天天特价活动的宝贝标题前须一律修改为“天天特价”+宝贝标题。

2. 扩充备货量

由于报名宝贝数量须不少于50，不多于300，否则会被视为违规，影响后续参加活动，所以最好按照报名活动数量的2倍来准备库存。而在天天特价活动结束后的接下来几天，会有一个延期效应及带动的关联销售，充足的备货可以让卖家从容应对。

3. 宝贝描述尽量与实物相近

宝贝描述要尽量写得详细，包括宝贝的属性、性能、优点等，这样一方面可以尽量减少买家咨询，防止短时间内客服旺旺无法及时接待客户而手忙脚乱，也防止意外的出错造成更严重的错误。

4. 提前包装

通过多次参加活动的卖家总结，在店铺活动中，70%左右的买家只会购买参加活动的产品，只有30%左右的买家会进行关联购买。所以，对于参加活动的宝贝，可以提前将那

70%买家购买的宝贝进行打包，节省活动期间的时间和压力，可腾出更多时间来处理买家问题。

5. 提前跟快递“沟通感情”

活动期间快递费会有一定的优惠比例，需要卖家提前跟快递商量好，一般来说，发货量大的时候，提前与快递沟通说店铺参加活动，每单可省一元左右，如果这个活动发出了一万个包裹，那就省下一万块钱。

天天特价买家有时地处偏远地区，如西藏、宁夏、甘肃等，而天天特价要求卖家包邮，所以卖家在报价格的时候要考虑到这一块的邮寄成本。

此外，还有一点，报名的活动产品的分类一定要检查清楚，比如精油洁颜皂，如果选洁面皂则出现在日用百货的类目中；选手工皂，则会出现在美容护肤的分类里，如果不注意这点区别，销量可能相差一倍。

三、活动期间运用一定的技巧

活动期间浏览量会大幅提升，客户咨询量也会比之前大很多，这个时候，一个小小的窍门或者技巧，能让你节省好多人力物力，尤其是对于一些重复性的咨询问题，效果尤佳。

1. 巧用旺旺快捷回复

旺旺卖家版是带快捷回复的，建议卖家将一些常用的客户咨询问题解答或者客户提醒设置成快捷回复，应对参加活动时的滚滚咨询是非常给力的。还有一个小窍门，设置聊天快捷短语时，按小键盘的“/”可以快捷回复短语，为店家省时省力。

2. 关联销售

做营销推广的目的不是低价将活动宝贝卖出去而已，而是引入更多流量，由此带动关联销售。不过这就要求卖家在参与活动前扎扎实实练好基本功，让产品真正走进买家的心里，增加二次回购率。

四、活动结束后持续维护

一次较成功的营销推广活动，不仅在于前端的销售成绩，售后服务也同等重要，激动人心的活动结束，卖家仍不能松劲，需要注意以下问题。

1. 及时、准确发货

经费较宽裕的卖家可以添置一台打印机打印快递单，手写效率低且容易出错，然后从阿里网店版订制一个月的批量打印，将买家信息直接打印，快递单号按顺序输入，方便快捷，节省人力物力。

2. 耐心处理买家提问

由于发货量较大，会存在先后延迟，而且有时即便已经发货，仍会有买家来咨询发货相关信息。这时就是考验卖家售后服务的时刻，耐心做好回复，别让促销引来的宝贵流量成为店铺的“敌人”，卖100个宝贝引来10个差评，还不如不参加活动，还是卖10件货赚10个好评来得给力。

此外，长寿坊运营跟卖家分享参加活动的体会：宝贝活动价格必须在符合淘宝标准的同时将折扣控制在可承担预亏损的范围内；选择店内口碑和销量较好的宝贝参加；标榜性价比而不是纯低价，让买家真正感受到实惠；在一次活动中做好总体费用规划，并不会频繁参加此类低价促销活动。

（资料来源：http://blog.sina.com.cn/s/blog_996ef3f40101h17h.htm）

项目四

网店营销推广

【项目目标】

通过本项目的学习，使学生能够理解营销推广对于网店生存和发展的重要意义，能够深刻认识店内、站内和站外营销推广之间的辩证关系，掌握每一种具体的营销推广方式的流程、步骤，并能够熟练运用三种营销推广方式引入流量，提高店铺的整体销量和转化率。

学习任务	能力要求	知识目标
任务 1 店内营销推广	1. 能够运用借力策略推广商品 2. 能够在店内综合开展多种促销活动 3. 能够运用店内营销推广的多种工具打造爆品	1. 了解店内营销推广的重要性 2. 理解店内营销推广的主要内容 3. 理解借力策略的内容 4. 了解店内促销活动的类型
任务 2 站内营销推广	1. 能够报名参加淘宝网的常规促销活动 2. 能够运用直通车、淘金币和钻石展位推广店铺和宝贝	1. 了解站内营销推广的工具 2. 理解淘宝常规促销活动的报名渠道 3. 了解直通车、淘金币和钻石展位的原理和展示位置
任务 3 站外营销推广	1. 能够建立淘宝客推广计划，合理设置佣金 2. 能够报名和参加独立促销平台的活动 3. 能够利用微博推广网店	1. 了解淘宝客推广的方式和佣金规则 2. 了解独立促销平台的活动内容与招商要求 3. 掌握微博推广的优势和步骤

任务 1　店内营销推广

【任务描述】

店内营销推广是卖家对网店进行营销推广的基础和核心内容。学生通过本任务的学习与演练，能够理解店内营销推广的重要性，掌握店内营销的基本方法，并能熟练运用多种工具进行店内推广。

【任务导入】

小丽开了淘宝网店，想让买家在众多商品中发现她的店铺，让买家进入店铺进行挑选并购买店铺的产品，让买家成为店铺的回头客，她要如何进行店内的营销推广呢？

【知识准备】

1.1 网店营销推广基础知识

从2003年开始，国内网络零售行业驶入发展快车道。十多年来，网络营销推广的方式越来越复杂多样，新的营销与推广方式层出不穷，很多人都在研究该如何更好地做好网络营销推广工作。

在传统的市场营销理论体系中，推广是指企业为扩大产品市场份额，提高产品销量和知名度，而将有关产品或服务的信息传递给目标消费者，激发和强化其购买动机；营销是指促使这种购买动机转化为实际购买行为而采取的一系列措施。依此类推，在网店经营中，推广就是采取多种方式吸引买家进入网店，营销就是促成进入网店的买家购买商品和服务，达成交易。

酒香也怕巷子深，淘宝店铺也需要推广。在网络营销时代，营销与推广的关系非常密切，很多推广的工作是可以影响到营销效果的，而很多营销的工作也可以为推广而服务。在很多人看来，网络营销与网络推广两者的概念已经相当模糊，因此，目前很多人习惯性地将两者统称为网络推广。

为了方便区分和归纳，以网店采用工具的适用范围为标准，网店营销推广可分为店内营销推广、站内营销推广和站外营销推广三种类型。不过，这三种营销推广方式并非在推广和营销的本质上发生了变化。

1.2 店内营销推广的主要内容

店内营销推广是网店营销推广的基础和核心内容。可以说，没有店内营销推广的基础工作，盲目地浪费大量时间、金钱和精力去做站内和站外营销推广是徒劳无益的。要从浩瀚的店铺海洋之中脱颖而出，被别人发现的概率是比较低的。虽然卖家通过站内和站外的多种营销推广手段大大地提高了店铺的浏览量，吸引了大量顾客进入到店铺里，但是店内宝贝的营销推广力度不够的话，顾客最终是不会购买的。不想办法提高转化率，那么千方百计带来的浏览量就会变成无效的流量。因此，只有卖家充分运用店内营销推广工具，才可能将顾客的购买动机直接转换为实际购买行为，有效地将浏览量转化为成交量。

一般来说，在店内营销推广工作中，要取得较好的效果，就要在以下几个方面下足功夫。

1.2.1 网店定位

网店推广从网店定位开始一步一步走好，网店的定位是做好网店推广的第一步。如果网店没有清晰明确的定位，商品的销售就没有一个清晰的消费群，销售就没有了方向，没有了方向的销售无法支撑起网店的经营。因此，网店在建设之前必须得思考如下问题：有给自己的网店进行定位吗？网店的消费群是哪些？网店的产品是哪些？产品该怎么定价？

1. 网店产品定位

开店之初，要通过大量的调查来确定产品定位，比如，自己打算卖什么产品，这些产品自己了解吗，有没有好的货源。如果你打算卖连衣裙，你对女性喜欢穿什么样的连衣裙了解吗？自己有没有这方面的货源？另外，坚持“做专不做杂”，特别是对于新手卖家，千万别好高骛远什么都想卖，利用好身边的资源先做好某一项。现在社会分工越来越细，只要做专做精，就会“行行出状元”。在没有做好专才之前，请别考虑往“全才”发展。

2. 网店消费群定位

如何确定目标消费者群体以及明确他们的需求特点是卖家必做的功课之一。我们要考虑打算把产品卖给谁，这些群体一般会聚集在哪些网站或论坛，他们有什么爱好，如何投其所好。淘宝上有一个卖孕妇装的网店，消费群定位很清晰，就是孕妇。孕妇一般都会去宝宝树等一些知名的孕妇类论坛以及一些孕妇QQ群，孕妇对哪个阶段该做什么比较关心，我们如何提供她们所关心的东西呢？这就需要卖家动脑筋了，卖家要做消费者的咨询顾问，而不是简单的卖东西的，要善于挖掘消费者的新需求。

3. 网店价格定位

低价确实能吸引人一时，但非一世。没有一个好的品牌或者卖场是一味降价或者卖廉价商品造成的。当网店的消费群已经固定之后，要思考网店整体上是走高端路线还是低端路线，了解这些消费者能够接受的价格范围是多少。对于一般商品来说，价格定得过高，不利于打开市场；价格定得太低，则可能出现亏损。因此，最稳妥可靠的是将商品的价格定得比较适中，这样买家有能力购买，也便于推销。

1.2.2 充分利用借力策略推广商品

为了提高商品的曝光率，卖家通常会在商品名称、商品图片和商品描述上下功夫，如通过优化商品标题的关键字、增加商品的多维图片、在商品描述里加入详细的图文并茂的介绍等方式来提高转化率。

在激烈的网店竞争中，如何才能出奇制胜？在营销推广上，始终秉承以“人无我有，人有我优”的理念，这样才能在激烈的竞争中立于不败之地。俗话说：借力发力不费力。采用借力策略，利用外界的力量促进商品的营销推广，可以达到以弱胜强的效果。因而，在商品名称、商品图片和商品描述中充分利用借力策略显得尤为必要。

1. 借品牌的力

借用品牌力量的时候，我们可以利用商品的品牌、店铺的品牌。在商品名称和商品图片里，“苹果”“小米”“阿迪达斯”等是商品的品牌，如图4－1和图4－2所示；在店标店招里，“银泰百货”（图4－3）、“韩都衣舍”、“柠檬绿茶”等是店铺的品牌。这些品牌的产品市场认知度高，销量好，在商品名称和图片里加入品牌的关键字，可以增加被顾客搜索到的机会，可以有效地提高浏览量。

图4－1 商品名称的品牌借力

图4－2 商品图片的品牌借力

图 4－3　网店店招的品牌借力

2. 借名人的力

中国有很强的名人效应，名人的一言一行对世人都有一定的榜样作用。名人，尤其是歌手、明星的选择和品位，引领着市场的潮流导向。卖家可以去利用一些名人效应，把他们的名字加入商品名称里，如图 4－4 所示。还比如说刘德华喜欢的衣服、犀利哥的最爱等，一方面是利用名人的影响力，另一方面也是在增加商品被搜索的可能性。当然，在商品图片或者商品描述里同样可以利用这些原理，如图 4－5、图 4－6 所示。

图 4－4　商品名称的名人借力

图 4－5　商品图片的名人借力

明星情侣杨幂、刘恺威双双抵达法国戛纳参加即将举行的戛纳电影节。据悉，此次是小花旦杨幂首次出席国际电影节，她将携新作《画皮2》参与电影节相关活动，为新电影卖力宣传。而其男友刘恺威也将作为某国际一线品牌特邀中国区嘉宾在戛纳出席多次品牌活动，并受品牌邀请与杨幂携手亮相戛纳电影节红毯。昨日（5月15日）抵达后，两人稍作休息就迫不及待走上戛纳街头，感受当地风土人情。逛街时，两人手牵手形影不离倍显甜蜜，虽都是一身简单休闲打扮却潮男、潮女范儿十足。

图 4－6　商品描述的名人借力

3. 借商品的力

商品可以让我们借力的东西有很多，商品的品牌、质量、款式、销量、价格，这些都可以成为销售优势。如果卖家有效地加以利用，对于商品的营销推广可以达到事半功倍的效果。卖家要善于挖掘出商品最大的卖点，以及顾客对这件商品最看重的点。比如，原单正品、新款商品、真皮、复古、100%好评等，这些都有可能是我们商品的卖点，也是我们在同类产品中有优势的地方，这个时候就要尽可能多地把这些优势放在我们商品名称和商品图片里，如图4－7、图4－8所示。另外，在商品描述里借用商品的力也会取得不错的效果，如图4－9、图4－10 所示。

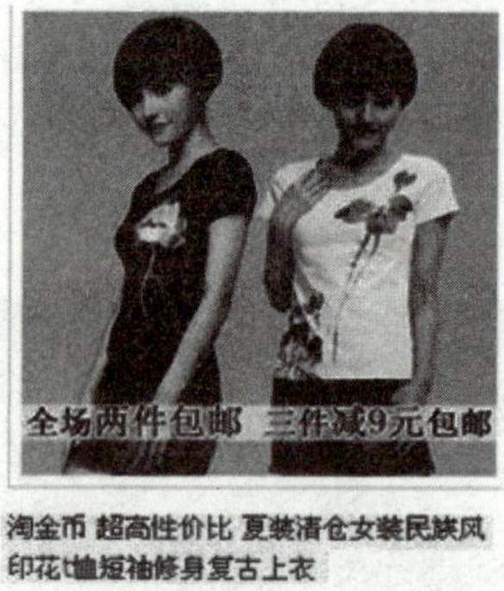

图4－7　商品名称的借力

308
原单
热卖万件
100%
桑蚕丝
2012新款桑蚕丝欧美大牌明星同款外贸
原单女真丝连衣裙正品roads

图4－8　商品图片的借力

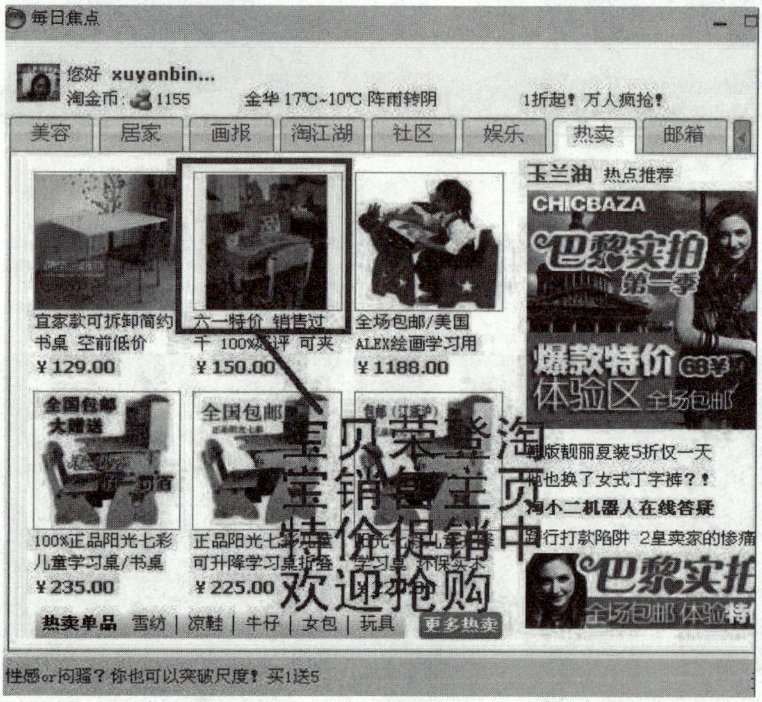

图4－9　商品描述的借力

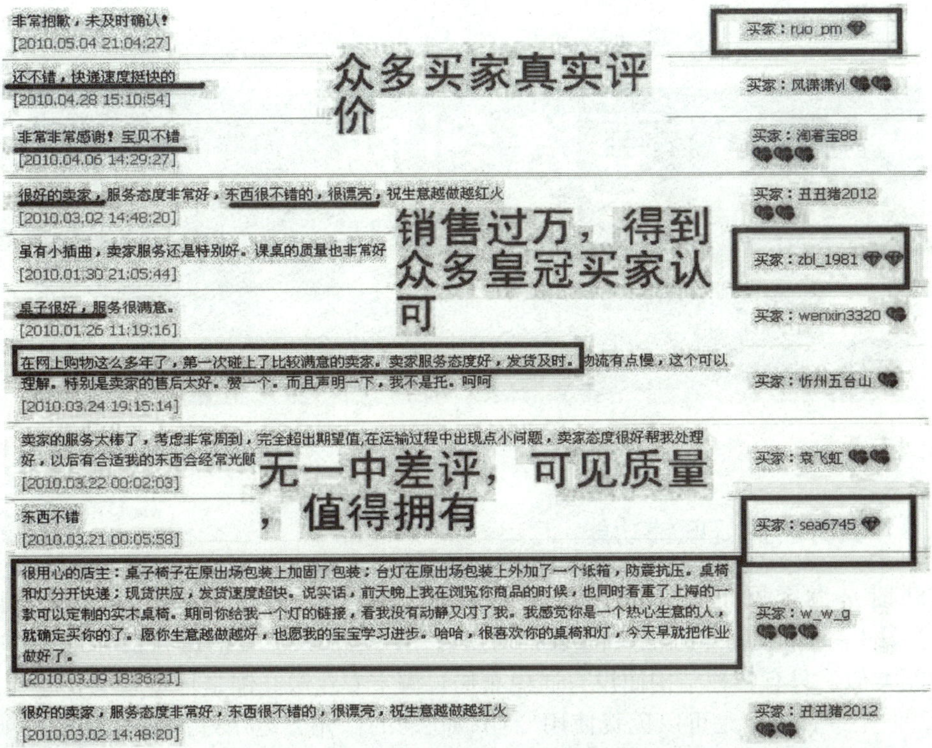

图 4－10　商品描述的借力

4. 借促销的力

各大网络零售平台通常会采用诸多促销手段来吸引眼球，提高浏览量，特别是到年底了，大大小小的促销活动络绎不绝，“×元包邮”“买×送×”等各种各样的促销方式让顾客应接不暇。卖家可以采用折扣促销、让利促销、包邮促销、买赠促销等促销手段招徕顾客，将这些促销活动添加在商品名称和商品图片上，可以有效提高店铺的浏览量，如图 4－11、图 4－12 所示。如果在商品描述里详细介绍促销活动的内容与规则，这样更能促使顾客做出购买决策，如图 4－13 所示。

图 4－11　商品名称的促销借力

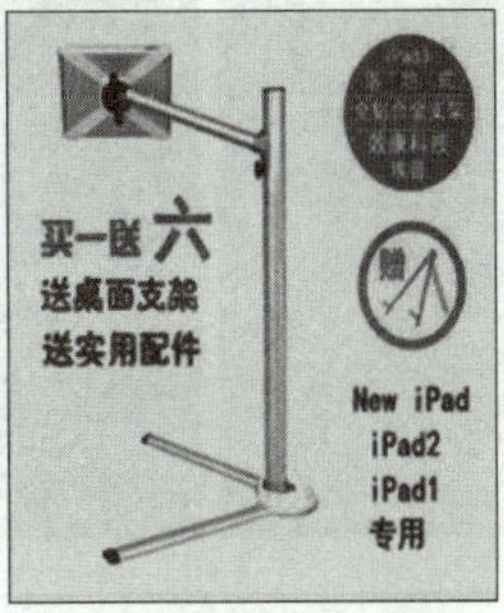

图 4－12　商品图片的促销借力

图 4-13 商品描述的促销借力

1.2.3 充分利用好旺铺功能

淘宝旺铺是淘宝网的一项增值服务。目前，淘宝旺铺分为基础版和专业版，如图 4-14、图 4-15 所示。淘宝基础版旺铺对所有用户是永久免费的，与很早以前的扶植版旺铺的功能类似，只有两栏结构而没有通栏布局！淘宝专业版旺铺是付费版的，旺铺价格为 50 元/月，但是一钻以下是可以免费使用专业版旺铺的！充分运用好淘宝旺铺的各项功能，有利于塑造店铺形象和打响品牌，提高店内营销推广的效果。

图 4-14 淘宝旺铺基础版

图 4－15 淘宝旺铺专业版

1. 店招

店招好比商家的门头，是顾客对店铺的第一印象，可以醒目地标注商家店名、品牌、广告等。利用 Flash、GIF 动画的店招，则会更方便、更形象地推广宣传店铺形象。卖家利用店招将店铺的经营内容、优势和卖点、品牌价值等在第一时间传递给浏览店铺的人，因此，店招起着重要的视觉营销作用。如图 4－16、图 4－17 所示，店招 1 主打安全牌，强调正品、行货，店招 2 主打促销牌，主推特价、包邮等活动。

图 4－16 店招 1

图 4－17 店招 2

2. 自定义页面

淘宝旺铺除了比普通店铺首页模块灵活外，还有一大特色就是有“自定义页面”设置，最多可以设定 6 个独立的栏目，这就像给了卖家更大的发挥空间，灵活应用好后就像拥有一个独立的网站。这些自定义页面的快捷入口所处的位置在店铺招牌下面，等于是将宝贵的一屏资源翻了 6 倍，每个栏目可以随意起名，内容更是丰富多彩，可以放入更多推广元素和促销信息，如图 4－18 所示。

图 4－18　旺铺的自定义功能

分别浏览每个栏目，可以看到自定义页面相当于网站栏目。比如图 4－19 中店铺栏目的几个截图，大家会发现原来自定义样式如此丰富，不但可以分栏目放置不同内容，而且每个栏目页还能独立设定不同的店招、色调风格。

图 4－19　旺铺的自定义页面

3. 旺铺促销区

淘宝的旺铺促销区（图 4－20）是顾客继店铺招牌和自定义页面后看到的第二个视觉重心，可以让店铺促销信息第一视觉呈现在顾客或者访问者面前；好的旺铺促销区犹如一个精美的图片广告，能够极大地吸引顾客的注意力。

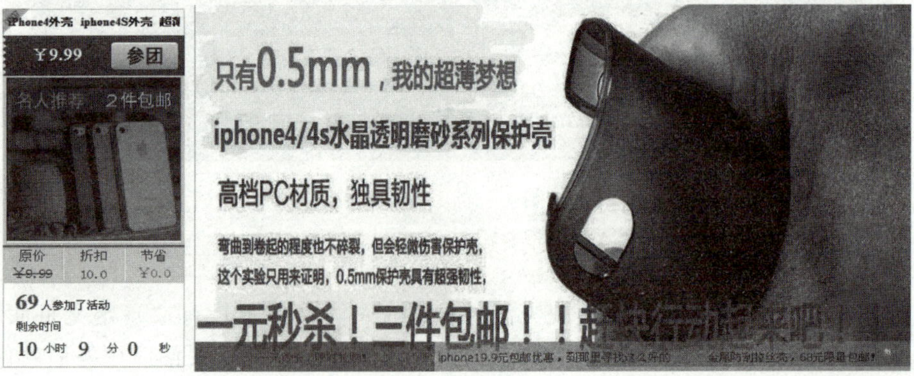

图 4－20　旺铺促销区

旺铺促销区可以是一个较小的 HTML 页面，里面可以加入商品的图片、文字和超链接，也可以放入包含促销信息的 JPG 或 GIF 格式的图片。不管是何种形式的旺铺促销区，一定要将商品的卖点信息最直接地传递给顾客，吸引顾客的眼球，刺激消费者的购买欲，提升转化率。

4. 自定义模块

与普通店铺相比，旺铺可以通过添加左侧、右侧的自定义模块来增加更多的展示面积，释放更大量的营销与推广信息。左侧页面的模块窄一点，主要包含了店主的基本情况、联系方式、店内商品搜索、商品类目和友情链接，右侧页面的模块主要是促销区、商品展示和交流区，左右两侧都可以根据需要添加多个自定义模块。因此，淘宝旺铺的左、右两侧自定义模块（图 4－21、图 4－22），就是卖家可以自由发挥的地方了，利用这个小小的“弹丸之地”来充分发挥自己的聪明才智。

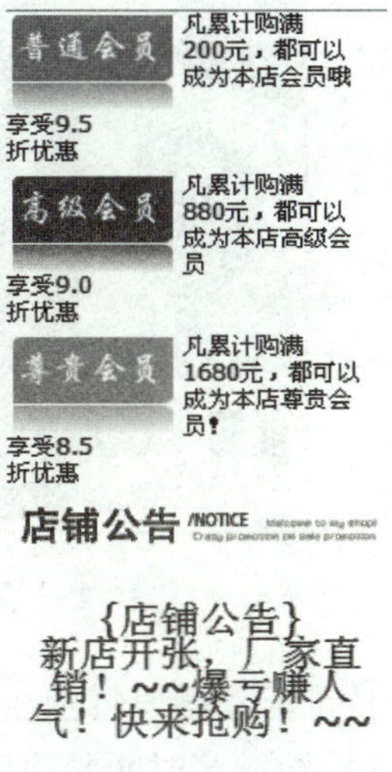

图 4－21　左侧模块

图 4－22　右侧模块

1.2.4　综合运用店内促销活动

除了在店内商品标题、商品图片、商品描述上做好“内功”外，卖家还要积极参加淘宝 VIP、特价包邮、满就减、满就送等促销活动，这样将大大提高参加活动产品的曝光率，从而提升整个店内的流量。

1. 刺激消费者购买的方法

（1）限时折扣。

限时折扣，顾名思义，就是在限定的时间内（比如节日期间，或者某个时间段），产品以特价出售。这是卖家常用的一个促销工具，也是最简单且容易出效果的工具。通常以降价促销和折扣促销为主，如图 4－23、图 4－24 所示。

图4-23　降价促销

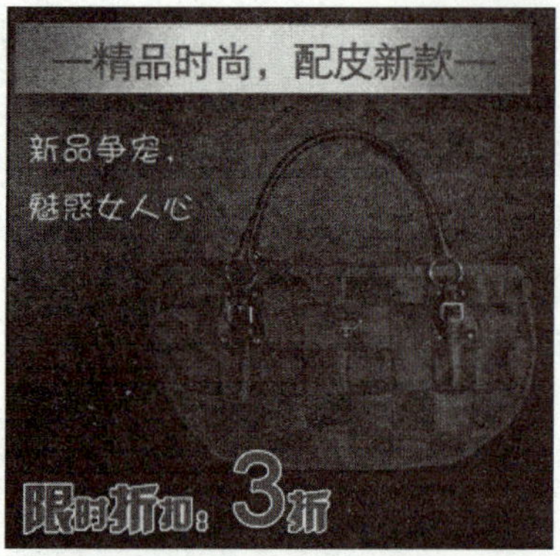

图4-24　打折促销

特价活动需要特别注意的问题如下：

1）给顾客时间紧迫感。大街上常有“大甩卖最后1天”的广告，其实哪一天都是最后一天，只是让顾客产生时间紧迫感，今天非买不可，明天就没有这么大的优惠了，从而强烈刺激顾客的购买欲望，其实网上的商品也是一样的道理，如图4-23所示。“最后一天”甩卖，“直降10元”，还可以“买一送二”，着实便宜。但是搞特价的时间不能太长，最忌讳年常日久地一直在搞特价，而是要在春节、国庆等这样的长假节日就只做2~3天特价，这样买家就会有占到便宜的感觉。

2）展示特价幅度。特价幅度要大，而且展示的手法要有技巧。例如，商品由1 000降到800应该标明是“直降200”，而不能写成打8折或者8折优惠，要是20元的商品降到10元，就应该写半价出售，而不能写成直降10元。

（2）秒杀。

秒杀是网上竞拍的一种新方式。所谓秒杀，就是网络卖家发布一些超低价格的商品，所有买家在同一时间在网上抢购的一种销售方式。由于商品价格低廉，往往一上架就被抢购一空，有时只用一秒钟。在淘宝最吸引人的就是1元钱秒杀一辆汽车，秒杀是非常能吸引很多流量的一个活动，所以借助秒杀活动也可以增加店铺的浏览量和人气。

秒杀活动需要注意以下技巧：

1）商品降价幅度要相当大。形成巨大的价格落差是秒杀活动的特征之一，就是用令人大跌眼镜的价格吸引顾客。原本成百上千的价格才卖几元钱，没有人对这种实实在在的天上掉馅饼的活动不动心的。

2）在搞秒杀活动之前，提前公布、多方宣传消息。因为每次做秒杀的时候产品肯定不会太多，既然是赔本赚吆喝，就一定要提前公布秒杀活动信息，通过论坛、聊天工具、微博等工具多方宣传，吸引广大顾客的眼球。在秒杀的当天，所有感兴趣的顾客都会蜂拥而至，即使没有成功拍到，也会看看你店里卖不卖其他便宜的商品。

（3）抽奖。

抽奖也是一种常用的促销方式，在节假日大商场都会举行各种各样的抽奖活动。两个卖家卖的相同产品的价格一样，一家没有抽奖，而另一家可以抽奖，顾客当然会选择可以抽奖的那一家了，因而抽奖就是刺激买家占便宜的心理。抽奖活动要遵循下列原则：

1）活动的奖品一定要足够大。如果都是些几元的小奖品，这样根本提不起顾客的兴趣。所以奖品尽可能大点，如手机、电脑等，这样才有吸引力，才能达到好的效果。

2）小奖要广。提高中奖率，让更多的人得到奖品。100 人抽奖就有 60 个人中奖，顾客的积极性就会被调动起来，对店铺的印象也会非常深刻，这样才能拉来更多的顾客。

3）充分展示。抽奖的广告打在醒目位置，如店铺首页、店招、公告栏，也可放在商品描述的最前面，大张旗鼓地宣传，让每一个进店的顾客都知道有抽奖活动，千方百计地让更多的顾客参加抽奖活动。

2. 刺激消费者多买的方法

（1）换购。

换购就是买家购买金额达到一定的标准后，再加一笔钱就可以买到价值较高的其他商品。例如，买家消费满 80 元的时候，再加 5 元，就可以换到一个价值远远超过 5 元的东西。这样买家就会感觉加 5 元钱非常划算，就会愿意参与这种活动。卖家开展换购促销活动，可以刺激消费者购买更多的商品，不仅提升了单价，还加快了店铺信誉度的增长速度。在进行换购活动时，卖家需要掌握两个技巧：

1）加价幅度要小。换购活动增加的价格不要太高，要让买家感觉换购物超所值，一元钱换购效果最好，大力刺激参加换购活动的积极性。如果加价幅度太大，买家会权衡换购商品是否实用和是否非常划算，从而会影响换购效果。

2）充分展示。展示的位置要明显、直接、简单，比如在首页、促销区等显著的位置进行展示，要让消费者知道你店里在举行换购活动。

（2）包邮。

包邮是指在网上购买商品，由卖家来承担邮寄费用，不需买家自己掏腰包。包邮是卖家的促销手段之一。在一般情况下，买家要在此商店买到一定数量、价格或促销商品时，卖家才会承担邮费。买家选择包邮的商品可以节省一定的邮费，但也要防止商品数量、质量等可能有问题，毕竟一分钱一分货。购买时应与卖家联系，问清是谁承担邮费，以免发生不愉快。

在进行包邮活动前，一定要设置好规则，以免亏损。包邮活动要注意规则的设置，是全场包邮，还是部分包邮。在全场包邮的时候要特别注意低价商品，如果一个 5 元钱的商品也能参加全场包邮，这样就会造成亏损。

（3）满就送。

当买家消费满一定金额或者商品件数达到标准后，卖家会免费送赠品给买家。满就送活动最适合价格比较高但降价幅度不能太大的商品，比如，笔记本电脑、手机等。卖家利用赠送活动进行变相降价，最好能赠送相关的商品，比如，买手机送内存卡、贴膜等。当然，赠品要超值新颖，如果赠品价值不高，买家占不到便宜，就会降低购买积极性，就不会刻意去凑够金额换赠品了。如果买家在店铺里消费满 2 000 元，仅仅只能得到一张贴膜，买家是没有兴趣参加满就送活动的。

3. 刺激消费者再次购买的方法

（1）红包。

“红包”是通过网络第三方平台送出的。在支付宝主页上，专门设置了“送礼金”功能，用户只需输入收礼人的账户以及红包金额，提交后输入支付密码就能即时完成红包发送（图 4－25）。2010 年春节期间，每天“红包”的发送量都达到了 1.5 万笔左右，比 2009 年同期翻了一番，成为春节期间年轻人过节的新时尚。

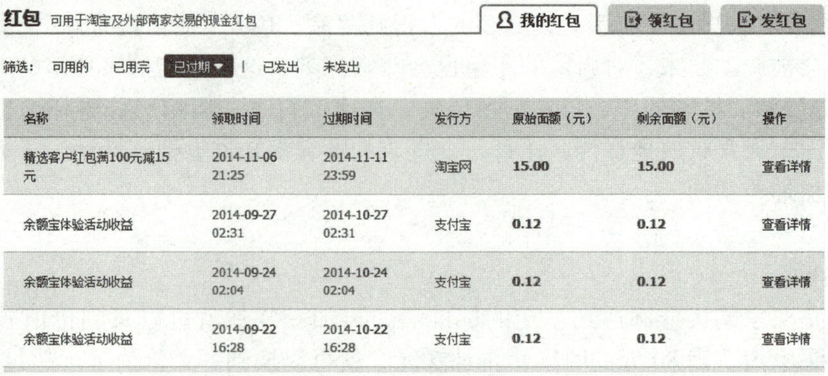

红包 可用于淘宝及外部商家交易的现金红包　　我的红包　领红包　发红包

筛选：可用的　已用完　已过期　|　已发出　未发出

名称	领取时间	过期时间	发行方	原始面额（元）	剩余面额（元）	操作
精选客户红包满100元减15元	2014-11-06 21:25	2014-11-11 23:59	淘宝网	15.00	15.00	查看详情
余额宝体验活动收益	2014-09-27 02:31	2014-10-27 02:31	支付宝	0.12	0.12	查看详情
余额宝体验活动收益	2014-09-24 02:04	2014-10-24 02:04	支付宝	0.12	0.12	查看详情
余额宝体验活动收益	2014-09-22 16:28	2014-10-22 16:28	支付宝	0.12	0.12	查看详情

图 4－25　红包管理

收红包的用户可以将金额用于在淘宝网等网络平台的消费，以购买自己喜欢的礼物和商品。卖家可以在支付宝上发红包给买家，这样能吸引顾客回头，刺激消费者再次购买的欲望。需要注意的是，红包不能发放的太多，因为发放多少钱的红包，支付宝里就要冻结多少钱的资金。当消费者使用了红包后，支付宝里的资金才可以流通使用。

（2）积分。

积分活动其实就是变相降价。积分就是相当于现金的回馈，获得 100 积分就等于获得了 1 元钱，10 000 积分就是 100 元（图 4－26）。积分和红包的区别在于积分是在全天猫店铺都能用的，买家在 A 店消费后赚到积分，下次他可以在任何天猫店铺里使用积分，而不必一定来 A 店使用积分；而红包只能限定在某个淘宝店铺使用，买家在 A 店铺消费时拿到红包，下次再用红包时，仍然必须在 A 店消费。

图 4－26　使用积分

买家获得积分后，在“我的淘宝”→“我是买家”→“我的积分”中查询，下次购物可以在所有天猫的商家中使用积分来抵用现金，每笔订单可使用积分付款的额度无上限。在付款时，系统会提示是否使用积分。买家也可以在“积分频道”兑换超值商品。

1.2.5 打造爆款

爆款是指在商品销售中，供不应求，销售量很高的商品，即通常所说的卖得很多，人气很高的商品。爆款带来的不仅仅是流量，更重要的是销量的暴增。如果店里没有爆款，就无法带动网店销量，利润往往就会较少。爆款的成交会提升店铺的总成交量和信誉度，会带动关联商品的热销，还能提高店铺的总体评分和其他宝贝的搜索排名。

1. 打造爆款的关键因素

每个卖家梦想店内商品热销，销量呈几何级速度增长，那么就有必要在打造爆款之前找出爆款的关键点，主要有如下几方面：

（1）流量是根本要素。无论使用何种营销推广方式，目的都是吸引更多流量，从而有效地转化为成交量。其中，淘宝搜索是流量的主要来源，搜索中的热卖排行占据了超过30%的流量。因此，商品一旦进入热卖排行，势必会引来巨大的流量，而这些流量的分布都与商品好坏有关。

（2）抓住消费者的从众心理。销量上去了，买的人就更多了，这就是抓住了买家的从众心理。相信很多顾客都会选择一些人气很旺、销量很大且好评如潮的商品。因此，卖家要善于抓住消费者的从众心理，重点推广人气商品，让消费者产生一种延续性的从众判断，从而下单购买。

（3）保证商品的品质。商品本身才是销售活动的主题，要有好的商品，才会提高性价比，吸引更多顾客，从而打造爆款。

2. 爆款的选择和准备

在打造爆款的整个过程中，前期的准备工作显得尤为重要。其中，爆款的挑选和推广是决定爆款成败的关键因素。挑选一个质量好的商品作为爆款，是爆款成功的开端。

（1）分析市场数据，抢占先机。一方面，要分析行业大环境，这样能够分析竞争对手，正所谓“知己知彼，百战不殆”，还能够分析消费者的需求特点，以便更好地迎合他们的需求；另一方面，要分析行业爆款的特征，即多了解行业的时间差、行业的爆款周期，只有了解了同行的爆款具备的特征后，才能够了解到什么样的商品受欢迎，才能够确立店里的哪个商品适合用来打造爆款。很多中小卖家在选择爆款商品的时候，看到大卖家什么商品最好卖，就马上放在自己的店内销售，这样是很少能够成功的。因为这样做的话，相比大卖家，中小卖家明显有一种滞后性。当大卖家在销售这些热卖商品的时候，其实已经预示这款商品在不久后就会慢慢消退现在火热的销售势头，开始渐渐地走下坡路，最后淡出市场。如果中小卖家在这个时候才开始准备进货销售，将明显滞后于市场，从而处于劣势。

（2）注意挖掘真正有价值的机遇。如果着眼于眼前的数据分析，将市场上现阶段热销的商品上架销售的时候，这款商品其实已经过了销售旺季，也就失去了打造爆款的价值。所以，打造爆款要提前准备，要在销售旺季到来之前提前推广，只有比别人更快更早地推广，才能在竞争中抢得先机，提高爆款的成功率。

（3）选择爆款商品注意其性价比和审美趋势。在选择爆款商品时，要注重其性价比，也就是要物美价廉，价格不能过高，当然质量也要过关。另外，卖家要把握消费者的审美趋势，将符合时尚潮流趋势的商品作为爆款。

3. 爆款的生命周期

在选择好爆款商品后，要根据爆款的生命周期来执行打造爆款的计划。打造爆款，要合理把握好这个周期，为店铺赢得流量。

（1）导入期。导入期即是商品刚上架的时期，这个时候并不需要很大的投入来刺激流量，只需保持基本的流量即可。这一阶段主要是检验并预热爆款，检验此商品是否受消费者欢迎，是否可以用来做爆款商品。如果在这个时期的转化率高，则代表在接下来要加大投入，刺激流量，适合打造爆款。

（2）成长期。这个时期主要是进行广告投放、执行深入的推爆策略。如果在导入期商品的销量不错，说明商品是具有发力推广潜质和高转化率基础的，这就需要接下来引入大量的流量来支撑它成为爆款。这个阶段是商品流量和成交量增长最快的时期，决定了商品能否成为爆款。一方面，利用淘金币、天天特价、VIP 等淘宝的销售活动，为商品快速聚集人气和累积销量，而这些活动不需要费用上的大笔投入；另一方面，要利用直通车、钻石展位、淘宝客等付费流量，引入巨大流量。

（3）成熟期。当商品在成长期获得巨大的成交量后，淘宝系统将会自动判定这是热销宝贝。在这个阶段，请依然保持爆款的超高性价比，千万别想着通过提高价格的方式来增加你的利润。很重要的一点是，一定要好好把握住爆款带来的流量，带动店内的关联宝贝的热销。

（4）衰退期。几乎每个爆款都会有衰退期，只是周期的长短各有不同。在这个阶段，爆款商品的成交量和流量已经开始逐渐下降。这个时候应该在减少推广投入的基础上尽量使它的周期更长一些。同时，要培养新的爆款，将在导入期经过测试的、有爆款潜质的商品，放到衰退期爆款的页面，用大流量去带动新爆款的培养。

1.3 店内促销活动技巧

1.3.1 重视商品描述

很多分享都是说如何在店铺首页做展示活动的消息，笔者觉得商品描述处是最重要的。因为新客户都是靠搜索单独商品进入店铺的，买家进入商品页面后，若没有其感兴趣的商品，就会直接关掉你的页面。这样访客记录是“1”，访问量也是“1”，就悄无声息地丢掉了潜在的客户。而经常看首页的买家多数为你的老客户，算是“铁杆”客户了，而老客户比例不超过 40%，我们要把新客户发展为老客户，因此新客户进入的描述详情页是我们不能忽略的重要细节。

1.3.2 优化促销活动方案

天猫某店铺做的是草本类护肤品，打算做一个“三八”妇女节的促销活动。相关女人节日促销的类目产品很多，比如化妆品、饰品、女装、女包、女士数码产品等，只要你的产品好，质量过硬，和女人沾边的产品都可以来做促销。

该店铺此次促销活动的方案如下：

活动主题：快乐红颜心，浓情女人节！

活动策划：提前开展活动让买家逐渐悉知，以达到节日当天人气爆棚的目的。

活动宣传：通过邮件宣传、短信促销、博客软文、微博关注、类目相关论坛、店铺其他活动以及帮派的宣传等方式来给活动预热，增加活动的知晓度。

活动效果：运用各种活动提高销售订单数量，增加买家消费额度，改变活动前期销量低迷的状况，促进店铺业绩的提升，达到一单顶三单的目的。

活动总结：需要做好客服培训及对客户的细节服务，处理好客户因快递问题导致的不满，有效增加客户的忠诚度。

1.3.3 做好活动宣传

买家进入店铺后，首先跃入眼帘的是店铺页面的第一屏，因而卖家要在第一屏投放促销信息，最常见的就是利用轮播图片。从图 4－27 可以看出，该店铺在商品描述页的一个轮播模板，可以放置好几个图，可以放促销图，也可以放主推或热卖的产品宣传图。

图 4－27 商品描述页轮播图

轮播图有 5 个，第一个是“三八”妇女节的促销图，促销图上的内容要简洁明了，清晰醒目。其他的图是同样的道理。这里要提及的是视觉营销，如果卖家的促销信息不能为买家带来强烈的好奇欲望，就是失败的宣传。我们可以看下该店铺描述页的 5 个图，如果不用模板而是把 5 个图挨个放在那里的话，会造成色调不统一、视觉很差的结果。因此，一个模板可以增加多个宣传图，达到一个顶多个的效果，而且模板展示很清晰，看着舒服。我们的店铺装修不仅要向买家销售一个产品，还有我们的认真态度，这就决定了我们的品牌文化、品牌定位、企业实力的大小。细节做好了，店铺就会在无形中提升一个档次。

1.3.4 增强客户黏性

图 4－28 所示的店铺在店铺导航处增加了一个“购物省钱攻略”的分页，专门放一些活动内容，同时描述页的宣传图也要链接到这里。在分页添加各种促销活动、限时打折、优惠券以及其他，以增加买家留驻店铺的黏性。

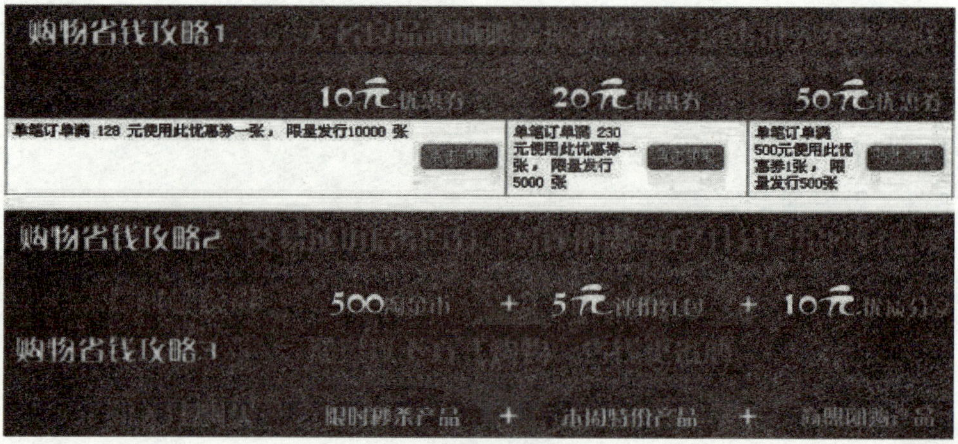

图 4－28　促销活动（1）

要增加客户对店铺的黏性，进入链接页面是第二步。除了用模板展示自己最给力、最好的产品外，也要让买家有下次再来的欲望。卖家在这个页面里除了放置热卖产品外，还放置了三款游戏，这些游戏软件让买家在娱乐中了解产品，同时也享受到了折扣，这是一举三得！

活动如图 4－29、图 4－30 所示。

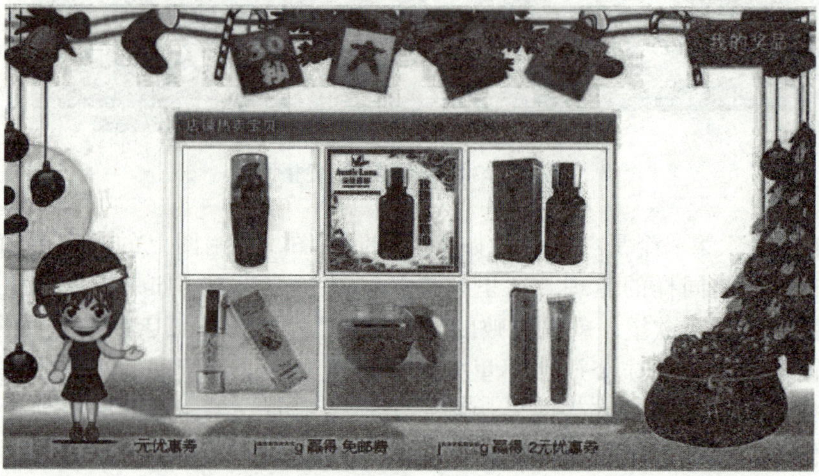

图 4－29　促销活动（2）

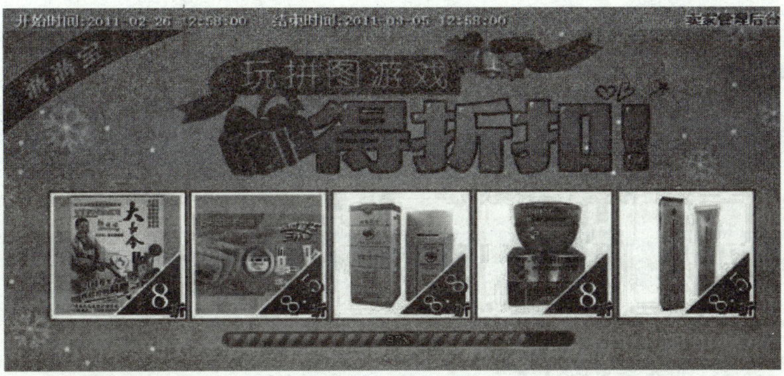

图 4－30　促销活动（3）

【任务实施】

打造爆款商品

操作目的：

通过本次操作，要求学生能够掌握网店爆款商品的打造过程。

操作内容与步骤：

（1）分析商品的行业大环境及行业爆款特征，按照爆款的关键点选择准备打造成为爆款的商品。首先，研究竞争对手和整个商品类目销量靠前的商品，分析本季最流行的款式以及风格，并对商品进行合理的定价，薄利多销才是爆款商品的首选。

（2）首页放置爆款的图片。左侧栏放置爆款的图片，所有商品描述默认页顶部放置爆款的宣传图片。爆款的商品描述方面：商品描述是一个说服顾客购买的过程，整个给顾客的购物体验应该是，你在用文字和图片来告诉他，为什么非要买这个商品。采用不断说服购买的轰炸式多图片，可以参考 mr. ing 的爆款商品描述设计，如图 4－31 所示。

图 4－31　mr. ing 官方旗舰店首页的爆款商品

（3）单品页面准备。通过大量投入引入的巨大流量，必须要保证有较高的转化率才有价值，而影响转化率的最重要的两个指标是页面优化和客服质量。而大多数消费者在购买商品时都会有从众心理，往往更愿意相信其他买家的选择。因此，在爆款商品页面中，要突出购买记录和评价记录，如图 4－32 ~ 图 4－34所示。当买家看到有如此高的销售记录和如此多的好评时，就很容易打消顾虑。

买家 [登录后可见]	宝贝名称	拍下价格	购买数量	成交时间	状态
陈**0	苏醒的乐园 周末疯狂购 2012夏装新款热卖白色仙女雪纺连衣裙1732 颜色分类:白色;尺码:M	99.98 促	1	2012-08-05 15:04:43	成交
放**7	苏醒的乐园 周末疯狂购 2012夏装新款热卖白色仙女雪纺连衣裙1732 颜色分类:白色;尺码:XL	99.98 促	1	2012-08-05 14:58:37	成交
姚**y	苏醒的乐园 周末疯狂购 2012夏装新款热卖白色仙女雪纺连衣裙1732 颜色分类:紫色;尺码:XL	99.98 促	1	2012-08-05 14:50:53	成交
姚**y	苏醒的乐园 周末疯狂购 2012夏装新款热卖白色仙女雪纺连衣裙1732 颜色分类:白色;尺码:L	99.98 促	1	2012-08-05 14:50:53	成交
思**6	苏醒的乐园 周末疯狂购 2012夏装新款热卖白色仙女雪纺连衣裙1732 颜色分类:白色;尺码:M	99.98 促	1	2012-08-05 14:38:06	成交
t**1	苏醒的乐园 周末疯狂购 2012夏装新款热卖白色仙女雪纺连衣裙1732 颜色分类:白色;尺码:S	99.98 促	1	2012-08-05 14:29:13	成交
l**1	苏醒的乐园 周末疯狂购 2012夏装新款热卖白色仙女雪纺连衣裙1732 颜色分类:紫色;尺码:S	99.98 促	1	2012-08-05 14:21:44	成交
g**0	苏醒的乐园 周末疯狂购 2012夏装新款热卖白色仙女雪纺连衣裙1732 颜色分类:粉色;尺码:M	99.98 促	1	2012-08-05 14:17:38	成交

图4－32 购买记录展示图

图4－33 30天销量记录

（4）关联商品准备。对于爆款带来的流量，一定要好好把握住，关联你的店铺中的其他商品，尽可能让客户看到你店铺中的其他页面，比如，促销页面、分类页面、首页等，让客户在你店铺中的访问路径形成一个闭合回路，如图4－35所示。至此，打造爆品的准备工作基本上完成了。

（5）信息预热。利用店铺里信息告知窗口，告知进店的消费者即将有推爆活动，对爆款商品进行预热，争取较高的关注度，如图4－36所示。

（6）开展店铺优惠活动。巨大的流量转化为较高的销量，还是要靠转化率，最直接有效的方法就是积极开展店铺优惠活动。买家感觉享受优惠活动能占到便宜且买到经济实惠的商品，才会考虑购买。促销活动分为长效性促销活动和临时性促销活动。长效性促销活动是店铺长期执行的优惠活动，而临时性活动是店铺在短期内（如节假日等）进行的促销活动，

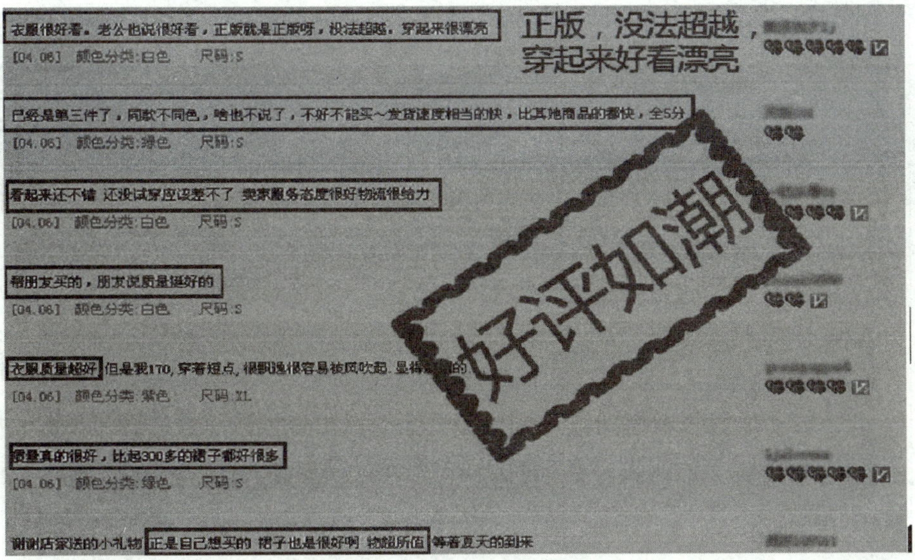

图 4－34　买家给出的评价

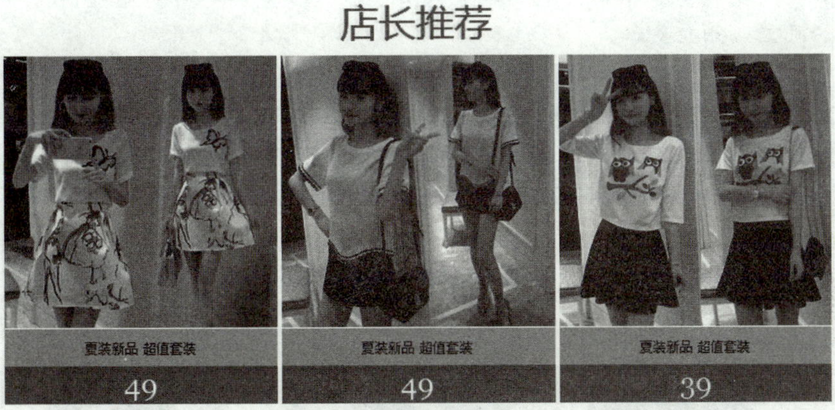

图 4－35　关联商品的准备

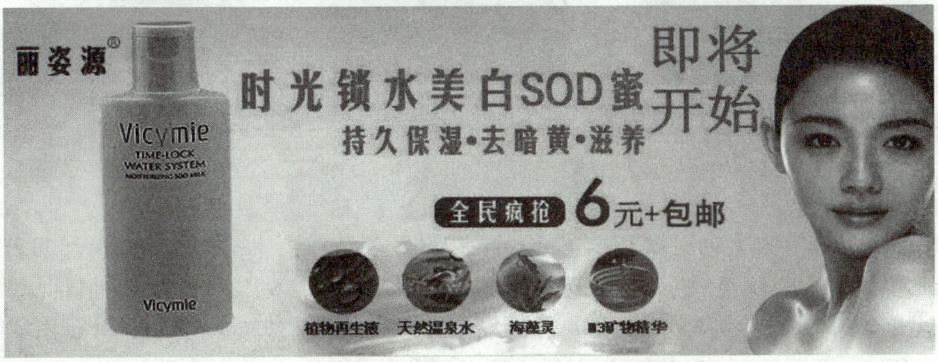

图 4－36　信息预热

如图4－37、图4－38所示。

图4－37　长效性促销活动

图4－38　临时性促销活动

（7）引入流量。主要通过参加淘宝官方活动引入外部流量。要千方百计地报名参加这些活动，如淘宝VIP频道、聚划算、淘宝积分、新人专享、天天特价、试用中心等，增加商品的曝光率、流量、销量。

（8）搜索优化。

①优化商品标题和商品图片。如图4－39所示，在淘宝网搜索“衬衫”，截取了一排商品。第一张图片的商品标题中的“买衣服送领带　月销百件”其实都可以加在图片上，作为一个卖点。这三张图中同时在一排，但吸引消费者眼球的是第二张。图片下面一个小黑条加上品牌logo，这样主图可以从大面积的白色页面中跳出来，也可以给人一定的品牌信赖感。第三张图的“抢先上”几个字浪费了，很少有人会搜这3个字。

图4－39　搜索优化

②优化关键词。宝贝的关键词只有30个字（60个字符），一定要珍惜和利用好。这是给爆款带来自然流量的关键，并且最好用完字数。但是不要乱堆砌关键词，以免违规。商品的标准命名组成应该是“品牌＋商品特性＋商品名＋活动和其他”。如图4－40所示，比如搜索“衬衫”，下面自动弹出一些热搜词，“男、短袖、韩版”就可以加入标题中。

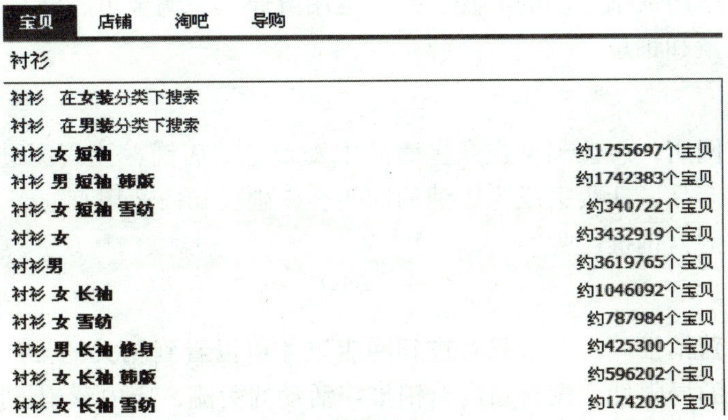

图 4－40　优化关键词

(9) 充分利用后台营销工具。尤其要有效利用淘宝直通车和淘宝客等工具。淘宝直通车可以设置 4 个推广组，每个组可以设置 200 个关键词。也就是一件爆款可以设置 800 个关键词来推广。关键词做得好，可以逐步将平均点击价降得很低。淘宝客要求合理设置好爆款的佣金，最好是全店佣金偏高。不求单件赚多少钱，但求热卖多销。

(10) 效果评估，总结经验。在打造爆款活动结束后，需要去了解相关的数据，如 UV、PV、询单率、咨询下单率、回头率等。分析这些数据，并优化行动方案，总结经验，开始下一阶段的步骤，即打造店内爆款群，打造更多的单品爆款。

操作提醒：

卖家要将促销活动信息展示在店铺首页、商品详情页的醒目位置，提高活动预热的效果，吸引买家的注意，提前让买家在活动前收藏店铺、收藏商品。活动期间，注重关联销售，通过爆品的火爆销售带动相关商铺的销量，促进店铺整体销量持续提高。

淘宝论坛：

(1) 注册一个和店铺名字一样的用户名。

(2) 给用户名添加一个头像，头像是网店产品。

(3) 在签名档里链接我们的店铺，还有宣传口号。

(4) 尽量去回答别人提出的问题，增加别人对我们的信任，从而关注到我们的链接。

(5) 在许可的情况下发广告，就是在允许的页面，把我们的大部分页面搬到那里去。要有清晰的产品图像和详尽的说明，能链接商品的页面，并在最后号召一下：“立即点击，即减××元”等。“联系掌柜时，请注明从××网站上看到的”，可以方便我们统计，让我们知道可以在哪个论坛多做宣传等。

(6) 到社区去回答别人的问题，选择自己了解的，然后用心回答。

任务 2　站内营销推广

【任务描述】

站内营销推广是大多数卖家经常采用的推广方式。学生通过本任务的学习与演练，能够掌握报名参加淘宝站内促销活动的流程，熟练运用直通车、淘金币、钻石展位等工具推广宝贝，提升店铺的流量和销量。

【任务导入】

小丽开了淘宝网店，想让买家在众多商品中发现她的店铺，让买家进入店铺进行挑选，让买家购买店铺的产品，让买家成为店铺的回头客，她要如何运用直通车、淘金币、钻石展位等工具进行站内的营销推广呢？

【知识准备】

网店采用店内营销推广，买家只有进到网店里才可以看到相关的推广活动与促销信息，因而其效果有一定的局限性。没有站内营销推广活动的引流，店内营销推广的效果就会受到很大影响。因此，如何让商品信息从店内走到淘宝站内，如何将买家引入到店内，是卖家最为关心的问题之一。这就要求卖家投入一定的精力和财力，在淘宝网站内采用各种营销推广活动，尽可能地吸引大量买家的眼球并进入网店，充分挖掘买家的真正需求，产生新的销售机会。

目前，淘宝站内的营销平台与推广方式丰富多样，为卖家提供了站内营销推广的良好机会。淘宝站内的营销推广平台主要有直通车、淘金币、钻石展位、淘宝常规促销活动等。如果卖家能有效地采用这些站内营销推广方式，将会极大地提高店铺的浏览量和转化率。当然，大部分站内营销推广平台是收费的，卖家要根据自身财力和网店经营实际情况来选择适合自己的推广平台。而对于免费的站内营销推广平台，则要尽可能地加以利用。

2.1 常规促销活动

卖家除了通过在店内开展打折、包邮、满就送等促销活动外，还可以报名参加淘宝网和天猫网举办的定期或不定期的促销活动。

定期举办的促销活动主要是指每年固定时间举办的主题促销活动。近年来，各大购物网站纷纷尝试通过开展大型促销活动吸引消费者，提高企业销售额，主题活动已成为这些购物平台进行网络营销的重要手段。每年的“双11”俨然已成为网民真正的狂欢日，这种大型促销活动对拉动企业经济十分有利，京东商城的“沙漠风暴”、苏宁易购的“双11”打折与淘宝天猫的“双11”活动（图4-41）性质类似，但效果远远不及淘宝天猫。2011年，淘宝天猫的“双11”活动当天的交易记录持续刷新，支付宝交易额突破33.6亿元，几乎是2010年的4倍。到了2012年，交易额突破191亿元，超过2011年美国最大的网上购物节“网络星期一（cyber monday）”。2013年，交易额突破350.19亿元。2014年，支付宝交易额突破576亿元，“双11”活动由此成为电商界一年一度促销狂欢的大日子。可以说，“双11”活动是淘宝网和天猫网最有影响力的、效果最显著的促销活动。2012年“双11”购物狂欢节的参与商家数比2011年大幅增加，进入“双11”专区的商家超过了1万，而2011年这一数字为2 000家。入围商家既包括大量国内外传统品牌，也包括部分在网购领域叱咤风云的B2C商家，还有在淘宝和天猫平台上成长起来的淘品牌等，覆盖了服装、电器、家居、母婴、美容、汽车等所有主流行业。

图 4－41　天猫 2014 年举办的“双 11”数码家电卖场促销活动

除了定期的促销活动外，卖家还可以通过卖家后台自主报名参加淘宝网不定期举办的其他促销活动。卖家登录淘宝后，从“卖家中心”→“营销中心”→“活动报名”进入如图 4－42 所示的活动页面，并选择适合自己的活动进行报名。按照活动报名页面的提示完成报名提交，然后等待淘宝审核报名资格，审核通过以后卖家即可参加活动。同时，卖家可以在此页面查看报名结果、历史报名记录。

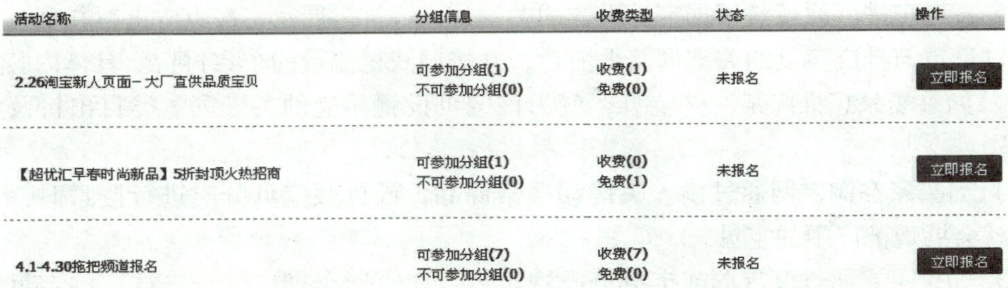

活动名称	分组信息	收费类型	状态	操作
2.26淘宝新人页面－大厂直供品质宝贝	可参加分组(1) 不可参加分组(0)	收费(1) 免费(0)	未报名	立即报名
【超优汇早春时尚新品】5折封顶火热招商	可参加分组(1) 不可参加分组(0)	收费(0) 免费(1)	未报名	立即报名
4.1-4.30拖把频道报名	可参加分组(7) 不可参加分组(0)	收费(7) 免费(0)	未报名	立即报名

图 4－42　淘宝网常规促销活动报名界面

另外，也可以进入淘宝营销导航（daohang. taobao. com）平台查看各类营销活动，掌握营销资源准确报名。在这个平台上，卖家可以按照自己的需求选择第三方活动、官方活动和类目活动，如图 4－43 所示。

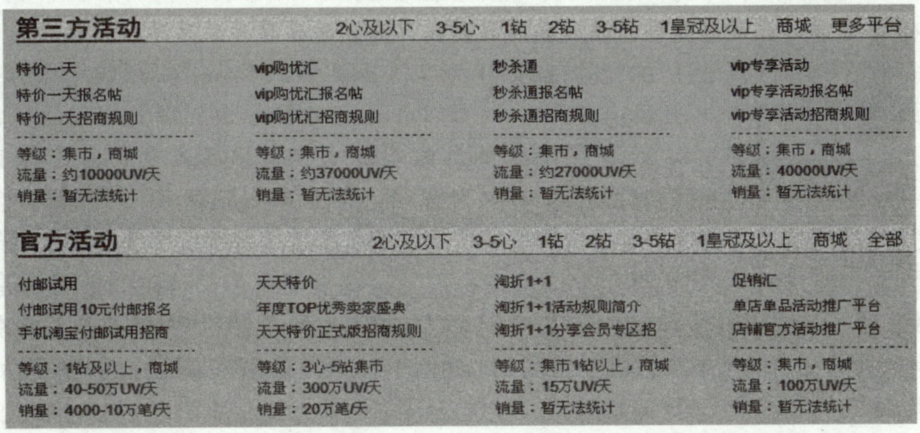

图 4－43　淘宝营销导航界面

2.2 直通车

淘宝直通车是为淘宝卖家量身定制的，是效果最佳的付费效果营销工具，以实现宝贝的精准推广为目的。它是目前唯一适合各种级别卖家使用的推广工具之一，淘宝绝大多数店铺的第一次付费推广都是采用了这个工具。卖家利用淘宝直通车来推广宝贝，不仅可以增加宝贝的曝光率，而且可以利用精准的搜索将宝贝展示给精确的买家。展现逻辑是根据潜在买家的浏览和购买习惯、网页内容，由淘宝直通车系统自动匹配出相关度较高的宝贝，并结合出价进行展现，更精准地迎合潜在买家的需求。买家通过点击直通车展示位的宝贝即可进入卖家店铺，从而产生一次甚至多次店铺内的跳转流量，利用以点带面的关联效应降低店铺整体推广的成本和提高店铺整体的关联营销效果。同时，淘宝直通车还给用户提供了淘宝首页热卖单品活动和各个频道的热卖单品活动以及不定期的淘宝各类资源整合的直通车用户专享活动。

2.2.1 直通车原理

淘宝直通车推广原理是根据宝贝设置的关键词进行排名展示，按点击进行扣费。直通车用户通过设置与推广宝贝的关键词获得流量，并按照获得流量的个数付费。具体内容如下：

（1）如果卖家想推广某一件宝贝，就为该宝贝设置相应的关键词、类目出价及宝贝推广标题。

（2）当买家在淘宝网通过输入关键词搜索商品，或按照宝贝分类进行搜索时，直通车展示位就会展现推广中的宝贝。

（3）如果买家通过关键词或宝贝分类搜索后，在直通车推广位点击推广的宝贝，系统就会根据设定关键词或类目的出价进行扣费。买家点击才收费，不点击不收费。这是直通车成为效果最好的收费推广工具的原因。

2.2.2 直通车产品分类及展示位置

根据匹配技术和展示资源的不同，淘宝直通车的推广形式可以分为两种类型：搜索推广、定向推广。另外，淘宝直通车还设有店铺推广和活动推广。

卖家利用淘宝直通车推广的商品在淘宝网上以“图片＋文字”的形式充分展示。目前，直通车展示位置主要有以下几种：

1. 搜索推广

当买家搜索宝贝的关键词时，直通车用户推广的宝贝就会得到展示。搜索推广迎合了买家明确的搜索意图，帮助直通车用户精确锁定潜在目标客户。搜索推广的展现资源有：关键词搜索页面、类目搜索页面、热卖宝贝搜索页面。这些页面每个推荐位的宝贝都是大图展示，直观、明了，易吸引消费者的眼球。一个关键词搜索页面的直通车推荐位总共有13个，排在第一名和第二名的宝贝关注度是最高的，因为在搜索页面第一屏往往是关注度最高的一屏。依此类推，关键词搜索页面第二页的最佳展示位是第十四名和第十五名。因此，卖家在利用淘宝直通车推广时，要努力将宝贝展示在这些位置，以达到最佳的推广效果。

（1）关键词搜索页面。买家在淘宝网搜索框中输入宝贝的关键词，点击“搜索”按钮即可进入关键词搜索结果页面，直通车的展示位置是该页面右侧的 8 个推荐位和页面下方的 5 个推荐位。图 4－44 和图 4－45 中分别展示的是关键词搜索页面右侧和下方直通车推广的位置。

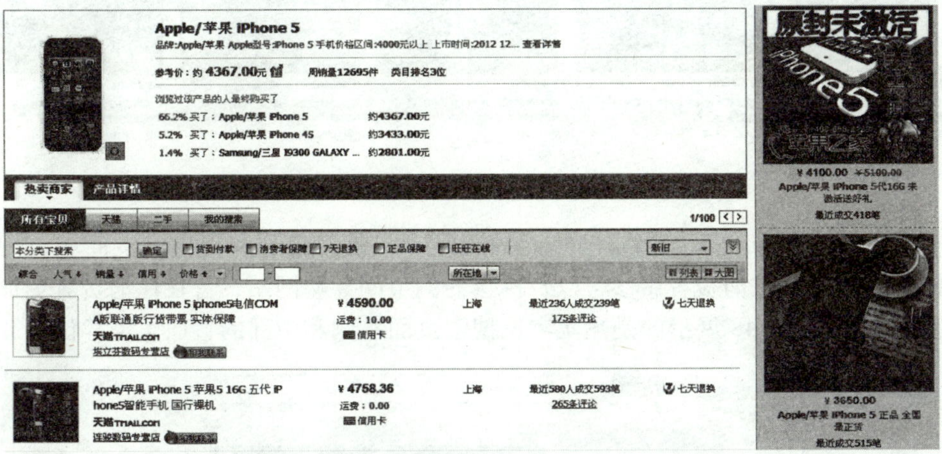

图 4－44　关键词搜索页面右侧的直通车推荐位

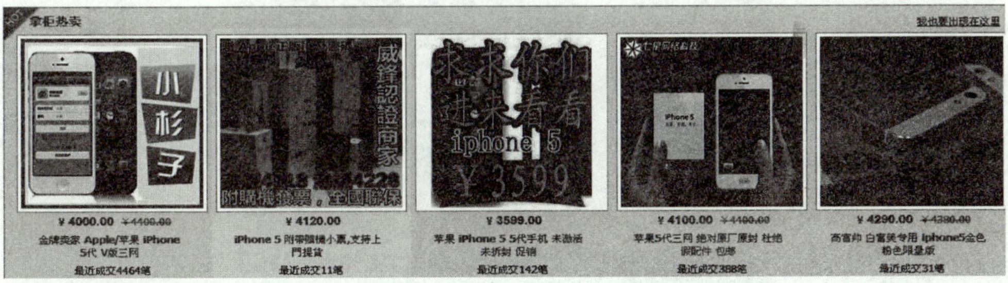

图 4－45　关键词搜索页面下方的直通车推荐位

（2）类目搜索页面。类目搜索是通过淘宝网的类目导航选择进入的页面。展现位置也为搜索页面的右侧 8 个和下方 5 个位置。图 4－46 和图 4－47 分别展示的是类目搜索页面右侧和下方的直通车的推荐位。

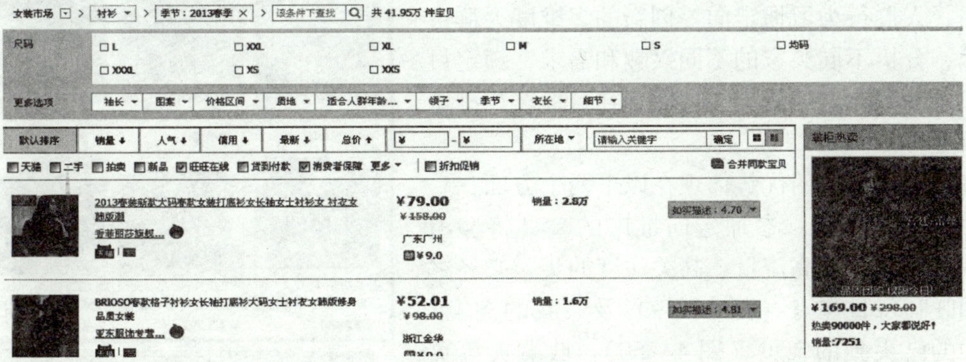

图 4－46　类目搜索页面右侧的直通车推荐位

图 4－47　类目搜索页面下方的直通车推荐位

（3）热卖宝贝搜索页面。淘宝网热卖频道是专门收集整理和提供淘宝商城、淘宝集市上的一些热卖的产品供消费者做参考以及挑选的淘宝网导购网站，旨在让消费者更加方便地实现网上购物。图 4－48 展示的是热卖宝贝搜索页面左侧和中部的直通车推荐位。

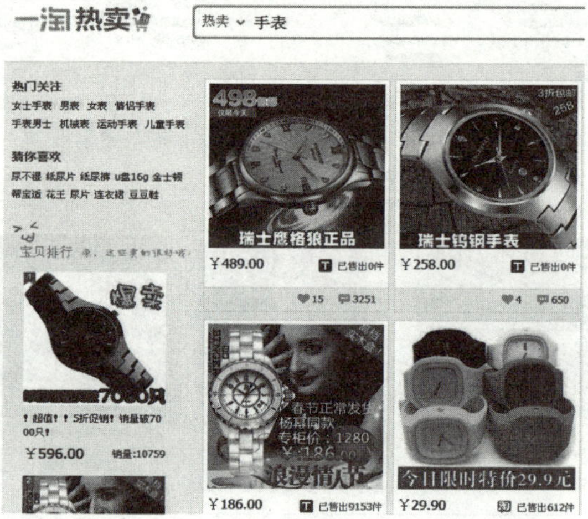

图 4－48　热卖宝贝搜索页面的直通车推荐位

2. 定向推广

定向推广是继淘宝网搜索推广之后的又一精准推广方式。利用淘宝网庞大的数据库，通过网页内容定向、人群行为习惯定向等创新的多维度人群定向技术，分析不同买家的不同兴趣和需求，锁定目标客户，并将卖家的推广信息展现在目标客户浏览的网页上。

图 4－49　旺旺每日焦点的定向推广

淘宝定向推广的优势体现在以下两个方面：

（1）覆盖面广。参加定向推广的宝贝将会覆盖在淘宝网站众多高流量、高关注度的买家必经之路，如旺旺每日焦点（图 4－49）及“我的淘宝”页面中的已买到的宝贝（图 4－50）、收藏夹等页面。除了淘宝网站内的热门页面外，淘宝直通车还整合了多家外部优质网站，帮助卖家的推广宝贝覆

图4-50 “已买到的宝贝”页面的定向推广

盖到更多目标客户。

（2）操作便捷。进入直通车的推广计划后，在“设置投放平台”功能中勾选“定向推广”，这样该推广计划下的所有宝贝都启动了定向推广，然后进入推广宝贝的关键词管理页面，设置合适的宝贝关键词及其出价就完成了全部操作。

卖家需要注意的是，定向推广的点击费用远远低于关键词点击费用，但是定向推广是基于系统自动判断卖家的浏览行为，其精准度不如关键词推广，推广效果有时会比关键词推广差，因此卖家不要因为定向推广便宜就大肆投放广告。

2.2.3 直通车的计费方式

直通车推广所产生的费用是从直通车账户扣除的。卖家首次开户时，需为直通车账户充值最少500元，充值的金额可用来自动支付未来直通车的推广费用。直通车的计费方式有如下特点：

（1）直通车按点击收费，并不是按时间收费的。广告展示在直通车推荐位，没有点击是不扣费的，只有当买家对卖家的宝贝感兴趣，点击了卖家的宝贝时，才会产生费用。所以直通车的广告展示跟时间无关，只和账户余额、日最高限额和定时投放有关。

（2）出价越高，排位越前。直通车的广告推荐位每页仅有10个，按照卖家对宝贝的关键词出价高低来排位。这个出价就是竞价词的价格。比如“手机”这个竞价词，共有100个卖家买了这个词，出价最高的前几个卖家的宝贝可以展示在搜索页面的第一页，其他卖家的宝贝按出价高低依次排在后面的页面。另外，在多个卖家出价相同的情况下，越早设置，排名就越靠前。当然，卖家的宝贝排位越靠前，每次点击扣的费用也越多。

（3）计费遵循“多出一分钱”的规则。卖家设定的竞价词价格，只是他愿意出的最高价格。潜在买家点击宝贝所扣掉的直通车推广费用，并不完全就是竞价词的价格。例如，卖家将竞价词价格从0.2元提高到0.31元，相应地，宝贝可以展示到第三名的位置，排在第四名的竞价词价格是0.30元。因为你比第四名刚好多一分钱，所以广告被买家每点击1次时，您就被扣0.31元。假如第四名的竞价词价格是0.21元，根据“多出一分钱”的规则，第三名实际被扣的费用就是0.22元，并不是0.31元。

有些卖家存在疑问，如果点击直通车广告的不是潜在买家，而是竞争对手或其他人进行恶意点击，肯定会花费不少冤枉钱。其实，卖家完全没有必要担心，因为直通车实施了强大的防止无效点击系统，可以对点击者进行精准定位，坚决排查重复点击行为，真正保证每一个直通车用户的权益。

2.2.4 直通车的优势

直通车能给卖家带来下面四点好处：

（1）曝光率高。参加直通车推广的宝贝能大大地提高曝光率，能被有购买这种宝贝的买家看到，给卖家带来更多的潜在客户。

（2）精准投放。直通车是根据买家的购买意向，在广告位展示相关的推广宝贝，只有想买这种宝贝的买家才能看到卖家的广告，买家的点击都是有购买意向的点击，直通车给卖家带来的都是有购买意向的客户。

（3）以点带面，给整个店铺带来人气。虽然卖家推广的是单个的宝贝，但很多点击的买家都会进入卖家的店铺里去看看其他宝贝是否实惠，这样一次点击带来的可能是多个成交，这也是直通车推广的最大优势，这样卖家店铺的人气自然就会旺起来。

（4）直通车用户可以参加更多的淘宝促销活动。淘宝会不定期举办直通车用户专享的促销活动，卖家加入直通车后，可以报名参加淘宝的各种促销活动。

2.2.5 直通车的基本流程

一般来说，淘宝直通车的基本流程有8个步骤，如图4－51所示。

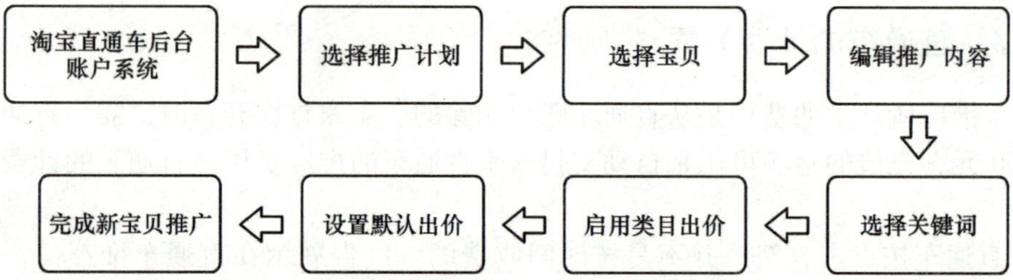

图4－51 直通车的基本流程

（1）卖家登录直通车，进入后台的账户系统。

（2）选择已有的推广计划，或者新建一个推广计划。

（3）选择参加该推广计划的一个或多个商品。

（4）为每个商品编辑推广内容，包括商品标题、图片等。

（5）选择合理的关键词。

（6）启用类目出价。

（7）为每个关键词设置默认出价。

（8）完成新宝贝推广。

2.3　淘金币

图 4－52　淘金币领取提醒

2.3.1　淘金币的定义与定位

在淘宝和天猫，买家下单付款后都会收到一个有关淘金币领取消息的提醒，如图 4－52 所示。淘金币是什么呢？它能用来做什么的呢？

淘金币是淘宝网的虚拟货币，用户领取淘金币能够在淘金币平台（http://taojinbi.taobao.com）兑换、竞拍到丰富的品牌折扣商品，一般是以淘金币＋现金的方式购买打折商品，也可以兑换、抽奖到完全免费的商品。因此，淘金币是淘折扣的最佳途径。图 4－53 是淘金币平台首页页面。

图 4－53　淘金币首页页面

淘金币平台是淘宝的品牌折扣换购中心，是众多买家消费淘金币享受折扣购买心仪宝贝的平台，更是卖家用来精准推广店铺的平台。2 心或 2 心以上信誉的买家都是淘金币的用户，这些买家具有数量庞大、购买力强等特点。卖家可以通过新浪微博、腾讯微博、人人网等社会性网络服务平台精准推广店铺内参加淘金币活动的宝贝，快速提升店铺品牌形象，有力提高品牌曝光度和转化率，招徕新客户，拉拢回头客。

2.3.2　淘金币的赚取方法

为了吸引买家到淘金币平台上再次消费，淘宝网提供了多种赚取淘金币的方法。

（1）购物领取。买家在淘宝下单付款成功页面领取淘金币或旺旺浮出消息提示买家去领取金币。只有在 30 分钟内点击“领取本次交易获得的淘金币”，才可以获得淘金币，每天最高可获 50 个淘金币。买家需保持旺旺在线（不包括网页版和手机版）才会收到领取金币的消息提醒。

（2）登录淘金币平台领取。买家可以每天登录淘金币平台，领取当日金币，每天最高可获得40个淘金币。连续领取则每天增加5个淘金币，连续领取7天以上每天可领40个淘金币。如果中断领取，又会从5个淘金币开始。

（3）帮好友领淘金币。每天帮好友领淘金币，系统会奖励淘金币给买家。每天帮未领淘金币的好友（最多10个）领取10%淘金币。好友当日上线后，还可以领取剩余的90%。每帮一个好友领取淘金币，系统会奖励买家5个淘金币。需要注意的是，从2013年1月1日起，帮领不再奖励淘金币。

（4）积分换淘金币。买家可将信用卡积分、手机话费积分、集分宝超值兑换成淘金币，享受特权服务。

（5）做任务赚取。每天来淘金币平台做任务，完成淘金币的小任务，就能赚取更多淘金币。

2.3.3 淘金币的入口

卖家参与淘金币平台的活动之前，首先要了解买家可以通过哪些入口进入淘金币平台。目前，淘金币的入口有以下几个。

（1）淘宝网首页的淘宝服务页面。淘宝网首页是淘宝网最大的流量聚集地，淘金币处于淘宝服务页面的最醒目位置，流量很可观，如图4－54所示。

（2）淘宝网首页的网站导航页面。在网站导航列表里，淘金币处于不错的位置，如图4－55所示。

图4－54 淘宝首页

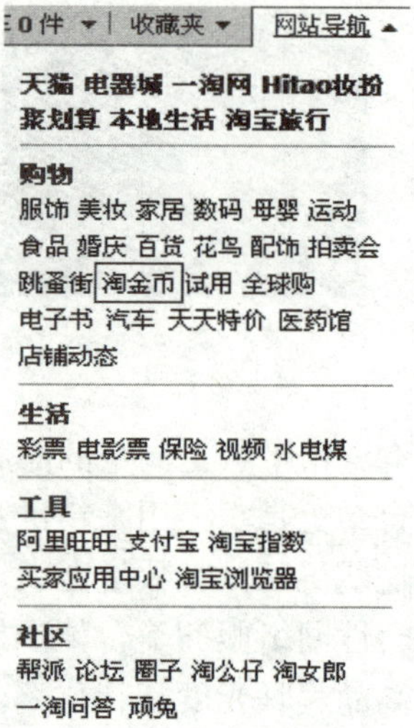

图4－55 淘宝首页网站导航

（3）旺旺的每日焦点窗口。买家登录阿里旺旺后就会自动弹出每日焦点窗口，里面也有淘金币数量及促销信息，如图4－56所示。

（4）“我的淘宝”页面的顶部如图4－57所示。

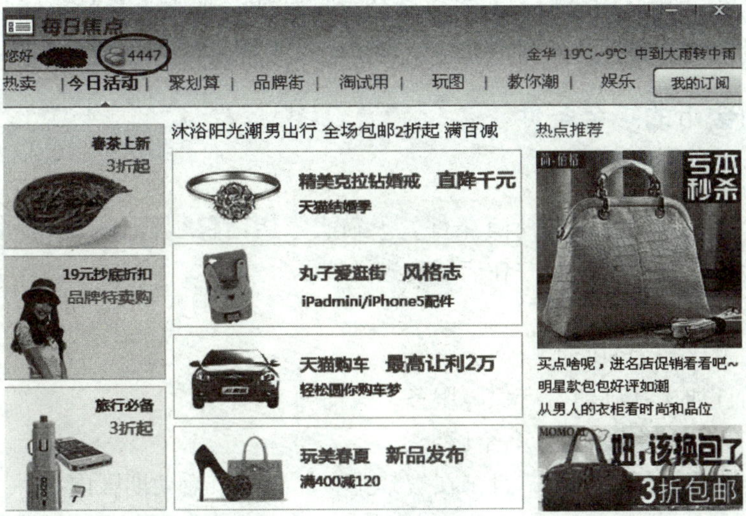

图 4－56　每日焦点

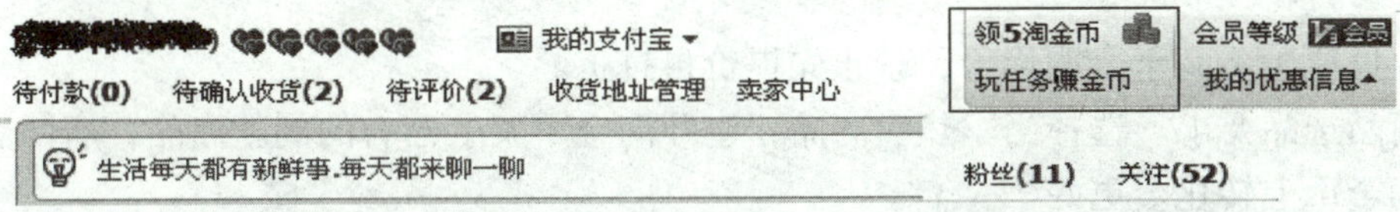

图 4－57　“我的淘宝”页面顶部

（5）下单付款后，阿里旺旺弹出消息窗口，如图 4－52 所示。

（6）阿里旺旺（买家版）底部的“淘金币”按钮如图 4－58 所示。

图 4－58　阿里旺旺买家版

2.3.4　淘金币的优势

卖家参加淘金币平台的促销活动，可以获得以下好处。

（1）曝光率高。淘金币网站每日有几百万独立访客，覆盖了 99% 以上的 2 心级买家，他们是淘宝网最优质的买家群。在淘金币平台上参加活动，必然带来超高的曝光率。

（2）转化率高。买家用金币＋现金的方式购买折扣商品，下单后系统会自动扣除金币，买家必须在 12 小时内完成付款，否则过期失效。这个游戏规则无疑会促使客户尽快付款，提高转化率。

（3）易打造爆款。在活动期间内，宝贝以优惠的价格获得买家超高的转化率，有利于该宝贝销量的快速提升，成为爆款。

（4）提升店铺销量。通过引入超高的流量进入店铺，以合理的关联销售活动，提升店铺整体的销量。

（5）提升人气和排名。参加淘金币活动的宝贝自然会带来大量的店铺收藏与宝贝单品收藏，聚集海量人气。此外，销量的快速增加也会带来搜索排名的快速上升。

2.3.5 淘金币的报名条件

1. 店铺要求

淘宝网卖家店铺须符合下列所有条件，天猫卖家店铺仅须符合下列第④项与第⑤项条件，方可报名参加淘金币活动，并在店铺内进行展示。

①店铺星级须为三钻以上。

②实物交易占比须为80%以上。

③须为旺铺且加入基础消费者保障服务。

④店铺动态评分的个数须达50个以上。

⑤符合淘宝网营销活动规则，且未在被禁止参加淘金币活动期限内。

2. 商品要求

①商品销量以及评价要求。近30日成交≥50笔（部分类目有特殊规定），商品近30天满足好评≥5条。

②宝贝原价不高于全网均价，禁止先提价再打折。

③商品选品要求。选择当季热卖商品，避开淘金币架上已有的同款商品，店铺热销爆款单品在淘金币上转化会更好。

3. 折扣与数量

①淘金币价设置要求。淘金币价格必为报名淘金币前两个月和后两个月共计四个月内的历史最低售价。只有符合最低价标准的商品，才有成功设置淘金币价并且进入审核流程。

②单品库存不低于200件、热销款库存要500件以上（食品、数码等低利商品折扣与库存适度放宽）。

4. 添加宝贝时的注意事项

①精心挑选淘金币网站稀缺的当季热卖宝贝，30日成交10件以上，满足好评及动态评分要求。

②宝贝标题最前面添加“淘金币”字样。

③自报名日起，店内悬挂官方赞助标志2个月。

④同一品牌宝贝建议同时报3～9款，非品牌宝贝同时报名限2款以内。

⑤专场活动要求50款以上宝贝，报名前联系淘金币类目小二。

5. 报名成功后的注意事项

①活动宝贝描述中添加兑换流程图，组织客服培训活动常见问题。

②策划实施店内促销、关联推荐，做好连带销售。

③不能设置限时折扣，慎重使用满就减、满就送，避免双重优惠。

④不得私自下架，不得修改链接、价格及运费，必须与报名信息完全一致。

⑤发货期限遵照淘宝交易规则限期发货。

⑥两个月内不得下掉淘金币 logo 和链接，两个月内不得以比淘金币价格更低的价格出售活动产品。

2.4　钻石展位

2.4.1　钻石展位的定义与特点

钻石展位是淘宝网图片类广告位自动竞价平台，专为有更高推广需求的卖家量身定制的推广工具。钻石展位是面向全网精准流量实时竞价的展示广告平台，以精准定向为核心，凭借淘宝海量的用户数据和多维度定向功能，为客户提供广告位购买、精准定向、创意策略、效果监测、数据分析等一站式全网广告投放解决方案，帮助客户实现更高效、更精准的全网数字营销。

钻石展位有以下几个特点：

①范围广，定向准。覆盖全国80%的网上购物人群，每天超过15亿次展现机会。目标定向性强，可定向21类主流购物人群，直接生成订单。

②展示效果好。展现形式丰富多彩，展现位置更大。

③按照展现计费。钻石展位是按照展现次数来计费的，若推广图片不展现，则不会收取费用，CPM单价是根据竞拍成交价来计算的。比如，你花一块钱竞得了1个CPM，就意味着你的推广图片将被展现1 000次，展现后，你要支付1元钱。

④性价比高。即使花费很少的钱，也可以在淘宝网相关的钻石展位上发布信息，可以迅速打响品牌，但它的转化并没有直通车的高，更适于店铺、品牌的推广。所以，对于中小卖家来说，初级不太适合用钻石展位。

2.4.2　钻石展位的展示位置

钻石展位的展示位置包括淘宝网首页及淘宝网中的其他许多频道，还有合作网站。

1. 淘宝首页

在淘宝首页的第一屏和后面的几屏都有钻石展位，图4－59是第一屏的钻石展位。

图4－59　淘宝网首页第一屏

2. 淘宝的其他频道

图4－60是淘宝服装女鞋频道的钻石展位。

图4－60 淘宝服装女鞋频道

3. 合作网站

图4－61是名店促销的钻石展位。

图4－61 名店促销

2.4.3 钻石展位的计费规则

钻石展位是按照流量竞价售卖广告位的，计费单位是“每千次浏览单价”（CPM），即广告所在的页面被打开1 000次所需要收取的费用。注意：千次浏览不是1 000个点击，而是1 000个PV。CPM是指卖家挑选的展示位所在的网页被打开1 000次（1 000个PV）所需支付的费用。PV是指含有展示位的网页被用户打开的次数。

图4－62是将浏览量换算成点击的计算方法。例如，某卖家准备1 000块预算，竞拍一个点击率是2%的钻石展位，成交价格是千次展示5元，那么能买到的总流量是200 000（PV），能产生的总点击数是4 000个，于是每个点击所要花的钱是0.25元。

总预算 ÷ 千次浏览价 × 1000 = 购买总流量
购买总流量 × 点击率 = 点击数
总预算 ÷ 点击数 = 单个点击成本

图 4－62　浏览量转换成点击的计算方法

2.4.4　钻石展位的操作

钻石展位入口在“我是卖家”页面的“我要推广”中，卖家点击进入钻石展位平台。目前加入钻石展位，需要先报名，然后自学钻石展位产品原理、后台介绍、素材审核标准、如何创建计划等课程，最后通过考试后才会开通权限。具体操作过程如下：

（1）挑选位置。按照卖家自身情况选择合适的展示位，如图 4－63 所示。

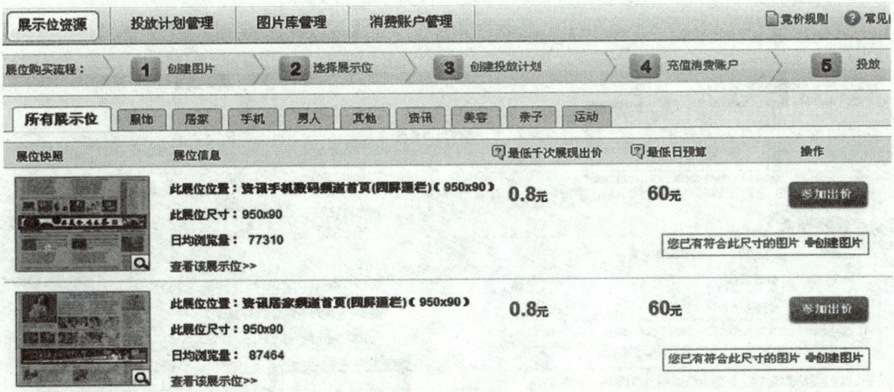

图 4－63　展示位资源

（2）创建图片。填写图片的相关信息，并提交审核，如图 4－64 所示。

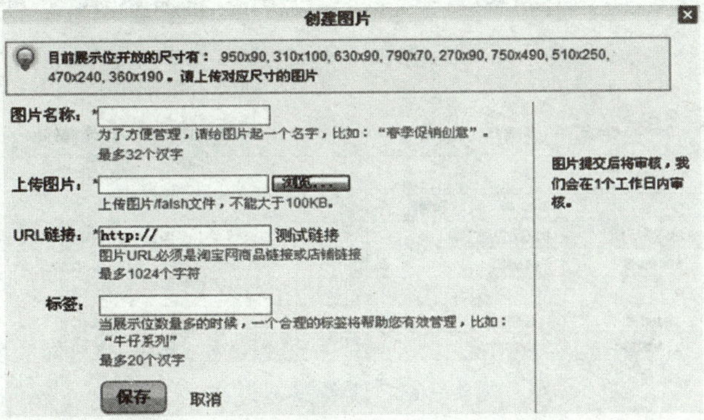

图 4－64　创建图片

（3）创建计划。输入新创建计划的名称，设置投放的相关项目，并选择投放的图片即可完成计划的创建。图 4－65 是设置投放相关项目的信息页面。

（4）确认计划，并充值缴费。

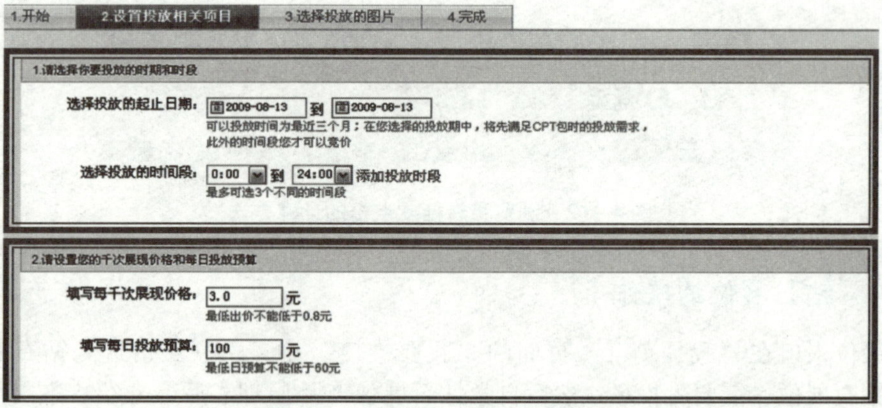

图4-65 设置投放相关项目

（5）投放计划管理。在广告投放的过程中，可以随时修改计划或暂停投放，如图4-66所示。

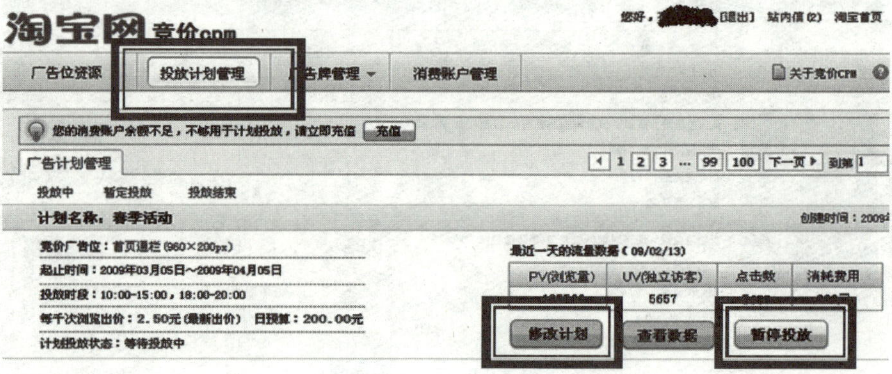

图4-66 投放计划管理

（6）查看投放效果。在投放计划管理页面，单击“查看数据”，即可看到计划的投放效果，如图4-67所示。

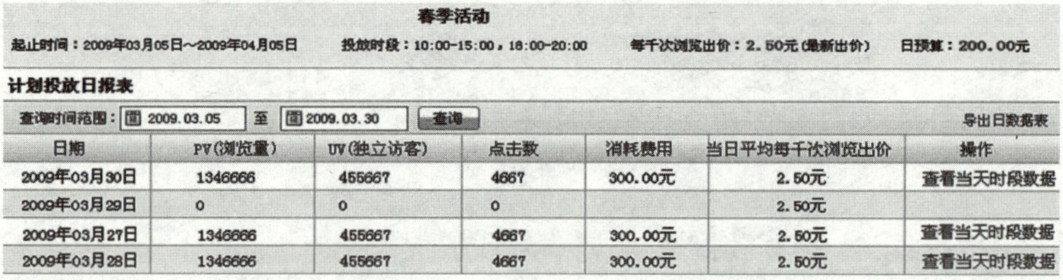

日期	PV（浏览量）	UV（独立访客）	点击数	消耗费用	当日平均每千次浏览出价	操作
2009年03月30日	1346666	455667	4667	300.00元	2.50元	查看当天时段数据
2009年03月29日	0	0	0		2.50元	
2009年03月27日	1346666	455667	4667	300.00元	2.50元	查看当天时段数据
2009年03月28日	1346666	455667	4667	300.00元	2.50元	查看当天时段数据

图4-67 查看投放效果

【任务实施】

利用直通车推广宝贝

操作目的：

通过本次操作，要求学生能够掌握如何根据店铺和宝贝的实际情况拟定策划方案，能够掌握宝贝优化的方法和技巧。

操作内容与步骤：

2010 年 11 月，派代网（www.paidai.com）用户“旋风1968”受朋友之托，要将 1 万多件长袖 T 恤库存处理掉。大冬天卖 T 恤，这可能吗？但去淘宝浏览一下 T 恤的数据与他店铺的 T 恤数据后，发现这些 T 恤还真有打造爆款的可能，对方提出的条件是，这款长袖 T 恤进价是 18 元，只要 18 元能处理了就可以，于是他决定拟定一个计划试一下。

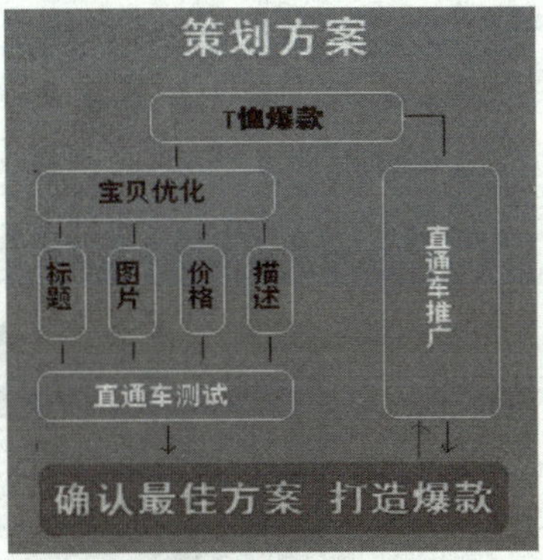

图 4－68　拟定策划方案

（1）拟定策划方案，如图 4－68 所示。

（2）优化宝贝标题。

1）先用一个简单的方法，在淘宝首页的搜索栏里搜索“长袖　T 恤　女”，进入人气宝贝页面，如图 4－69 所示。

2）把人气最高的前 10 名宝贝标题的关键词进行分解，再放到 Excel 列表里点击排序，看看哪些关键词出现的次数多。从图 4－69 中可以看到，“年份词”（如 2010、2011）出现 9 次，“T 恤”词出现 10 次，“包邮”词出现 5 次。根据这些关键词出现的频次，决定把出现频次数高的关键词和与 T 恤相匹配组成一个标题，然后再把没能放进标题里的关键词（因为宝贝标题有字数限制）组成另一个标题。这样组成的两个标题分别是：“包邮 2011　新款　韩版女装　长袖　牛奶丝 T 恤　圆领　秋冬打底衫”“两件包邮 2010 新款女装　韩版　长袖 T 恤　低领打底衫　加厚冬装”。

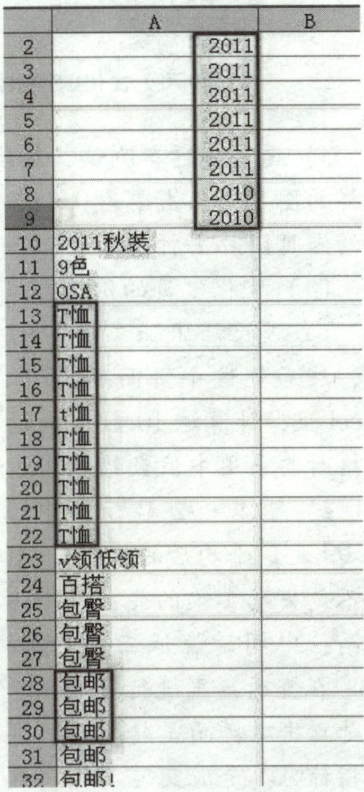

图 4－69　关键词频次

3）把这两个标题投放到直通车里进行测试，通过点击量、点击率来判断哪个标题是买家更喜欢的标题。直通车测试的结果是：

标题 1：点击量 87，点击率 1.34%

标题 2：点击量 105，点击率 0.41%

通过这个数据判断标题 1 更受买家喜欢，于是决定采用标题 1 作为这款宝贝的标题。

（3）优化宝贝图片。

1）通过人气宝贝页面，可以把宝贝图片的规律找出来，结果如下：

①单人模特 7 个 70%

②产品颜色 4 个 40%

③中间位置 3 个 30%（模特摆放位置）

④左右位置 5 个 50%（模特摆放位置）

⑤有背景图 6 个 60%

⑥黑色 T 恤 5 个 50%（模特 T 恤颜色）

2）通过以上数据判断，对宝贝图片的优化结果是：

①单人模特、穿黑色T恤、站在左侧、右侧显示T恤颜色、有背景色（图4－70）。

②另一张图片加了“包邮”两字（图4－71）。

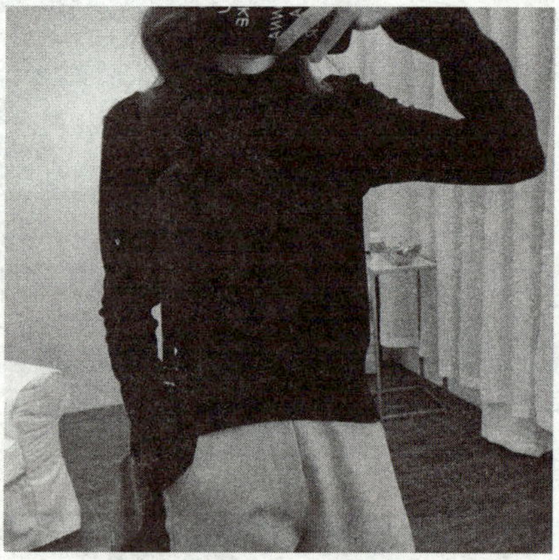

图4－70 优化的宝贝图片

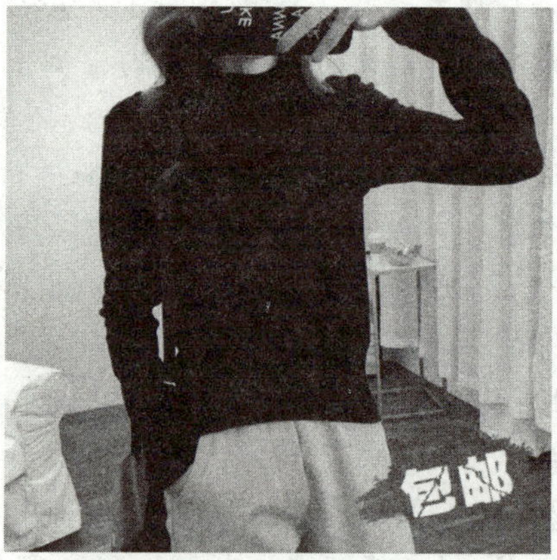

图4－71 加“包邮”的图片

3）通过直通车测试，然后看哪个宝贝图片的点击率更高，测试的结果是带有“包邮”字样的图片的点击率为0.93%，另一种的点击率是0.36%。因此决定采用带有“包邮”字样的宝贝图片去打造爆款。

（4）优化宝贝的价格。

1）“长袖T恤 女”的关键词放入淘宝的搜索框里，然后把这个页面的前10名的宝贝价格导出，放在Excel里，计算这10款宝贝的平均价格。这时计算平均价格时要采用中位数的计算方法，如图4－72所示。

	A	B	C
1	19.99		
2	24.92		
3	28		
4	39		
5	41.3		
6	41.99		
7	59		
8	68.6		
9	69		
10	88		

图4－72 排名前10的宝贝价格

2）图4－72显示的中位数价格分别是41.3元和41.99元，平均后的价格是41.6元，那么41.6元的价格是不是买家喜欢的呢？这个不能确定，怎么办？于是把最高、中间、最低三种价格（88元、41.6元、19.99元）在直通车里进行了测试，注意：这时要的测试结果不是点击率，而是转化率，那么什么是应该考核转化率的指标呢？是成交笔数吗？这时用成交笔数去考核指标偶然性太大，用旺旺的咨询量作为考核指标应该更准确。三个价格的结果出来了：

①价格88元，点击66次，咨询量7，咨询转化率10.6%。

②价格41.6元，点击93次，咨询量16，咨询转化率17.2%，成交1笔。

③价格19.99元，点击97次，咨询量3，咨询转化率3%。

可以看出，转化率最好的是17.2%，41.6元就是要使用的价格。

（5）优化宝贝描述。

这是关于宝贝能否成交的关键，但是大多数中小卖家却没有把这个部分做好，甚至不知道怎么做。

1）在优化宝贝描述时，先把上述的10款人气宝贝的网页逐个打开，看看他们的宝贝是怎么描述的。根据这10款宝贝的描述，找出了他们的描述规律，这10款人气宝贝的描述大概有两个规律，依照这两个规律，建立了两个宝贝描述的模型，如图4－73和图4－74所示。

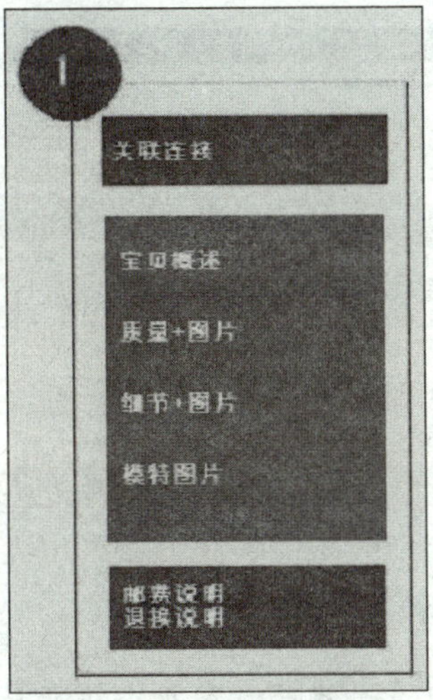

图4－73 宝贝描述模型1

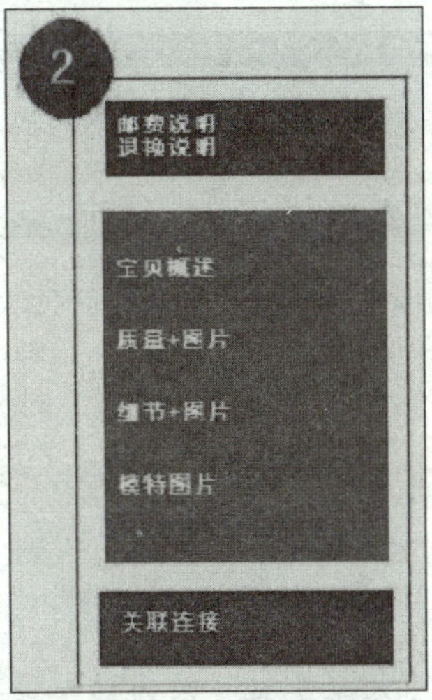

图4－74 宝贝描述模型2

2）按照这两宝贝描述的模型，做了两个宝贝描述，还是投放到直通车里进行测试，看看哪个宝贝描述转化率更高。把宝贝页面的平均停留时间和旺旺的咨询量作为转换率的考核指标，那么宝贝描述页面停留时间又是以什么为依据的呢？办法很简单，找了三个员工让他们自己阅读宝贝描述网页，三个人的平均阅读时间是3分40秒，也就是平均180秒就能阅读完宝贝描述的页面，这样就以180秒的停留时间作为转化来考核宝贝描述网页。测试的结果如下：

①点击94次，180秒以上的停留时间27人，旺旺咨询19人。

②点击87次，180秒以上的停留时间34人，旺旺咨询22人。

3）显然第二个数据更能说服买家。为了让描述页编排得更合理，更符合买家的浏览习惯，又单独把宝贝描述页转化率高的内容复制了一遍，做成一个独立网页，进行多变量测试。最后发现，当模特图片与“细节＋图片”位置互换，“质量和细节图片”放在左侧，文字在右侧时，多变量测试的效果为最佳，如图4－75所示。

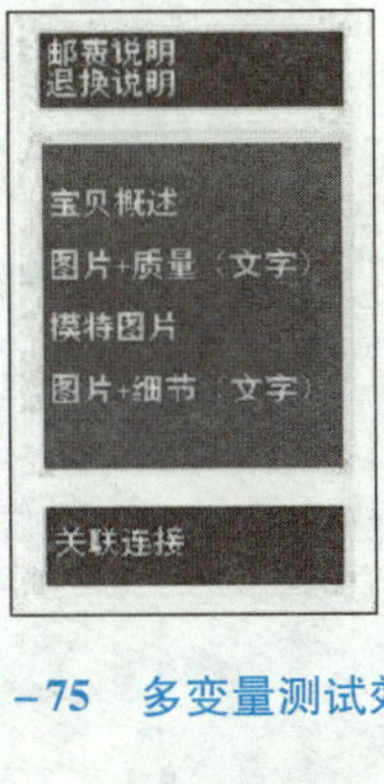

图4－75 多变量测试效果

上述四个步骤的测试和修改时间用了大概10天左右，优化完成后，自然流量的点击量增加了30%。这样就可以真正地投放直通车去推广商品了。对方提出的投放金额是每天1 000元，T恤只要18元的成本能收回来就可以，但不能亏损。这个条件不算苛刻，也比较容易达到。

(6) 选择关键词。

淘宝排行页面，进入女装分类，再进入三级类目T恤。这时右侧出现了“搜索上升榜”“搜索热门排行”“品牌上升榜”“品牌热门排行”，如图4－76所示。点击完整榜单后，所有的关键词展现在面前，在“搜索上升”和“搜索热门”栏目里，把所有和T恤关键词匹配的关键字找出来，同时也把所有和打底衫相匹配的词找了出来。再去淘宝首页，把“长袖T恤女”搜索框的下拉框中所有的词导出来，最后去直通车后台把和长袖T恤、打底衫相匹配的词全部导出来，把这些词全部放在Excel表格里，把重复的关键词去掉。

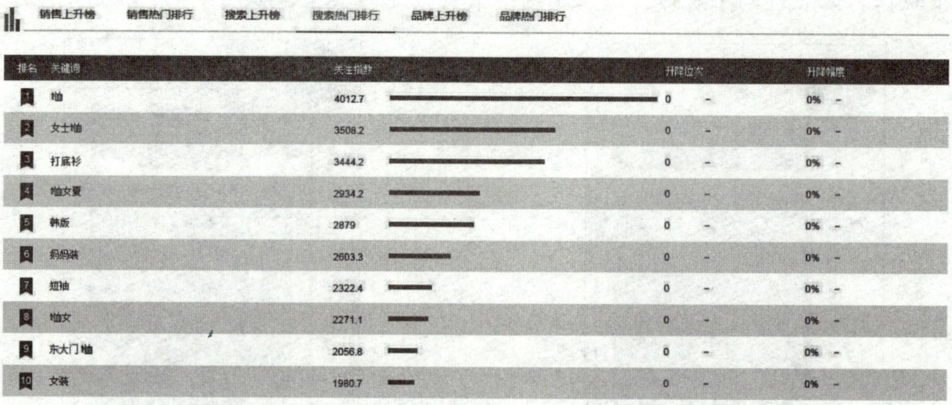

图4－76　搜索热门关键词

（7）建立推广计划。

把这些词分成3组，分别是T恤、打底衫、品牌词组，然后做了4个推广计划，把定向推广和类目推广做成一个推广计划，然后是T恤计划、打底衫计划、品牌计划。

（8）设置关键词价格。

怎样设置关键词的价格更合适？原则是3元以内词尽量进入首页，保持在3~8位之间。

（9）地域设置。

那么，当价格设置好后是不是就可以投放呢？不是的，要记住是在冬天卖T恤，北方人是不会在冬天里买T恤的，这时要考虑地域的设置，去哪里找地域的数据呢？哪里也不用去，把10月下旬和11月上旬的交易记录调出来就可以了，看看这段时间哪些地方的买家买了该网站的T恤，通过这些数据看到95%买家来自苏浙沪广等14个南方地区。于是把这14个地区设置成投放的地区。直通车投放就这样开始了，如图4－77所示。

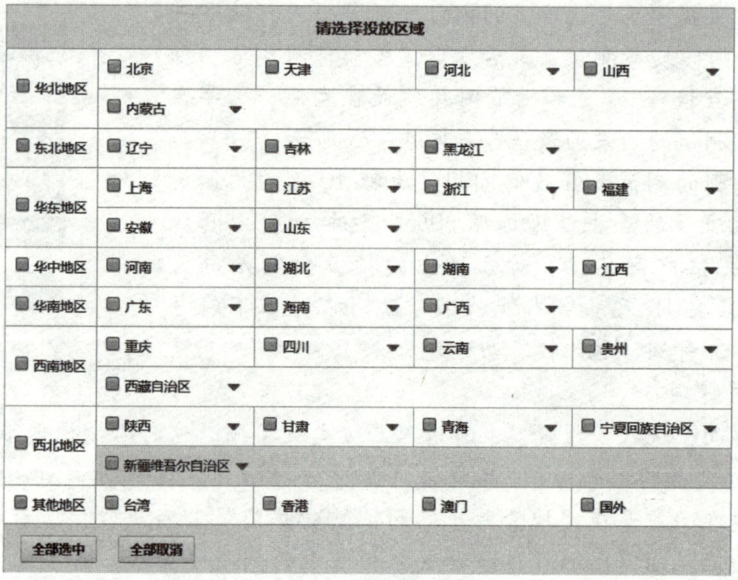

图4－77　直通车推广地域设置

操作提醒：

卖家在做直通车推广时，不仅要尽量让宝贝展现在黄金位置，更要注重对商品的优化。要想取得较好的推广效果，必须对商品标题、图片、价格、描述、关键词等进行优化，并合理设置投放时间和投放地域，以最少的投入引入最大的流量，提高直通车推广的性价比。

任务3　站外营销推广

【任务描述】

站外营销推广对网店的经营有重要的影响。学生通过本任务的学习与演练，能够理解站外营销推广的主要方式，掌握淘宝客推广、独立促销平台推广和微博推广的流程，并能熟练运用这些推广方式推广店铺。

【任务导入】

小丽开了淘宝网店，想让买家在众多商品中发现她的店铺，让买家进入店铺进行挑选，让买家购买店铺的产品，让买家成为店铺的回头客，她要如何进行店外的营销推广呢？

【知识准备】

众所周知，淘宝卖家通常采用店内推广和站内推广，有效地提高了店铺的访问量和转化率，其重要性毋庸置疑。不过，卖家也需要在淘宝站外对宝贝进行营销推广，这种推广方式的效果不可小视，虽然效果不会很高，但有时也能帮助店铺引入较多的流量。目前，有影响力的站外营销推广工具包括淘宝客推广、独立促销平台、微博推广、论坛推广、QQ 推广等。

3.1　淘宝客推广

3.1.1　淘宝客推广概述

淘宝客指的是帮助淘宝卖家推广商品并按照成交效果获得佣金的人（可以是个人或者网站）。随着阿里妈妈影响力的不断提高，越来越多的个人站长和网络公司甚至很多拥有博客的博主都加入淘宝客这个行列，其中不乏 MSN、久游网这些大型网络公司。

所谓淘宝客推广，是指淘宝客获取淘宝商品的推广链接，通过聊天工具、论坛、微博、网站等工具推广商品，以便让买家通过卖家的推广链接进入淘宝店铺购买商品并确认付款，就能赚取由卖家支付的佣金，最高佣金可达商品成交额的 50%。淘宝客推广作为一种投资回报高的网店推广方式，被越来越多的淘宝卖家所运用。淘宝客推广带来的流量是淘宝站外流量的重要组成部分。

目前，淘宝客通常采用以下四种方式来推广卖家的商品。

（1）个人网站。如果淘宝客的技术较强，可以通过建立个人网站推广淘宝客商品赚佣金。让更多的人来到个人网站，聚集越多的人气，赚得的佣金更多。

（2）博客。如果不懂建站技术，但闲暇时喜欢写写微博或日志，那么淘宝客可以将推广商品发布在个人的博客或空间上，尽量让每一个进入博客或空间的网民都成为潜在的购买者。

（3）论坛。如果淘宝客平时喜欢在论坛灌水，并拥有一定的知名度，则可以在发帖过程中推荐淘宝客商品，还可以在论坛签名中粘贴淘宝客链接，也许就能赚到意外佣金。

（4）即时聊天工具。通过QQ、微信、MSN等聊天工具，在好友之间推荐好的淘宝客商品，是最简单、性价比最高的淘宝客赚钱渠道。

3.1.2 卖家参加淘宝客推广的条件

（1）淘宝卖家参加淘宝客推广必须要满足以下条件，缺一不可：

1）掌柜星级在一心以上或参加消费者保障计划；

2）掌柜的店铺状态是正常的；

3）掌柜的店铺内有一口价商品，拍卖商品不能参加推广；

4）掌柜的店铺内商品状态正常，并且结束时间比当前系统时间晚；

5）店铺非虚拟交易，近半年的DSR评分三项指标不得低于4.5（开店不足半年的，从开店之日起算）；

6）店铺好评率不得低于97.5%。

卖家成功参加淘宝客推广后，就要招募淘宝客帮忙推广宝贝，有的卖家的商品没人来推广，而有的卖家的商品推广销量惊人。因而，如何寻找优质淘宝客来推广自己的店铺是卖家必须要解决的问题。

（2）卖家招募淘宝客的方法。

一般来说，卖家招募淘宝客的方法有如下几种。

1）守株待兔。卖家设置好参加淘宝客推广的商品和佣金，被动地等着淘宝客推广自己的商品。卖家要注意的是，要尽量推广店铺的爆款商品，用爆款来吸引淘宝客，还要注意佣金比例，同类商品佣金尽量不要低于同行一般水平，丰厚的佣金才能留住淘宝客。然而这种方法比较被动，效果不是太好。

2）论坛发招募帖。很多卖家都熟练掌握这种方法，在淘宝联盟社经常可以看到一些卖家发布的淘宝客招募帖。为了提高发帖效果，建议卖家到影响力大、与淘宝客相关的网站论坛里发帖，注意优化标题，提高帖子的吸引力，吸引感兴趣的淘宝客站长浏览。

3）加入广告联盟。淘宝联盟因其固有的资源优势，成为效果最好的广告联盟，卖家加入广告联盟，能让推广效果事半功倍。

4）其他方式。例如，卖家到淘宝客站长的网站上推广店铺，或者与知名的网站合作推广店铺等。

3.1.3 淘宝客推广的佣金规则

不管是卖家，还是淘宝客，都需要理解淘宝客推广的佣金计算规则和佣金结算规则。

1. 佣金计算规则

卖家可以在1.5%~50%之间根据各自允许的情况酌情设定佣金比率，最多选择30个商品设定个性佣金比率作为展示商品。除了设定个性佣金比率外，店铺内其他商品需设定一个统一佣金比率，用来结算淘宝客带给店铺内其他商品成交的佣金。

（1）卖家可以在佣金范围内直接调高佣金比率。

（2）卖家不能直接调低佣金比率，但可以通过先删除推广计划，再新建推广计划的方法调低佣金比率。

（3）卖家可以在佣金范围内直接调整店铺统一佣金比率。

（4）买家从淘宝客的推广链接进入当天没有购买的，此后 15 天内完成的购买均为有效，淘宝客都可得到由卖家支付的佣金。如果卖家退出淘宝客推广，在卖家退出前，用户点击过的推广链接对该用户在 15 天内继续有效，在点击后 15 天内拍下商品后仍旧计算佣金。

（5）如果实际交易金额减去邮费大于等于拍下时的商品单价，则按实际交易金额减去邮费乘以佣金比率进行计算。

（6）如果实际交易金额减去邮费小于拍下时的商品单价，则按商品单价乘以佣金比率进行计算。

（7）如果买家通过淘宝客的推广链接直接购买了这件商品，按照该商品对应的佣金比率结算佣金。

（8）如果买家通过淘宝客的推广链接购买了店铺内其他展示商品中的某一件商品，则按照该商品对应的佣金比率结算佣金给淘宝客。

（9）如果买家通过淘宝客的推广链接购买了店铺内非展示商品中的其他商品，按照店铺统一佣金比率结算佣金给淘宝客。

2. 佣金结算规则

买家通过支付宝交易并确认收货时（即交易状态显示为“交易成功”），系统会自动将应付的佣金从卖家收入中扣除并在第二天记入淘宝客的预期收入账户。

每个月的 15 号都会做上一个整月的月结，月结的时候将收取佣金的 10% 作为技术服务费，结算之后正式转入淘宝客的收入账户。淘宝客需要在阿里妈妈账户绑定通过实名认证的支付宝账号后，才可以提现到该支付宝账户。

3.1.4　淘宝客推广的技巧

卖家要想自己的店铺宝贝得到淘宝客的青睐，需要掌握如下技巧：

（1）设置较高的佣金比例。部分卖家在阿里妈妈投放的商品佣金比例都超过了 15%，有些达到了 30%。这么高的佣金比例，绝对会吸引众多淘宝客的目光。

（2）推广优秀的商品。卖家推广的商品销量高，甚至是爆品，标题有吸引力，绝对是有效推广的有力保证之一。推广的宝贝只有具有诱人的销售记录、有说服力的标题，才能带给淘宝客和买家信心。切记，尽量不要将滞销宝贝放到淘宝客推广。

（3）设置有说服力的标题、简介。尤其要突出宝贝的卖点，比如某件宝贝正在打折促销，或者有赠品，这些立即就能吸引淘宝客的目光。

（4）额外奖励刺激。如果希望有更多的优秀淘宝客帮助推广商品，卖家还可以在佣金之外，对淘宝客设置推广激励计划，让淘宝客心甘情愿、竭尽全力为店铺推广宝贝。

3.2　独立促销平台

3.2.1　独立促销平台概述

在淘宝网之外，有一些专门为淘宝店铺推广的独立促销平台，其中有影响力的如聚卖网、秒爆品、独唱团、特价猫等。这些促销平台既有自己独立的官方网站，同时也与淘宝网保持着紧密合作的关系，是淘宝应用中心战略合作伙伴。在淘宝上，有很多信用等级不高的卖家不愿意花钱在淘宝网上做推广，而宁愿选择淘宝网之外的这些独立促销平台做推广。这些平台的影响力比较大，受到广大买家的喜爱，给众多在平台上做推广的卖家店铺带来了大量的流量，增加了店铺的销量和转化率。

独立促销平台举行的促销活动多种多样，主要有：1元秒杀、6元包邮、9.9元包邮、1~5折等。淘宝卖家在平台报名并审核通过后，根据自身情况参加其中一种或多种活动。图4－78是聚卖网的促销活动页面。

图4－78 聚卖网首页

如何最快最好地找到独立促销平台呢？淘宝卖家可以通过以下步骤找到大量的独立促销平台。

（1）在浏览器地址栏中输入“http://daohang.taobao.com/”，进入淘宝营销导航页面，如图4－79所示。页面中包括了三种活动，即第三方活动、官方活动、类目活动。其中，第三方活动就是独立促销平台举办的促销活动。

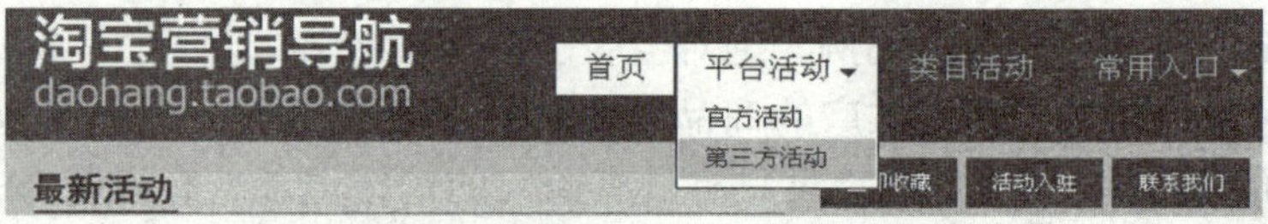

图4－79 淘宝营销导航页面顶部

（2）单击“平台活动”列表下的“第三方活动”，就可以进入促销平台导航页面，卖家根据店铺的信用等级查看相应的促销平台，如图4－80所示。

3.2.2 独立促销平台的招商要求

近年来，专门为淘宝店铺提供推广场所的独立促销平台如雨后春笋般涌现出来，数量越来越多，竞争也日趋激烈，但平台提供的促销活动大同小异，对卖家参加活动的要求基本相同。当然，各平台的不同促销活动对卖家的招商要求不尽相同。

下面以聚卖网9.9元包邮活动为例，了解独立促销平台的招商要求。

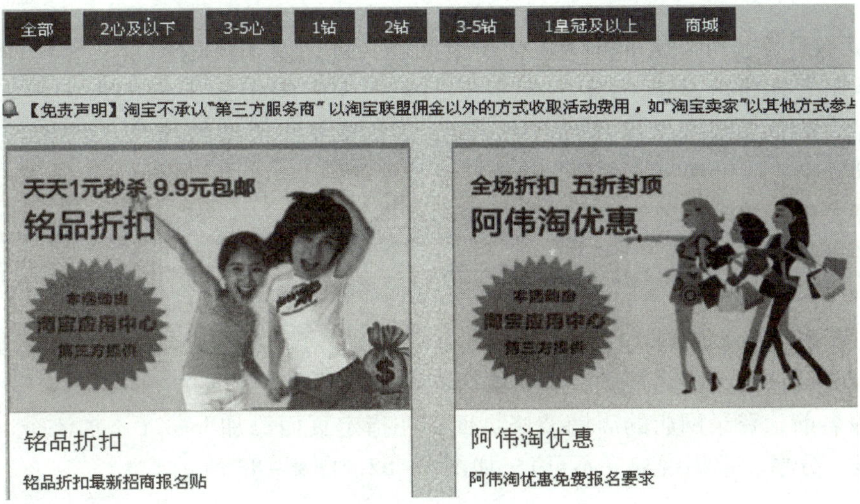

图 4－80　独立促销平台导航页面

1. 店铺要求

（1）C 店铺卖家要求参加消保和旺铺，店铺信誉 5 星以上，好评率 97% 以上，遵守规则分数不低于 82 分，综合动态评分三项均 4. 5 分以上。

（2）B 卖家和无名良品卖家店铺，遵守规则分数不低于 82 分，综合动态评分的三项分数都在 4. 5 分以上。

（3）卖家应承诺在活动结束后 3 日内完成发货，并承诺因出现质量、品牌质疑、货不对版等问题，买家申请退货退款时，运费由卖家承担。

（4）报名卖家需要具备一定的运营能力和服务能力，及时处理买家疑问，给予买家优质的购物体验及服务。

（5）审核通过后，不得无故要求退出活动。

（6）店铺报名前，必须悬挂"聚卖网"的 logo，不悬挂聚卖网 logo 的，不予审核。不支持放入轮播位。活动之结束后 30 天内，拆下聚卖网 logo 的店铺，智能识别系统直接把店铺拉入黑名单，永不释放，一年内不能上聚卖网活动。

2. 宝贝要求

（1）全国一件包邮（港澳台除外）。

（2）必须保证为全新商品，且不能是违禁品、保健品、无证食品、成人用品、减肥类、二手闲置或其他违规商品。

（3）最近一个月内销售记录需正常成交 5 单以上且有 2 个好评（促销价格给力的商品，可以放宽成交记录），报名宝贝的"宝贝与描述相符"得分需大于 4. 5 分。

（4）同一店铺每月分开报 10 个款，单个宝贝库存数量不低于 100 件，原价必须为 25 元及以上。

（5）活动最终的销售价格的商品不能高于 9. 9 元。最终的活动价格给力的商品，审核通过的机会要大一些。发现提高原价再来打折的，一律不通过。

3. 卖家违规行为处罚要求

（1）未按承诺准时发货、包邮等其他违背承诺的行为，依据淘宝规则，违背承诺之处罚扣4分。

（2）货不对版，与描述不符（包括质量问题、过期及即将过期食品等），依据淘宝规则，违背承诺之处罚扣3分。

（3）活动期间宝贝在未售完前出现下架、退出或终止活动的行为，审核通过后无故要求取消活动资格，店铺和宝贝页面未按规定悬挂聚卖网 logo，活动期间旺旺未按规定在线点亮的，一经发现，加入黑名单，取消后期报名资格。

3.2.3 卖家报名参加促销平台活动

下面以卖家报名参加聚卖网9.9元包邮活动为例，了解独立促销平台的报名事项。

（1）首先阅读活动报名规则，确认网店能否参加活动，如图4－81所示。

（2）报名前，登录网店的店铺装修页面，在指定页面添加 logo（添加3个 logo 并加入帮派，收藏、分享、掌柜说缺一不可），如图4－82、图4－83所示。

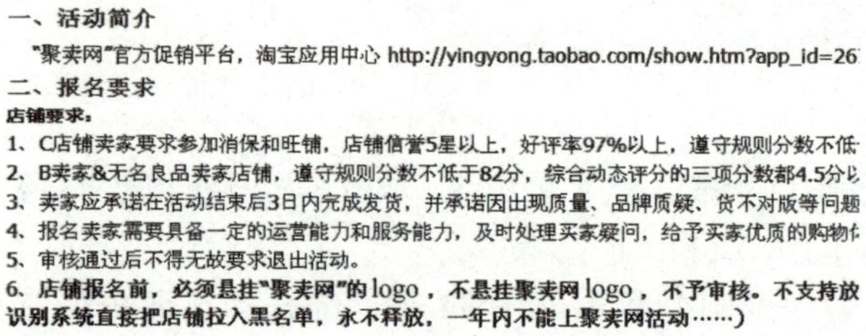

一、活动简介

"聚卖网"官方促销平台，淘宝应用中心 http://yingyong.taobao.com/show.htm?app_id=26

二、报名要求

店铺要求：

1、C店铺卖家要求参加消保和旺铺，店铺信誉5星以上，好评率97%以上，遵守规则分数不低

2、B卖家&无名良品卖家店铺，遵守规则分数不低于82分，综合动态评分的三项分数都4.5分以

3、卖家应承诺在活动结束后3日内完成发货，并承诺因出现质量、品牌质疑、货不对版等问题

4、报名卖家需要具备一定的运营能力和服务能力，及时处理买家疑问，给予买家优质的购物

5、审核通过后不得无故要求退出活动。

6、店铺报名前，必须悬挂"聚卖网"的logo，不悬挂聚卖网logo，不予审核。不支持放识别系统直接把店铺拉入黑名单，永不释放，一年内不能上聚卖网活动……）

图4－81 活动报名规则

图4－82 聚卖网 logo

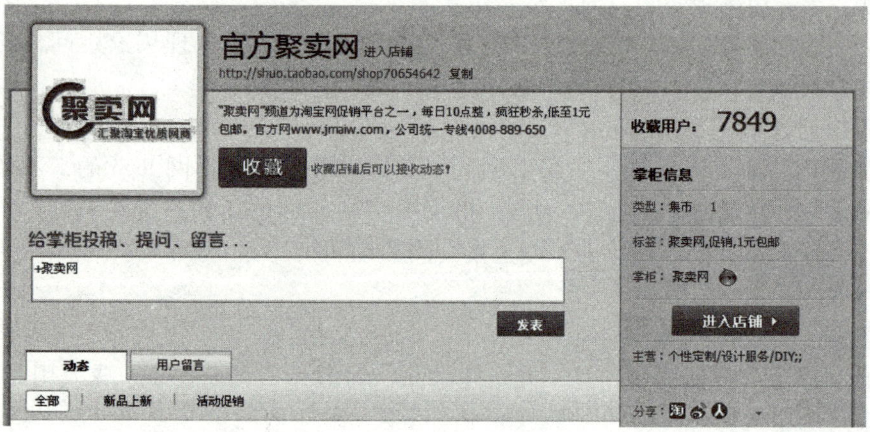

图4－83 收藏、掌柜说

（3）然后在聚卖网论坛里发帖，申请9.9元包邮。等待聚卖网审核。如图4－84所示。

（4）如果聚卖网审核通过，就可以进行网店准备，在聚卖网上宣传自己的网店，如图4－85所示。

店铺ID：故乡红食品专营
所属类目：食品
商品名称(16字以内)：　原味烘焙型大麦茶包邮
商品链接：http://detail.tmall.com/item.htm?id=16570171366&
白底无水印图片链接（235*235）http://img02.taobaocdn.com/sns_album/i2/T1OAnDXk0jXXb1upjX.jpg

原价：15
活动价（**必须低于历史成交价**）：9.9
包邮与否(必须1件起包邮)：包邮
销售记录（30天内正常销售5单以上并有3件好评）不达标不审核：7
报名商品数量（50件起）：300

图 4－84　发帖申请活动

图 4－85　审核通知

【任务实施】

卖家加入淘宝客推广

操作目的：

通过本次操作，要求学生能够掌握卖家加入淘宝客推广的流程，并能够建立推广计划，合理设置商品的佣金。

操作内容与步骤：

(1) 登录“我的淘宝”，在“我是卖家”页面，单击“营销中心”下的“我要推广”，单击“淘宝客推广”，如图 4－86、图 4－87 所示。

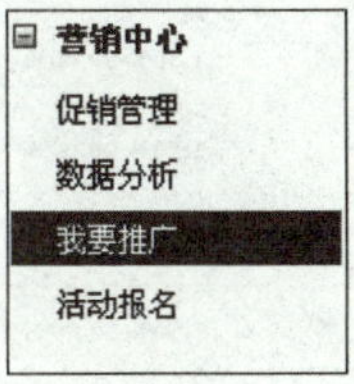

图 4－86　淘宝后台

图 4－87　“我要推广”工具列表

(2) 在淘宝客首页里，单击“推广计划管理”，如图 4－88 所示。

(3) 在“推广计划管理”栏目下单击“新建定向推广计划”，如图 4－89 所示。

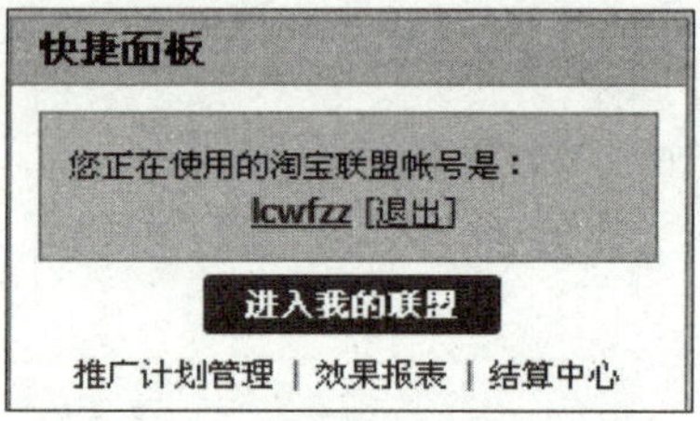

图 4－88　淘宝客推广快捷面板

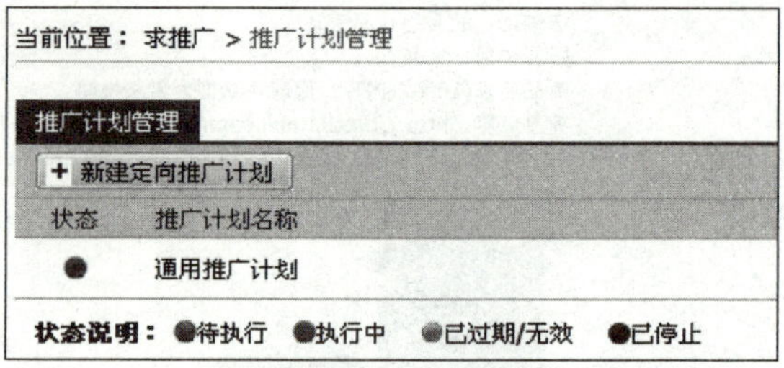

图 4－89　推广计划管理页面

（4）编辑计划。输入推广计划名称，选择推广计划是否公开和审核方式，并填写推广计划说明，如图 4－90 所示。

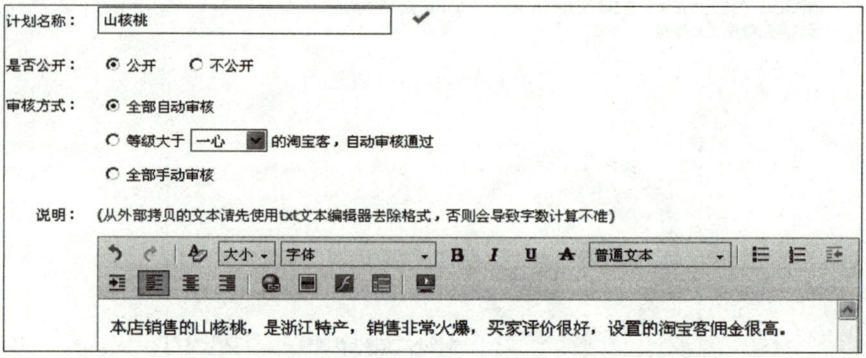

图 4－90　编辑计划

（5）选择推广计划的起始日期和结束日期。随后单击“下一步类目佣金设置”，如图 4－91 所示。

（6）为商品设置类目佣金，最后单击“保存”按钮即可，如图 4－92 所示。

图 4－91　推广计划的时间设置

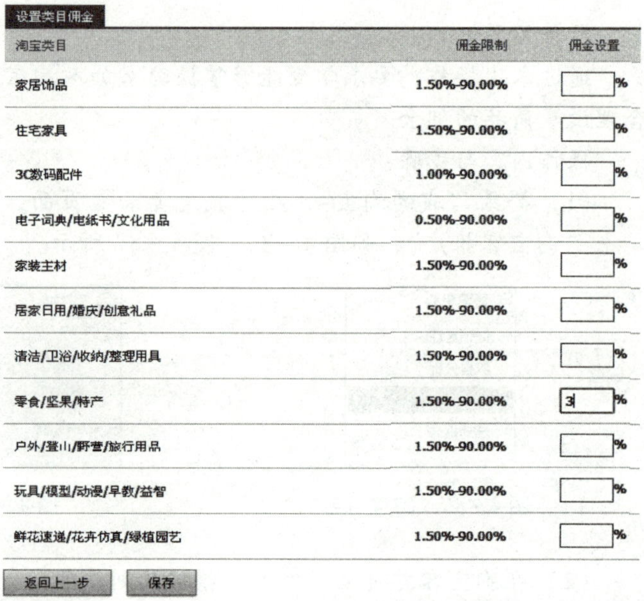

图 4－92　设置类目佣金

(7) 设置商品佣金。在推广计划管理页面，在“山核桃”推广计划栏目中单击“设置商品佣金”，如图 4－93 所示。

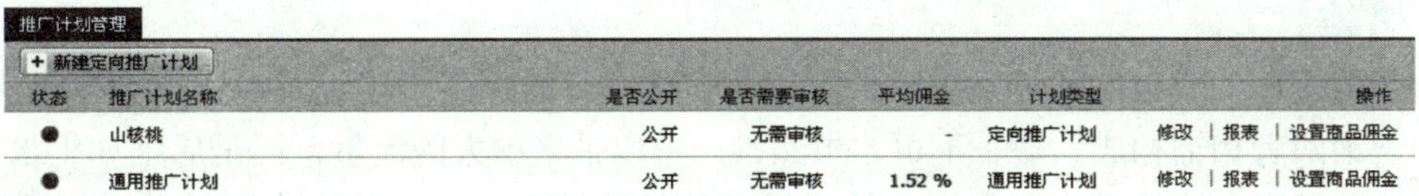

图 4－93　淘宝客管理快捷菜单

(8) 在“山核桃”推广计划页面，单击“新增主推商品”，并选择山核桃宝贝，单击“下一步设置商品佣金”，如图 4－94、图 4－95 所示。

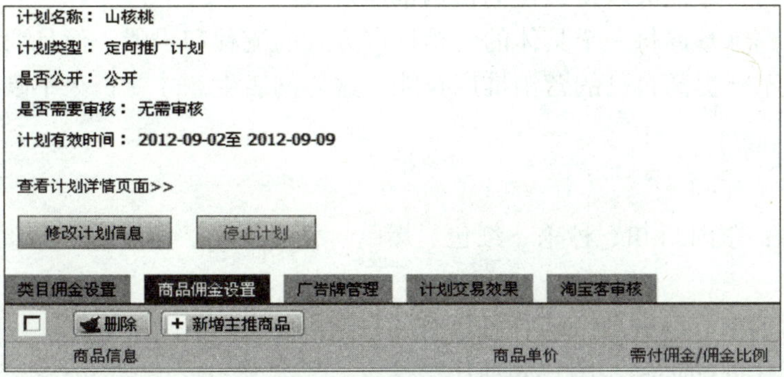

图 4－94　山核桃推广计划页面

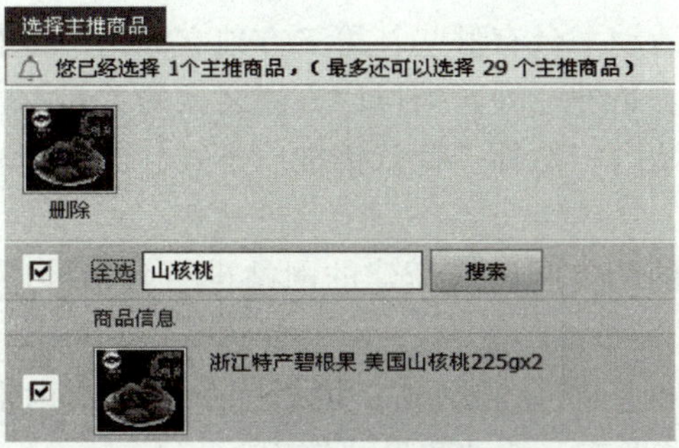

图 4－95　选择主推商品

(9) 设置山核桃的佣金比率，单击“保存”按钮即可，如图 4－96 所示。

图 4－96　设置佣金比率

操作提醒：

在卖家的能力承受范围内，给淘宝客以最大的利益，才能发动淘宝客无限量的推广力量。设置合理的佣金，是吸引淘宝客的关键因素。即使今天因为支付给淘宝客佣金而使卖家少赚了，但淘宝客带来的绝不仅仅是一个简单的买家，而是这个买家身后千千万万更多的买家和口碑。

【项目总结】

决定网店创业成败的关键是店铺的流量和转化率，而这两个指标是由推广和营销决定的。推广和营销两者相辅相成，缺一不可。虽然推广可以带来很大的流量，但是店铺如果没有有效的营销活动予以支撑的话，那么再大的流量都是无效的流量；虽然店内营销活动是吸引买家做出购买决策的重要因素，但如果不通过推广引入流量，那么再实惠的宝贝都会无人理睬。

卖家可以在店内、站内、站外三个方面对店铺和宝贝进行营销推广，三者是互相联系的，密不可分的。店内营销推广是基础，站内和站外营销推广是重要推手，只有这三种营销推广方式有机结合，才能够取得最佳的营销推广效果。

卖家不仅要熟练掌握每一个具体的营销推广方式的流程和步骤，而且要在熟练操作的基础上摸索窍门，不断提高自己的营销推广技能，这样网店生意才能长久不衰、蒸蒸日上。

【项目习题与训练】

一、理论自测题

1. 关键概念：限时折扣、秒杀、红包、爆款、钻石展位、淘金币、直通车

2. 思考题：

（1）店内营销推广有哪些方式？各自有什么特点？

（2）如何优化商品标题、图片和描述？

（3）直通车广告展示位分布在哪些页面？如何设置关键词出价和类目出价？

（4）设置淘宝客推广的佣金有何技巧？

（5）淘宝官方的促销活动平台有哪些？第三方独立促销平台有哪些？各自有何优缺点？

（6）论述店内、站内、站外三种营销推广方式之间的关系？

（7）综合运用店内、站内、站外三种营销推广方式，对网店进行有效推广。

二、实务自测题

1. 请你为某企业开设的淘宝网店或新建的网站进行营销推广，请尽可能地使用所学的营销推广方法。

2. 请结合经营的淘宝网店或企业网站，策划一个站外营销推广活动，包括活动目标、活动主题、活动时间、活动形式及活动效果评估指标。

【项目案例】

毛衣网店的小编是如何打造爆款的

一、什么样的产品具备爆款的条件

（1）找出你店铺里转化率和收藏量高的产品，转化率要超过5%以上，收藏量每周能有10个就可以，因为转化率和收藏量反映的是受众人群的喜欢程度。另外，考虑这款宝贝的销量趋势，如果这款宝贝销量高，要看它的销量在一周内是不是呈上升趋势，如果是上升趋势，那么此款商品就具有打造的价值。如果具备了上述条件，那么这款产品就基本具备了打造爆款的条件。收藏量有什么作用呢？淘宝内部有个数据，那些热卖的宝贝的收藏量的转化率通常都能达到20%，就是当你有10个收藏，就能产生2笔成交。

（2）看看买家在这款宝贝的页面的停留时间，淘宝的官方统计数据显示，一般买家停留260秒以上，就证明这款商品比较受欢迎。

买家在宝贝页面上停留的时间有什么用？页面停留时间就是反映买家对你宝贝的喜欢程度，他们停留时间越长，就证明你的宝贝越受欢迎，也充分体现了你页面的黏度。

（3）查看客人在页面上的跳出率情况，低于75%的跳出率就可以了。跳出率越低越好。如果客人来到宝贝的页面马上又离开了，就说明产品不是他们想要的，或者是我们的宝贝描述没有征服买家。

（4）点击量，看看点击量是否呈上升趋势，点击量在一周内至少每天增加1～2个点击，每周的点击量至少要超过50个点击以上，只有具备上述两个条件，你的宝贝才有打造爆款的可能。没有足够的点击量，是不能全面反映你的宝贝受欢迎的程度的。

二、分析要打造产品的相关信息

想要打造爆款，只具备上述数据还是不够的，还要分析这个产品的市场趋势，还要查看相关产品的价格和销量，去哪里找呢？就去淘宝找。比如想把男士长袖毛衣打造成爆款，就应该把“长袖　毛衣　男款”放在淘宝的搜索框里搜索，再点击一下销量。看到这个页面后，第一，先看看价格，看看我们的宝贝和别家相同的宝贝在价格上是否具有竞争力，如果没有竞争力，那么修改价格后我们的宝贝是否亏损？如果亏损，就可以考虑放弃了。第二，看看长袖毛衣月累计超过500件以上有几个商品，如果首页出现10个以上月累计500件以上的商品，就证明你的宝贝是可以打造爆款的。如果首页出现5个以下月累计500件以上的商品，这时你就应该考虑放弃。

三、测试分析打造出爆款的可行性

用什么样的关键词进行测试呢？去淘宝首页的搜索框去找，可以找一个宽泛词和一个精准词进行测试，比如，用宽泛词“毛衣　男”进行搜索，会发现下拉框里有很多关键词，可以选择几个与我们的宝贝相匹配的关键词，然后再看看这些词的右侧的宝贝数量，找出一个宝贝数量最少的关键词进行投放，这样做的目的是宝贝竞争程度相对较小，而且直通车的价格也不会高。用同样的方法再选择一个精准词如“毛衣　长袖　男款”进行投放。在投放前还要看看这两个关键词搜索页面里是不是有10款以上的宝贝销量超过500件，如果超过500件，就用这两个关键词进行投放。用宽泛词的目的是吸引点击量，因为点击量能证明宝贝受欢迎的程度，用精准词的目的是看看我们的宝贝能不能产生成交量，看看这款宝贝的转化率。

除此之外，还可使用直通车进行测试，一般直通车测试时间要一周左右。

直通车测试好后，要观察我们的数据是否有变化，如果没有太大的变化，就可以大胆地打造爆款了。这种变化上下不能超过1%。观察直通车数据的变化要注意以下几点：

（1）投放直通车后宝贝的自然排名会大幅度提升，因此，要注意排名提升后销量是否增加，如果增加，证明这款宝贝可以进行爆款打造。

（2）投放的精准关键词的转化率能否达到3%以上，如果达到3%以上，这款宝贝必将成为爆款。

（3）投放直通车后的数据与原来的数据相比较是否有变化，如果通过投放直通车后比原来的数据表现更优秀，那么就去打造这一爆款。

（资料来源：电商学院《网店推广》，http://www.hishop.com.cn/Ecschool/yytg/show_7265.html）

项目五

网络营销推广

【项目目标】

网络营销推广是以当今互联网为媒介的一种推广方式，是在网上把自己的产品或者服务利用网络手段与媒介推广出去，使自己的企业能获得更高的利益。通过本项目的学习，学生能了解网络营销常用的推广方法与内容，掌握电子邮件营销推广、搜索引擎营销推广、网络广告营销推广、社区代营销推广（SNS、博客、微博、微信）营销的知识准备与方法。使用邮件列表为用户提供信息订阅服务，可轻松实现“一对多”的营销，因此，掌握邮件列表的应用技术，将会大大提高信息传播的效率，也保证订阅信息的网民最大限度地保护个人隐私。

学习任务	能力要求	知识目标
任务 1 电子邮件 营销推广	1. 能利用电子邮件平台开展营销 2. 会撰写营销导向的电子邮件 3. 会利用邮件列表进行营销推广	1. 了解许可电子邮件营销 2. 掌握电子邮件营销推广的步骤 3. 掌握邮件列表知识准备
任务 2 搜索引擎 营销推广	1. 能利用搜索引擎工具开展营销活动 2. 会注册登录搜索引擎推广网站 3. 会设置关键字	1. 了解搜索引擎工作原理 2. 掌握搜索引擎营销的基本内容 3. 掌握搜索引擎营销推广的方法
任务 3 网络广告 营销推广	1. 能分析网络广告主的特点与优势 2. 能制作网络广告营销计划 3. 能利用网络平台发布网络广告	1. 掌握网络广告内容与形式 2. 掌握网络广告策划的知识准备 3. 掌握网络广告制作与发布方法
任务 4 社区化 营销推广	1. 能利用 SNS 开展营销 2. 能利用博客开展营销 3. 能利用微博开展营销 4. 能利用微信开展营销	1. 掌握 SNS 营销内容 2. 掌握博客营销方法 3. 掌握微博营销方法 4. 掌握微信营销方法

任务 1　电子邮件营销推广

【任务描述】

企业通过电子邮件开展营销活动，必须了解电子邮件的原理与特点，掌握用户使用电子邮箱的规律，以正确获取用户的电子邮箱地址。由于客户对信息需求的形式、方法与内容的多样化，企业必须掌握电子邮件营销推广的方法与技巧，这样才能做到有的放矢。同时，给客户发送电子邮件是企业网络营销人员的一项常规工作，而企业客户数量越大，靠人工一封一封地发送邮件，其效率将越低。因此，掌握电子邮件营销、邮件列表和邮件群发工具使用的方法和技巧，会大大提高邮件发送的速度。制作合适的电子营销邮件是网络营销人员必备的能力。目前做外贸的企业多在应用电子邮件营销，然而，互联网还缺乏有效的监管机制，一些企业乱发垃圾邮件，给电子邮件营销带来了负面影响，影响了整个邮件营销的效果。

【任务导入】

一封好的营销邮件不但可以引起用户的兴趣，刺激他的消费欲望，最终也能引导用户完成购买。例如，奇瑞 A3“试驾送惊喜”活动宣传，是让消费者能有机会亲身体验奇瑞 A3 的优越性能。因此，奇瑞公司拟举办“试驾送惊喜”活动，希望以尽可能少的投入获得最佳效果。活动策划完，准备以电子邮件营销方式进行宣传，并实现最大最优的推广效果。你作为公司推广员，将如何使用电子邮件开展奇瑞 A3“试驾送惊喜”的营销推广活动呢？应该具备哪些电子邮件营销的知识与技能呢？

【知识准备】

1.1　许可 E-mail 营销推广

在欧美国家，E-mail 营销已经相当成熟，并在 B2B、B2C 等领域得到广泛应用。然而在国内，E-mail 营销的发展稍显滞后，人们往往把 E-mail 营销误解为群发垃圾邮件。其实不然，E-mail 营销是在用户事先许可的前提下，通过电子邮件的方式向目标用户传递有价值信息的一种网络营销手段。这个定义中强调了三个基本因素：基于用户许可、通过电子邮件传递信息、信息对用户是有价值的。三个因素缺少一个，都不能称为有效的 E-mail 营销。

E-mail 营销的优点很多，使用 E-mail 营销是最节约成本的一种客户沟通方式，并且比传统的直投、电话更有效；E-mail 营销可以培养你的客户或潜在购买者，当他们在做采购决策的时候，你提供的培训信息会倾向性地支持他们的决策；E-mail 营销可以让企业与客户之间保持持久的关系，《哈佛商业评论》曾指出，开发新客户的成本要六倍于维系一个老客户的成本，而 E-mail 营销会让企业定期地与客户沟通，用以维系客户关系。此外，E-mail 营销便于效果测量和改进，使用专业服务商提供的工具，企业可以方便地计算发送数量、邮件打开数量、退信数量、退订数量以及邮件有效流量。

1.1.1　E-mail 营销的基本功能

E-mail 营销的基本功能除了产品/服务的直接推广功能之外，还在于低成本地与顾客沟通、建立良好的客户关系与服务、打造企业品牌形象等方面的功能。具体说来，E-mail 营销有以下八个方面的基本功能。

1. 打造品牌形象

E-mail 营销对于企业品牌形象的价值，是在长期与用户联系的过程中逐步积累起来的，规范的、专业的 E-mail 营销对品牌形象有明显的促进作用。品牌建设不是一朝一夕的事情，不可能通过几封电子邮件就完成这个艰巨的任务，因此，利用企业内部列表开展经常性的

E-mail 营销具有更大的价值。

2. 产品推广/销售

产品/服务推广是E-mail 营销最主要的目的之一，正是因为E-mail 营销的出色效果，使得E-mail 营销成为最主要的产品推广手段之一。一些企业甚至用直接销售指标来评价E-mail 营销的效果，尽管这样并没有反映出E-mail 营销的全部价值，但也说明营销人员对E-mail 营销带来的直接销售有很高的期望。

3. 客户关系

与搜索引擎等其他网络营销手段相比，E-mail 首先是一种互动的交流工具，然后才考虑其营销功能，这种特殊功能使得E-mail 营销在客户关系方面比其他网络营销手段更有价值。与E-mail 营销对企业品牌的影响一样，客户关系功能也是通过与用户之间的长期沟通才发挥出来的，内部列表在增强客户关系方面具有独特的价值。

4. 顾客服务

电子邮件不仅是顾客沟通的工具，在电子商务和其他信息化水平比较高的领域，它同时也是一种高效的顾客服务手段，通过内部会员通信等方式提供顾客服务，可以在节约大量的顾客服务成本的同时提高顾客服务质量。

5. 网站推广

与产品推广功能类似，电子邮件也是网站推广的有效方式之一。与搜索引擎营销相比，E-mail 营销有自己独特的优点：网站被搜索引擎收录之后，只能被动地等待用户去检索并发现自己的网站，而通过电子邮件则可以主动地向用户推广网站，并且推荐方式比较灵活，既可以是简单的广告，也可以通过新闻报道、案例分析等方式出现在邮件的内容中，获得读者的高度关注。

6. 资源合作

经过用户许可获得的E-mail 地址是企业的宝贵营销资源，可以长期重复利用，并且在一定范围内可以与合作伙伴进行资源合作，如相互推广、互换广告空间等。企业的营销预算总是有一定限制的，充分挖掘现有营销资源的潜力，可以进一步扩大E-mail 营销的价值，让同样的资源投入产生更大的收益。

7. 市场调研

利用电子邮件开展在线调查是网络市场调研中的常用方法之一，它具有问卷投放和回收周期短、成本低廉等优点。E-mail 营销中的市场调研功能可以从两个方面来说明：一方面，可以通过邮件列表发送在线调查问卷。同传统调查中的邮寄调查表的流程一样，将设计好的调查表直接发送到被调查者的邮箱中，或者在电子邮件正文中给出一个网址，链接到在线调查表页面，这种方式在一定程度上可以对用户成分加以选择，并节约受访者的上网时间，如果调查对象选择适当且调查表设计合理，往往可以获得相对较高的问卷回收率。另一方面，也可以利用邮件列表获得第一手调查资料。一些网站为了维持与用户的关系，常常将一些有价值的信息以新闻邮件、电子刊物等形式免费向用户发送，通常只要进行简单的登记即可加入邮件列表。如各大电子商务网站初步整理的市场供求信息、各种调查报告等，将收到的邮件列表信息定期进行处理是一种行之有效的资料收集方法。

8. 增强市场竞争力

在所有常用的网络营销手段中，E-mail 营销是信息传递最直接、最完整的方式，可以在较短的时间内将信息发送给列表中的所有用户。这种独特功能在风云变幻的市场竞争中显得尤为重要。E-mail 营销对市场竞争力的价值是一种综合体现，也可以说是前述七大功能的必然结果。充分认识 E-mail 营销的真正价值，并用有效的方式开展 E-mail 营销，是企业营销战略实施的重要手段。

1.1.2 实施 E-mail 营销的主要步骤

1. 电子邮件营销推广一般步骤

（1）确定 E-mail 营销目标，企业可根据自身的情况进行判定。

（2）确定 E-mail 营销的基本形式。

E-mail 营销有内部 E-mail 营销和外部 E-mail 营销两种基本形式。前者指企业通过自己拥有的各类 E-mail 注册用户，开展邮件营销；后者则指委托专业 E-mail 营销服务商、免费邮件服务商、专业网站等通过各自的 E-mail 营销资源进行营销活动。

（3）获得用户的邮箱地址（内部 E-mail 营销）。

最简单的方法是从提供网络营销服务的相关服务商处购买，最好、最直接的方法是利用网站上的“在线反馈”“读者留言”获得顾客留下的邮箱地址，或者制造某些特殊事件，如竞赛、评比等吸引用户注册，有意识地营造网上客户群。

获取潜在用户邮件地址的主要途径有：一是现有用户地址、一般注册会员的资料、各种推广吸引客户免费订阅的资料等，统称为“用户”资料；二是直接通过特殊、合法渠道购买竞争对手、论坛、邮件服务商等的会员数据。

（4）设计电子营销邮件的内容与格式。

收件人打开并阅读电子邮件是 E-mail 营销成败的关键。主题的设计一定要醒目、有吸引力、简洁。内容的设计也非常重要，为用户提供有效的信息是 E-mail 营销的首要任务，内容也要简洁。

邮件标题：至关重要，既要诚实又要有足够的诱惑力，其中标题中运用数字一般是最有说服力和吸引力的。

邮件抬头：“您订阅了某某电子杂志，不是垃圾邮件。现在就揭秘怎样网上赚钱！注册可获得 7 天免费邮件教程——网上创业新手指南，价值 47 元，或免费送价值 100 元的 7 本网络营销电子书，现在就注册并下载可获得免费礼物。”

邮件内容目录：如果邮件包含 2 ~ 3 篇文章，列出文章名称及一两句简要说明。

邮件正文：既能体现出品牌的形象，又能达到宣传商品和网站的目的，可以是 2 ~ 3 篇文章，或是产品活动宣传页等。在结尾处适度推销下期提供的产品，减少退订率。

邮件页脚：必须包含用户注册信息、隐私权及退订选择，例如：您收到这封邮件是因为您在某月某日，从 IP 地址 ×××订阅了 ×××月刊。我们尊重所有用户和订阅者的隐私权。您不希望再收到 ××月刊，请点击这里退订。

（5）定时发送 E-mail。

E-mail 的发送也有两种方式：自行发送和委托专业服务商（网站）发送。发送的频率不能过高，发送时机也要把握好，最好选择节假日、推出新产品或服务时等。

根据企业自身特点与流程发送与会员高关联度的邮件，一般麦包包会提供订单、支付、发货提醒、感谢、反馈类邮件；另外，制订以客户喜欢度为基础的邮件，如推送以性别不同的邮件，制订男版、女版包包的邮件等。

（6）后期要统计顾客的反应率（如点击率、打开率、转发率等），及时回复用户的邮件，并统计他们对营销效果的总体评价，为后续的 E-mail 营销目标或方法的调整奠定基础。

2. 邮件设计制作要点

邮件设计方面可遵循 AIDA 理论，从 Attention（引起注意）、Interesting（诱发兴趣）、Design（刺激欲望）、Action（促成购买）四个角度设计邮件。尤其要重视 Action 的运用，即关注从广告信息到消费者最后的购买行动（Call to Action）的设计，重视其功能与实用性。针对不同人群，不同性别，设计要有差异性。在设计电子邮件时，致力于减少用户思考，一目了然地传达邮件的信息与要旨。

（1）邮件设计构架方面的布局。

第一，在最顶部需要放入一个网页链接的文字或图样。它的用途是什么呢？当用户无法正常地在收件箱中显示邮件的时候，他可以很方便地去查看网页版本，这是很有用的。

第二，就是页眉。对于页眉部分，我们的建议是可以和你的网站相似，用来提高当用户看到邮件时的亲切度，让他可以很快地知道这封邮件是来自这个网站并有其想法在里面。

第三，就是整封邮件中最重要的部分——我们所谓的“行动区域”。也就是说，在这板块里面的，就是你这封邮件的主旨，是你让用户干什么。通常来说，我们会配合一些邮件的关键词版本和一些简单的广告语在里面。它主要的目的就是帮助用户，引导他们来做进一步的互动工作。

比如说，发布一个新品，可以将新品的性能和改变之处用一些简单的标签在这个区域里展现出来，配上新品的图片，并且增加导向性的文字，告诉用户“查看或了解更多请点击这里”，让用户在网站上获得更多信息。然后，在这个区域下面，就是我们所谓的内容版块，这版块主要的目的是什么呢？主要就是放文案、文字，更详细地介绍产品或者这封邮件的主旨。如果将内容和行动区域上下颠倒了，会导致邮件的点击率非常低。也就是当用户在看邮件的时候，他有可能没有这么多的耐心去看文字，产品没有足够抓住他的注意力去让他觉得很吸引或很喜爱，从而造成客户流失，所以处理好内容和行动区域是非常重要的。

第四，就需要从公司品牌的概念出发，将网站的一些声明、承诺放在邮件里面，并且邮件底部通常都是一些功能性的东西。

首先就是一定要放入退订链接，中国的互联网管理办法里规定了电子邮件是一定要可以退订的。其次，可以结合最近流行的 SNS，加入一些功能性的东西，比如说把这封邮件分享到微博、开心网等，帮助企业更快地找到潜在客户的精准数据。转发给好友，帮助我们来做病毒式营销。还有运用其他一些小功能，比如迅速地加微博或者开心网的粉丝等。

（2）引起大家的关注，运用一些广告以及营销学的理论——AIDA 理论。

第一部分 Attention，就是引发别人的注意。那么在邮件里面，我们怎样来引发别人的注意呢？通常来说，是通过邮件的一个标题，还有就是邮件的身份。所谓邮件的身份，是指这封邮件是从哪里发出来的，是谁发的，这些也是可以带来一定关注的。

第二部分 Interest，让客户产生兴趣，拉近和消费者的距离。比如对一个称呼的转变，对所有的用户都称为“亲爱的用户”，或者用一些用户的姓名、真名，加上先生、小姐的方式，来拉近距离。还有就是，我怎么样能在用户只是预览邮件的情况下，将邮件的主题或主旨呈现给他？怎么样能在这样小的一个框中，把我的邮件做得让他有兴趣继续阅读？这是提高兴趣度的一个关键地方。还有很重要的是，我的点击按钮，怎么样能在预览情况下，让用户都可以很轻松地和我产生互动？

第三部分 Design，提升客户的需要和欲望，将他的兴趣转化成一种需求。在这里很重要的一点就是文案的撰写，也就是广告学里经常提到的广告词，怎么样去写这个广告词，这是一个很重要的因素。比如，一个奢侈品网站做新品发布的时候，它用的口吻和邮件里的话语是一种平易近人的方式呢，还是站在非常高的一个高度去和它的用户来对话呢？这就是需要注意的地方。还有很重要的是，配合邮件的文案，需要进行相应的配色，以及视觉效果制作。

第四部分 Action，让客户产生行动，在每封邮件里面都需要加入一个醒目并且引人注意的行动按钮。“Call to Action”有很多种，可以让他去网站上了解更多，可以让他填写问卷调查，可以让他和在线客服进行互动，都是可行的。

(3) 让邮件营销的效果最大化，就是怎么样来提高邮件的打开率和邮件的点击率。

首先标题的吸引程度是非常重要的。举例：通过改变身份来引起关注。比如，在周年庆的时候，我们曾用 CEO 的身份来发邮件给会员。这样的一封感谢信得到了极大的关注。也就是说，我们可以使用这样一种方式在特定的事件上变化一下发件人的身份。

制作邮件的时候，你要退后一步想一下，这封邮件的独特卖点是什么？围绕着这个特点进行一系列的邮件设置，包括对邮件内容的填充、对邮件的布局构架、邮件的配色、按钮设置，这都是非常重要的。

3. EDM 营销效果评价准则

定期进行效果评估，及时了解反馈用户，从而调整战略方针，度过“瓶颈期”。不同的邮件营销阶段，评估侧重点会不同。初始阶段，一般更重视数据的真实性，看重邮件的到达率。随后，效果的考核则逐渐倾向打开率、点击率、绩效转换率、网站流量提升等。

邮件营销的效果评估，在执行的不同阶段，其效果评估标准的侧重也不同。概括来讲，邮件营销的效果评估主要有以下四大准则：

(1) 入门阶段：主要以送达率、打开率来衡量 EDM 效果。主要通过这两个指标，来检验邮件地址的真实度、健康度，根据硬弹、软弹的数据，总结邮件送达失败的原因。

(2) 第二阶段：从点击率来评估邮件营销效果，进一步检测用户对邮件内容、产品的兴趣、品牌的关注点。此时用户数据已经清洗，点击率则能更好地把握用户关注度，促进邮件内容、标题的优化。

(3) 第三阶段：邮件营销效果主要以转化率为评估标准。转化率不仅包括直接购买带来的订单，也包括邮件营销所产生的潜在需求。用户通过邮件跟产品、公司的客服已经产生联系，潜在的需求随时可以促进用户下单购买。

(4) 成熟阶段：邮件营销进入忠诚用户的互动阶段，此时以重复打开率、点击率、转化率、转发率等综合指标来评估。

4. EDM 营销效果评价指标

由于目前的 E-mail 营销评价指标体系很不完善，并且也没有引起营销人员的足够的重视，即使在已经使用的指标中，也存在一定的不合理之处，因此，在实际中对 E-mail 营销进行准确的评价还是比较困难的，最好采用综合的方法，既要对可以量化的指标进行评价，又要关注 E-mail 营销所具有的潜在价值。与 E-mail 营销相关的评价指标很多，如送达率、开信率、回应率、转化率等。

（1）获取和保护用户资源阶段的评价指标

评价指标是指有效用户总数、用户增长率、用户退出率等。获得这些指标需要每次在发送邮件列表前后，对现有用户数量进行统计，这样便很容易获得相关数据。

（2）邮件信息传递评价指标

拥有用户 E-mail 资源是为了向用户传递信息。实际上，在每次发送邮件内容时，并不能发送到所有用户邮箱，有时可以有效送达的信息比例甚至很低。在E-mail营销中，用来描述信息实际传递的指标有“送达率”和“退信率”两项。

（3）用户对信息接收过程的指标

在信息送达用户邮箱之后，并不意味着可以被用户阅读并做出反应，用户对信息的接收过程，可以用开信率、阅读率、删除率等指标来描述。

（4）用户回应评价指标

E-mail 营销最终的结果将通过用户的反应表现出来。用户回应指标主要有直接带来的收益、点击率、转化率、转信率等。

1.1.3 实施 E-mail 营销应注意的问题

企业要成功地进行 E-mail 营销，并充分发挥其应有的作用，还应注意以下几个问题。

1. 进行许可 E-mail 营销

许可营销就是企业在推广其产品或服务时，事先征得顾客的许可，通过 E-mail 的方式向许可的潜在顾客发送产品或服务信息。许可营销的主要方法是通过邮件列表、新闻邮件、电子刊物等形式，在向用户提供有价值信息的同时附带一定数量的商业广告。许可 E-mail 营销有助于顾客在网上寻找产品，减少广告对用户的骚扰，增加潜在客户定位的准确度，增进与客户的关系、客户的品牌忠诚度等。

2. 制订系统的营销方案

目前，许多公司的 E-mail 营销手段就是自行收集或者向第三方购买 E-mail 地址，大量发送未经许可的电子邮件，对自己网站的注册用户没有计划地频繁发送大量促销信息，又不明确给出退订方法。有的公司虽然根据基于许可的方式建立了邮件列表并拥有一定数量的用户，但邮件列表质量不高，订阅者的阅读率不高，大部分邮件列表订户数量很少。因此，不管是传统营销，还是网络营销，都应该有系统的营销方案，必须明确目标定位。如果企业得到用户资源后，也不管是不是自己的目标受众，不加区分地发送垃圾邮件，这样的营销肯定不会有效果。

3. 对常见问题要有统一的答复

不同的潜在顾客，通常会询问一些类似的问题。对此，通常可通过以下三种方式进行处理：

①在你的网站上，开辟一个“常见问题解答（FAQ）”区域。

②利用大多数电子邮件软件设有的模块工具，创建一个这样的 FAQ 文件，即当你收到有关这些常见问题时，你只需将这个预设好的文件发出去即可。

③设立一个自动回复器。

4. 恰当处理顾客意见

你的业务经营得再好，也不可能十全十美，也就是说，总会有顾客（或潜在顾客）给你提意见。当你接到顾客意见时，绝不应该采取置之不理的态度，而应该及时做出回应，要和接到订单一样迅速。如果你处理得当，给你提意见的人极有可能成为你的忠实顾客。

5. 以诚信为本

开展网络营销，诚信为本最重要。有些公司采用在邮件标题上故弄玄虚、伪装成接收者的朋友等方法增大点击率，其实，无论怎样伪装，发件人地址还是会被查出来的。

作为网络营销工具，电子邮件正以其覆盖面广、成本低而效率较高等特点越来越受欢迎。目前从国外的情况看，企业对 E-mail 营销越来越重视。

1.2　邮件列表营销推广

1.2.1　邮件列表内容与形式

1. 什么是邮件列表

邮件列表（Mailing List）实际上也是一种 E-mail 营销形式，用户自愿加入、自由退出，稍微不同的是，E-mail 营销是直接向用户发送促销信息，而邮件列表是通过为用户提供有价值的信息，在邮件内容中加入适量促销信息，从而达到营销的目的。邮件列表起源于 1975 年，是互联网上信息传播的一种重要工具，用于各种群体之间的信息交流和信息发布。

邮件列表是网络营销最重要的手段之一。利用它可以实现邮件批量发送，即同时向许多拥有电子邮件地址的人发送预备好的邮件，邮件内可以是你需要发布的各种信息。因为信息的载体就是电子邮件，所以邮件列表具有信息量大、保存期长的特点，而且发送和传阅非常简单、方便。作为沟通工具，邮件列表的配置要比论坛、新闻组简单得多。

邮件列表可以实现电子杂志发送、新品发送、客户联系与服务、技术支持、网站更新通知、获得赞助或者出售广告等多种功能。

2. 邮件列表的形式

(1) 按企业开展许可 E-mail 营销来分，有两种形式：依靠专业的邮件列表服务商和建立自己的邮件列表服务器。

专业的邮件列表服务商通常提供某些类型的电子杂志、新闻邮件、商业信息等吸引用户参与，然后在邮件内容中投放广告主的商业信息。广告主可借助邮件列表服务商的用户资源开展宣传、促销等活动。

它的好处主要体现在以下三个方面：一是企业不需要配备专业的 E-mail 营销队伍；二是可以利用比较丰富的潜在用户资料；三是可以在最短时间内将信息发到用户的电子信箱中，而不像自己经营邮件列表那样需要长时间的积累过程。这种方式的不足之处有两点：一是不可能完全了解潜在客户的资料，邮件接收者是否是公司期望的目标用户不能很好地把握，也就是说，定向选择受众的程度有多高，事先很难准确判断；二是要支付相应的广告费，邮件列表服务商拥有的用户数量越多，或者定位程度越高，通常收费也越高。目前，几乎所有的邮件列表服务商都承接邮件列表广告。希网（http://www.cn99.com/）是国内知名的邮件列表服务商。邮件列表的表现形式很多，常见的有新闻邮件、各种电子刊物、新产品通知、优惠促销信息、重要事件提醒服务等。

建立自己的邮件列表：拥有自己的邮件列表始终是企业的追求，越来越多的传统企业意识到使用电子邮件和互联网来维系顾客关系的边际成本是相当低的，而且越来越多的人开始使用电子邮件，所以我们经常可以看到网站上充满了“请订阅本站 E-mail 通告”等要求访问者留下电子邮件地址的文字。一般而言，企业或者网站建立自己的邮件列表主要有以下作用：作为公司产品和服务的促销工具；方便和顾客交流，增进顾客关系；获得赞助或出售广告空间；提供收费信息服务。前两种是将邮件列表作为营销或公关工具，间接达到增加销售收入的目的；后两种则直接反映了网站希望通过邮件列表获得利润的愿望。就目前环境来看，大部分网站的邮件列表主要起到上述前两种作用，因为一般网站的邮件列表规模都比较小，靠出售广告空间获利的可能性较小，而收费信息服务的条件还不太成熟。不过，这些作用彼此也不是孤立的，有时可能是相互影响的。

（2）按邮件列表的应用分类，邮件列表有公开、封闭、管制三种类型。

公开邮件列表是指邮件列表公开在我们的目录中供所有人订阅。

封闭邮件列表是指邮件列表不公开在我们的目录中，不被所有人订阅。

管制邮件列表是指只有经过邮件列表管理者批准的信件才能发表，如产品信息发布、电子杂志等。

（3）按照用户提供个人 E-mail 地址资料的目的，可以将内部列表分为两大类：会员注册型和信息获取型。前者是为了获得或者应用某个网站的功能和服务而必须进行较为详尽的用户资料注册，后者仅仅是为获得某种信息而进行的简单登记，如电子刊物、新闻邮件等。

会员注册型邮件列表：经常在网上看到各种类型的用户注册表，用户只有取得注册会员资格才能使用网站的某些功能和服务，在注册资料中，用户的电子邮件地址通常是必不可少的内容，对用户注册信息进行分析加工而形成的邮件列表即为会员注册型邮件列表。会员注册型邮件列表来源于会员的注册信息，通常获得的用户个人信息比较丰富，邮件列表只是其中的部分资料，注册用户信息的可靠性比较大，并且可以通过其他联系方式进行验证，如用户通信地址、电话等，有利于提供完善的用户服务，并充分挖掘用户的潜在价值。

例如，我们在某个网上商场购物，在第一次购物时需要进行会员注册，其中有基本的个人信息如姓名、性别、所在地区、个人爱好之类，当然，还有联系方式，其中最重要的是电子邮件地址。在进行注册时，有些网站会提供一些选项，如果对某些类别的信息（如经济管理类的书籍）感兴趣，可选择是否希望得到网站的新产品通知，如果你愿意接受这样的信息，那么以后就会收到该网站发给你的新书信息。以零售网站为例，针对会员设计的这种会员通信发挥了良好的推广效果，用户也从中得到了自己需要的产品信息。

会员注册资料列表有多种不同的表现形式，常见的有会员通信、电子刊物、不定期通知等。

信息获取型内部列表：相对于会员注册型内部列表来说，信息获取型列表比较简单。如果用户仅仅为获取网站的某些信息，并不需要更深层次的服务，一般通过简单登记即可加入列表，如常见的电子刊物、新闻邮件、新产品通知等，往往只需要用户输入 E-mail 地址，点击“订阅”即可加入列表（对于双向选择的邮件列表，还需要用户的重新确认才能完成订阅，也就是输入邮件地址之后，系统将给用户发送一封确认邮件，根据邮件的确认说明进行操作才能完成，通常是点击一个 URL，或者回复邮件，这样可以有效地避免他人的错误操作以及滋生垃圾邮件）。以这些用户的邮件地址为基础形成的邮件列表就是信息获取型内部列表。

信息获取型邮件列表由于简单明了，不需要庞大的用户个人信息数据库，用户加入列表比较容易，同时，用户加入的目的明确，是完全自愿的，并不是为了使用某种服务而不情愿地进行登记，因此用户对于信息的关注程度较高。如果从评价 E-mail 营销的指标来反映，这种邮件的“开信率”会相对较高。信息获取型内部列表的主要表现形式有新闻邮件和电子刊物等。

3. 邮件列表的实现

实际工作中，一般来说，有三种不同的方式来运行邮件列表：

（1）使用一般的电子邮件软件（如 Outlook Express、The Bat 等）向订户发送信息。

当订户为数不多时，这种方式是可行的。但是一旦人数超过一千，就会发现这样做很辛苦。

（2）第二种方式是使用他人提供的邮件列表服务。

这种服务有的是免费的，一般会在发送的邮件中插入广告；也有收费的邮件列表服务，不过免费邮件列表服务一般也提供这种商业服务。

使用这种方式能很方便地管理订户，同时发送邮件也很简单。这种方式的不足之处是对系统设置、订户资料和邮件投递无法进行完全的控制。

如用户自行建立了数以万计的邮件群体，以电子邮件列表的方式传递信息。例如，“学生支持巴拉克”有 36 685 名成员，主办了近 2 万次活动，打了超过 40 万个电话，募捐超过 170 万美元；“全国呼叫团队”有 36 771 名成员，打了 100 多万个电话，募捐 210 万美元。

（3）第三种方式是在自己的服务器上使用 CGI 程序来运行和管理列表。

这种方式要求要么有自己的服务器，要么虚拟主机所在的服务器上安装了相应的 CGI 程序，同时申请了 CGI 的运行权限。如果有足够的资金和技术力量，可采用这种方式，它能让你完全控制和管理订户、邮件发送等。

1.2.2　获取邮件列表用户资源的基本方法

邮件列表中的用户数量是直接影响其效果的重要因素，而获取邮件列表用户资源的途径较多，主要有网站推广、现有用户资源挖掘、奖励措施、其他列表推荐、增加订阅渠道、请求邮件列表服务商推荐等方法。下面介绍几种常用的方法。

（1）将邮件列表订阅页面注册到搜索引擎。如果你有一个专用的邮件列表订阅页面，请将该页面的标签进行优化，并将该网页提交给主要的搜索引擎。

（2）其他网站或邮件列表的推荐。正如一本新书需要有人写一个书评一样，一份新的电子杂志如果能够得到相关内容的网站或者电子杂志的推荐，对增加新用户必定有效。

（3）提供真正有价值的内容。一份邮件列表真正能够取得读者的认可，靠的是拥有自己独特的价值，为用户提供有价值的内容是最根本的要素，也是邮件列表取得成功的基础。

（4）为邮件列表提供更多订阅渠道。如果你采用第三方平台，且该平台有各种电子刊物的分类目录，别忘记将自己的邮件列表加入合适的分类中去，这样，除了在自己的网站为用户提供订阅机会之外，用户还可以在电子发行服务商网站上发现你的邮件列表，增加了订阅机会。

1.2.3 邮件列表的应用范围

（1）志趣相投的网友可以加入某个邮件列表，就大家感兴趣的话题进行讨论和交流。

（2）邮件列表的创建者或管理者及用户可在该邮件列表中发布新闻、产品信息等。

（3）创建商业邮件列表的用户可以通过电子邮件开展邮购、产品宣传和网络广告等方面的业务。

（4）邮件列表的历史文档也有重要的参考价值，用户可以通过查询此邮件列表的历史文档求得有关问题的解答。

如果你拥有非免费的E-mail邮箱，你还可以自己建立一个邮件列表，以实现发布信息的目的。如2008年大部分时间，奥巴马的竞选团队都在呼吁网络用户“加入我们”。所谓“加入我们”，就是希望网民接收电子邮件或短信息、捐款、参加相关活动或充当志愿者，在初选和大选前，他便登出广告，号召选民登记和进行早期投票，并暗示他们用点击方式查找当地的投票站。

【任务实施】

在http://www.cn99.com（希网）订阅有关电子杂志

操作内容：

（1）首先在网上找到http://www.cn99.com（希网）网站，在左侧点击注册新用户，注册成为希网网络的用户。

（2）然后添加个人信息及确认如下信息：

注册类型：基本用户

用户功能：订阅邮件列表（杂志）

项目内容：

登录账号（E-mail）：××××××××@××.com

用户名：

性别：

生日：年　月　日

接收信件格式：HTML

职业：

最高学历：

我要确认：

（3）创建邮件列表，并获取邮件列表订阅代码。

（4）在网页中添加代码后，用户可在网页上输入电子邮件地址来加入邮件列表，订阅信息。

（5）批量添加订户。

（6）编写邮件。

（7）然后登录邮箱订阅你想要的邮件，即希网邮件列表。

【任务拓展】

（1）收集并比较分析自己的QQ邮箱中的营销邮件（即广告邮件）类型，要求区分哪些是许可电子邮件，哪些是垃圾邮件，同时评价广告邮件的优缺点，并提出改进建议。

（2）利用QQ邮件列表开展邮件营销。

首先，在QQ邮件列表里面建立订阅的栏目，完善好栏目介绍，写好宣传标语。

其次，搜集QQ邮件列表的用户。

最后，当搜集到一定的订阅用户后，就要开始着手制作一些精美的电子杂志或者有价值的资料给用户。

（3）为某企业撰写两封营销邮件：陌生拜访邮件和服务回访邮件，要求是选择一个熟悉的企业、一项活动或一类产品进行设计制作邮件。

任务2　搜索引擎营销推广

【任务描述】

搜索引擎营销对于网络营销具有极其重要的价值，近年来，搜索引擎营销应用非常广泛，其效果也得到广泛的认可，也是为企业开展网络营销推广的主要方法之一。企业可根据搜索引擎的知名度及日流量，选择要投放关键词广告的搜索引擎工具。企业的网络营销人员，必须熟练掌握搜索引擎的使用，通过本项目的学习，了解搜索引擎营销基本概念、基本原理及内容，掌握注册搜索引擎的主要方法，掌握搜索引擎优化的方法。能根据企业营销目标，利用搜索引擎推广企业网站及企业的产品与服务，应用搜索引擎工具与优化来实现搜索引擎营销进步，提高企业形象与工作效率。

【任务导入】

随着现代信息技术的应用发展，“搜索”已日益深入人们的生活当中。现代人都知道，“有需求、有问题，就百度一下”，这不仅是宣传用语，更是人们生活的真实写照。例如，红金顶1996年创建于新疆，其产品优势以棉纺、棉纱、棉田为主，自产原材料，也控制了最低成本。企业在发展运营过程中意识到了网络的作用，2009年成立了电子商务部，也把“酒店布草”“酒店纺织品”确定为客户搜索的关键词，但实践后，还是很难发现“红金顶”企业的产品，于是，企业老板决定修改关键词，以“红金顶”为主要关键词，再辅以“酒店布草”“酒店纺织品”等其他产品关键词，结果使企业的产品很容易被检索到，也大大提高了网站的访问量。

以“‘红金顶’是如何让人搜索到的”为例，搜索引擎营销得以实现的基本过程是：企业将信息发布在网站上，成为以网页形式存在的信息源；搜索引擎将网站及网页信息收录到索引数据库；用户利用关键词进行检索；检索结果中罗列相关的索引信息及其链接URL；根据用户对检索结果的判断选择有兴趣的信息并单击URL进入信息源所在网页。这样便完成了企业从发布信息到用户获取信息的整个过程。了解了这个过程，就会在实际工作中使搜索引擎营销更快、更顺利、更圆满地实现。

【知识准备】

2.1 搜索引擎营销

2.1.1 搜索引擎基本工作原理

1. 搜索引擎营销思想

搜索引擎营销是根据用户使用搜索引擎的方式，利用用户检索信息的机会尽可能地将营销信息传递给目标用户。

基本思想是让用户发现信息，并通过点击进入网站/网页进一步了解他所需要的信息。在介绍搜索引擎策略时，一般认为，搜索引擎优化设计主要目标有2个层次：被搜索引擎收录、在搜索结果中排名靠前。这已经是常识问题，多数网络营销人员和专业服务商对搜索引擎的目标设定也基本处于这个水平。但从目前的实际情况来看，仅仅做到被搜索引擎收录并且在搜索结果中排名靠前还很不够，因为取得这样的效果实际上并不一定能增加用户的点击率，更不能保证将访问者转化为顾客或者潜在顾客，因此这只能说是搜索引擎营销策略中两个最基本的目标。

搜索引擎营销追求最高的性价比，以最小的投入，获取最大的来自搜索引擎的访问量，并产生商业价值。

搜索引擎营销有五要素：信息源、搜索引擎信息索引数据库、用户的检索行为和检索结果、用户对检索结果的分析判断、对选中检索结果的点击。

企业将信息发布在网站上成为以网页形式存在的信息源，搜索引擎将网站/网页信息收录到索引数据库，用户利用关键词进行检索（对于分类目录，则是逐级目录查询），检索结果中罗列出相关的索引信息及其链接，根据用户对检索结果的判断选择感兴趣的信息并单击进入信息源所在的网页，这个过程就是搜索引擎营销的基本原理。

企业网站通过搜索引擎营销后，可以在主要的搜索引擎或分类目录中被收录。企业网站在被搜索引擎收录的基础上应尽可能获得好的排名。一般在搜索引擎显示结果中排名越靠前越好，因为用户关心的只是搜索结果中靠前的少量内容。仅仅做到被搜索引擎收录并且在搜索结果中排名靠前是不够的，这样并不一定能增加用户的点击率，更不能保证将访问者转化为顾客或者潜在顾客。要实现访问量增加，则需要从整体上进行网站优化设计，并充分利用关键词广告等有价值的搜索引擎营销专业服务来完成，而把访问量转化为收益是由企业网站的功能、服务、产品等多种因素共同决定的。

2. 搜索引擎营销主要实现方法

包括竞价排名、分类目录登录、搜索引擎登录、付费搜索引擎广告、关键词广告、TMTW来电付费广告、搜索引擎优化（搜索引擎自然排名）、地址栏搜索、网站链接策略等。

3. 搜索引擎营销的主要模式

（1）免费登录分类目录。

（2）搜索引擎优化。

（3）付费登录分类目录。

（4）关键词广告。

关键词广告的特点：形式比较简单；显示方式比较合理；用户可以自行控制费用；可以随时查看流量统计；可以方便地进行关键词管理。例如，奥巴马团队在 Google 的关键词广告上投入了数百万美元。如果一个美国选民在 Google 中输入奥巴马的英文名字，搜索结果页面的右侧就会出现一个奥巴马的视频宣传广告。此外，奥巴马花数百万美元买下的搜索引擎中的关键词广告，不仅包括自己的姓名，还包括热点话题，如油价、伊拉克战争和金融危机，成功地将浏览用户引导到了自己的竞选网站，使用户成为自己的支持者，或者为自己捐钱。

（5）关键词竞价排名。

（6）网页内容定位广告。

4. 搜索引擎分类

搜索引擎按其工作方式主要可分为三种，分别是全文搜索引擎（Full Text Search Engine）、目录索引类搜索引擎（Index/Directory Search Engine）和元搜索引擎（Meta Search Engine）。

（1）全文搜索引擎。

全文搜索引擎是名副其实的搜索引擎，国外具有代表性的有 Google、fast/alltheweb、altavista、Inktomi、Teoma、WISEnut 等，国内著名的有百度（Baidu），其标志如图 5－1 所示。它们都是通过从互联网上提取各个网站的信息（以网页文字为主）而建立的数据库中，检索与用户查询条件匹配的相关记录，然后按一定的排列顺序将结果返回给用户，因此它们是真正的搜索引擎。

图 5－1　国内外代表性全文搜索引擎

从搜索结果来源的角度，全文搜索引擎又可细分为两种：一种是拥有自己的检索程序（Indexer），俗称“蜘蛛（Spider）”程序或“机器人（Robot）”程序，并自建网页数据库，搜索结果直接从自身的数据库中调用，如上面提到的七家引擎；另一种则是租用其他引擎的数据库，并按自定的格式排列搜索结果，如 Lycos 引擎。

（2）目录索引类搜索引擎。

目录索引虽然有搜索功能，但在严格意义上算不上是真正的搜索引擎，仅仅是按目录分类的网站链接列表而已。用户完全可以不用进行关键词（Keywords）查询，仅靠分类目录也可找到需要的信息。目录索引中最具代表性的莫过于雅虎，其他比较有名的有 open directory project（dmoz）、looksmart、About 等（图 5－2），国内的搜狐、新浪、网易搜索也都属于这一类。

图 5－2　国内外具有代表性的目录搜索引擎

（3）元搜索引擎。

元搜索引擎在接受用户查询请求时，同时在其他多个引擎上进行搜索，并将结果返回给用户。著名的元搜索引擎有 InfoSpace、Dogpile、Vivisimo 等，中文元搜索引擎中具有代表性的有搜星搜索引擎。在搜索结果排列方面，有的直接按来源引擎排列搜索结果，如 Dogpile；有的则按自定的规则将结果重新排列组合，如 Vivisimo。

除上述三大类引擎外，还有以下几种非主流形式：

（1）集合式搜索引擎，如 HotBot 在 2002 年年底推出的引擎。该引擎类似 Meta 搜索引擎，与 Meta 搜索引擎的区别在于不是同时调用多个引擎进行搜索，而是由用户从提供的四个引擎当中选择，因此叫它“集合式”搜索引擎更确切些。

（2）门户搜索引擎，如 AOL Search、MSN Search 等，其虽然提供搜索服务，但自身既没有分类目录，也没有网页数据库，其搜索结果完全来自其他引擎。

（3）免费链接列表（Free For All Links，FFA），这类网站一般只简单地滚动排列链接条目，少部分有简单的分类目录，不过规模比起雅虎等目录索引要小得多。

由于上述网站都为用户提供搜索查询服务，为方便起见，我们通常将其统称为搜索引擎。

5. 全文搜索引擎工作原理

搜索引擎的自动信息搜集功能有两种：一种是定期搜索，即每隔一段时间（如 Google 一般是 28 天），搜索引擎主动派出“蜘蛛”程序，对一定 IP 地址范围内的互联网站进行检索，一旦发现新的网站，它会自动提取网站的信息和网址加入自己的数据库；另一种是提交网站搜索，即网站拥有者主动向搜索引擎提交网址，它在一定时间内（2 天到数月不等）向你的网站派出“蜘蛛”程序，扫描你的网站并将有关信息存入数据库，以备用户查询。由于近年来搜索引擎索引规则发生了很大变化，主动提交网址并不能保证你的网站能进入搜索引擎数据库，因此目前最好的办法是多获得一些外部链接，让搜索引擎有更多机会找到你并自动将你的网站收录。

当用户以关键词查找信息时，搜索引擎会在数据库中进行搜寻，如果找到与用户要求内容相符的网站，便采用特殊的算法（通常根据网页中关键词的匹配程度、出现的位置/频次、链接质量等）计算出各网页的相关度及排名等级，然后根据关联度的高低，按顺序将这些网页链接返回给用户。

6. 目录索引工作原理

与全文搜索引擎相比，目录索引有许多不同之处。

首先，搜索引擎属于自动网站检索，而目录索引则完全依赖手工操作，即用户提交网站后，目录编辑人员会亲自浏览你的网站，然后根据一套自定的评判标准甚至编辑人员的主观印象，决定是否接纳你的网站。

其次，搜索引擎收录网站时，只要网站本身没有违反有关的规则，一般都能登录成功。而目录索引对网站的要求则高得多，有时即使登录多次，也不一定成功，尤其像雅虎这样的超级索引，登录更是困难。

再次，在登录搜索引擎时，一般不用考虑网站的分类问题，而登录目录索引时，则必须将网站放在一个最合适的目录中。

最后，搜索引擎中各网站的有关信息都是从用户网页中自动提取的，因此，以用户的角度看，我们拥有更多的自主权；而目录索引则要求必须手工另外填写网站信息，而且还有各种各样的限制。更有甚者，如果工作人员认为你提交网站的目录、网站信息不合适，他可以随时对其进行调整，当然，事先是不会和你商量的。

目录索引，顾名思义就是将网站分门别类地存放在相应的目录中，因此，用户在查询信息时，可选择关键词搜索，也可按分类目录逐层查找。如以关键词搜索，返回的结果跟搜索引擎一样，也是根据信息关联程度排列网站，只不过其中人为因素要多一些。如果按分层目录查找，某一目录中网站的排名则是由标题字母的先后顺序决定（也有例外）。

目前，搜索引擎与目录索引有相互融合渗透的趋势。原来一些纯粹的全文搜索引擎现在也提供目录搜索，如 Google 就借用 Open Directory 目录提供分类查询，而像雅虎这些老牌目录索引则通过与 Google 等搜索引擎合作扩大搜索范围。在默认搜索模式下，一些目录类搜索引擎首先返回的是自己目录中匹配的网站，如国内搜狐、新浪、网易等；而另外一些则默认的是网页搜索，如雅虎。

2.1.2　轻松拥有自己的站内搜索引擎

很多个人网站的站长都希望为自己的网站建立一个站内搜索引擎，但却不熟悉 ASP、PHP、JSP 等动态开发技术，另外，自己建立站内搜索也需要空间支持相应的动态技术，所以常不得已放弃。其实，何不借用 Google 打造站内搜索引擎，来方便网友对自己网站的内容进行查找。

若想在某特定网站内搜索特定的内容（如搜索 www. nyjj. net. cn/wlyx 中包含关键字“网络营销”的内容），只需要在 Google 的搜索栏里输入“网络 site：nyjj. net. cn/wlyx” 即可（不含引号）。如果直接在自己站点的网页上建立一个 Google 的搜索栏，然后让访问者按 Google 规定的格式进行查询，就能实现将 Google 作为自己站内搜索引擎的功能了。但是，我们当然不能要求使用者还要特地学习 Google 对特定网站搜索的格式规范，于是联想到是否可以使用 JavaScript 脚本使得 Google 接收了查询关键字后自动加上类似“site：nyjj. net. cn/wlyx”的字符串呢？答案当然是肯定的。在你的网站首页需要放置站内搜索引擎页面的 <body> 标签的范围内放置如下代码即可。

```
<script type="text/javascript">
var domainroot="http://www.nyjj.net.cn/wlyx "(个人站点域名，替换成你的网站的网址即可)
function Gsitesearch(curobj){
curobj.q.value="site:"+domainroot+""+curobj.qfront.value
}
</script>
<form action="http://www.Google.com/search"method="get"onSubmit="Gsitesearch(this)">
<p>站内搜索：<br/>
<input name="q"type="hidden"/>
<input name="qfront"type="text"style="width:180px"/> <input type="submit"value="开始搜索">
</p>
</form>
```

脚本的关键部分在于 Gsitesearch 函数。语句 curobj. q. value = "site:" + domainroot + "" +

curobj. qfront. value 的含义为：将“site:”字符串 + 变量 domainroot、空格、访客填写的关键字依此合并。既使得搜索格式符合 Google 的语言规范，又增加了搜索功能的友好性，不需要用户来遵循 Google 的搜索规则。

至此，专业站内搜索引擎就完成了（图 5 -3）。

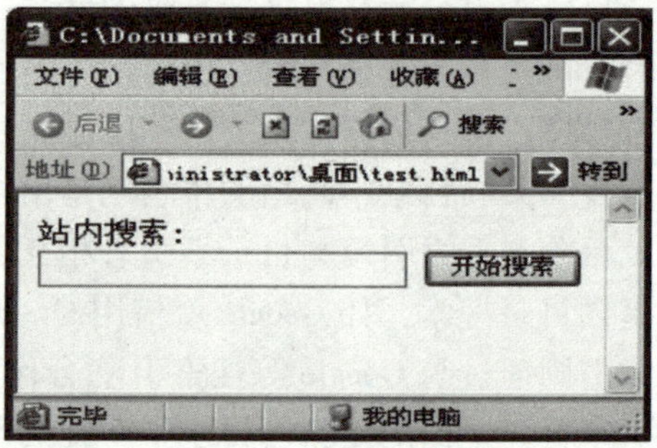

图 5 -3　搜索引擎页

如果不但要搜索本站的内容，还要让访客同时能搜索兄弟站点或本类网站的内容，该如何修改呢？接下来我们就对刚才的代码做一些推广。

```
<script type="text/javascript">
function Gsitesearch(curobj){
var domainroot=curobj.domainroot[curobj.domainroot.selectedIndex].
value
curobj.q.value="site:"+domainroot+""+curobj.qfront.value
}
</script>
<form action="http://www.Google.com/search"method="get"onSubmit
="Gsitesearch(this)">
<p>
<input name="q"type="hidden"/>
<input name="qfront"type="text"style="width:180px"/><input
type="submit"value="立刻搜索"/><br/><br/>
站点:
<select name="domainroot">
<option value="www.nyjj.net.cn/wlyx" selected="1">本站</
option>
<option value="www.nyjj.net.cn">友站 1</option>
<option value="www.nykj.net.cn">
友站 2</option>
</select>
</p>
</form>
```

我们只需将 Gsitesearch 函数稍做修改，搜索的灵活性就能大大加强。站长只需增删 option 选择项，即可实现多站点的内容搜索（图 5 -4）。

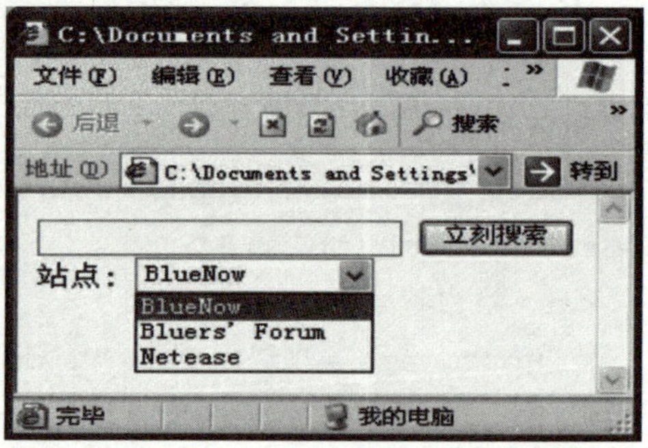

图 5 -4　多站点搜索页

2.1.3　搜索引擎竞价排名

1. 竞价排名的定义

百度竞价排名，是一种按效果付费的网络推广方式。用少量的投入就可以给企业带来大量的潜在客户，有效提升企业销售额和品牌知名度。

每天有超过数亿人次在百度查找信息，企业在百度注册与产品相关的关键词后，就会被查找这些产品的潜在客户找到。

竞价排名按照给企业带来的潜在客户访问数量计费，企业可以灵活控制网络推广投入，获得最大回报。

2. 如何申请竞价排名

注册竞价排名用户账号；挑选产品关键词并提交（在竞价排名用户管理系统中提交关键词等相关信息）；交纳推广费，支付方式参见竞价排名用户管理系统中的“交纳费用”；开通账户。百度在收到款项并确认账户内已提交关键词后，在两个工作日内审核你的推广信息。审核通过即可开通账户。

3. 如何提交关键词，才能达到更好的推广效果

选择一个好的关键词，意味着给你的网站带来极具针对性的访问。建议利用百度的相关搜索功能，来选择更多关键词。只要在百度网页搜索引擎输入你的产品或服务名称进行检索，然后可以在网页下端“相关搜索”中找到网民输入的其他关键词，相关搜索是按用户输入关键词搜索的频率由高到低排列的，所以你可以选择这些关键词。

比如一个网上卖鲜花的网站，除了选择关键词“鲜花”以外，还可以选择关键词“鲜花速递、鲜花礼品、鲜花礼仪、鲜花快递、鲜花网站、鲜花商店、电子鲜花、鲜花礼品店、订购鲜花、订鲜花、鲜花专卖、鲜花赠送、鲜花网、鲜花定购、网上鲜花、礼品鲜花、生日鲜花、生日卡鲜花、北京鲜花、上海鲜花、南京鲜花、海口鲜花、广州鲜花、深圳鲜花……”，这些关键词都是网民在各大搜索引擎中搜索过的，有些热门的关键词每天被检索几十次甚至几百次，有些冷门关键词虽然每天检索次数只有几次，但一样能给你带来客户，而且越是特别的关键词，越能给你带来特别的客户，所以建议多选关键词。

4. 百度竞价排名步骤

（1）输入网址（http://jingjia.baidu.com/）进入“百度竞价排名”页面，如图 5－5 所示。

图 5－5　百度竞价排名页面

（2）单击“立即申请购买服务”按钮，在百度上注册竞价排名账户，如图 5－6 所示。

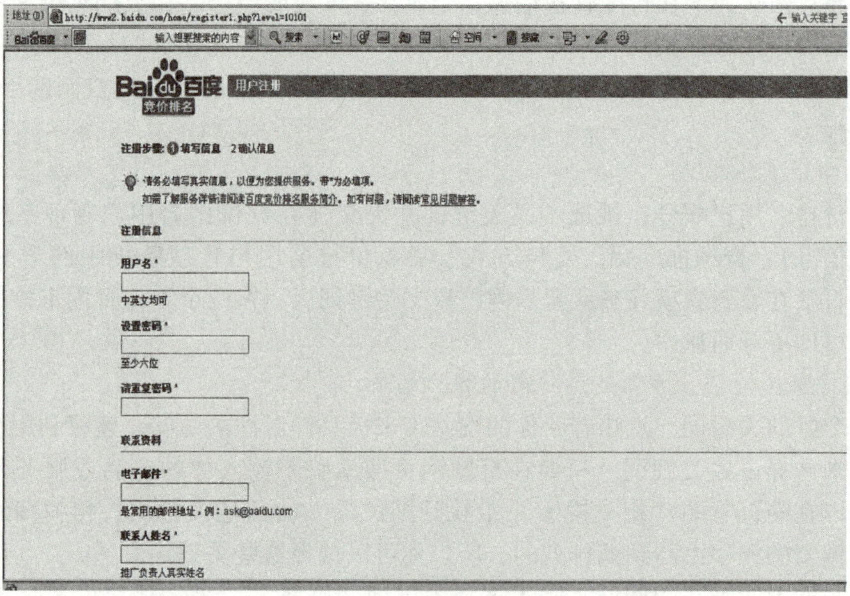

图 5－6 注册竞价排名账户

（3）进入关键词排名客户管理系统，如图 5－7 所示。

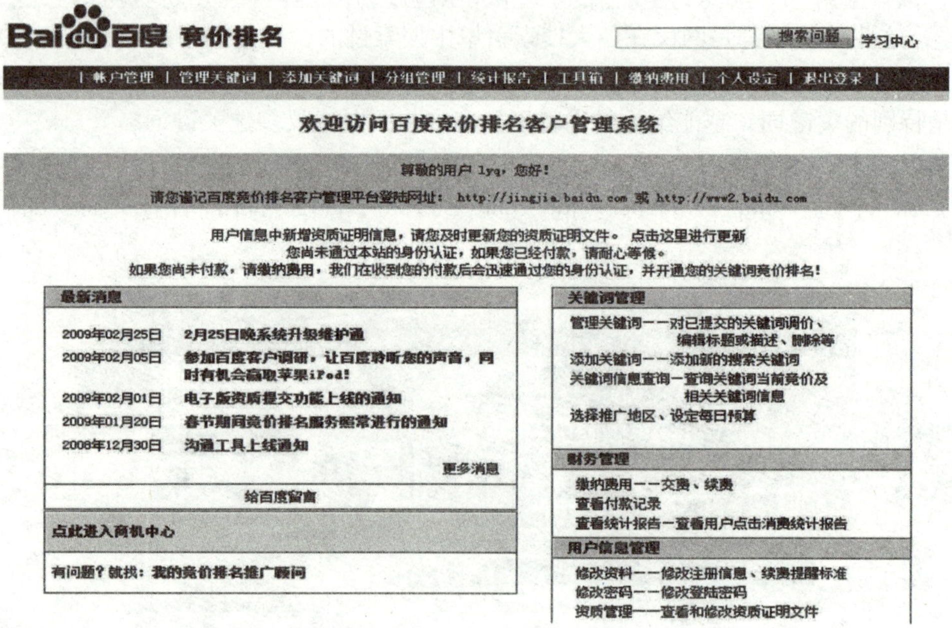

图 5－7 关键字排名客户管理系统

（4）单击“关键词管理”，提交关键词，如图 5－8 所示。

（5）单击“下一步”按钮进行价格管理设置，如图 5－9 所示。

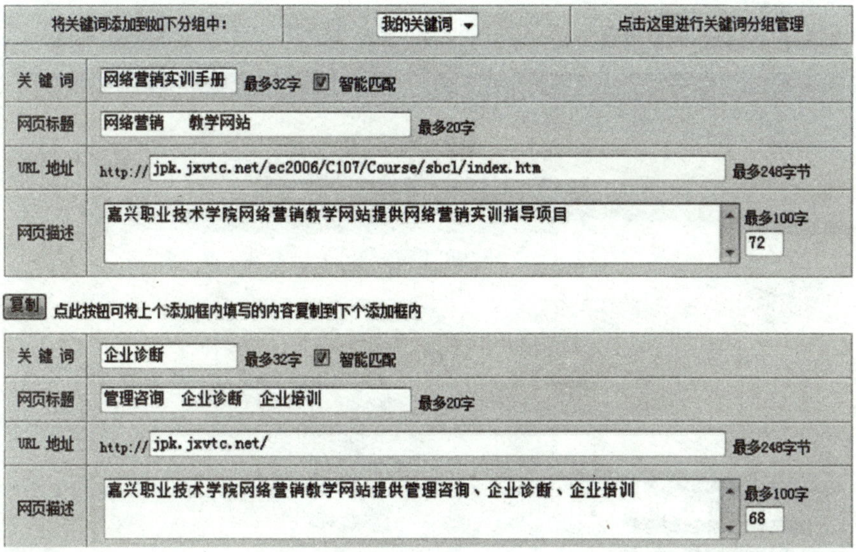

图 5－8　添加并提交关键词

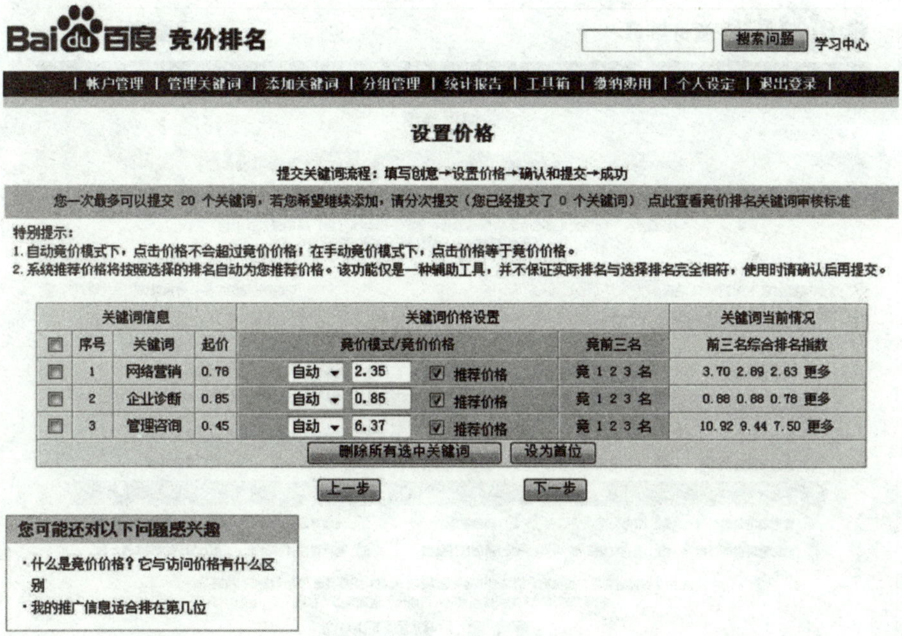

图 5－9　设置价格

（6）确认和提交关键词，如图 5－10 所示。

（7）关键词提交成功。当然，只有缴纳费用后，提交的关键词才会进入审核流程并生效，如图 5－11 所示。

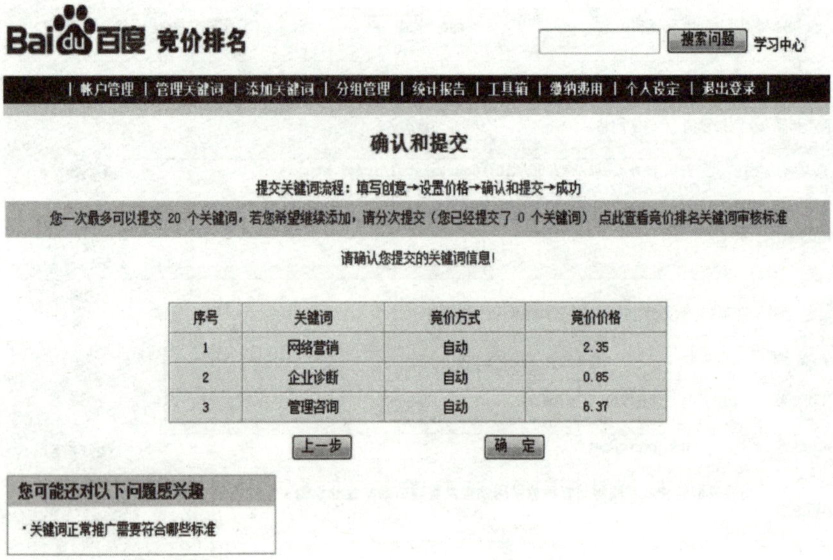

图 5－10　确认和提交关键词

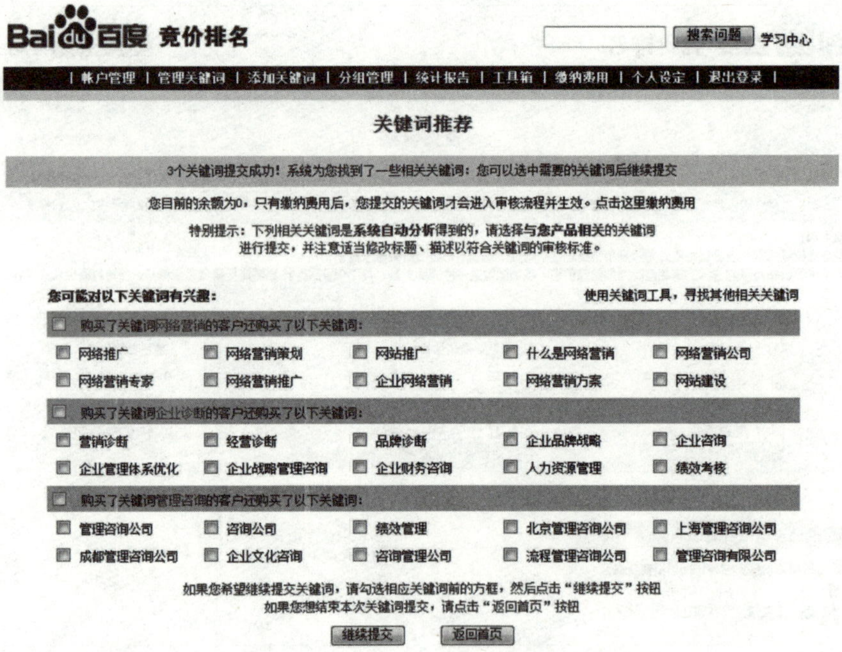

图 5－11　关键词提交成功

5. 确定当前关键词的竞价排名

（1）进入百度首页，选择“关于百度”链接，单击“竞价排名”链接，进入竞价排名页面进行具体操作训练，如图 5－12 所示。

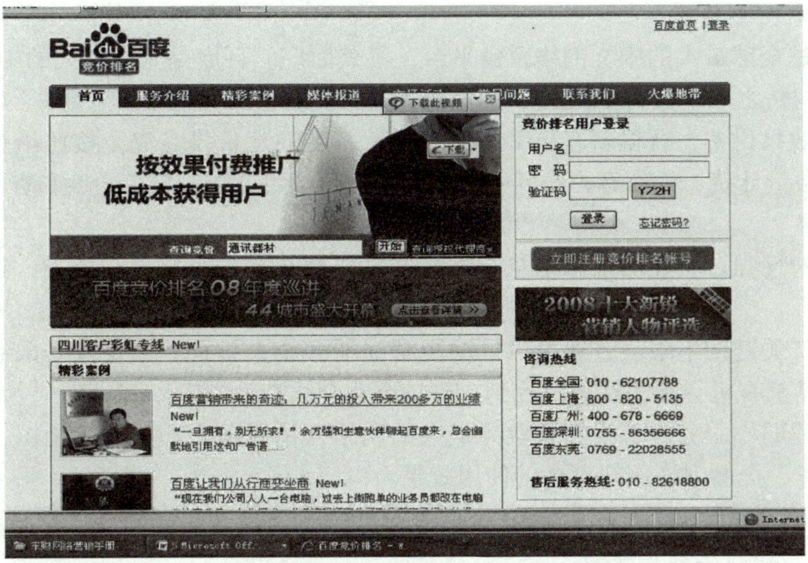

图 5－12　百度竞价排名登录与查询页面

（2）在竞价排名页面查询我们需要的关键词竞价排名情况。例如，在关键词中输入“通信器材”，然后输入图形验证码，如图 5－13 所示。

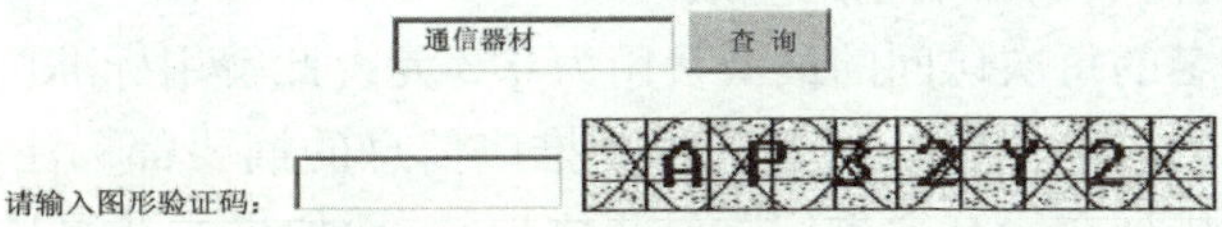

图 5－13　关键词输入页面

（3）单击“竞价查询”按钮，关键词“通信器材”的排序情况就显示出来了，如下面信息所示。

关键词：通信器材

当前的推广排序情况为：

推广排序：第 1 名

网站名称：求购通信器材请到乐华塑胶有限公司

URL 地址：http://www.hzlehua.com/products.asp

综合排名指数：1.10

推广排序：第 2 名

网站名称：沈阳日日通电信科技中心销售通信器材

URL 地址：http://www.jotx.net

综合排名指数：1.05

推广排序：第 3 名

网站名称：浙江八方电信有限公司专业生产通信器材

URL 地址：http://www.8telecom.cn/cn/product.aspx?bigclassid=30

综合排名指数：0.86

6. 百度竞价排名特点

（1）它是全球最大的中文网络营销平台，覆盖面广。百度是全球最大的中文搜索引擎，是全球十大网站之一，覆盖全国95%的网民，是最具价值的企业推广平台。

（2）按效果付费，获得新客户平均成本低。百度的竞价排名完全按照给企业带来的潜在用户访问数量计费，没有客户访问不计费，企业可以灵活控制推广力度和资金投入，使投资回报率最高。

（3）针对性强。企业的推广信息只出现在真正感兴趣的潜在客户面前，针对性强，更容易实现销售。

（4）推广关键词不限。企业可以同时免费注册多个关键词，数量没有限制，使得企业的每一种产品都有机会被潜在客户找到，支持企业全线产品推广。

（5）全程贴心服务。百度拥有业界最大的网络营销服务中心，覆盖全国，为企业全程提供增值服务，全面保证网络营销的使用效果。

申请百度竞价排名服务的流程为：

1）注册竞价排名客户账号。

2）注册成功后，在竞价排名用户管理系统中提交关键词、网站标题及描述等信息。

3）交纳推广费。

4）百度会在推广费用打入账户后两个工作日内审核注册信息及关键词。

5）关键词审核通过后，排名正式生效。

目前百度竞价排名的每次访问的最低费用为0.3元，此费用标准可以保证竞价排名推广信息出现在搜索结果的靠前位置（付费的每个推广信息的摘要都标注有“推广”字样，免费的自然搜索结果则排列在所有“推广”结果之后）。而如果要获得最好的排名位置，还需要根据其他竞争者竞价的高低来决定。例如，在百度搜索引擎的对话框里输入“鲜花”二字进行搜索，就会出现10 000多家鲜花配送店，如果A企业想获得比B企业靠前的位置，获得更多的被访问的机会，它就要付出比B企业更高的访问价格。

在竞价排名中，“Google”则采取了不同于百度的表现形式。“Google”将该项服务称为“关键词广告”，当用户通过某个关键词搜索时，在搜索结果中的左侧位置全部是自然搜索结果，而付费信息则出现在搜索结果页面的右侧（每页最多出现8条），并且标注有“赞助商链接”字样。对于需要业务推广的厂家来说，由于推广信息的位置在右侧，与左侧相比较，与搜索关键词的关联度会相对较弱。

关键词搜索推广作为一种新的网络营销模式，目前也存在着很多问题，如存在无效点击等问题。不过，除了技术手段的原因之外，也与用户专业知识和经验的欠缺有一定关系。

2.1.4 自动注册搜索引擎工具

在新网站进行搜索引擎注册时，人们都想在很短的时间内，在多个搜索引擎上注册自己的网站。如果人们觉得很麻烦，甚至还不会在搜索引擎网站上进行登录，那么利用搜索引擎登录软件就方便多了。但要注意的是，不要用盗版的“搜索引擎登录软件”来进行分类目录的“自动登录”，因为盗版的这类软件功能常会出现很多问题，甚至影响网站的正常注册。

搜索引擎自动注册（自动登录）是利用有关的搜索引擎登录软件，一次性输入网站登录搜索引擎所需资料，然后由程序自动向多个搜索引擎提交网站的资料。其优点是速度快，在很短的时间内，可在该类软件收录的几千个搜索引擎上进行注册；其缺点是准确度低，很多有影响力的搜索引擎都拒绝这样的自动登录方式，可能一些小型“搜索引擎”（有些不过是黄页之类的网站）收录了你的网站，但这样对网站增加访问量几乎没有作用。统计资料表明，虽然全世界各种搜索引擎数以千计，但是90%的访问者来自排名前十位的主要搜索引擎（包括分类目录）。也就是说，如果你的网站在这十个最大的搜索引擎注册成功且排名靠前，那么几乎所有通过搜索引擎搜索的访问者都可以找到你的网站。因此，利用这类软件时，只能把它们作为辅助的工具来使用。如果登录不成功，就要通过人工登录的方式。

下面以登录奇兵软件为例，来介绍一下这类软件的使用方法。

登录奇兵软件支持将网站登录到新浪、网易、搜狐、百度、21CN、雅虎、Google、MSN、HotBot、Lycos、Tom、AOL、Alltheweb、AltaVista、Alexa 等 5 400 个著名搜索引擎 FFALinks（图 5－14）。

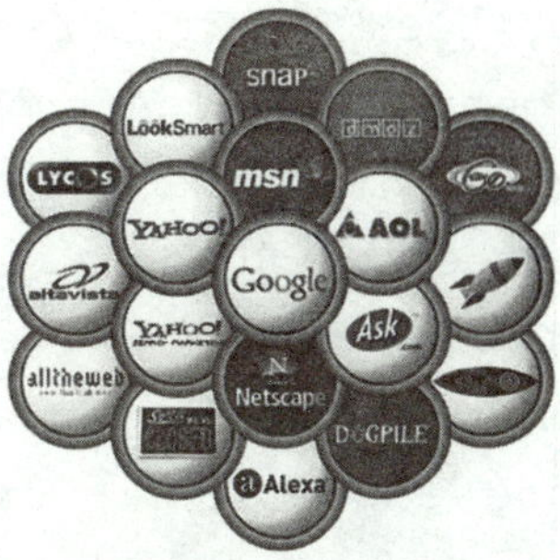

图 5－14　可登录的著名搜索引擎

第一步：信息描述。

将网站的信息正确填写到信息描述的各个栏目中。登录奇兵软件可以自动区分简体中文、繁体中文与英文，并将其分别登录到相应语言的搜索引擎中。

值得注意的是，正确、完善地填写信息描述的内容是非常重要的，同时，可以使用登录奇兵软件独有的“将 META 标记插入网页”功能制作网页的 META 标记。如果提交的网页中没有完整的 META 标记，搜索引擎收录情况不会很理想（图 5－15）。

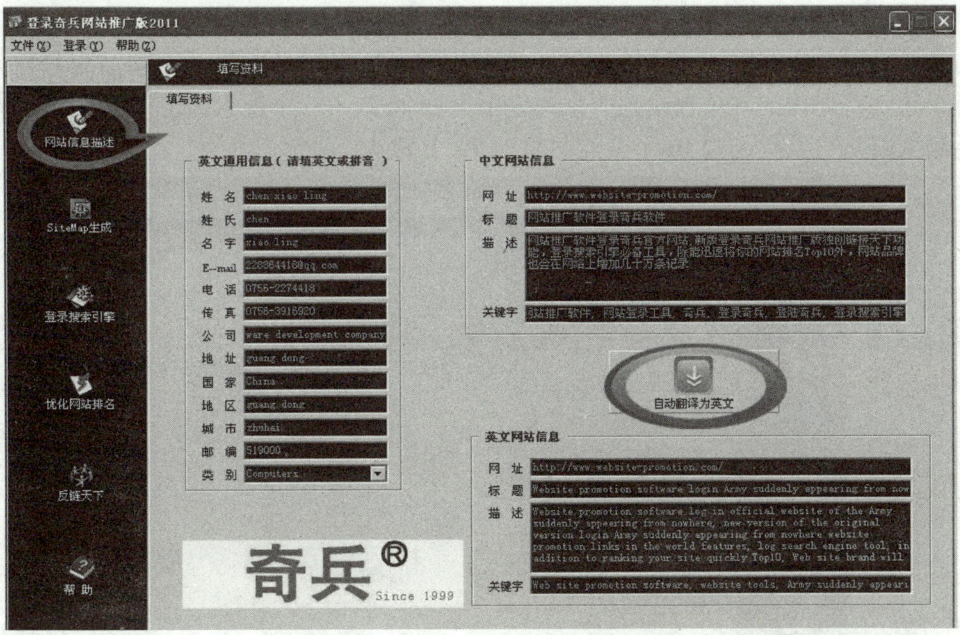

图 5－15　登录奇兵信息描述页

在填写登录信息的同时，不要忘记关键词的作用，这里的关键词就是想让别人通过查找什么词找到你的网站，如传真、电话、网络电话等。

一般意义上，用访问者最常用的词作为自己网站的关键词可能会提高自己网站的点击率。但是，因为每次搜索结果都会有很多，如果一味追求用最常用的关键词，却要翻几十页后才找到你的网站，等于没有登录（这也是有些人觉得“我已经成功登录到雅虎，但从来路分析报告看几乎没有人从雅虎来”的原因）。建议用你自己本身所真正提供的服务信息，至少应保证在查你所独有的关键词时可以排到前100名。

将META标记插入到网页中。把信息描述内所有信息填写完全后，点击相应的键可将这些信息自动插入到网页中形成META标记，生成的META标记例子如下：

<title>The Worldfax Network 国际传真网络</title>

<meta NAME="description" CONTENT="E-trade Express automatically submit your message to over 900 major trade message board in just under an hour. freefax2000 directly delivering fax directly to the recipients over the internet for free">

<meta name="keywords" content="worldfax, freefax, freefax2000, e-trade express, e-trade, freefax2000 directly, business promote, freefax, quickpost, quick post, trade, message board, forum, bbs, post, massicq, mass icq, improve traffic, increase traffic, increase Web site traffic">

值得注意的是，登录的网页中是否有正确完整的META标记，对搜索引擎是否收录你提交的网站将起决定性的作用。

第二步：选择登录引擎。

在“搜索引擎类别”中选择中文搜索引擎/英文搜索引擎/FFALinks进行登录。

输入登录引擎的范围，即开始号码和结束号码。如果开始号码为1而结束号码为100，登录奇兵软件将把你的网站登录到引擎列表中1~100共100个搜索引擎中（图5-16）。登录奇兵测试版只可以登录到10个搜索引擎和50个FFALinks。

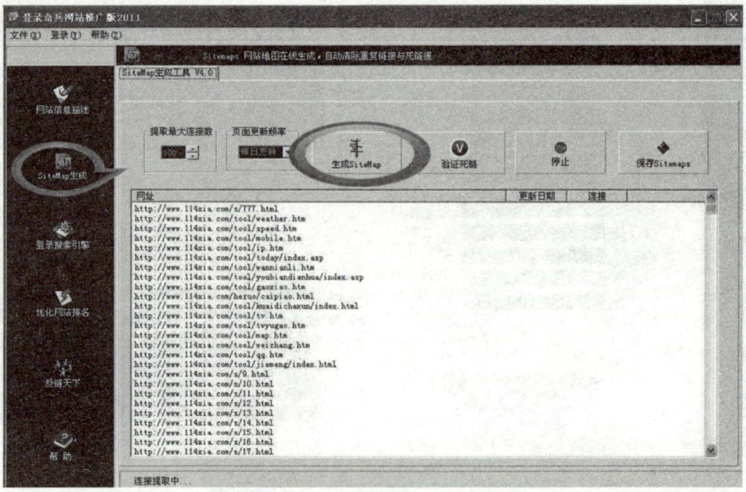

图5-16 选择搜索引擎页

第三步：登录及登录报告。

点击“登录”键进行搜索引擎的登录。

暂停键：你可以在任何时候按“暂停”键暂时停止登录，此时暂停键即变为恢复键。

失败补救登录键：登录完毕后，点击此键则可以重新登录“登录失败”的引擎。需要指出的是，在相同网络情况下，最好采用代理服务器进行“失败补救登录”（图5-17）。

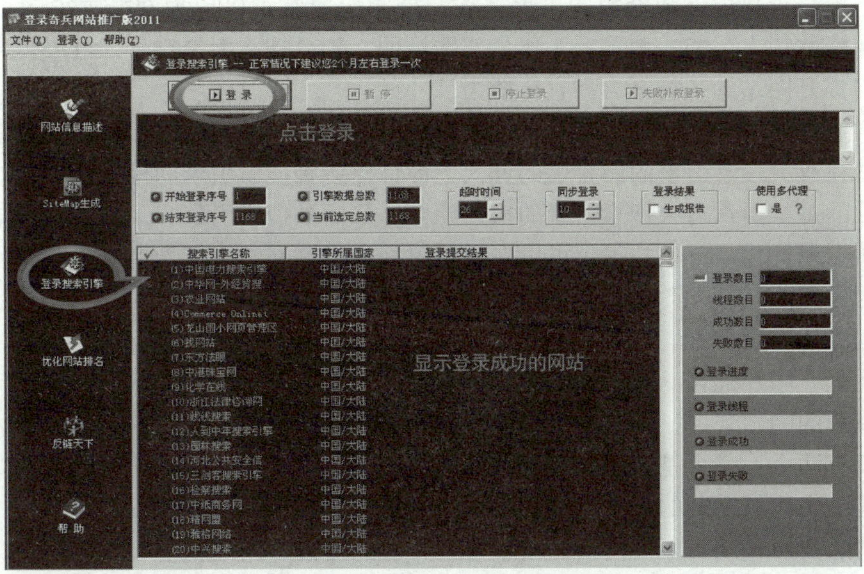

图5-17　登录奇兵

提交登录著名目录类搜索引擎（雅虎英文、雅虎中文简体、雅虎中文繁体、Google英文、Google中文简体、Google中文繁体、新浪、新浪台北、AOL、Lycos、Alexa、AltaVista、HotBot、Netscape、Alltheweb、Teoma、网易等）（图5-18）。

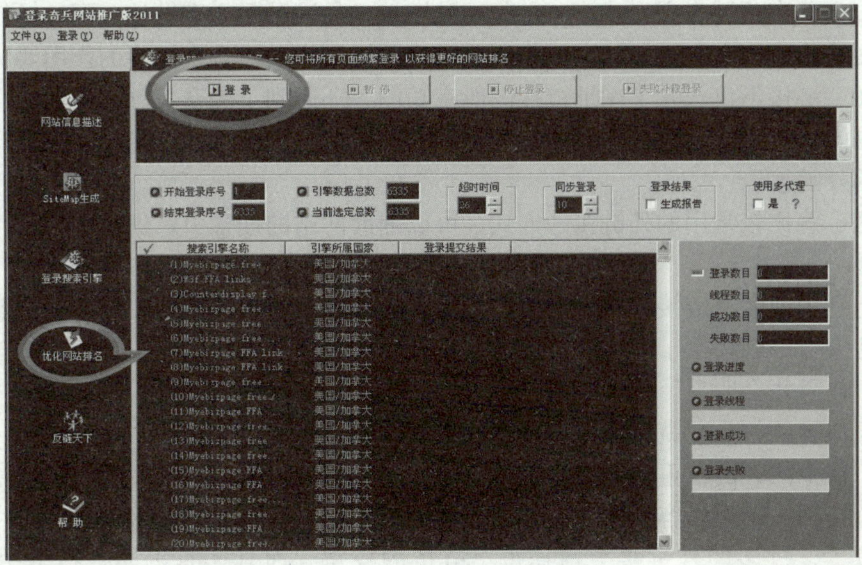

图5-18　提交登录著名目录类搜索引擎

2.2 搜索引擎优化

2.2.1 什么是搜索引擎优化

搜索引擎是查找信息和资源的主要手段。搜索引擎营销已成为网络营销的重要组成部分，也是网络营销人员的一项重要工作。实践证明，提高搜索引擎排名，可以提高网站的访问量，最终提升网站的销售能力和宣传能力。

搜索引擎优化（Search Engine Optimization，SEO）是一种利用搜索引擎的搜索规则来提高目的网站在有关搜索引擎内的排名的方式。即针对各种搜索引擎的检索特点，让网站建设和网页设计的基本要素适合搜索引擎的检索原则，从而被搜索引擎收录并在检索结果中排名靠前。搜索引擎优化是一项技术，可以在较短时间内提高网站在搜索引擎中的排名，给企业带来直观的效益。

SEO 的方法有很多种，包括网站内容优化、关键词优化、外部链接优化、内部链接优化、代码优化、图片优化、搜索引擎登录等。

对于一般的网站来说，外链的优化占了整个 SEO 过程 50% 左右的比重。网站外链优化的目的一般有两个：一个是为了提升网站的权重；另一个就是为了提升网站关键词的排名。网站权重是一个比较笼统的概念，往往表现为多个技术指标，比如网站的 PR 值、网站的收录数、网站的快照日期。如果网站的权重得到有效的提升，网站就会有更多的机会被搜索引擎推荐，从而提升网站的流量和增加相应的收益。而网站关键词排名对于企业网站的作用是最为直接的，如果能把某些产品或服务的关键词优化到搜索结果的首页，就能为企业带来很多精准的潜在客户。

2.2.2 SEO 网站外链接优化方法

外链接主要有两种表现形式：一种是网址链接，另一种是文字链接。网址链接的主要作用是加快网站收录，文字链接的主要作用是提升关键词排名。文字链接的作用要优于网址链接，因为文字链接不仅包含了网址链接的所有功能，还起到了提升关键词排名的作用。一般来说，只有能够点击的超链接才算是一个有效的外链接，一个不能点击的文字形式的网址不算是有效的外链接。

以下是一些比较常用的外链接的方式，可以辅助网站的搜索引擎优化。

1. 博客

如果想利用博客外链接，就一定要先把博客的权重做起来，否则，外链接的效果会比较差。因为搜索引擎现在给予博客外链接的权重已经大大降低，所以我们必须先把自己博客的权重提高，效果才会明显。

要提高博客的权重，就应该保持博客的更新频率。如果我们能坚持每天更新一篇文章，不用半年，这个博客的权重就能提升起来。博客的文章最好围绕一个大的主题，并且这个主题与我们链接到的网站内容相关，这样才能达到最好的效果。博客里每篇文章留 1 ~ 2 个外链接就可以了，过多的外链接会稀释每个链接的权重，而且还有可能被搜索引擎认为是作弊。

2. 百科类网站

这种网站的链接权重还是很高的，但是操作起来比较困难。一般是通过在某个百科词汇的参考资料或扩展阅读里留外链接。要想成功地在某个百科词汇里留外链接，一定要为该词汇贡献优质的内容，而且链接到的网站与该词汇在内容上是相关的。

3. 问答类网站

综合型的问答平台主要有百度知道、搜搜问问和新浪爱问等，行业型的问答平台也有很多。

百度知道、搜搜问问和新浪爱问都采用了一定的机制对链接进行人工审核或者是机器审核。第一，一定要本着为用户解决问题的态度，来认真回答问题，并在问题中合适的地方留下链接；第二，链接一定要与问题有一定的相关性，最好能是提问者想看到的信息；第三，发链接的时间一定要在一天中错开，不能集中发，而且一天要限制在一定的数量内；第四，操作时最好用多个不同的 IP 地址来实现。

4. 分类信息网站

分类信息网站非常多，并且权重也比较高，有一些平台已经无法超链接了，不过还有一些平台是可以的。如果希望通过这种方式来做 SEO 外链优化，就需要先到百度等搜索引擎，收集并整理大量的分类信息网站，然后找出可以发链接的平台，并汇总成一个资源表。

分类信息网站主要是通过添加企业信息和产品、服务信息来留外链接，实现起来相对较为容易。

5. 投稿

可以写一些高质量的软文，投稿到一些相关的行业门户网站。因为这些门户网站的权重很高，用户浏览量大，转载率也很高。

稿件中的外链接很容易被编辑人员去掉，需要很好地研究怎么样才能把链接柔和地融入软文中，成为文章不可或缺的一部分。如果软文中的网址能被保留，即便是去掉超链接，有时也能起到不错的效果。因为当这篇文章被大量转载后，在其他网站上有可能会成为有效的超链接。

6. 评论、留言

在一些文章的评论中，一些网站的留言板中也可以留外链接。一些教育类和非营利组织的网站都会有留言板的板块，因为这些网站的自然权重都比较高，因此外链接的效果还是不错的。比如很多资讯站的文章评论中也可以留外链接，这些资源都是需要我们不断去积累的。

7. 网摘

网摘也称为网络书签、网络收藏夹，有些网摘平台的权重还是非常不错的，比如乐收、Diglog、冬瓜网都是很不错的网摘平台。这些平台的外链接很快就能被收录。

在这种网摘站留外链接也要把握一定的原则：网址一定要能给用户带来价值。用户最在意的不是你的信息是否是广告，而是你的信息是否对他有价值、有帮助，是否是他想看到的内容。

8. 网址导航

网址导航指的就是类似于 hao123 这样的网站。有很多这一类的网站可以交换链接，我们可以根据自身的情况来选择合适的平台。有时候可能需要负担一定的费用，我们的网站才能加入这种网址导航。

dmoz 和 Yahoo 分类目录实质上也属于网址导航。dmoz 对网站的质量要求较高，而且审核期往往比较长，如果网站的质量不错，也有长期发展的规划，我们就可以申请 dmoz 收录。dmoz 是免费申请的，而且一旦被收录，SEO 优化效果还是非常不错的，因为国外有很多搜索引擎和导航站都以 dmoz 的数据库作为数据源。如果网站被 dmoz 所收录，就有可能被数千个国外的导航站所收录。Yahoo 分类目录目前是收费的，企业可以根据自身的需求来确定是否加入。

9. 链接交换平台

很多站长论坛都有链接交换的板块，这些板块不光可以留外链接，还是一个免费寻找友情链接的好地方。像推一把论坛、A5 论坛都有类似的板块，而且人气还比较旺。所以这是一个既省力、效果又好的外链发布平台。

10. B2B 网站

在一些大型的 B2B 网站，都可以免费申请企业主页，并发布供求信息。在中国，目前比较出名的 B2B 网站有百万网、阿里巴巴、慧聪网、全球五金网、百纳网等。对于做产品或做服务的传统企业，这是一种效果很好的方式，既达到了宣传的目的，还丰富了网站的外链接。

11. 查询类网站

很多站长经常会到一些查询类网站查询自己网站的各种指标，包括收录数、外链接数、快照日期、Alexa 排名等。有一些查询记录就会被搜索引擎收录，并记为有效的外链接。因此，完全可以通过在不同的站长工具平台留下查询记录来实现外链接数的增加。

12. 通过资源留外链接

制作一些免费的资源，并在这些资源中留下网址，也是一个非常好的留外链接的方式。比如，我们可以制作一些好的论坛程序或团购网站程序，并在程序上留下我们的网址链接；还可以制作一些好的网站模板，在这些模板里加上我们的网址。

13. 通过活动合作外链接

很多网站都会举行一些定期的和不定期的线上活动，我们完全可以成为这些活动网站的合作伙伴。这样，我们就能在对方网站的“合作伙伴”或“支持媒体”的板块里留下我们网站的链接。

2.2.3 站内优化

很多人忽视了 HTML 标签 Meta 的强大功效，事实上，一个好的 Meta 标签设计可以大大提高你的个人网站被搜索到的可能性。

Meta 标签是 HTML 语言 HEAD 区的一个辅助性标签，它位于 HTML 文档头部的 <HEAD> 标记和 <TITLE> 标记之间，它提供用户不可见的信息。Meta 标签通常用来为搜索引擎 Robots 定义页面主题，或者是定义用户浏览器上的 Cookie。它可以用于鉴别作者，设定页面格式，标注内容提要和关键字，还可以设置页面，使其可以根据你定义的时间间隔刷新自己，以及设置 RASC 内容等级等。

下面介绍具体的方法，如果不会超文本，只要照下面的说明来做就可以了。

Meta 标签分两大部分：HTTP 标题信息（HTTP－EQUIV）和页面描述信息（NAME）。

这是一个起名为“网络营销教学网站”网页的超文本代码。

```
<html>
<head>
<meta http-equiv="Content-Type"content="text/html; charset=gb2312">
<title>网络营销教学网站</title>
```

然后将要修改的“Meta 标签”内容按下面的样式修改，插入到你的首页代码中就可以了。

```
<html>
<head>
<meta http-equiv="Content-Type"content="text/html;charset=gb2312">
<meta http-equiv="keywords"content="网络营销,网络课程,网络营销顾问,电子教案,实训指导,网络营销知识,网络营销动态,网络营销文集,网络营销工具软件">
<meta content=http://www.nyjj.net.cn/wlyx/  name=author>
<!-- instancebegineditable name = " doctitle " --> <!--instanceendeditable-->
<title>网络营销教学网站</title>
```

一般来说，有上面的内容就可以提高你的网站被搜索到的可能性，如果还需要其他的功能，请参考相关的资料，这里就不多加介绍了。

2.2.4　搜索引擎优化与竞价排名比较

搜索引擎优化与竞价排名都是企业网站推广的方法，二者相比，各有利弊（表 5-1）。通过搜索引擎优化服务得到的访问流量是免费的，可源源不断地获得新的客户而不需要为点击付出额外的费用，这是一种作为长期目标来进行的搜索引擎营销方式，但要想获得理想排名，需要 2~12 个月。而通过竞价排名的好处是马上可以得到流量，但要为每个点击付费，排名越前，价格越高。所以只能是作为一种短期目标来进行搜索引擎营销。

表 5-1　搜索引擎优化与竞价排名的比较

项目	搜索引擎优化	竞价排名
排名情况	排名比较稳定，但影响排名的因素多，无法精确控制排名的位置	可以通过支付较高的点击费用获得较高排名
费用	需支付优化费用，但从长远看，费用低于竞价排名的费用	必须为每次点击付费，从长远看费用不低
推广效果的显现时间	效果显现通常需要 2~6 个月	效果显现快速简单，根据每次点击费用自己可以随意控制排名情况
对网站的要求	网站需要独特的、有价值的内容并保持经常更新	对网页内容要求很低，关键词多少不限
可能存在的问题	优化过度会使网站受惩罚	相互竞价导致每点击价格蹿升，存在恶性点击、无意点击等，使广告预算增加

要使搜索引擎对网站优化，应注意以下问题：

（1）需要了解不同搜索引擎的工作原理和区别，了解其搜索和排序的方法等。因为不同的搜索方法可能会导致排序上有很大差别。

（2）在不同的搜索引擎上登录，包括免费的、付费的、涉及不同领域的搜索引擎，让网站有充分显现的机会。但也要注意，只有在合适的搜索引擎上登录，才会有好的搜索结果。

（3）选择合适的关键词，并让网页中一切可让搜索引擎抓取的文本都尽量带有关键词，如域名、Title 和 Meta 标签、正文、链接文本、文件名、Alt、Header 标签等。但也要注意关键词密度、相关度、突出性等，避免关键词堆砌等导致惩罚。

（4）尽可能多地被其他与本网站主题相关的网站链接，目前这已成为在搜索引擎排名成功的关键性因素。其他网站到企业网站的链接越多，网站就会获得更多的访问量，也会被搜索引擎认为它的重要性越大，从而可以获得更高的排名。网站可以通过和其他网站做交换链接、发表高质量的免费文章和新闻稿等来获取更多的外部链接。

（5）有序、合理安排文件目录结构、规范命名。站点地图是用来帮助"蜘蛛"贯穿网站的所有页面的，所以站点结构不宜太多、太复杂。简单的网站最多呈现三个层次，重要内容一般都放在顶级目录。

（6）网页内容要经常更新。经常更新的网站才能吸引"蜘蛛"程序的不断光顾。被"蜘蛛"程序抓取的内容越新，关联性越强，网站排名就越有可能靠前。网页内容的更新包括业务或产品的变动或升级、将新闻邮件或公告发布到网站上存档、博客和论坛的每日更新及讨论等，都能吸引人们不断回访，对保持网站更新也有帮助。

【任务实施】

任务一：搜索引擎营销推广

实训背景：

以嘉兴三珍斋食品有限公司为例。本公司网站建好初期，应主动将公司网站登录到搜索引擎中，让更多的客户找到公司网站，增加网站访问量，使顾客的反馈和咨询量能显著提高。从长远目的讲，就是要提高公司的知名度和影响力，从而达到扩大市场占有率，真正实现电子商务，使企业在激烈的市场竞争中立于不败的目的。

实训目的：通过本次操作，了解到搜索引擎工作原理及搜索引擎优化，要求学生能够掌握搜索引擎营销推广与优化的方法与过程。

实训内容与步骤：

（1）选择搜索引擎服务商。

可选择 Baidu 搜索引擎，或登录到分类目录搜索引擎 Yahoo。将公司相关信息准备好，输入网址"site. Yahoo. com. cn/feedback. html"（如显示为乱码，在网页"查看"→"编码"中选择"简体中文"）。

（2）进行搜索引擎的注册登录，即通过登录页面向 Baidu 搜索引擎提交三珍斋网站的网址，或将三珍斋网址地址注册到 Yahoo 搜索引擎的登录页面。

（3）填写登录信息并提交，等待工作人员审核。

任务二：搜索引擎优化、百度竞价排名和设置关键词实训内容与步骤：

(1) 了解百度竞价排名推广的流程，将“粽子”关键词在百度网站进行查询。

(2) 为你的公司设计合适的产品、品牌、促销方面的关键词。

产品：粽子、肉粽、迷你粽、豆沙粽等

品牌：三珍斋、中华老字号、三珍斋食品、三珍斋集团

促销：三珍斋官网2015年新版粽子礼盒团购开始了，团购三珍斋粽子享受苏浙沪地区免费配送等。

(3) 为公司首页设计Meta标签如下：

```
<html>
<head>
<meta http-equiv="Content-Type"content="text/html; charset=gb2312"/>
<meta name="Keywords"content="三珍斋,中华老字号,三珍斋集团,粽子,三珍斋食品"/>
<meta name="Description"content="三珍斋,中华老字号,三珍斋集团,粽子,三珍斋食品"/>
<title>嘉兴三珍斋食品有限公司</title>
<link href="szzcss.css"rel="stylesheet"type="text/css"/>
</head>
```

【任务拓展】

以澳优乳品有限公司为例，进行淘宝网推广乳产品活动。

(1) 选择母婴频道进行网络广告投放。

(2) 进驻淘宝商城。

(3) 对奶粉成交量高，信誉为5钻以上的店铺，建立澳优专卖区，代销澳优产品，在店铺显眼位置进行产品推荐。

任务3　网络广告营销推广

【任务描述】

网络的广告和网络的公关是充分集合了互联网的特点，并与网络人群充分互动的形式，这就要求网络广告必须具有话题性、传播性。所以，从这个角度上说，配合网络公关的营销，才能发挥最大的作用。因此，需要了解各个网络广告发布平台的基本情况，并掌握在这些平台上发布广告的基本方法，了解网络广告的特点与优势，掌握网络广告的发布方式，掌握网络广告效果评估的方法。通过学习掌握网络广告的内容与形式，学生会制订网络广告推广计划，会制作网络广告并选择合适的平台发布网络广告，达到运用网络广告实现营销的目的。

【任务导入】

小李是一名刚毕业的大学生，在一家广告公司工作，主管给他一批新产品资料，叫他以

网络广告方式在网上做宣传推广。小李接到任务后，上网查阅了不少资料，他发现由于一些客户对网络广告了解不多，任由广告代理商、广告联盟商将广告投放在一些污浊的网站上，因此导致了企业品牌形象受损。小李看到这些信息，不由自主地产生一种想法，用什么方法更好地宣传、推广企业产品与服务呢？

网络广告发布有许多方法，但公司为自己的产品做网络广告不需要选择每种方式，而是尽可能选择适合新产品的网络广告发布途径即可，并能使投放的网络广告发挥最大效用。那么，要帮助小李，应该具备哪些网络广告的知识与技能呢？

【知识准备】

3.1 网络广告内容与形式

3.1.1 网络广告内容

1. 网络广告概念

广告，源于拉丁语 Adverture，原意是“大声说话以引起别人的注意，从而引导人们向某一方向发展的手段”，后来演变为英语中的广告 Advertise，意思是“引起别人的注意，通知别人某件事”。美国广告学家克劳德·霍普金斯将广告定义为：广告是将各种高度精练的信息，采用艺术手法，通过各种媒介传播给大众，以加强或改变人们的观念，最终引导人们行动的事物和活动。

作为有偿信息传播活动，广告与媒体有着紧密的联系。习惯上人们把报纸称为第一媒体，把广播称为第二媒体，把电视称为第三媒体，把互联网称为第四媒体。按照发布媒体的不同，通常将广告分为报纸广告、广播广告、电视广告、网络广告等。

网络广告，是指广告主以付费的方式在网络上进行的信息传播活动。具体地说，就是以互联网为载体，使用文字、图像、动画、声音等多媒体信息表示，由广告主自行或委托他人设计、制作并在网上发布，旨在推广产品以及服务的有偿信息传播活动。从中可以看出，网络广告与传统广告的区别仅在于传播媒体不同，即传统广告是以传统媒体为传播中介，而网络广告是以网络这一新兴媒体为传播中介。

从以上网络广告的定义中可发现，网络广告由五大要素组成，这五大要素缺一不可，少了任何一个方面都不能构成网络广告。

（1）广告主。

广告主是指广告的所有者、发布者。在网络时代，任何人在法律允许的范围内都可以在网上发布信息，网友既是网络受众，又是网络的信息源。广告作为一种信息传播活动也不例外，所以，网络广告主既可以是企业、事业单位，也可以是个人。由此可见，网络广告主比传统广告主的范围更加广泛。

（2）广告内容。

广告的传播必须是信息的传播，没有无传播内容的广告。广告传播的可以是有关商品的信息，也可以是有关服务的信息，还可以是有关观念的信息，如公益广告等。传统传媒的广告由于受到传媒的版面、时间、空间和广告主的经济实力等多种因素的限制，所以广告的内容也受到极大的限制，不能详细表达广告主想要表达的信息，只能选取最主要的部分进行传播。然而网络广告不受时间和空间的限制，广告受众可以在任何时候浏览网上的信息，同时网络空间的无限性也使网络广告所含的信息量极大地增加，网页信息采用非线性文本方式，通过链接方式将不同的网页相互连接起来。一般而言，一个网站下面会有数十个乃至数百个网页，通过连接使广告信息组成一个有机的整体，如此使广告信息的无限大容量成为可能。最重要的是网络广告的收看权掌握在受众手中，网络受众想看就看，想什么时候看就什么时候看，想看哪个就看哪个，想看多长时间就看多长时间，想看几次就看几次，完全不受任何限制。

还有，随着新媒体技术的运用，网络广告的表达方式越来越多样，网络内容可以是文字、图画，也可以是声音、图像，其艺术性和表现力，对受众视觉的冲击力、对受众记忆的影响力，都将远远超出传统媒体的广告。

（3）广告载体。

毫无疑问，网络广告的载体就是国际互联网。然而网络广告并不是在互联网一产生时就像现在这样。1993 年，World Wide Web 出现以后，Web 的多媒体特性使互联网发生了巨大的变化，大大刺激了网上商业行为，也影响了网络广告。随着越来越多 Web 站点的加入，受众的人数也越来越多。

作为网络广告载体的国际互联网，是世界范围的传媒，在世界上任何一个角落，只要拥有一台电脑，就可以“拥有整个世界”。由于网络广告的传播范围是全球性的，所以能够拥有更多的受众。在网上进行广告宣传不仅能在国内树立品牌形象，而且还能在国际市场上树立良好的企业形象，从而取得比传统媒体更好的宣传效果。

（4）广告受众。

广告受众是广告传播的最终归宿，任何广告传播活动都是为了将自己的广告信息传到受众那里，只有传播者、没有接受者的广告是十分失败的广告。

所有上网的用户都是网络广告的潜在受众，2010 年，中国互联网络信息中心公布的数据显示，目前国内网民已增长到 4.2 亿人。据估计，全世界上网的人数已有数十亿，并且高速递增。仅就目前的数量而言，网络广告受众已经是一个相当大的群体了，从这个意义上说，网络已经是大众媒体了，甚至已经有人将网络传媒称为第五大媒体，排在电视、报纸、电台、杂志后面，路牌前面。更有人将网络排在杂志之前，列为第四大媒体。同时，我们应该看到，网络广告的受众都是文化层次比较高的社会精英阶层，经济状况也比较好，具有巨大的潜在购买力。

（5）广告费。

广告活动作为企业的一种市场营销活动是商业行为，需要广告主投入一定的资金。除了特殊情况外，从来都没有免费的广告。相比传统传媒的广告，网络广告的费用对于广告主来说是十分划算的，有的网站甚至免费为广告主刊登广告。我们应该知道，从来都没有“免费的午餐”，对于网络广告受众来说，每一次浏览广告都需要付出一定的费用，主要是交给提供上网服务的 IP 服务商的服务费和交给电信局的电话费。而且，在我国目前的消费水平下，这样一笔费用对网络广告受众来说不算是小数目。

目前网络广告受众主要是收入较高的人群，所以广告的网络投放不能盲目，要根据商品本身的特点和使用对象选择合适的媒体，不可迷信网络。

2. 网络广告的优势

（1）传播范围广泛。

传统媒体，如报纸、广播、电视，会受到发布地域、发布时间的限制，相比之下，互联网广告的传播范围遍及全球，只要具备上网条件，任何地点、任何时间都可以浏览。

（2）针对性强。

传统媒体受众目标分散、不明确。网络广告的受众为最年轻、最具活力、受教育程度最高、购买力最强的群体，网络广告可以帮助厂商直接命中最有可能购买产品/服务的目标用户。以手机用户为例，研究表明，年龄在18～30岁之间，学历在大专以上，月收入在1 000～5 000元之间的网络用户，是社会上最具潜力、最具购买力的核心消费群体。有针对性地利用网络广告实施手机营销，能够获得较好的效果。

（3）交互性强。

传统媒体的信息只是单向传播，受众只是被动接收信息。在互联网上，广告信息能够互动传播。例如，通过用户在线填写并提交表单，厂商可以随时得到宝贵的用户反馈信息。

（4）网络广告是多维广告，感官冲击力强。

传统媒体是二维的，而网络广告则是多维的，它能将文字、图像和声音有机地组合在一起，传递多感官的信息，使顾客身临其境般地感受商品或服务。这种图、文、声、像相结合的广告形式，大大增强了网络广告的感官冲击力。

（5）服务个性化强。

向所有的消费者提供一种产品或服务的时代已经一去不复返，消费者需求的个性化要求企业能够为顾客提供个性化的服务。根据网站获取的顾客资料，企业可以针对不同顾客提供不同的服务，如亚马逊网络书店通过分析顾客的基本资料和以往的购买记录，将购买同类书籍的顾客进行对比，找出相同的消费群购买比例较大的图书，然后向顾客群中的其他未购买者推荐。利用Cookies追踪浏览者的网上浏览行踪，网站可以推出相关主题的广告。

（6）互联网广告价格低廉。

网络广告从制作、发布到后期管理，都比传统媒体广告有价格优势。一般网络广告的CPM（每千次费用）相当于报纸的1/5、电视的1/8。

3.1.2 移动广告概念及主要形式

移动广告定义为运用无线通信网络，将广告信息发送到手机、平板电脑等移动终端设备上，进而通过信息影响受传者的态度、意图和行为，以实现传播效果的一种新兴广告形式。其主要形式如下：

1. 图片类移动广告

这类广告主要是以图片的形式在各种移动终端呈现，一般可分为三类：

（1）Banner广告。也称旗帜广告或横幅广告，是当前比较常见的一种移动广告形式，应用范围较广，它可以说是传统广告在移动设备中的呈现。一般是以静态的图片或动态动画等形式出现在移动端的某个特定的区域中，广告界面的大小可以根据移动端来定制，如图5－19所示。用户通过单击移动应用屏幕中的图片或动画的广告界面，就可以自动通过链接跳转到相关产品或商界的详细页面，从而用户就可以轻松地查看详情和购买意向商品。

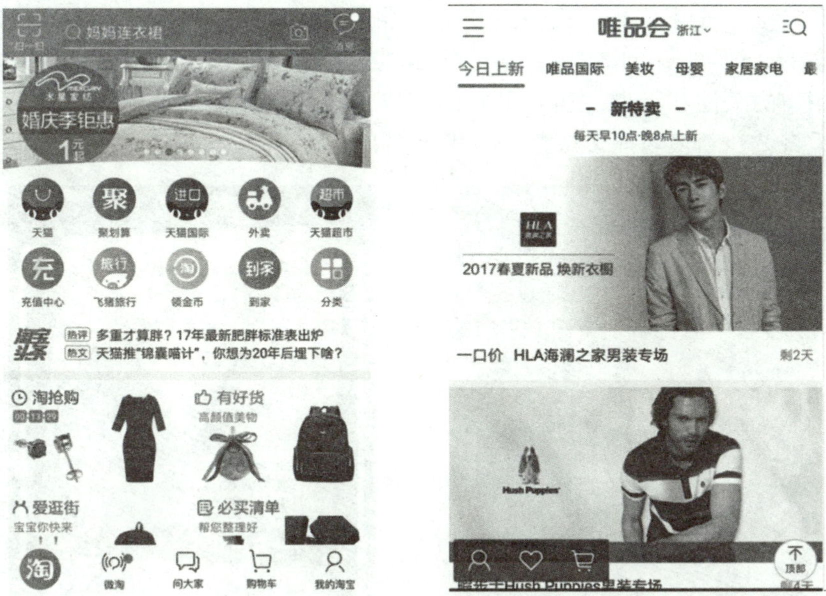

图 5－19　Banner 广告示例图

（2）插屏广告。插屏广告以缓存优化技术为依托，利用自动广告适配手段，通过弹跳窗的方式呈现在用户眼前。一般都设计在特定的场景特定的时间中出现，屏中有时还有关注和关闭按键，如果用户感兴趣，可以点击关注，不感兴趣可以随时关闭广告，精准化程度较高，是目前移动广告精准化投放运用较多的一种方式，如图 5－20 所示。比如在游戏开始、暂停、通关等时候出现，在这种时机可以调节玩游戏的紧张情绪，不仅不会引起用户的反感，有时候反而能激起用户观看广告的兴趣。但是，这类广告对广告设计的要求较高，需要广告在短时间内能有刺激到用户的感官，产生对广告的关注兴趣。

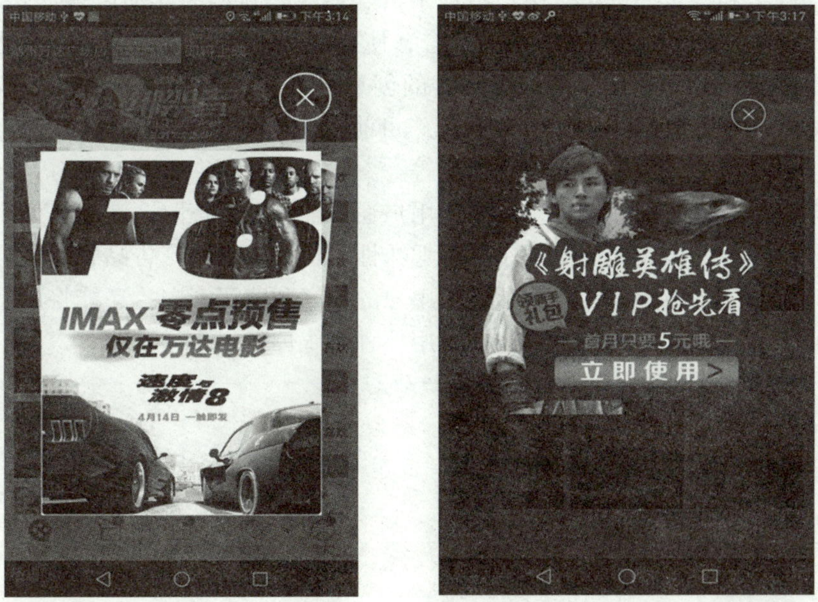

图 5－20　插屏广告示例图

（3）全屏广告。全屏广告是指在点开浏览器或移动应用时出现的 5 s 以内的全屏静态画面广告或动态 Flash 广告，如图 5－21 所示。这类广告能够将广告的空间利用到最大化，尽可能地吸引用户的关注和兴趣，达到最好的广告传播效果，在当前流行的 App 中应用得非常广泛，如爱奇艺、新浪新闻、咸鱼等应用上都有投放，深受广告主青睐。

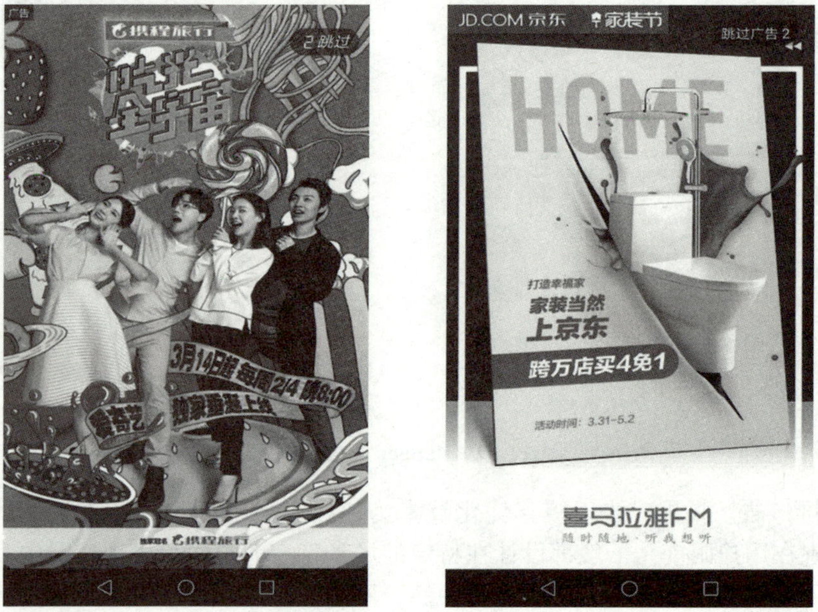

图 5－21　全屏广告示例图

2. 富媒体类移动广告

在移动互联网发展的初期，由于网速问题，移动广告多以文本和一些低质量的图片展现。随着移动网络和技术的进步，逐渐出现了富媒体这类新型的移动广告形式。它将声音、Flash、Java、HTML 等技术进行了有效的组合，使得相对于其他广告而言极大地提高了广告的互动性，丰富了广告的形式，拓展了广告的创意空间。据 Double Click 的研究数据表明，富媒体广告的点击率是其他广告形式的 5 倍。目前较为常见的几种富媒体广告形式有：360 度观赏、摇一摇、滑动、放大、擦除、拖曳等。

富媒体广告具有良好的互动性，可以让用户通过摇一摇、擦除、滑动等像小游戏一样的方式来亲自体验广告，极大地提高了广告的趣味性和传播效果。广告品牌商也可以通过用户参与互动的时间、感兴趣程度等信息来了解用户的偏好和购买意向；还能将产品的特性与广告有机结合起来，根据产品的特性来选择运用那种富媒体技术来呈现。

想一想

在几种常见的富媒体广告中，商品房适用于哪一种富媒体广告形式？
请说出选择的理由。

3. 视频类移动广告

移动视频广告是利用 HTML5 技术，在手机、平板电脑等移动设备上插播视频的一种广告形式。它能够在视觉、听觉上同时刺激用户，提高用户的广告体验。当前主要有贴片视频广告和 In－App 视频广告两种形式。

贴片视频广告是在用户打开手机应用开始或结束时插播的视频广告，时长一般为 60 s 左右，可以运用于手机游戏软件、电子书等移动软件中，和传统网站上的贴片广告相似。但由于播放时间较长，容易引起用户的反感，对广告制造与设计有较高的要求。

In－App 视频广告，顾名思义，是指在 App 应用程序当中播放视频广告，需要用户自主选择观看或停止，并且时长较短，在视频播放结束后，会附带下载网址链接，以方便用户操作。这种广告类型深受广告主们的青睐。如图 5－22 所示。

图 5－22　贴片视频广告示例图

4. 积分墙类移动广告

积分墙广告在国内最早是 2013 年由有米广告提出的，通过积分墙让用户在移动应用中做任务的形式呈现，比如让用户签到、注册、下载特定软件等。当用户完成规定任务后，就可在应用中获得一定的积分作为回报。积分可以用来兑换商品或购买道具等。当然，积分墙也有无积分的形式，这种积分墙主要是通过列表展示或单个应用展示，推荐用户点击安装热门应用或优质产品，如图 5－23 所示。一般按照 CAP（cost per action）方式计费，当用户完成任务时，也能得到相应的提成。由于积分墙具有操作简单方便、应用范围广等突出特点，后来出现了网页积分墙、微信积分墙等，如图 5－24 所示。

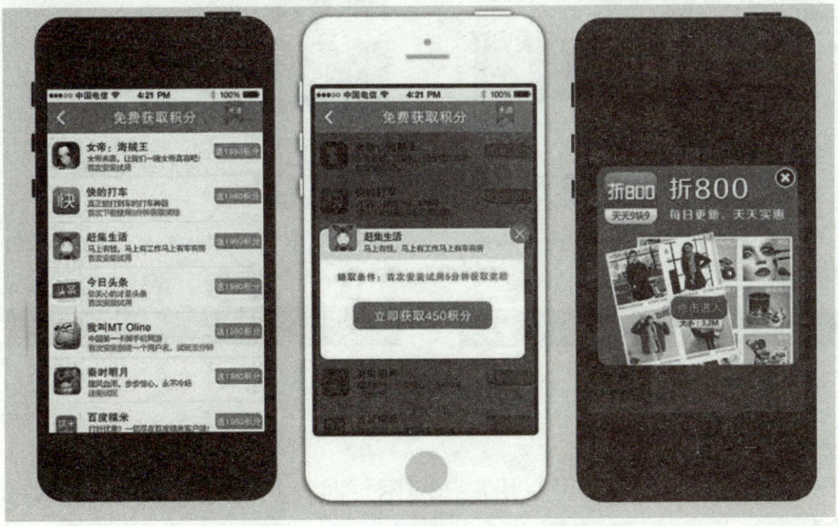

图 5－23　积分墙广告示例图

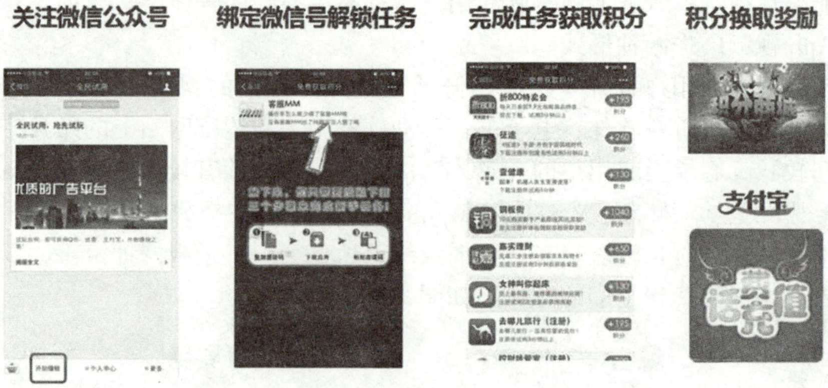

图5－24　微信积分墙广告示例图

5. 原生类移动广告

原生广告，是将广告与广告投放应用有机结合起来，用巧妙的方式将广告伪装成移动应用的一部分，弱化广告的生硬性，减少用户的反感。比如在新闻App中投放广告，就将广告设计成新闻的形式，利用用户对新闻的兴趣来观看广告，如图5－25所示。这类广告的表现形式多种多样，但要想达到良好的广告效果，一定要根据广告主的需求来定制，不能模板化操作。

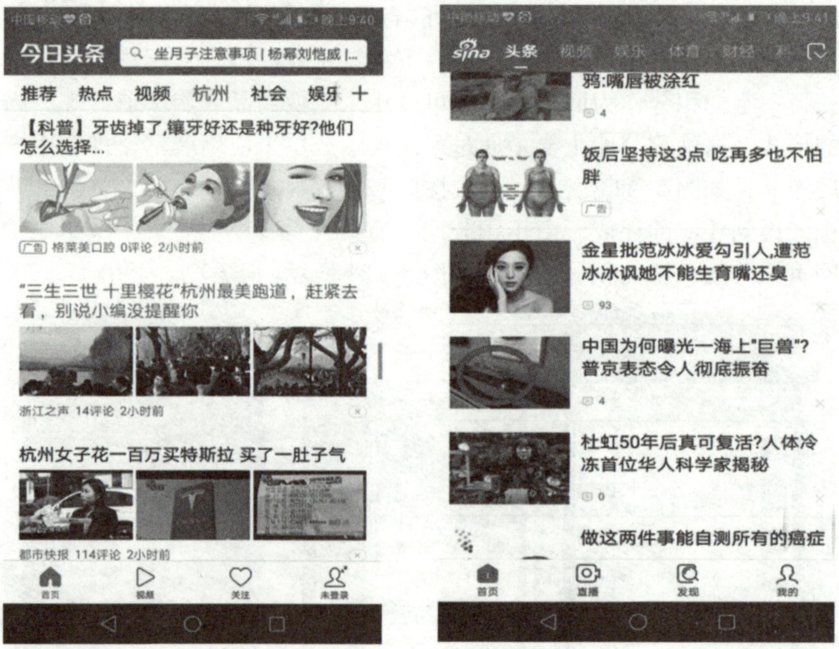

图5－25　原生广告示例图

6. 弹出窗口式广告

弹出窗口式广告（Pop AD）可在用户访问网页时自动弹出，常分为Pop－up和Pop－under两种类型。Pop－up广告窗口出现在请求网页之上，Pop－under广告窗口出现在请求网页的下面，并不直接影响用户浏览网页，用户关闭浏览的网页后，广告窗口才出现。图 5－25 的左上角是访问新浪首页时在主页上弹出的 Pop－up 型弹出窗口式广告。

图 5－26 是访问新浪网首页时弹出的以 Pop AD 图标形式出现在 Windows 任务栏的弹出窗口式广告。用户单击 Pop AD 图标后，广告窗口才出现在当前网页上。

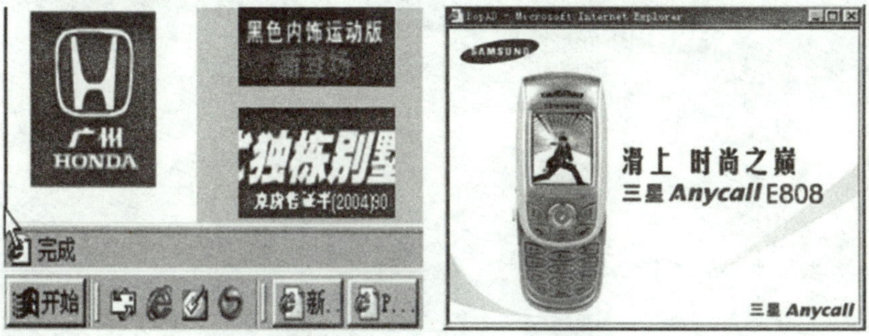

图 5－26　以最小化形式出现的弹出式广告

7. 分类广告

分类广告集中了同行业的大量信息，便于同类产品间的比较。"不怕不识货，就怕货比货"，同类产品同台竞争，对商家、消费者都有好处。图 5－27 所示是搜狐的分类信息首页。

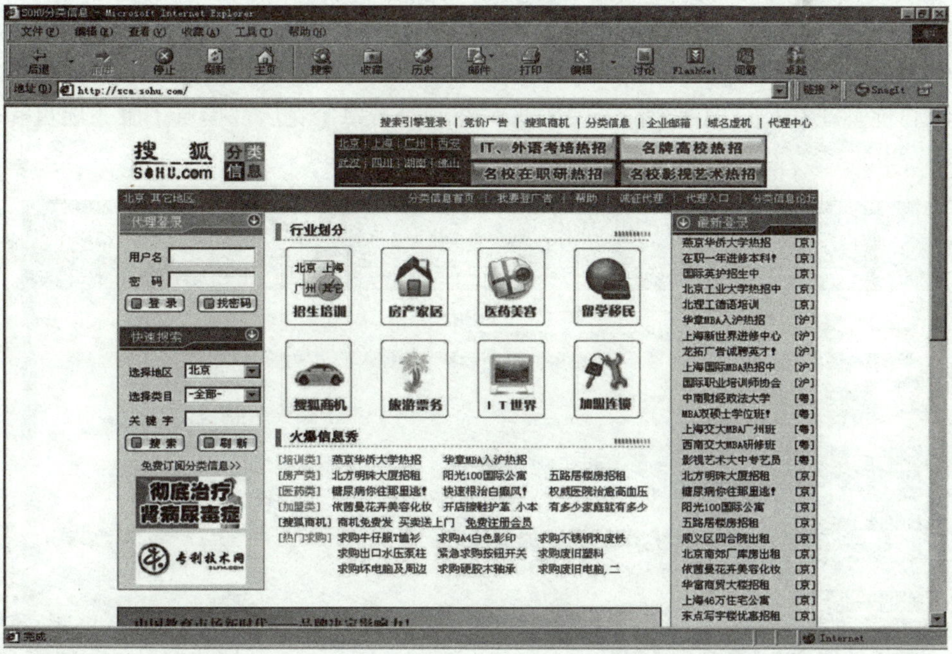

图 5－27　搜狐分类信息首页

8. 电子邮件广告

电子邮件广告就是把广告放在新闻邮件或经许可的 E-mail 中间，发送到用户邮箱的广告。电子邮件广告具有针对性强、费用低廉的特点。巧妙使用电子邮件广告，可以针对个人或群体发送特定的广告，为其他网络广告方式所不及。图 5－28 所示是 TOM 网发送的电子邮件广告。

图5-28 TOM网发送的电子邮件广告

9. 关键词广告

通过在搜索引擎注册，企业信息能够出现在用户的相关搜索结果中，如登录Google网站，搜索“鲜花”，在搜索结果的右侧可以看到若干赞助商链接，包括一千零一夜鲜花连锁店、上海心桥鲜花礼品全国速递、上海阳光鲜花网等，每个花店都提供了服务项目和联系方式（图5-29）。

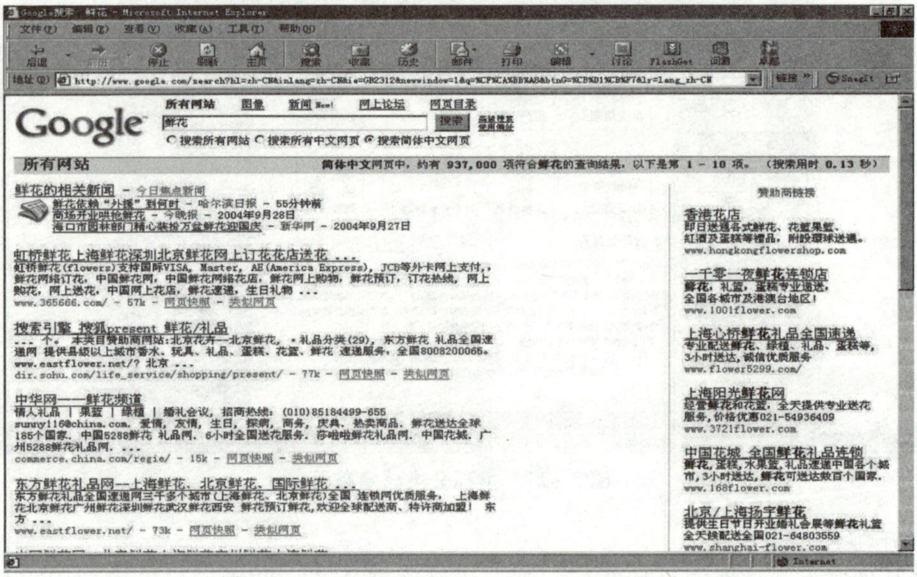

图5-29 关键词广告

10. 对联广告

对联广告采用传统的对联形式，一般对称出现在网页的左右两侧空白位置。其特点是，位置醒目、画面舒展，不影响使用者浏览网页正文，能大大提高吸引力，有效传播广告信息。图 5－30 是新浪网为中国建设银行股份有限公司制作的对联广告。

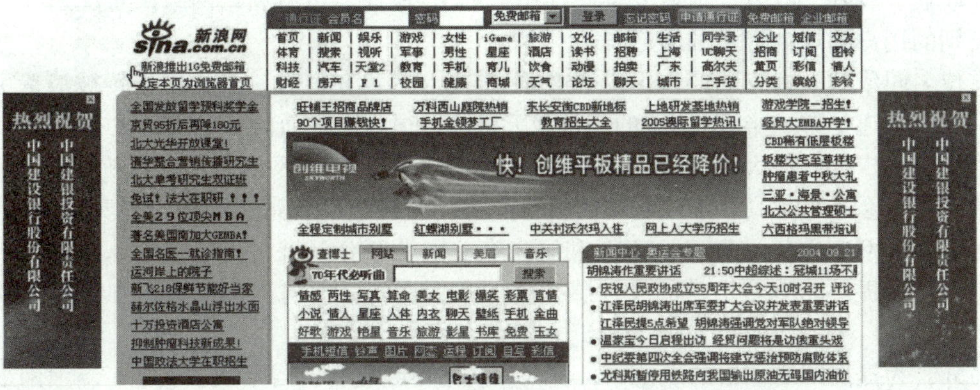

图 5－30　对联广告

11. 撕页广告

撕页广告一般出现在网页左上角或右上角，点击鼠标后自动“撕开”——广告画面得以展示。2～3 秒后广告画面自动还原成小图标，再次点击鼠标可重复观看。其特点是，形式新颖、内容丰富、视觉冲击强烈，配合声音效果，观赏度极佳。图 5－31 是新浪网为中国移动公司制作的撕页广告。

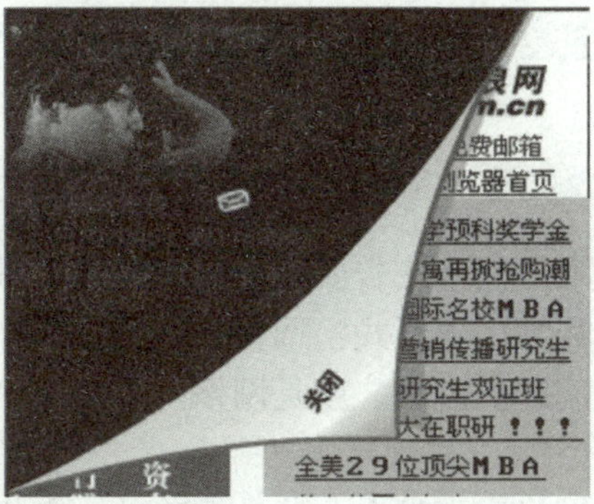

图 5－31　撕页广告

12. 超级流媒体广告

超级流媒体广告画面优美，声音悦耳，在画面底部设有播放按钮，用户可自行关闭或重放。其特点是，灵活新颖、趣味性强。图 5－32 超级流媒体广告。

图 5－32　超级流媒体广告

13. 定向广告

定向广告是指网络服务商利用网络追踪技术（如 Cookies）搜集整理用户信息，按年龄、性别、职业、爱好、收入、地域分类储存用户的 IP 地址。然后利用网络广告配送技术，向不同类别的用户发送内容不同的广告。

有位名叫华纳·梅克的广告主说了这样一句话："我知道有一半的广告费被浪费了，可问题是我不知道是哪一半。"传统的广告漫天撒网，很难准确面向特定人群发布。"一对一"式的网络定向广告，能大大提高广告的针对性和实用性。随着网络技术的不断发展，定向广告的精确度也会越来越高，加以合理的引导，将会为网络广告带来新的发展契机。据报道，全球著名互联网广告公司 DoubleClick 和国内有关网站联合开展了一项技术革新，网络将有可能为女网民提供沐浴露之类的女性感兴趣的条幅广告，而向男网民展示剃须刀等商品的图片。

另外，为提高网络广告的点击率，各门户网站不断更新广告形式。例如，新浪网最新推出了全屏广告、通栏广告、画中画广告、擎天柱广告、流媒体移动图标、声音广告等。

3.2 网络广告策划与制作

3.2.1 网络广告策划

通过网络广告要达到什么目的？谁是广告的目标受众？应该使用怎样的广告创意？应该使用哪种广告形式？选择什么网站媒体发布？准备投入多少资金？怎样评价广告效果？回答这些问题的过程，就是网络广告的策划过程。所以，网络广告发布策划方案包括以下几步：

1. 确立网络广告目标与受众

网络广告是企业营销策略的一个组成部分，企业根据自身的发展及市场竞争的需要，不同时期有不同的广告目标。在产品开发的不同阶段，广告目标可细分为提供信息、说服购买和提醒使用等。在市场开发的不同阶段，广告目标还可细分为市场渗透、市场扩展、市场保持三种类型。

另外，为使网络广告的创意、制作、发布更有针对性，必须回答广告的目标受众是社会的哪个群体，如儿童、中年人、老年人；确定在哪个区域投放广告，如中国、亚洲、欧洲；确定最容易被接受的投放时间等。

2. 选择网络广告媒体

网络广告需要选择合适的网络广告媒体进行投放，才能达到更好的效果。如选择热门的网络广告媒体，如新浪、网易等。但选择媒体时，不能只考虑网络媒体的流量与知名度，还要考虑网络媒体的用户群和企业目标群的重合度、产品特性、成本及相关服务等因素。如，肯德基的媒体广告的受众面很广，特别是针对年轻用户基数多这一情况，就决定了选择流量大的门户网站网易作为媒体投放平台的效果良好。

3. 选择网络广告形式

确定了网络广告媒体后，就策划以何种形式向目标受众来传播广告要表达的信息。通常选择横幅广告（Banner AD）这种主要形式来播放。

4. 确定进度安排

主要是确定广告在不同的投放媒体中展现的进度安排，包括广告在不同媒体出现的连续性、周期性、间歇性和密度等。这里一定要考虑客户的需求和产品竞争的特点，如在“双11”“双12”节日期间投放广告，可在一个月前开始投放，持续一个半月到两个月，就能达到预期的效果。

3.2.2 网络广告制作技巧

1. 广告内容要符合法律规定

广告内容应当有利于人民的身心健康，促进商品和服务质量的提高，保护消费者的合法权益，遵守社会公德和职业道德，维护国家的尊严和利益。广告不得存在以下情况：使用中华人民共和国国旗、国徽、国歌；以国家机关和国家机关工作人员的名义；使用国家级、最高级、最佳等用语；妨碍社会安定和危害人身、财产安全，损害社会公共利益；妨碍社会公共秩序和违背社会良好风尚；含有淫秽、迷信、恐怖、暴力、丑恶的内容；含有民族、种族、宗教、性别歧视的内容；妨碍环境和自然资源保护；含有法律、行政法规规定禁止的其他情形。

2. 网络广告要有创意

作为大众媒体广告理论的 AIDA 法则，对网络广告同样具有指导意义。第一个字母 A 是“注意（Attention）”，即尽可能吸引受众的注意力；第二个字母 I 是“兴趣（Interest）”，即尽可能让受众对广告产品或服务产生兴趣；第三个字母 D 是“欲望（Desire）”，即激发受众对广告提供的产品或服务的占有欲望；第四个字母 A 是“行动（Action）”，即促成受众采取购买行动。从研究用户需求入手，始终围绕如何满足用户需求，如何创造性地激发用户新的需求，千方百计吸引用户注意、激发用户兴趣、引导用户消费，是广告创意的基本思路。

3. 强化企业品牌形象

企业品牌形象是信息传播的重要内容，在某种程度上，广告就是追求企业品牌在受众心目中的价值认同。设计网络广告，应将企业标志以及商标置于页面的醒目位置，统一企业广告形象，强化公众对品牌的印象。

4. 广告语的使用

广告标题要用词确切、立意鲜明、有吸引力。正文句子要简短、直截了当，尽量用短语，语句要口语化，不绕弯子。可以适当运用感叹号，增强语气效果。

5. 图片处理和使用

网页上的图片一般使用 GIF 或 JPG 格式，注意图片的字节不宜过大，一般应将每个页面上所有图片的总规模控制在 30 KB 以内，尽量缩短页面的访问时间。旗帜广告的颜色可考虑多用具有强烈的视觉冲击力的黄、橙红、天蓝等艳丽的颜色。

6. 巧用网页动画

Flash MX 是 Macromedia 公司开发的二维矢量图形编辑和交互式动画制作软件，在网页制作、多媒体演示等领域得到广泛应用。随着多媒体技术在 Internet 领域的发展，在 Web 上出现了很多新的多媒体技术，如视频非线性编辑软件 Adobe Premiere 通过自身的发展以及一些第三方厂商的努力，在 Web 开发上也成为首选的素材制作工具。

3.2.3 网络广告的发布

网上发布广告的渠道和形式很多，企业应根据自身情况及网络广告的目标，选择网络广告发布渠道及方式。

1. 主页形式

在互联网上建立的自己的主页，是企业树立形象、宣传产品的良好工具，是企业信息化建设的必然趋势。图5－33是海尔集团的网站首页。

图5－33 海尔集团主页

2. 网络服务商

网络服务商（ICP）多为大型门户网站，如新浪、搜狐、网易等，具有非常大的访问量，是网络广告发布的主阵地。在搜狐首页的中上部可以看到TCL的旗帜广告，如图5－34所示。

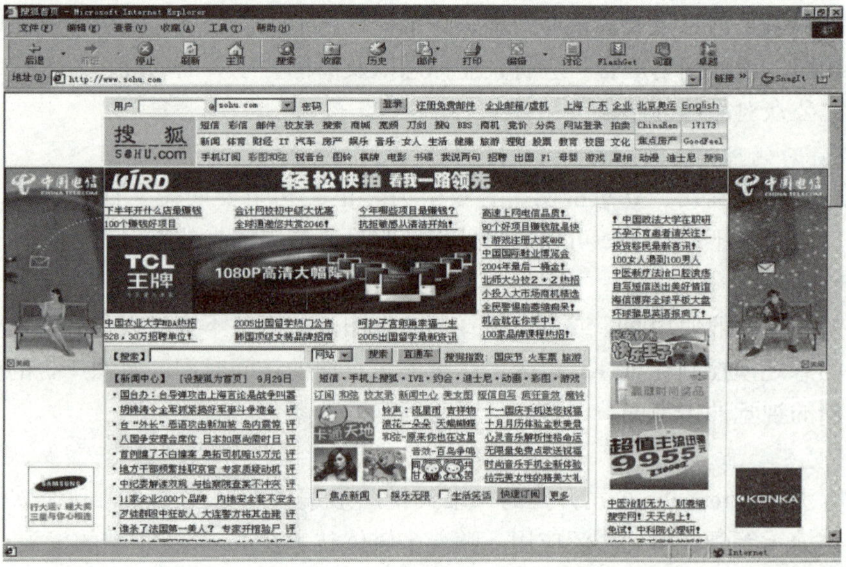

图5－34 搜狐首页

3. 专类销售网

登录专类销售网，能更容易地搜索到自己所需商品的型号、制造商、价格等信息。图 5－35 是中国汽车网首页。

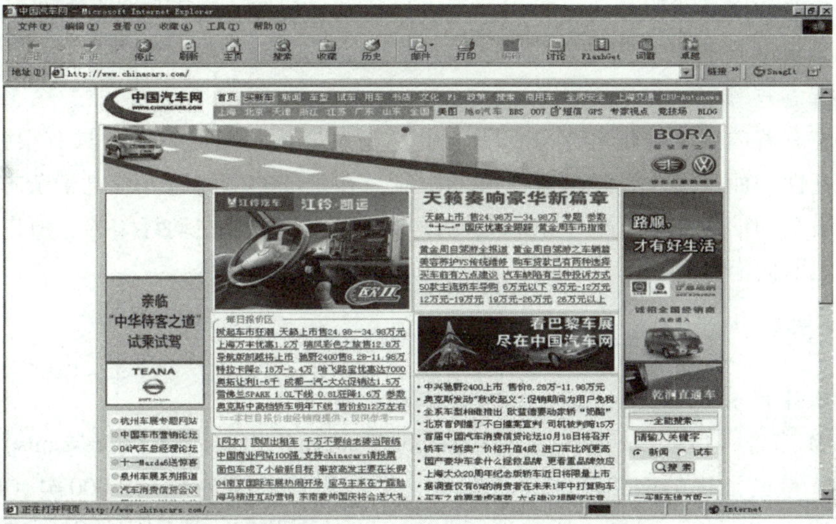

图 5－35　中国汽车网首页

4. 企业名录

政府官方网站的企业名录是查询企业信息的权威。如上海市政府官方网站主页中的服务导航栏目，收录了大量的热门网站链接，包括上海商业网、上海豫园商城、美罗城、上海东方商厦、华联超市、联华超市等（图 5－36）。

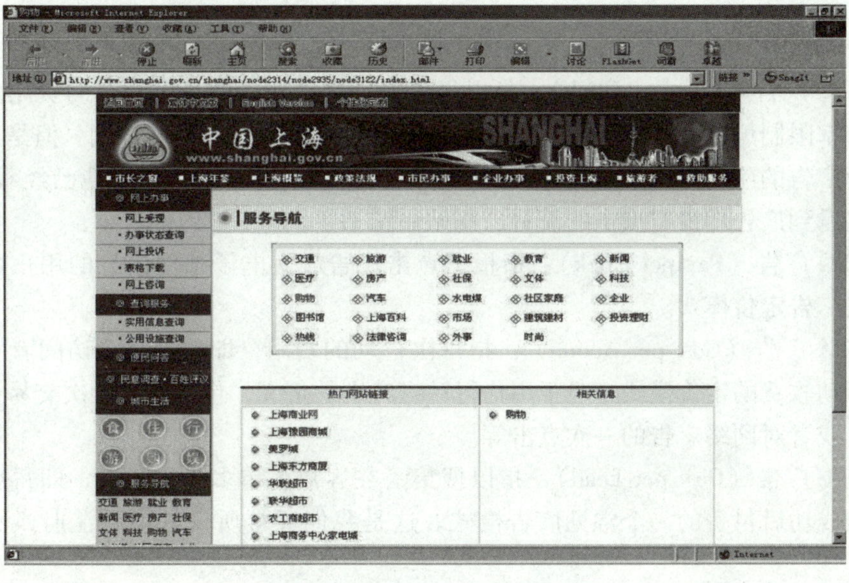

图 5－36　上海市政府官方网站

5. 电子邮件广告

利用E-mail发布的广告信息，发送简单、费用低廉。E-mail广告的表述，要符合读者追求的品位，公司名称、详细地址以及联系方式一定要清楚。为提高电子邮件的广告效果，可以提供一些免费的产品或服务，来吸引接受者进行信息反馈。对不愿接收邮件的客户，应提供取消接收E-mail广告的功能。

6. 电子杂志广告

电子杂志有着内容和信誉的充分保障，由专业人员精心编辑制作，具有很强的时效性、可读性和交互性，而且还不受地域和时间的限制，在全球的任何地方，电子杂志都可以带给用户最新、最全的信息。由于电子杂志是网民根据兴趣与需要主动订阅的，所以此类广告更能准确有效地面向潜在客户。

3.2.4 网络广告计费方式

1. 按展示计费

（1）CPM广告（Cost per Mille，或Cost per Thousand，Cost per Impressions）：指每千次印象费。CPM是最常用的网络广告定价模式之一，即广告条每显示1 000次（印象）的费用。CPM取决于“印象”尺度，通常理解为一个人的眼睛在一段固定的时间内注视一个广告的次数。网上广告收费最科学的办法是按照有多少人看到你的广告来收费。按访问人次收费已经成为网络广告的惯例。

（2）CPTM广告（Cost per Targeted Thousand Mille）：指经过定位的用户的千次印象费用（如根据人口统计信息定位）。

CPTM与CPM的区别在于，CPM是所有用户的印象数，而CPTM只是经过定位的用户的印象数。

2. 按行动计费

（1）CPC广告（Cost per Click）：指以每点击一次计费，即每次点击的费用。这样的方法加上点击率限制可以加大作弊的难度，而且是宣传网站站点的最优方式。但是，此类方法让不少经营广告的网站觉得不公平，比如，虽然浏览者没有点击，但是他已经看到了广告，考虑到这些看到广告却没有点击的流量，网站白忙活了。

（2）PPC广告（Pay per Click）：指根据点击广告或者电子邮件信息的用户数量来付费的一种网络广告定价模式。

（3）CPA广告（Cost per Action）：指每次行动的费用，即根据每个访问者对网络广告所采取的行动收费的定价模式。对于用户行动有特别的定义，包括形成一次交易、获得一个注册用户，或者对网络广告的一次点击等。

（4）CPL广告（Cost per Lead）：指以搜集潜在客户名单多少来收费，即每次通过特定链接，注册成功后付费的一个常见广告模式。这是我们通常所说的引导注册，比如“亚洲交友”。

（5）PPL广告（Pay per Lead）：指根据每次通过网络广告产生的引导付费的定价模式。例如，广告客户为访问者点击广告并完成了在线表单而向广告服务商付费。这种模式常用于网络会员制营销模式中为联盟网站制定的佣金模式。

3. 按销售计费

(1) CPS 广告（Cost per Sale）：指以实际销售产品数量来换算广告刊登金额。即根据每个订单/每次交易来收费的方式。用户每成功达成一笔交易，网站主可获得佣金。

(2) CPD 广告（Cost per Day）：指按天收费，是广告合作的一种常见方式。相比当前比较流行的 CPS，优势在于对合作的基础条件没有过高要求，容易促成双方合作；劣势在于其在长期合作中，不如 CPS 形式实时有效。

(3) CPO 广告（Cost per Order）：也称为 Cost per Transaction，即根据每个订单/每次交易来收费的方式。

(4) PPS 广告（Pay per Sale）：指根据网络广告所产生的直接销售数量而付费的一种定价模式。

【任务实施】

网络广告推广

实训目的：

通过操作，使学生认识不同类型的网络广告，并通过自己制作网络广告，选择发送的平台来发布广告，熟练地掌握网络广告的制作与发布，进而实现网络广告营销推广的目的。

实训内容与步骤：

浏览网上各种类型不同的广告，体会其特点。

利用 Windows“附件”中的画图软件，动手制作三个网络广告图片。

选择网络广告发布平台，完成上述制作好的三个网络广告图片的发布。

(1) 综合门户类网站中推广。

在各门户网站中，腾讯 QQ 的网站流量最高，但 QQ 网站的受众年龄偏小，女性网民常上的网站中，新浪、网易排名靠前。所以将这两个网站作为门户网站的推广媒介。

广告形式可以为：在新浪首页发布旗帜广告、对联广告和漂浮广告，也可在新浪的亲子频道发布相应广告。

(2) 地方门户类网站推广。

红网 www. rednet. cn 是湖南排名第一的新闻门户，而且红网网民一般是月收入 1 000 元以上，受过高等教育，22 ~55 岁的人群。可以考虑作为地方门户网站的推广媒介。

广告形式可以为：在红网首页或者健康频道投放旗帜广告。

(3) 垂直类网站推广。

亲子类网站中，排名前三的是育儿网、早教网和摇篮网。可将这三个网站设为网络广告投放平台。可在首页做按钮、制作文字广告进行营销宣传。

实训提醒：

①用画图软件制作的 BMP 图片文件要另存为图形交换格式的 *. gif 图片文件。图片的内容、文字、图画、粘贴网上下载的图片均可自定义，但右下角一定要有制作人自己的名字。

②网络广告的作用是通过信息沟通使消费者对品牌产生认识、情感、态度和行为的变化，从而实现企业的营销目的。在公司的不同发展时期，广告目标是有区别的。例如，是强调产品介绍还是强调形象宣传等。在产品的不同生命周期，应采用不同的广告策略。在产品

导入期，重在介绍产品功能特点；在产品成长期，重在刺激消费者的购买欲望，从而产生购买行为；在产品的成熟期，则应强化品牌宣传，培育对品牌的忠诚，产生重复购买行为；在产品衰退期，则应注意与消费者的情感沟通。

任务4 社区化营销推广

【任务描述】

互联网的迅猛发展让人眼花缭乱，网络论坛、腾讯QQ、博客、微博、微信营销相继推出并得到广泛的应用。而移动互联网也迎来了一波创业热潮，很多企业只需要通过微博、微信营销方式，就能完成产品的低成本推广，实现百万级的用户积累和产品销售。在实际工作中，公司可针对某一产品或服务，进行论坛、博客、微博、微信营销推广工作。以论坛为例，包括论坛事件内容策划、发现论坛、注册论坛账号、发帖和回帖（事件炒作等）、效果监控等系列工作。因此，社区营销的关键之一是构建巧妙的具有创意的主题话题，并进行恰当的炒作，在实施过程中又要注重创造自己的论坛影响力，聚集网民的口碑。如网络红人的打造，王老吉捐款1亿元的营销方式。因此，学习本任务之后，能掌握各种社区化营销的基本知识与方法。

【任务导入】

某数码科技有限公司是以数码产品为主体，集研发与数码品牌推广于一体的IT企业，在全国设有50家平台机构。在营销过程中，尝试了电子邮件营销、搜索引擎营销和网络广告营销之后，也对论坛、博客、微博及微信等社区互动营销方式产生了浓厚的兴趣。因为，论坛营销、博客营销等营销方式能使营销成本大大降低，网民参与后也能产生“病毒式传播”的效果。例如，在淘宝的社区论坛上，网民们就捧红了很多国产化妆品的品牌。因此，某数据公司也想尝试利用论坛、微信等社区化营销推广方法，对新上市的一款MP6新产品进行宣传推广，请帮忙策划社区化营销宣传方案，同时，思考在开展营销推广活动中需要具备什么样的知识与技能。

【知识准备】

4.1 社群营销推广

4.1.1 社群构建的要素

社群构建的基本要素有议题、结构和内容，如图5－37所示。

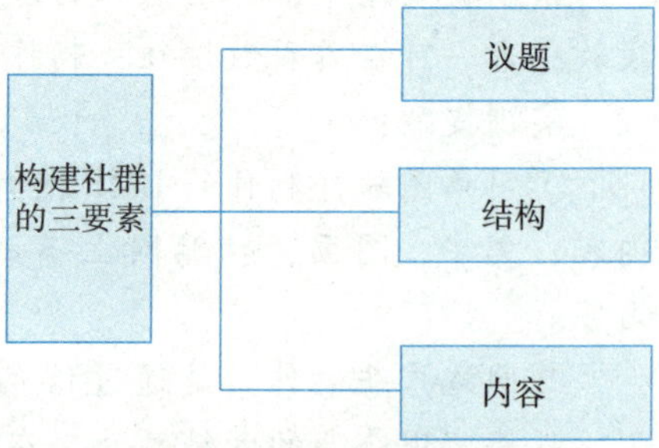

图5－37 社群构建要素图

1. 社群构成的前提：议题

社群构成的前提条件是群成员需要共同的议题，共同的议题是社群建立的前提。人们可以基于一个产品聚在一起，如小米手机；可以基于一种行为，如马拉松跑友俱乐部；可以是地域空间，如某某小区业主群；可以基于某种标签，如某某明星粉丝后援团等。基于这些产品、行为、地域、标签，可以产生大量的议题。

2. 社群存活的关键：结构

社群的结构决定了社群能否长久存活下去。社群的结构包括成员、平台、加入原则和管理规范。社群的第一批成员将会对社群产生较大的影响。社群的平台是指社群的交流工具。常见的交流平台有 QQ 群、微信群、贴吧、论坛等。见表 5－2。

表 5－2　常见社群交流平台特征比较

特征	QQ 群	QQ 讨论组	微信	百度贴吧	论坛
规模	人数规模有限制，群人数上限为 2 000 人	人数规模有限制	人数规模有限制，群人数上限为 500 人	人数规模不受限制	人数规模不受限制
创建限制	创建数量受到限制	创建数量没有限制	创建数量没有限制	创建数量受到限制	创建数量受到限制
创建难度	低，无门槛	低，无门槛	低，无门槛	中，受百度公司管理	高，需申请域名搭建网站
管理结构	金字塔形，设有群主管理员，群主管理员有管理权限	环形结构，自由邀请加入，创建者可踢人	环形结构，自由邀请加入，创建者可踢人	金字塔形，管理者受百度官方管理	金字塔形，版主拥有管理权限
共享方式	QQ 群文件、群相册、发链接、演示共享	群发文件、发链接	发链接（易被屏蔽）	群相册、群视频、发链接（易被屏蔽）	附件、发链接
玩法	匿名、@、群红包、群活动、群投票、直播	群红包、@	红包、@	引用、投票	引用、投票
普及程度	普及程度极高，全年龄段	普及程度一般，职场人士常用	普及程度极高，全年龄段	一般多集中于青少年	普及程度呈下降趋势

社群的加入原则是指用户加入社群的要求，社群加入并非没有门槛，适当设立加入原则，能够保证加入社群的人对社群更加珍惜。一些社群加入标准较为严格，如逻辑思维会员需要付费才能加入。

延伸阅读： http://mp.weixin.qq.com/s/65MWChFoH0BdVfSLfZznnQ
资产千万才能入群？设立社群门槛 4 个方法（附案例）

社群的管理规范是指社群的具体管理办法，当社群开始逐渐变大时，人员开始增加，就需要对广告、灌水等行为做出明确的管理规定。

3. 社群价值的评价：内容

社群需要持续输出有价值的内容，这也是考验社群能否长期存活下去的指标。每个加入社群的人都希望能从社群中获得对自己有用的内容。好的社群需要持续给群成员带来稳定的服务内容。逻辑思维每天一条微信语音推送，坚持知识的分享。许多产品论坛往往都有精华帖置顶给新加入的群成员查看。社群服务内容往往由社群成员产生，社群成员需要为社群做出贡献，提供有价值的内容。

4.1.2 社群的构建方法

社群的构建方法如图5－38所示。

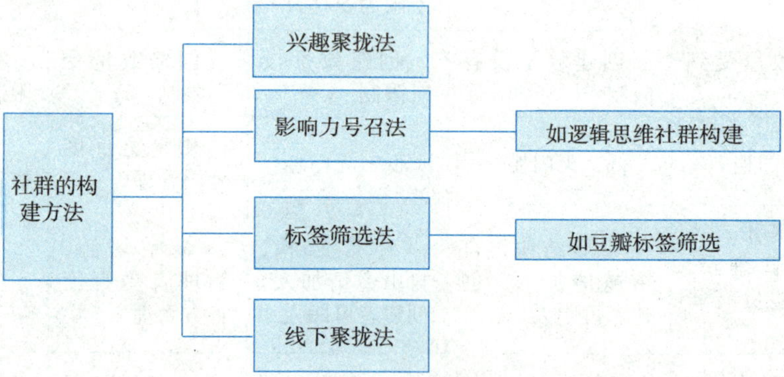

图5－38 社群构建方法图

1. 兴趣聚拢法

社群一开始招人很困难，通过兴趣聚拢的方法可以比较容易地实现社群构建的第一步。传统的兴趣聚拢构建社群的方式，如论坛、聊天室，可以通过现实生活中的互动实现。足球爱好者可以在球赛中结识好友，进而形成一个小社群；热心公益的人在一起进行公益活动的过程中形成社群。

2. 影响力聚拢法

影响力聚拢的关键在于这个拥有影响力的个人或者组织。罗振宇通过早期的脱口秀、每日的语音推送形成了自己的粉丝群体，他的身边聚拢了许多认可他价值观的人，此时逻辑思维宣布成立社群，需要缴纳一定费用才能加入，会员资格立马被一抢而空。

3. 线上标签筛选法

随着移动互联网的普及，结识同好的方式开始有了很大的变化，大量的线上平台都可以帮助更多、更快地找到有共同兴趣的人。常见的线上平台都具有标签搜索的功能，如图5－39所示。

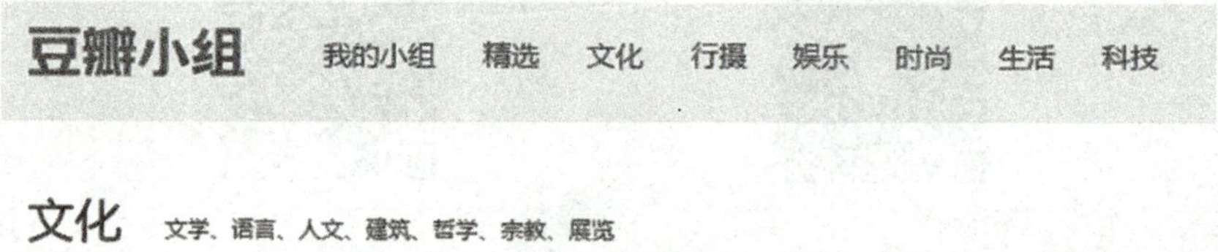

图5－39 豆瓣小组标签筛选功能

豆瓣小组界面通过标签将小组进行分类，可以分为文化、行摄、娱乐、时尚、生活、科技等大类，在大类下又有多个小类别的标签，比如豆瓣文化类大标签下有文学、语言、人文、建筑、哲学、宗教、展览等。

4. 线下聚拢法

线下场景是聚集社群的另一种有效方式。假如你是一个运动健身配件销售商，那么常见的场景就是健身房、运动场等。在这些场景中便可以提供一个聚拢同好形成社群的机会。可以采用赠送运动装备等方式吸引用户进群，完成社群的建立。

想一想

母婴用品店如想建立社群，应选择怎样的场景？

4.1.3　社群活动的组织

社群运营的一个思路是以产品为纽带，找到对产品感兴趣的用户，一起建一个社群。如图 5－40 所示。

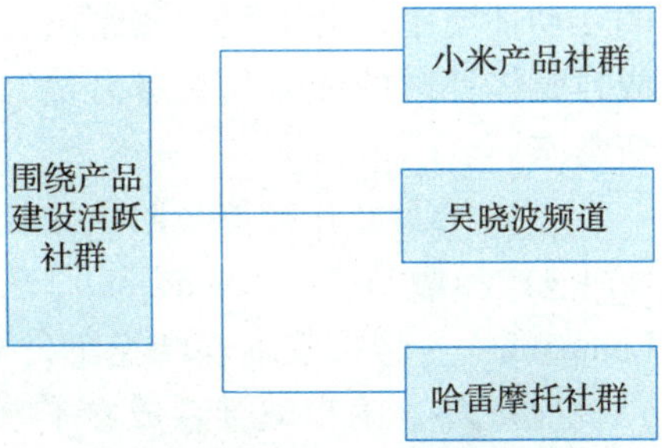

图 5－40　产品建设活跃社群图

（1）小米产品社群。小米科技的第一个成熟产品是手机的操作系统，就是今天的 MIUI。小米选择运营的第一个社区产品不是微博，而是论坛，这是因为它与 MIUI 的产品特征息息相关。MIUI 是一个很重要的产品，它需要刷机、解锁 Rom 权限，存在着不小的门槛。其中的很多知识很难通过微博完整地传播、沉淀，所以小米最初的 50 万核心用户是在论坛传播中获得的。

在做小米手机系统（MIUI）时，雷军下达了一个指标：不花钱将 MIUI 做到 100 万用户。于是，主管 MIUI 的负责人黎万强只能通过论坛做口碑：满世界泡论坛，找资深用户，几个人注册了上百个账户，天天在手机论坛灌水发广告，精心挑选了 100 位超级用户，参与 MIUI 的设计、研发、反馈等。借助这 100 人的口碑传播，MIUI 迅速得到推广。

那时雷军会每天花一个小时回复微博上的评论，即使是工程师，也要按时回复论坛上的帖子。据统计，小米论坛每天有实质内容的帖子大约有 8 000 条，平均每个工程师每天要回复 150 个帖子。此外，在每一个帖子后面都会有一个状态，显示这个建议被采纳的程度及解决问题的工程师 ID，这给了用户被重视的感觉。

（2）吴晓波频道。吴晓波频道是国内目前较大的互联网财经社群，包括微信公众订阅号、财经类脱口秀视频及音频、书友会等具体互动形式。

作为国内出色的财经作家，曾被评为“中国青年领袖”的吴晓波，在财经爱好者群体中具有极强的号召力。2014 年 5 月 8 日，吴晓波频道上线，每周二、周日各一篇财经专栏，周四在爱奇艺播出 30 分钟左右的视频脱口秀。其中，微信公众号上线当天的订阅用户达 4 582 人，一个月后的 6 月 8 日便超过了 10 万人。

从 6 月下旬开始，自发组织的城市书友会出现，100 天后，已有 30 个城市组建了书友会，其中，9 个城市选出了管理员，他们负责各自城市的读书活动。而吴晓波则推荐了“罗伯特议事规则”（美国国会开会规则）给大家，帮助大家制定讨论的规则。

在初期的运营中，吴晓波总结了5个特点：

①好内容是硬道理，文本、视频、音频、图表、投票及现场授课，多种形式构成一个新的、以个人（或某一聚合体）为中心的思想平台。

②移动客户端和社交网络的兴起，让自媒体这个小而专的存在变得更加灵活和主动，相对于提供海量分类内容的大平台，这甚至是优势。

③内容产品化成为必然。一篇文章或视频，无论是前向式收费（会员订阅制），还是后向式收费（广告内嵌、品牌冠名、流量分成、打赏），都将与内容提供者直接相关。

④增值兑付模式多元化。不同属性的自媒体人将因其行业特征而获取线上、线下的商业利益，比如，心理师可以发展在线咨询或线下培训课，财经专家可以举办专场演讲会或开展咨询业务等。

⑤核心粉丝价值凸显。订户的分地区、分类群运营将变得至关重要，在有效的、半封闭的互动环境中，会出现“秘密语言”、社群特征甚至独有的仪式，百分之一的核心粉丝将构成自媒体社区的传播和引爆力量，经典意义上的“大众媒体”消失了，小众或精众化成为新常态。①

（3）哈雷摩托社群。哈雷摩托，全球知名摩托车品牌。1903年，威廉·哈雷（William Harley）和戴维森（Davidson）三兄弟在密尔沃基创建了著名的Harley - Davidson Motor Company——哈雷戴维森摩托车公司。

1983年，哈雷戴维森成立了哈雷车主会（Harley Owners Group），以满足骑手们分享激情和展示自豪的渴望。哈雷车主会在世界各地设有超过1 400家官方分会，以便骑手们结识新朋友，找到新的骑行伙伴，并参加各种分会活动。如图5 -41所示。

图5 -41　哈雷摩托车社群

4.1.4　打造社群亚文化

社群亚文化是指一个社群特有的文化，一个社群亚文化能够获得整个社群的认同，社群就更有活力。常见的亚文化简介如下。

---

① http://www.woshipm.com/operate/149715.html。

1. 屌丝文化

无论从人数还是影响力上看，屌丝文化都堪称当今规模最大的亚文化，即使是不认同其文化内涵的人，也必须承认它在传播能力上极其优秀。屌丝文化起源于百度贴吧“李毅吧”，李毅吧本来是由一群对中国足球心怀不满的人创立的，是一个以反语和讽刺等方法抒发自己情绪的网络论坛。后来因其活泼的氛围和幽默的内容，吸引了越来越多的网友，成为百度第一大贴吧。数量巨大的社会中下层用户群体对李毅吧的精神内核产生了潜移默化的影响，最终发展出了二者相结合的产物——屌丝文化。屌丝文化的核心不再是嘲讽别人，而变成了嘲讽自己，“屌丝”这一自称就是这种精神的具体表现。

（1）游戏玩家。游戏行业的发展，其实和电影有颇多相似之处：同样的娱乐特质，同样的新兴产业，同样的技术革新，甚至版权领域的发展困境都是同样的。电影已然成为主流文化，外国的游戏文化实际上也已经成为主流，不过在我们生活的社会里，游戏还是只能在亚文化的圈子里挣扎。

（2）理性派。与其他亚文化相比，理性派最显著的特征在于，其成员几乎全部是理科生，至少有着极端理科化的思维。他们聚集于果壳网、科学松鼠会一类网站中，日常活动就是提出和解答千奇百怪的问题。这种古罗马大学堂式的群体本应是相当封闭的，之所以能成为影响力颇大的亚文化，或许要拜社交网络上泛滥的公知言论和低劣广告所赐。

（3）御宅文化。御宅族的文化实际上是很单纯的，总结起来，核心只有两点：对单纯的生活方式的追求和对真善美的追求。这两点需求在现实社会中难以获得，在追求反映真实的电影、小说等艺术作品中也难以获得，因此，故事简单而美好的动漫作品与宅文化就成了天作之合。动漫和宅文化相辅相成，很难说哪一个对对方的影响更大。没有宅文化的动漫作品，其实和一般的电影文化没什么区别，只是换了个表现手法而已；没有动漫的宅文化，也只能向其他亚文化蜕变。

从宅文化的本质上也可以看到，它确实难以在御宅族进入社会后维持。真实的社会让御宅族大部分的幻想难以为继，很多人也许会继续将动漫作为自己的避风港，但却必将与狂热的御宅族渐行渐远。

2. 暴走漫画亚文化

暴走漫画（Rage Comic），简称“暴漫”，一种流行于网络的开放式漫画，它们通常以日常生活故事、笑话段子为主题，通过简单的手绘表情（Rage Faces）构成简单漫画。由于有固定的人物设定，可由不具备美术功底的普通网民制作并发布。题材往往是贴近生活的糗事，也有少量讽刺性和反思性题材。暴走漫画注重通过夸张的头像来表达漫画人物的心情，通常是愤怒、开心和无语。暴走漫画人物的头像特点通常在于嘴和眼，是近几年兴起的一种新鲜的网络恶搞，在网民（尤其学生群体）中引起了疯狂的关注。

暴走漫画亚文化有几个特点：①暴走：暴走漫画的初衷是发泄心中不满的情绪，任何生活中不顺的事都可以通过暴走这种情绪形式表达出来。②分享糗事：暴走漫画中有很多日常生活中会发生的糗事，这些糗事会引发读者的强烈共鸣。暴走漫画把这些糗事转化为一个个好玩的梗供读者消遣。③耍贱：暴走漫画里充斥着许多耍贱的元素，常见的套路如在漫画的前两格或者三格以夸人为主，最后两格或者一格将情节进行反转。

3. 虎扑体育亚文化

虎扑从 NBA 论坛发家，最初的定位是“可能是最好的篮球网站”。虎扑论坛上除了竞技体育相关的专栏外，海淘、团购等栏目也赫赫在列，甚至还出现了有“男人的八卦小组”之称的步行街，除了八卦吐槽外，还有类似选美般的活动——“步行街女神终极一战”。

虎扑论坛形成了独特的亚文化，而那些常年混迹于虎扑的网友们也有个专属称谓——JRs，对他们而言，这里就像是一个小酒馆、烧烤摊，一个嬉笑怒骂，家长里短，吹牛的好地方。论坛里有许多的黑话往往是其他人无法理解的，如“贝弗利”“二院”“他强任他强”等。

4. 哔哩哔哩动画亚文化

哔哩哔哩动画网是国内知名的弹幕视频分享站，常被动漫迷们称为B站。哔哩哔哩动画主要是在线视频分享。

哔哩哔哩动画网主要有三种亚文化，包括御宅文化、弹幕文化、鬼畜文化。

（1）御宅文化。要注册成为哔哩哔哩动画正式会员，需要进行答题。用户需在一小时内回答100道选择题，答对60题才能通过。题目内容包括动画、漫画、游戏等各方面的知识。

（2）弹幕文化。首先使用“弹幕”这一穿插在视频节目中的评论形式的是日本的视频分享网站NICONICO。起初NICONIOC上只能通过盗链获取YouTube上的视频，不过却多了一项用户可以加上留言与字幕的功能，这便是弹幕的雏形。弹幕评论其实是一种新颖而特殊的体验。基于互联网的即时弹幕能够超越时空限制，构建出一种奇妙的共时性的关系，形成一种虚拟的部落式观影氛围，这种气氛经过强化，可以演变成一种“狂欢”。

（3）鬼畜视频文化。鬼畜视频是一种恶搞视频，以高度同步、快速重复的素材配合BGM的节奏来达到喜感效果。

4.1.5 创造面对面的接触

社群建立之后，应当创造机会增加面对面的接触，人与人建立信任的有效方式就是面对面的接触。对社群而言，增加面对面的接触将有效地保持群活跃度。如图5－42所示。

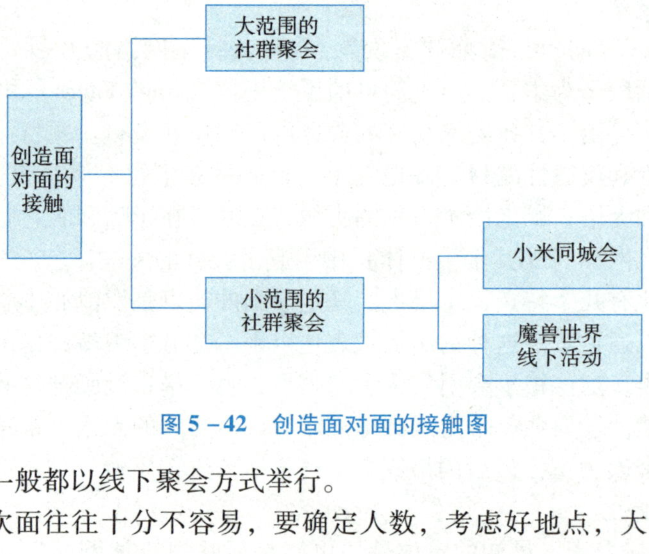

图5－42 创造面对面的接触图

面对面的接触一般都以线下聚会方式举行。

大型聚会见一次面往往十分不容易，要确定人数，考虑好地点，大型聚会的难度比较高。小范围的社群聚会，活动组织起来更为容易，小范围的聚会能聊的内容也会相对比较多。

1. 小米同城会

小米同城会是各地喜爱小米、志同道合的人团结在一起的民间米粉组织，同城会会长是小米同城会活动的主导者，负责协助官方管理和组织民间线下活动，聚集所在城市米粉交流心得、分享爱好、结交朋友，从而扩大小米影响力。目前海内外已有近百个小米同城会，百余位同城会会长。

2. 魔兽世界线下活动

魔兽世界网络游戏中玩家与玩家之间的线下互动则主要发生在官方或玩家自发组织的各类以《魔兽世界》为主题的活动中，比如各类比赛、COSPLAY 等。还有就是一些不常见、非常规的互动方式，但有时却会对社群黏性产生不可低估的促进作用。比如 2011 年 12 月，有一个著名的玩家“老刀 99”与其因游戏而结缘并相恋七年的女友举行了一场以《魔兽世界》为主题的婚礼，从现场布置、请柬设计到主宾服装、婚礼流程等，到处可见《魔兽世界》的元素，婚礼宾客以《魔兽世界》的玩家为主。各种媒体对此进行了详细报道，运营商也通过官网论坛等渠道对此事件进行了大肆宣传，成为《魔兽世界》玩家津津乐道的一段佳话。

4.1.6　社群的活动持续运营形成品牌

社群的活动需要持续运营，从而形成话题沉淀，长期运营下去形成品牌就能不断吸引忠实的用户。如图 5－43 所示。

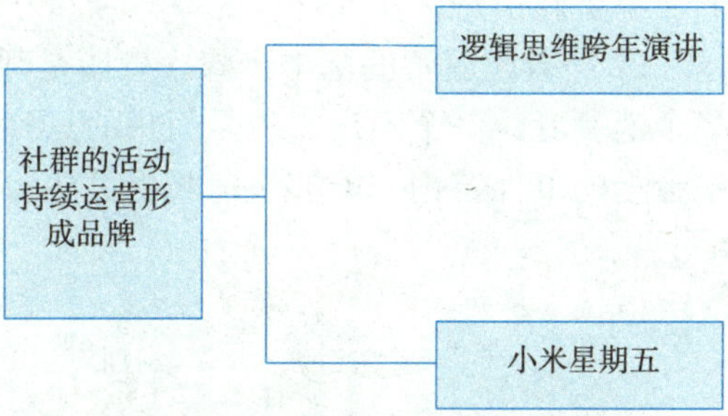

图 5－43　社群的活动持续运营图

1. 逻辑思维跨年演讲

2015 年 11 月 3 日，罗振宇在其微信公众号里宣布要在 2015 年 12 月 31 日晚上举行一场跨年演讲，名为《时间的朋友》，同时宣称要将这个演讲持续办 20 年（以后每年的同一时间），并预售 20 年的门票 99 张，售价 40 000 元；18 年的门票 300 张，售价 36 000 元。这些门票据罗振宇本人表示都被一抢而空。2016 年 12 月 31 日，跨年演讲如期举行，有超过 10 000 人选择来到深圳聆听这场跨年演讲。

2. 小米科技橙色星期五

为了让用户深入参与产品研发过程，小米设计了“橙色星期五”的互联网开发模式，核心是 MIUI 团队在论坛和用户互动，系统每周更新，如图 5－44 所示。

周一
周二
周三
周四
周五
开发
开发/四格体验报告
开发/升级报告
内测
发包

图 5－44　小米科技橙色星期五开发模式

在确保基础功能稳定的基础上，小米把好的或不够好的想法、成熟的或不够成熟的功能，都坦诚放在用户的面前。每周五的下午，伴随着小米橙色的标志，新一版 MIUI 如约而至。随后，MIUI 会在下周二让用户提交使用过的四格体验报告。通过四格报告，可以汇总出用户最喜欢上周哪些功能，觉得哪些不够好，哪些功能广受期待。

小米内部设置了“爆米花奖”，根据用户对新功能的投票产生上周做得最好的项目，然后给员工奖励。奖品是一桶爆米花，以及被称为“大神”的荣誉感。

4.2 微博营销推广

4.2.1 微博注册、定位

1. 微博概念与运营步骤

（1）微博（Weibo），即微型博客（MicroBlog）的简称，是一种通过关注机制分享简短、实时信息的广播式的社交网络平台。微博包括新浪微博、腾讯微博、网易微博、搜狐微博等，一般所说的微博就是指新浪微博。微博是一个基于用户关系信息分享、传播及获取的平台。用户可以通过 Web、WAP 等各种客户端组建个人社区，以 140 字（包括标点符号）的文字更新信息，实现即时分享。

（2）微博运营的基本步骤。微博是开展品牌营销的有力武器。每一个微博 ID 后面都是一个消费者，一个用户。越是简短的只言片语，越是最真实的用户体验。微博是建立在微博平台上的事件营销，能够快速吸引关注。如图 5－45 所示。

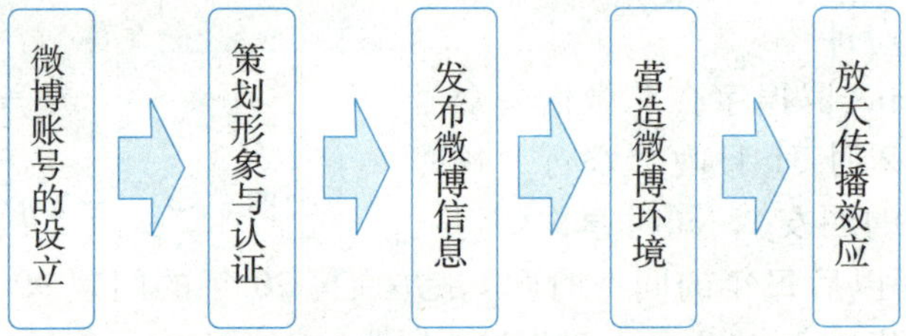

图 5－45 微博运营的基本步骤

想一想

微博本质是一个媒体平台，也是内容平台，作为微博运营人员，如何保证微博内容的健康性呢？谈谈个人的见解。

2. 微博账号注册、定位

微博运营的本质是对消费者讲话，因此首先应该选择一个有影响力、集中了目标用户群体的微博平台，在此平台上开设企业的官微账号，获得企业发布信息的基本资格。

最早也是最著名的微博是美国 twitter。2006 年 3 月，博客技术先驱 blogger 创始人埃文·威廉姆斯（Evan Williams）创建的新兴公司 Obvious 推出了大微博服务。2010 年左右国内的知名互联网公司也纷纷上线自己的微博网站，如新浪微博、腾讯微博、搜狐微博、网易微博。新浪微博经过 9 年左右的运营，在中国市场上消费者使用率已经占到 85% 左右的份额。

（1）个人微博账号注册和企业官微注册的基本步骤。

以新浪微博为例：

①打开“新浪微博”页面后，单击“立即注册”按钮，如图 5－46 所示。

图 5－46　新浪微博首页

②进入微博注册页面，填写手机号、密码、生日、激活码的信息资料，填写完成后，单击“立即注册”按钮，如图 5－47 所示。

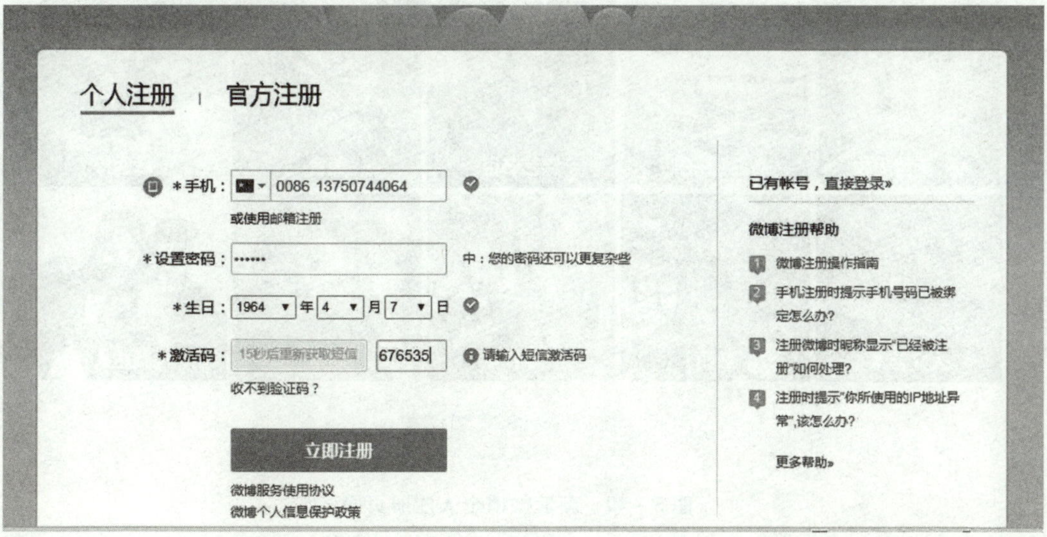

图 5－47　新浪微博个人注册页面

③进入完善资料页面，填写相关信息后，单击“进入兴趣推荐”按钮，如图5－48所示。

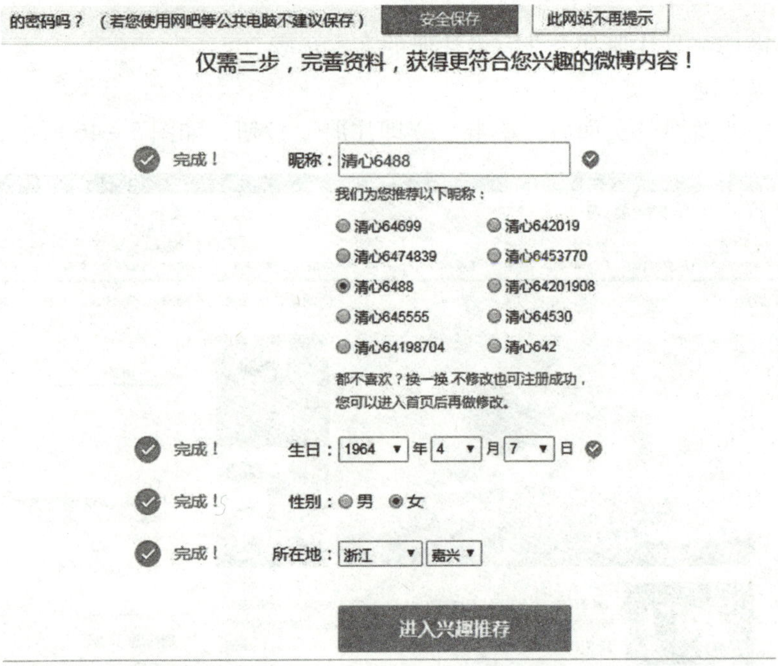

图5－48 新浪微博个人注册页面

④选择兴趣，找到喜欢的微博，单击“进入微博”按钮，如图5－49所示。

图5－49 新浪微博个人注册页面

⑤进入个人微博主页面，可以完善个人资料、发微博等，如图5－50所示。

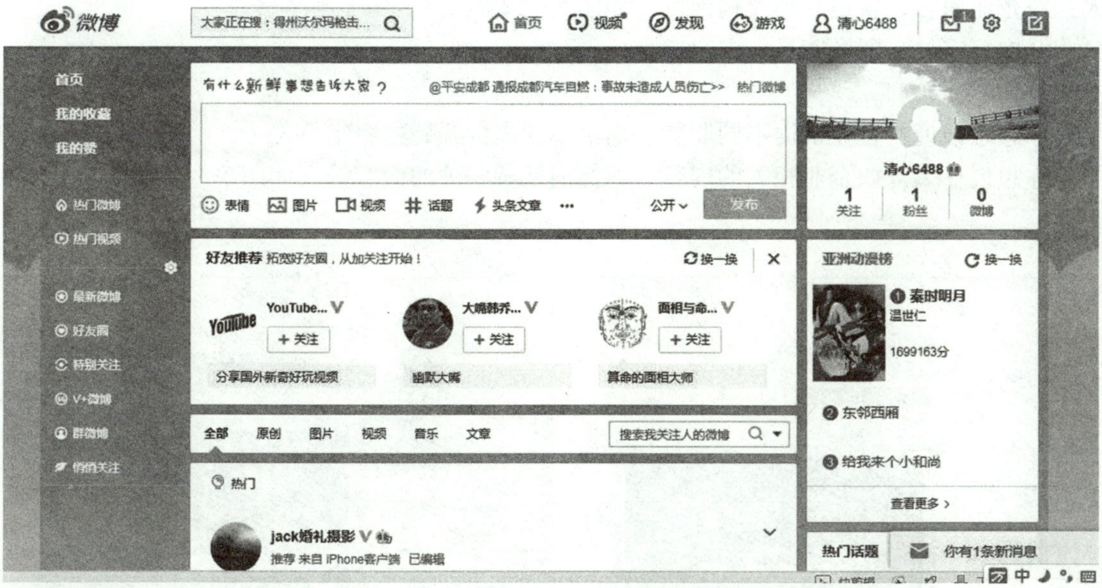

图 5－50　新浪微博发博页面

提示：微博账号分为两大类，即个人账号与官方账号，二者从注册开始就有较大的不同，因此需要特别注意。

如果是个人注册，就在注册页面单击“个人注册”按钮，按照上述步骤进行操作；如果是媒体、名人、企业或者其他官方微博，单击“官方注册”按钮，如图 5－51 所示。

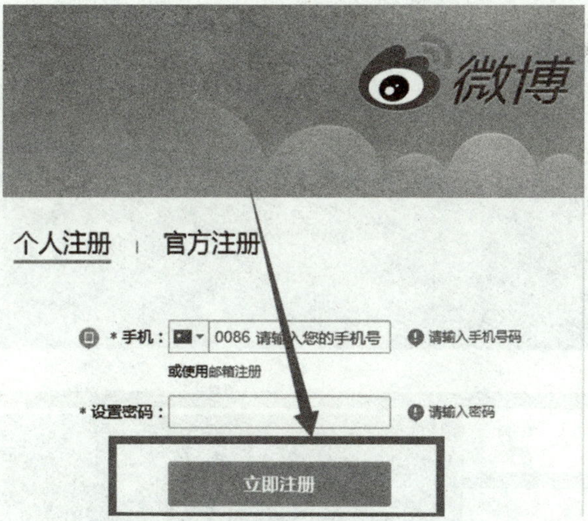

图 5－51　新浪微博企业官微注册页面

（2）微博定位。不论是个人微博还是企业官方微博，都应该做好自己的定位，特别是企业要根据自身企业目标来正确定位。

①身份定位。个人微博定位要指明你是谁；企业官微定位要表明品牌愿景是什么，本企业微博承担哪些责任，是销售、市场、公关还是产品等。因此，通过对微博整体定位，呈现出官方微博的虚拟形象，这就是通常所说的“身份定位”。个人在微博上说的话只代表个

人，对企业而言，就是一种营销推广，如图 5－52 所示。

②内容定位。即微博具体内容定位。

例如：

你想跟谁说？企业根据不同职能，面对不同人群开展内容定位。

你想说什么？如企业相关的内容、目标消费者相关的内容等。如图 5－53 所示。

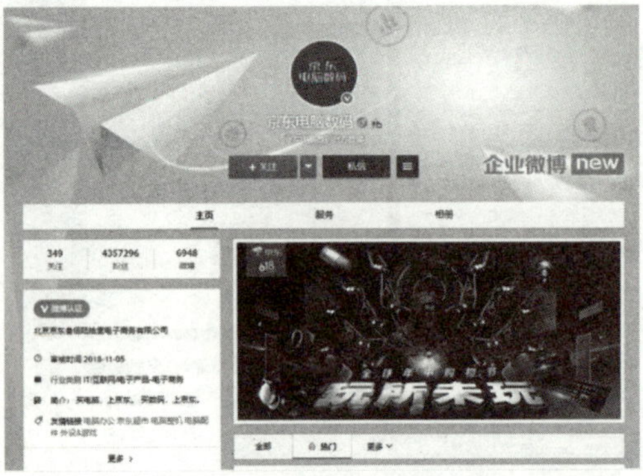

图 5－52 京东电脑数码官微页面

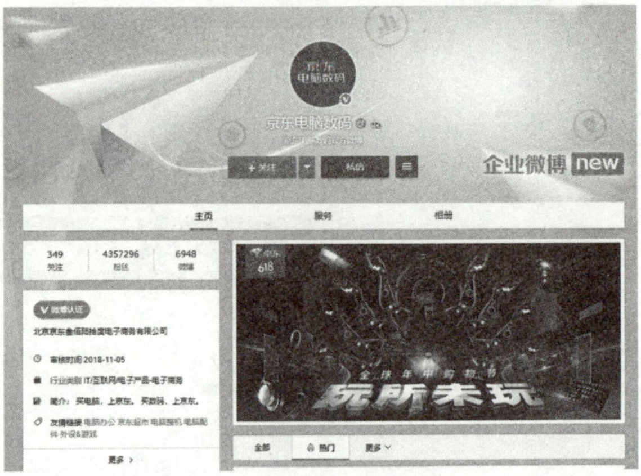

图 5－53 京东百货官微页面

例如，小米手机官微通过微博定位，让用户通过小米微博首页了解企业的基本信息并产生信任感，如品牌名称、核心产品、独特优势等，之后可以发布若干有关企业介绍的微博，再寻求别人的关注。小米手机的微博官方账号如图 5－54 所示。

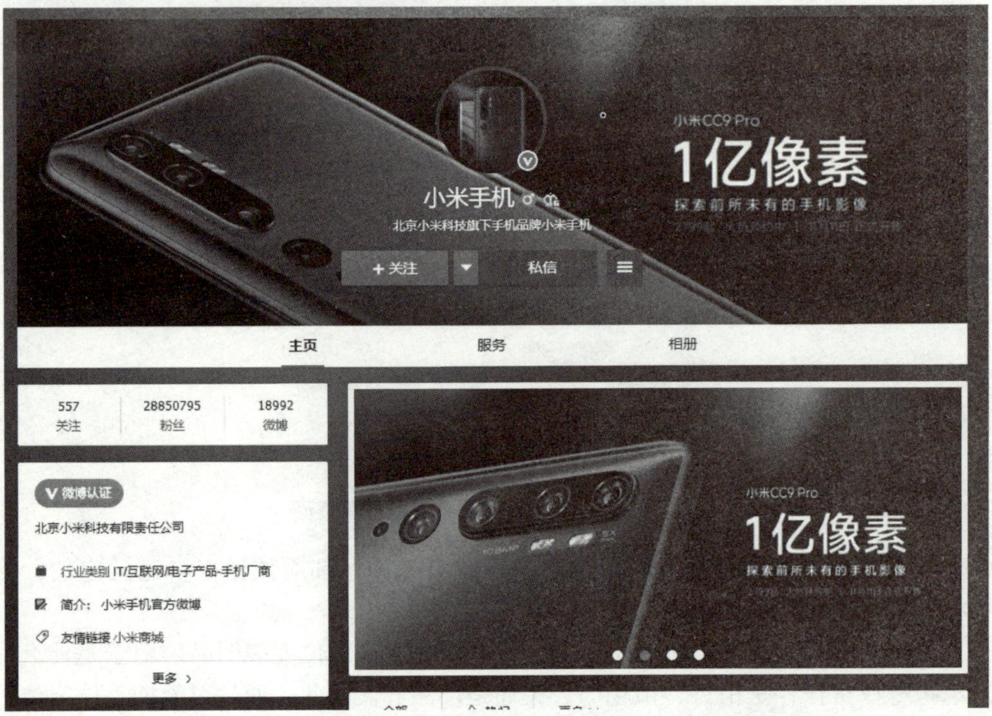

图 5－54 小米手机微博官方账号

③企业品牌定位。通过微博自画像可以把企业品牌定位成一个复合的形象，再通过企业官方微博展现出来，体现人性化，有利于与用户更好地沟通，如图 5－55 所示。

图 5－55 天猫微博品牌定位图

4. 2. 2 微博认证与内容规划

1. 个人微博认证

（1）进入新浪微博的官网，输入自己的账号和密码进行登录，如图 5－56 所示。

（2）进入微博后，在页面最低端可以看见“认证 & 合作”下面的“申请认证”四个字样，单击进入，如图 5－57 所示。

（3）在微博认证申请页面中，有个人申请认证和机构认证两项内容，如图 5－58 所示。

（4）如果是个人微博，则可以选择“身份认证”，单击进入，核对自己是否具有如图 5－59 所示的五个条件。如果具有，单击“立即申请”即可，如图 5－59 所示。

（5）按照页面的要求填写个人信息，如图 5－60 所示。

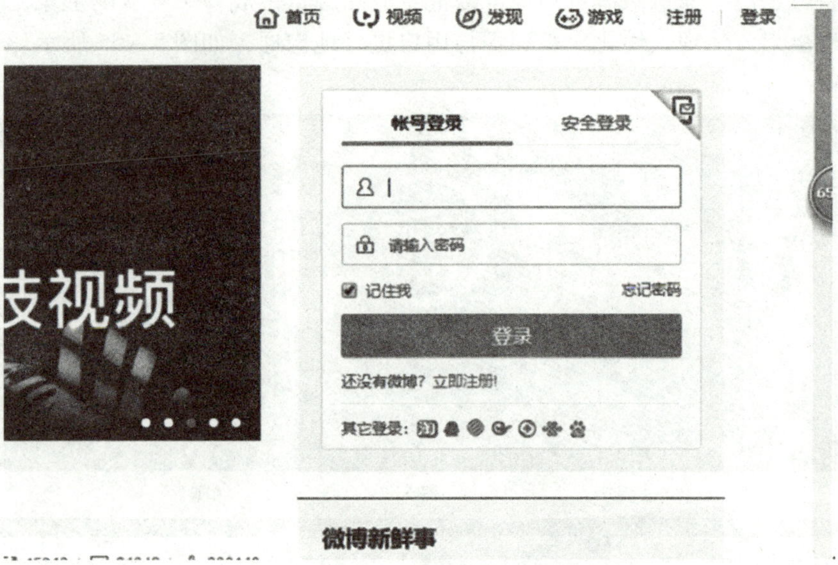

图 5－56　新浪微博登录页面

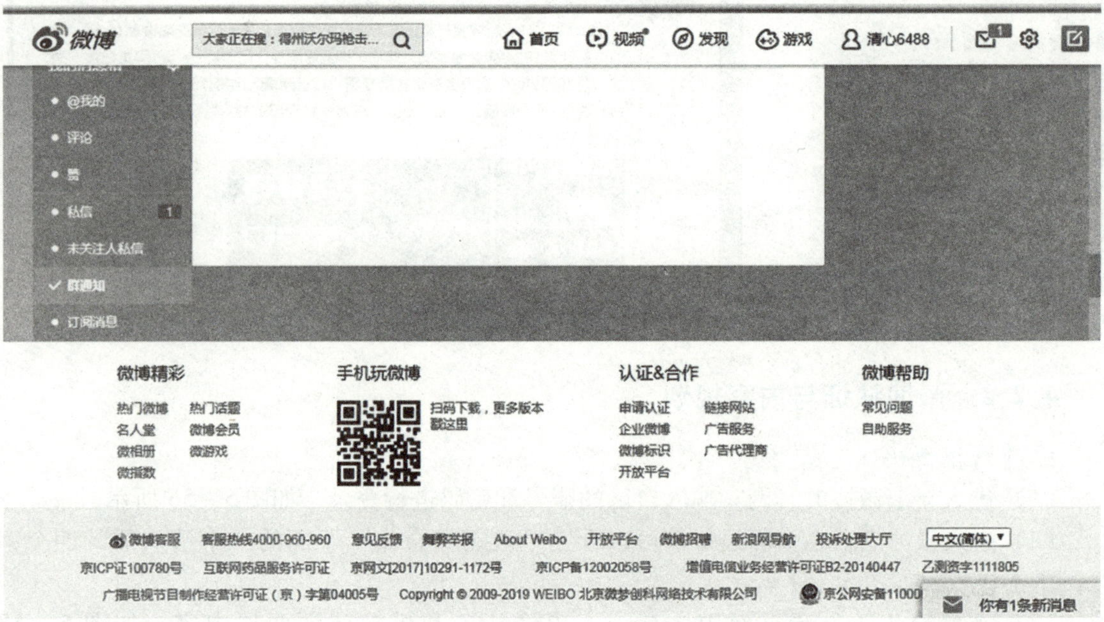

图 5－57　新浪微博认证页面

图 5－58　新浪微博个人申请认证页面

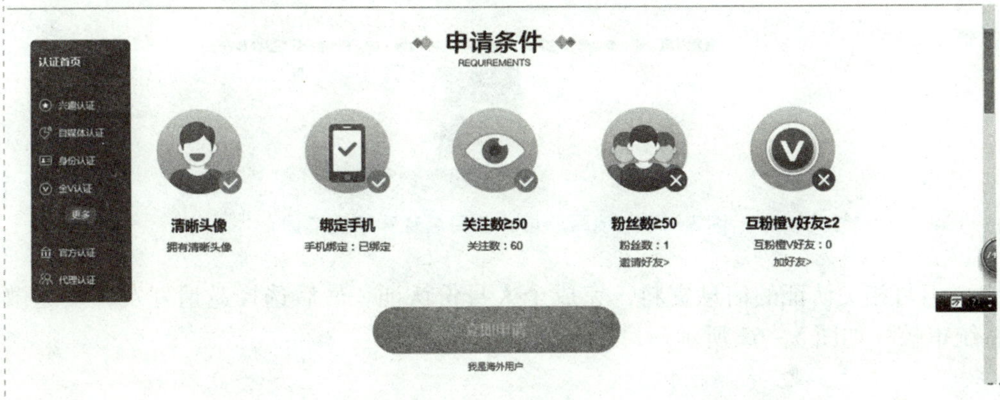

图 5－59　新浪微博个人申请认证的条件页面

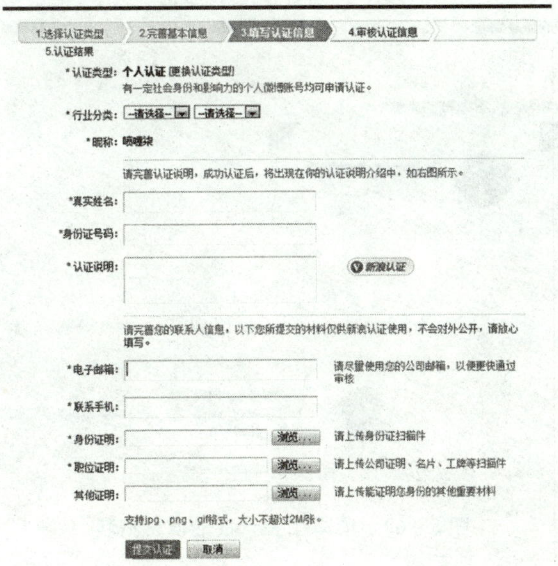

图 5－60　填写个人信息

（6）填写职位、公司名称和职位描述，如图 5－61 所示。

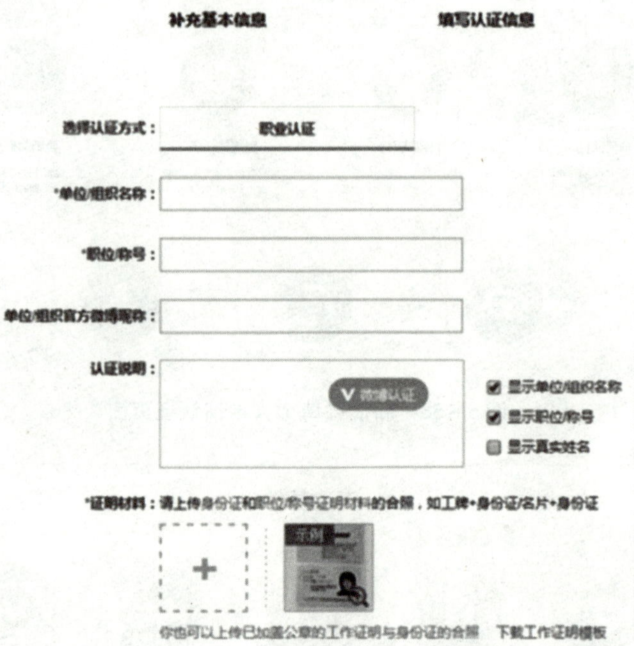

图 5－61　填写职位、公司名称和职位描述

（7）填写相关认证的信息资料，完成个人身份认证。最后选择邀请好友，发送微博后等待系统审核，如图 5－62 所示。

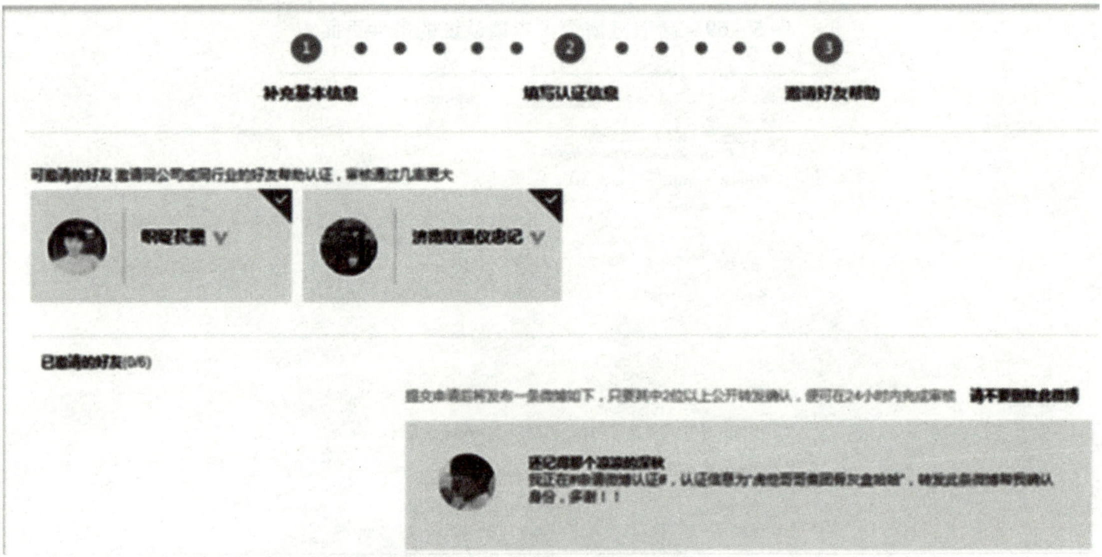

图 5－62　填写相关认证的信息资料

提示：

（1）个人认证基本条件。

申请个人认证的微博账号需要满足以下条件：①绑定手机、有头像、粉丝数不低于50、关注数不低于50、至少2个互粉橙V好友。②有发微博内容且能体现活跃的真实个人。

（2）个人认证入口。

电脑：单击微博页中的“设置”→“V认证”→“身份认证”→“去认证”；手机：“我”→“客服中心”→“申请加V”→“身份认证”。

申请所需资料可以登录 https://kefu.weibo.com/faqdetail?id=20831 进行了解。

审核时效：①有两位及以上辅助认证好友帮助公开转发微博，可在24小时内完成审核。②未完成两位及以上辅助好友公开转发的，则会在两个工作日内完成审核。

2. 企业微博认证

要注册企业微博，除了在注册页面中直接单击“官方注册”按钮外，还可以在申请的个人注册账号的最底端单击“企业微博”，进入如图5-63所示页面，再单击“立即申请企业认证”按钮，填写相关企业资料，即可完成企业官微认证。

图5-63　新浪微博完成企业认证申请页面

操作如下：

（1）单击“立即申请企业认证”按钮，如图5-63所示。

（2）进入企业认证页面后，填写相关企业业务资料、运营者信息等信息，如图5-64和图5-65所示。

（3）单击“下一步”按钮，然后选择权益与等待审核。

3. 发布微博与内容规划

微博信息发布是一项持久的、连续的工作，微博应保持不断地更新，同时注意，微博内容的规划、写作和选择至关重要。

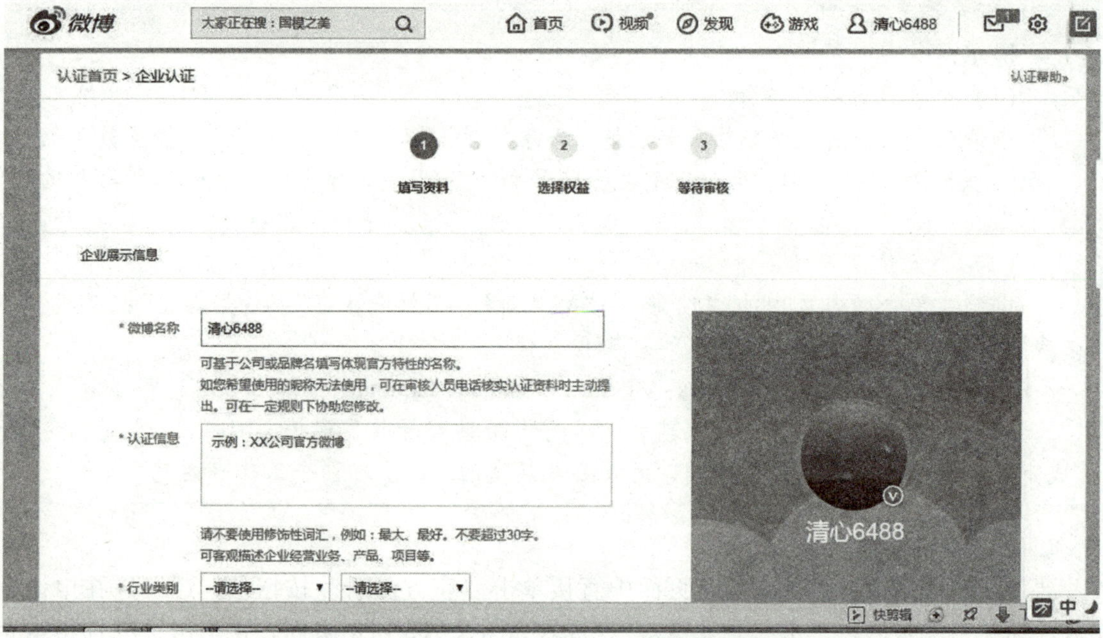

图 5－64　新浪微博完成企业认证信息填写页面

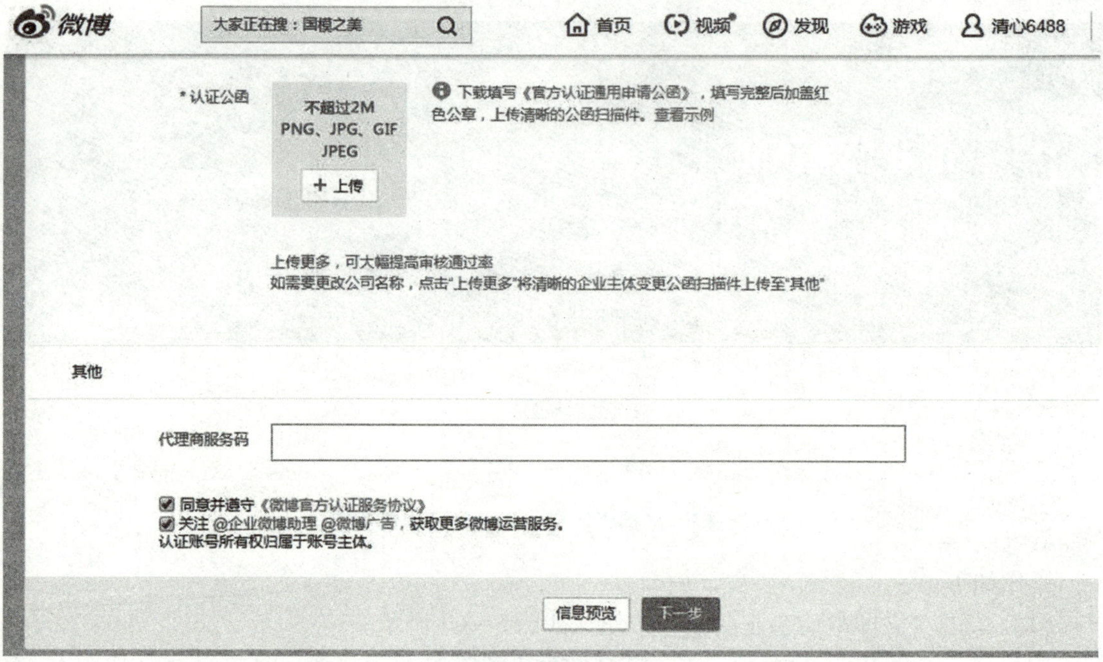

图 5－65　新浪微博完成企业认证信息认证页面

（1）稳定频率更新。以著名公众号杜蕾斯官方微博为例，该官方微博每天保持 3～9 条更新，大多集中在 6～8 条，发布时段基本是早晨 10 时、中午 12—13 时、下午 14—15 时、晚间 18—22 时，约每隔 1 小时发布一次。这种持续坚持高质量产出是杜蕾斯被大众熟识的最重要原因。

（2）精心设计微博内容。以杜蕾斯的微博文案为例，其内容大致可以划分为以下几类。

①节气、节日类。杜蕾斯可谓不放过任何一个节日，包括春节、元旦、情人节、妇女节、愚人节、端午节、父亲节、七夕节、圣诞节等，甚至世界湿地日、二月二龙抬头、世界水日等少见日子也不放过。节气方面包含雨水、惊蛰、清明、大暑等。

②借助时事/行业热点。仔细研究杜蕾斯的文案，还是可以发现一些套路的，例如大众比较关注的滴滴与Uber合并、李娜退役、刘翔受伤退赛等事件。

③利用娱乐新闻包括电影、明星等。例如电影《陆垚知马俐》上市期，借用谐音，马上推出“日‘久’见人心”的海报。

④其他类。包括产品知识介绍、两性知识等。

（3）善用技巧引发话题。借用产品的外形、相关特征和属性，借助图形、数字的关联/联想，数字演变、文字符号的变化，谐音、拟人等手法，把各种常见的物品与杜蕾斯的产品连接起来，成为微博的内容之一。如图5－66所示。

图5－66　杜蕾斯微博截图

4. 营造微博环境

微博是SNS的一种形式，独自发布信息而没有别人关注是没有任何意义的，参与互动的方式包括：关注业内重要机构及重要人，关注与企业相关的行业动态，关注那些关注自己的人，通过转发、评论他人微博等方式获得他人关注，获得尽可能多的被关注，是微博运营的基础。

5. 放大传播效应

微博最大的特点之一是通过SNS好友圈子快速实现信息在更大范围的传播，当拥有一定量的好友资源之后，通过对微博内容信息的有效设计，可给予一定的激励，实现在好友之间及在好友的好友之间进行信息的全方位放大传播。

想一想

微博账号有几种类型？它们的注册和认证方法是否一致？如果不一致，需要注意的问题是什么？

4.2.3 话题策划与涨粉

1. 话题策划

要引发微博话题，就需要做好话题策划，使话题有趣、有用、有竞争性。

（1）话题：在新浪微博中打上两个#，#中间的字就成了话题。用户可以点击话题，从而进入专属这个话题的讨论页面，如图5－67所示。

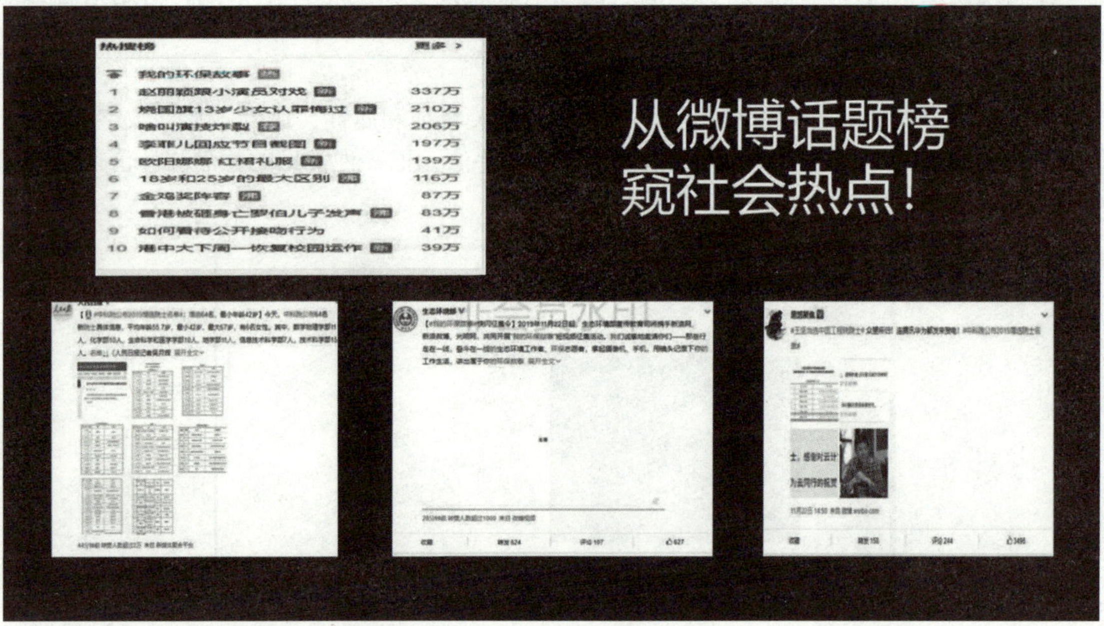

图5－67 微博话题页面

（2）话题的发布：登录微博，找到“话题”，进入“插入话题”页面，可直接在两个“#”中插入自己的话题。例如，“#假期后半阶段有什么安排？#”，单击“发布”按钮，如图5－68所示。

（3）话题宣传：主要是活动类话题的宣传，分为前期宣传、进行时互动和后期收尾宣传。

（4）话题互动：注意利用微博的热门话题来吸引粉丝的眼球，达到引起共鸣的效果。同时要善于回复粉丝的评论。如图5－69所示。

2. 微博涨粉的方法

（1）开通微博后的第一件事就是为自己取一个好名字，昵称要有特色，做到让人过目不忘。如果不是名人，最好不要用真实姓名。另外，一定要先做好微博定位，必须选择一个很小的领域，然后成为这个领域的专家。

（2）贴上多一点的标签，例如电子商务、网络营销、Google、Facebook、SNS、搜索引擎等，这样别人会更容易搜索到你。只要你和别人有相同的标签，你就会被推荐到别人“感兴趣的人”里面。

（3）要有精彩的充满个性的个人介绍，让人耳目一新，就会有人关注你。

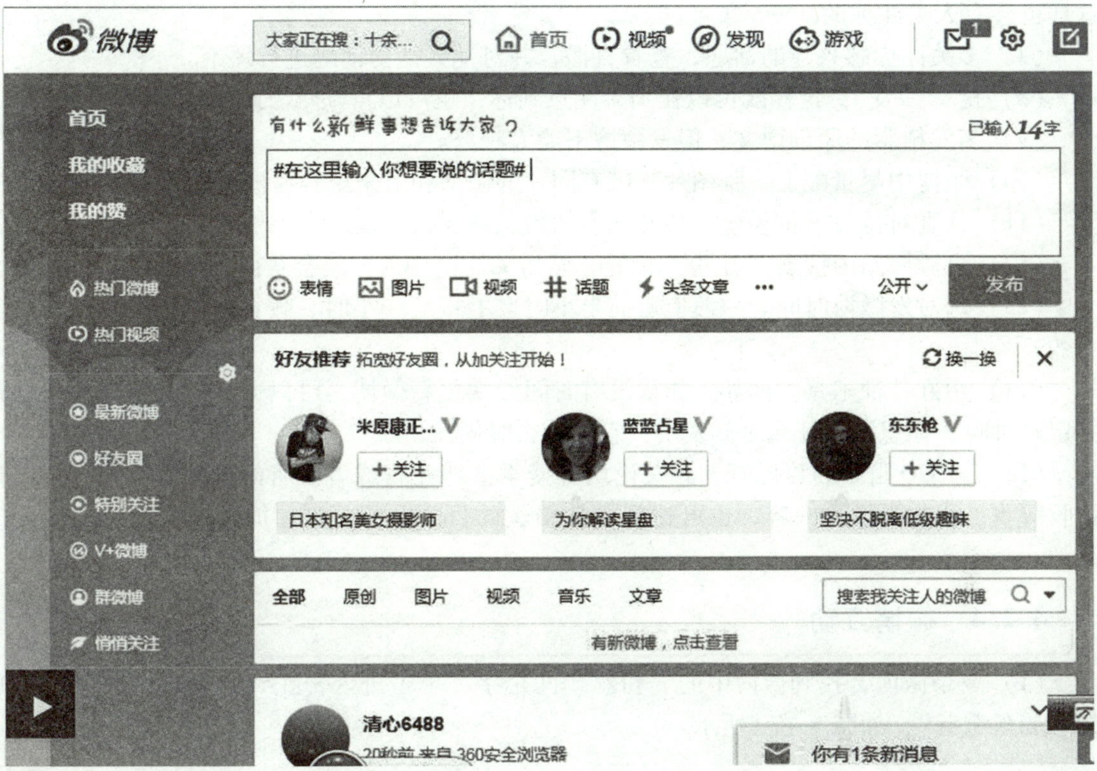

图 5－68　微博话题发布

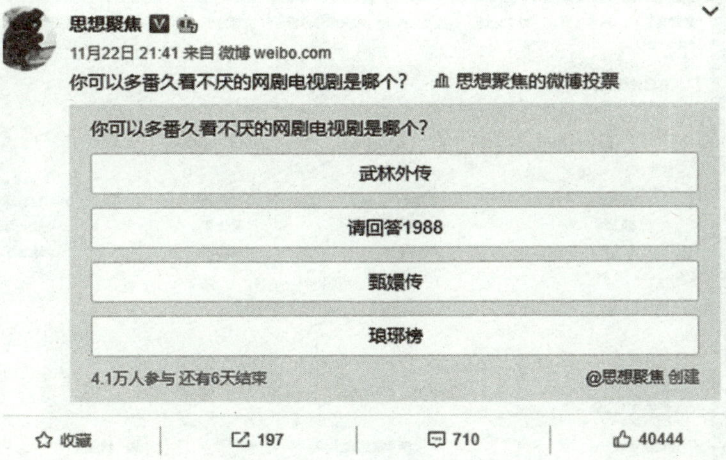

图 5－69　微博话题互动页面

（4）头像必不可少。切忌用自己的真人照片作头像。

（5）资料尽可能全，包括年龄、职业和教育信息等。资料越全，越让人感觉你真实，越愿意关注你的微博。

（6）微博需要真诚，需要主动出击关注别人，要转发别人的好博，要评论别人的话题，这样也会有人关注你的。

（7）多关注你感兴趣的话题，查看直播，并对他人微博话题进行评论。

（8）抢“沙发”，这样既可以让别人注意到你，也可以得勋章。此外，要用好#和@。

（9）多发精彩的原创博文，但发微博不能太频繁。

（10）微博中尽量配上一张图片，带有图片的微博相对来说容易被关注。

（11）认真对待每一位粉丝，最好把你的粉丝都加为好友，互为粉丝。

（12）去微博站内搜索“互粉”标签，然后关注这些人，就会获得数量可观的粉丝。

（13）选对发微博时间。一般上班前半小时、上班后一小时、睡觉前一小时发微博最为有效。

（14）用好各种工具。例如，如果没有时间经常更新微博，可以通过定时微博预先保存并定好时间，你想让它什么时候发出，它就什么时候发出。

（15）去QQ群、百度贴吧、相关论坛等搜索微博互粉或者互听的群，然后加入，通过你收听我、我收听你等内容，也可达到增加粉丝的目的。还可以参加微博粉丝转发有奖的活动。

4.2.4 微博互动

（1）登录微博，找到微博中的“粉丝”两个字，单击进入，找到“管理中心”左上角的“粉丝服务”，如图5－70所示。

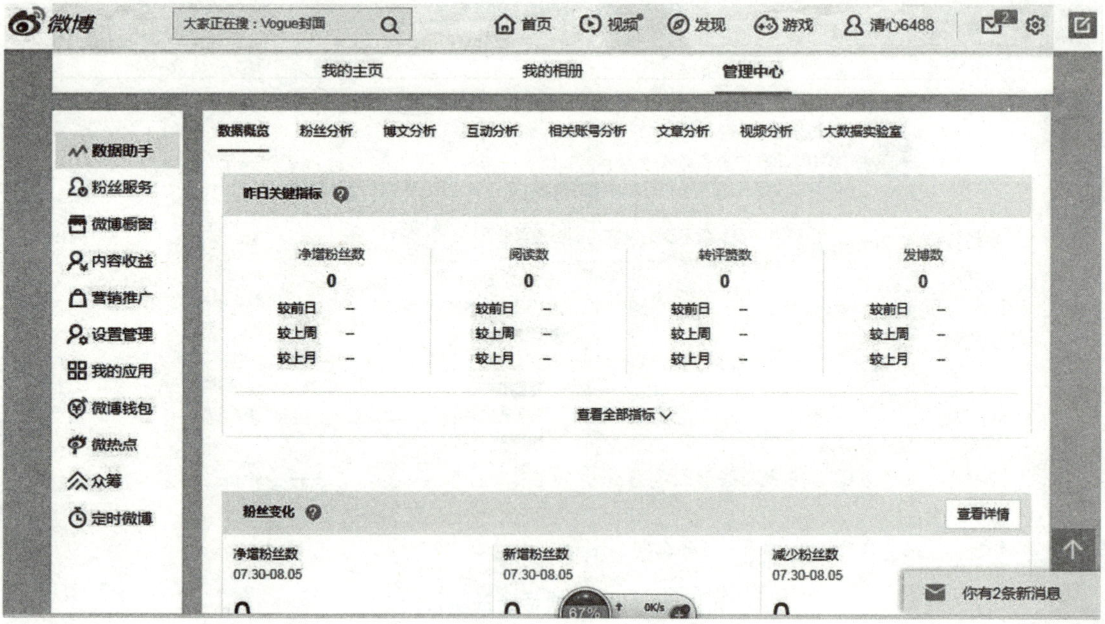

图5－70 微博“管理中心”页面

（2）单击“粉丝服务”，进入粉丝服务页面，开启粉丝服务平台。单击“群发功能”，开通群发功能并向粉丝群发信息，如图5－71所示。

图 5-71　微博“粉丝服务”页面

（3）通过发布视频、发布自己的直播、发表文章或者观点来增加与粉丝的互动，也可以使用“自动回复”来帮助你与粉丝互动，如图 5-72 所示。还可以与粉丝进行私信互动，或者给粉丝发红包，增加与粉丝的互动。

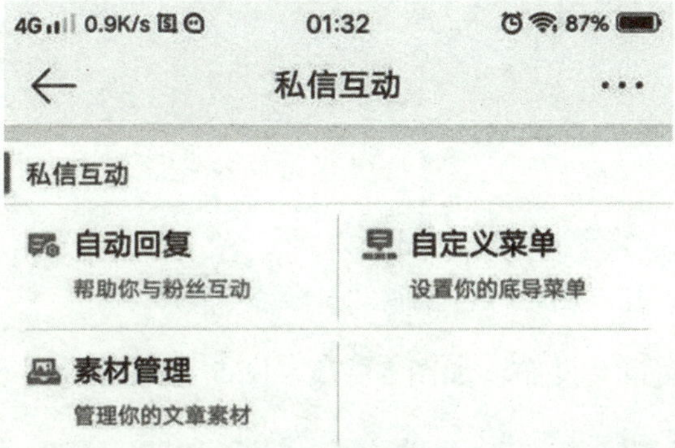

图 5-72　微博“自动回复”页面

想一想

如何策划一个“有趣、有用、有竞争性”的话题性活动？

4.2.5　长微博的编辑

（1）打开微博，进入微博首页，如图 5-73 所示。

（2）单击“长微博”，进入如图 5-74 所示窗口，在此窗口中可以编辑标题、内容；所有内容编辑完成后，单击下方的“发布”按钮，就可以发布长微博了。

提示注意：

如果你的微博页面找不到“长微博”按钮，可以单击“文章”标签，进入“头条文

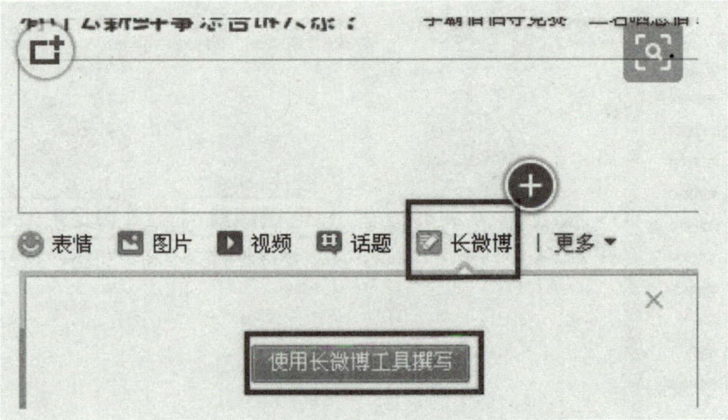

图 5－73　微博“长微博”页面

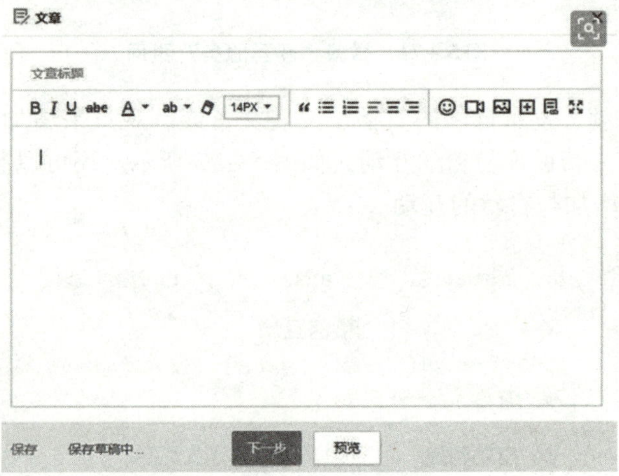

图 5－74　微博“长微博”编辑页面

章”页面，去编辑头条文章并发布，如图 5－75～图 5－77 所示。

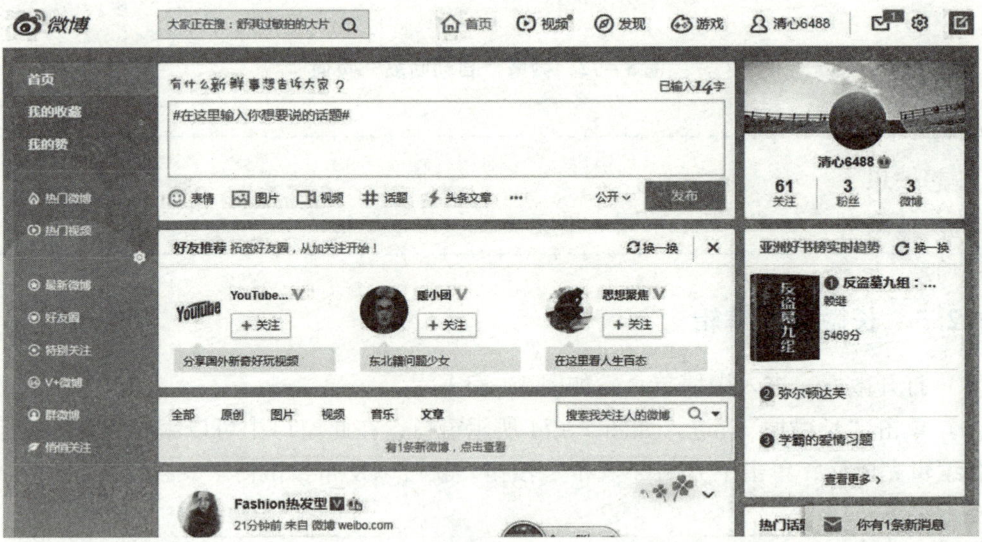

图 5－75　微博“文章”标签

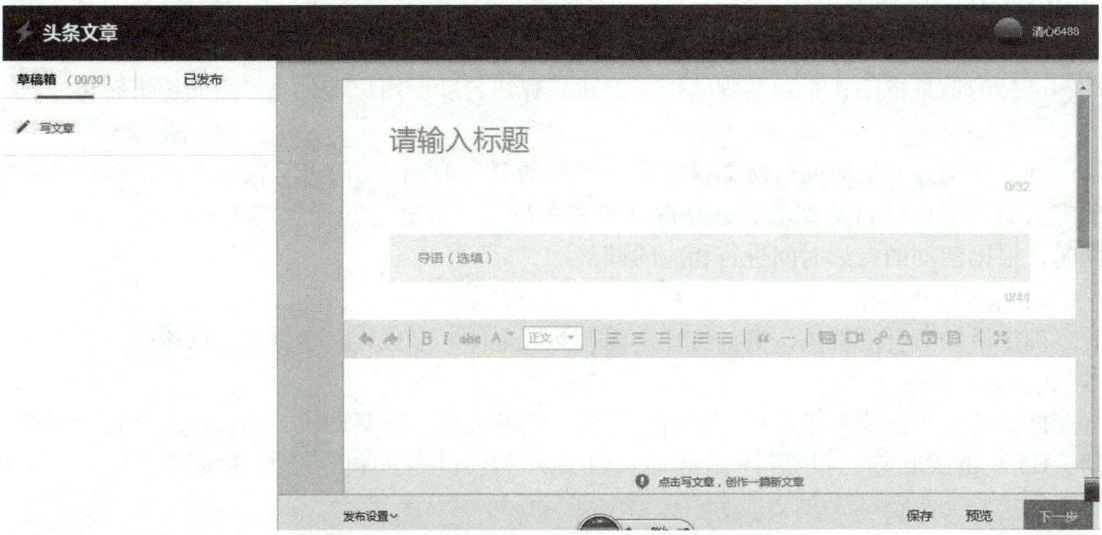

图 5－76　微博“头条文章”编辑页面

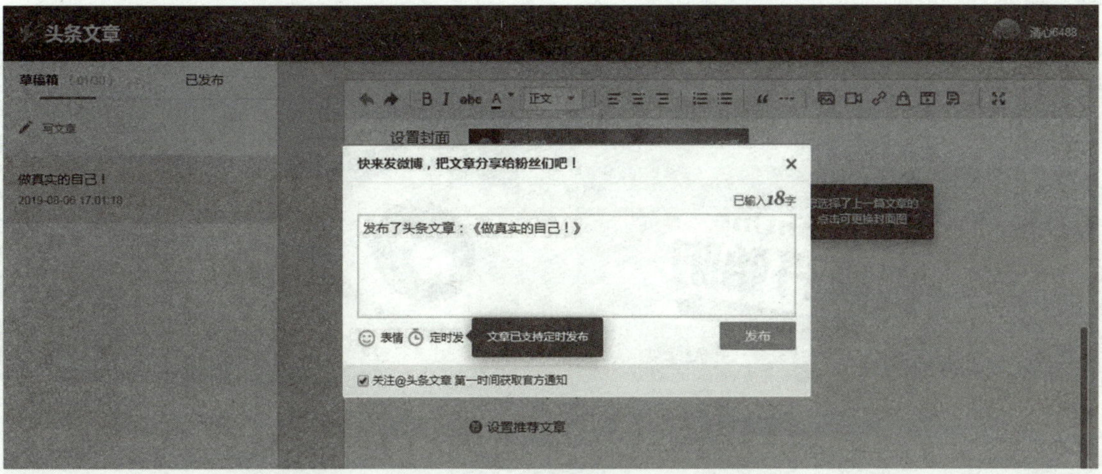

图 5－77　微博“头条文章”发布页面

想一想

撰写长微博的要素有哪些?

4.2.6　微博活动策划

一个成功的微博活动策划对于企业产品推广、品牌建立及核心业务宣传都是非常有帮助的。

微博活动策划主要由八个方面构成，缺少任何一个环节都不能构成一个完整的活动策划方案。

1. 活动目标

微博活动的策划首先要确定活动的目标是什么。一般来说，微博活动的目的有：粉丝互动；产品的信息推广；企业品牌营销、提高品牌知名度；用户转化或产品的销售转化。

2. 活动时间

确定活动的开展时间，例如确定某一产品的开展时间为 2019 年 8 月 7 日，那么就需要确定活动的策划时间需要多少，筹备时间有多少，一般这个需要提前 1 ~2 个月开始准备。同时，根据活动的持续时间进行相应的调整。

3. 确定用户群体

确定活动适合的群体，例如男性全体、女性全体、上班族、学生党、球迷等。

4. 活动形式

微博的活动形式有很多种，如用户访谈、问答活动、有奖调研、用户拉新有礼、猜谜活动、H5 病毒式互动、投票/评比活动、留言有奖、口令红包、抽奖活动等，如图 5 –78 所示。

5. 活动内容

例如，①转发抽奖平台：按月度付费；②微博抽奖平台：第一次免费，后期按转发量付费。如图 5 –79 所示。

图 5 –78　投票活动形式截图

图 5 –79　抽奖活动内容截图

6. 推广渠道

①微博内部推广，如微博大号、粉丝头条、红人等。

②其他新媒体平台，例如利用今日头条、一点资讯、社群、微信公众号、部落、QQ 群和微信群、问答平台等新媒体推广渠道辅助微博的活动推广。

7. 活动费用

对于活动的预算费用的计划，虽然不可能所有方面都涉及，但是一定要尽可能详细，特别是当活动策划方是乙方公司时。例如，某电商企业的一次微博活动预算如下：①活动费用预算 37 000 元；②奖品费用 4 000 元；③投放广告 30 000 元；④微博大号 10 000 元；⑤男装 1 700 元；⑥女装 2 000 元；⑦手机壳 100 元；⑧话补和餐饮 10 000 元。

8. 效果预期

①粉丝增长 10 000；②曝光量 40 万；③转发量 5 000；④成单量 1 000。

4.2.7　微博推广与营销价值

1. 微博推广案例

（1）加多宝——对不起系列海报。

“对不起，是我们太笨，用了17年的时间才把中国的凉茶做成唯一可以比肩可口可乐的品牌。”

“对不起，是我们太自私，连续6年全国销量领先，没有帮助竞争队友修建工厂、完善渠道、快速成长……”

“对不起，是我们无能，卖凉茶可以，打官司不行。”

“对不起，是我们出身草根，彻彻底底是民企的基因。”

如图5－80和图5－81所示。

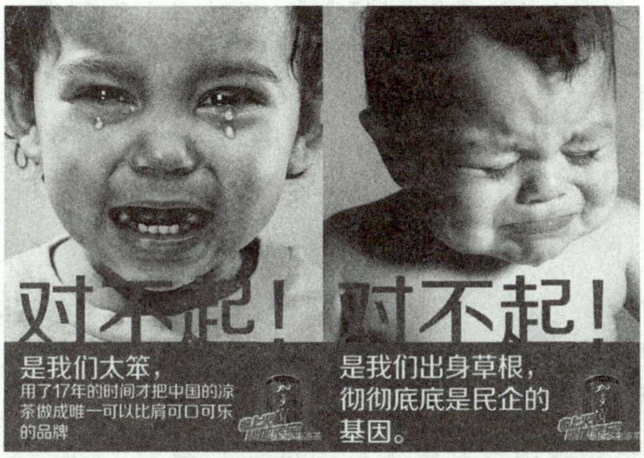

图5－80　加多宝“对不起”系列海报－1

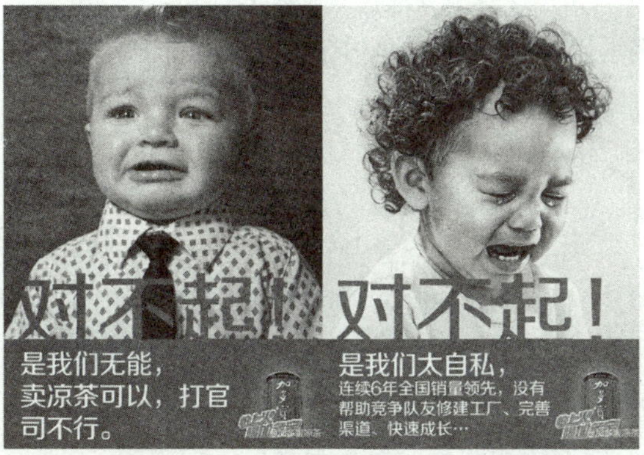

图5－81　加多宝“对不起”系列海报－2

四个以哭泣孩童为主画面的“对不起”文案出现在加多宝官网的微博上，经过上亿粉丝发酵，引发从名人到草根的共鸣。加多宝和广药之间法律上的事情我们并不怎么关注，但加多宝在“红罐凉茶改名加多宝”这句广告语被裁定禁止之后，推出的四个“对不起”系列广告却在网络上成为热点。四张海报以道歉为包装，实际突出了自己过去多年的成绩，并以一个弱者的姿态引来大量的支持，设计的爆炸式力量可见一斑。

这次的“对不起”系列设计帮助加多宝在公众心中占据了一定的位置，也是加多宝与市场、消费者常年密切接触的体现。

（2）可口可乐——瓶身即广告。

2013年的夏天是热闹的，因为可口可乐在全国掀起了一场“换装”热潮。可口可乐利用互联网上的热门词汇推出了一系列“昵称瓶”新装，诸如“文艺青年”“小清新”“学霸”“闺蜜”“喵星人”等几十个极具个性又符合特定人群定位的有趣昵称被印在可口可乐的瓶标上。

在新浪微博上，可口可乐最初借助媒体明星、草根大号等意见领袖进行内容的预热，赠送了印有他们名字的昵称瓶，于是他们纷纷在社交网络上晒出自己独一无二的可口可乐定制昵称瓶，一时之间，各个明星粉丝和普通消费者纷纷在微博上求可口可乐定制昵称瓶，表示要过一下“明星瘾”或自己留作收藏等，更有部分网民表示想用来向自己的暗恋对象表白用。

继第一波社交平台预热，第二波官方活动正式启动，以五月天深圳演唱会为标志。第三波高潮就是利用社交商务在微博上维持活动的热度。可口可乐与新浪微博微钱包合作推广可口可乐昵称瓶定制版，让更多普通的消费者也可以定制属于自己的可口可乐昵称瓶。

第一天，300瓶可口可乐，1小时被抢光。

第二天，500瓶可口可乐，30分钟被抢光。

第三天，500瓶可口可乐，5分钟被抢光。

接下来几天，都是在1分钟内秒杀完毕。

这是让人震惊的数字，并且前三天一千多的销量，已经产生新浪微博五千多的分享与讨论。于是有更多的网友知晓并且参与到活动中，如同滚雪球一样，知道和参与的人越来越多，抢购一空的时间也越来越短。这也正是社交网络真正吸引人之处。

在微博上定制一瓶属于你的可口可乐，从“线上”微博定制瓶子到“线下”消费者收到定制瓶，继而通过消费者拍照分享又回到“线上”，O2O模式让社交推广活动形成一种长尾效应。

2. 微博运营的技巧

（1）注重价值的传递。

企业微博经营者首先要改变观念——企业微博是一个给予平台。微博数量已经以亿计算，只有那些能对浏览者创造价值的微博才有价值，此时企业微博才可能达到期望的商业目的。企业只有认清了这个关系，才可能从企业微博中受益。

（2）注重微博个性化。

微博的特点是“关系”“互动”，企业微博要有感情，有思考，有回应，有自己的特点与个性。

如果一个浏览者觉得你的微博和其他微博差不多，或是别的微博可以替代你的，那么你的微博都是不成功的。这和品牌与商品的定位一样，必须塑造个性。有个性的微博具有很高的黏性，可以持续积累粉丝及其专注，因为此时你的微博有了不可替代性与独特的魅力。

（3）注重连续性。

微博就像一本随时更新的电子杂志，要注重定时、定量、定向发布内容，让大家养成观看习惯。当用户登录微博后，能够想着看看你的微博有什么新动态，这无疑是成功的最高境界。

（4）注重互动性加强。

微博的魅力在于互动，拥有一群不说话的粉丝是很危险的，因为他们慢慢会变成不看你内容的粉丝，最后更可能是离开。因此，互动性是使微博持续吸引粉丝关注的关键。第一个应该注意的问题就是，企业宣传信息不能超过微博信息的10%，最佳比例是3%～5%。更多的信息应该融入粉丝感兴趣的内容之中。

“活动内容＋奖品＋关注（转发/评论）”的活动形式一直是微博互动的主要方式，但实质上奖品比企业想宣传的内容更吸引粉丝的眼球，与赠送奖品相比，微博能认真回复留言，用心感受粉丝的思想，才能换取情感的认同。如果情感与“利益”（奖品）共存，就更完美了。

（5）注重系统性布局。

任何一个营销活动，想要取得持续而巨大的成功，都不能脱离了系统性，单纯当作一个点子来运作，很难持续取得成功。企业要想让微博发挥更大的效果，就要将其纳入整体营销规划中，这样微博才有机会发挥更多作用。

（6）注重准确的定位。

微博粉丝众多当然是好事，但是，对于企业微博来说，“粉丝”质量更重要。因为企业微博最终的商业价值或许就需要这些有价值的粉丝来实现。这涉及微博定位的问题，很多企业微博粉丝很多，但是转载、留言的人很少，宣传效果不明显。这其中一个很重要的原因就是定位不准确。可以发布一些产品目标顾客关注的信息来吸引目标顾客的关注，而不是只考虑吸引群众眼球，导致吸引来的都不是潜在消费群体。很多企业博客陷入这个误区当中，完全以吸引大量粉丝为目的，却忽视了粉丝是否是目标消费群体这个重要问题。

（7）企业微博专业化。

企业微博定位专一很重要，但是专业更重要。同场竞技，只有专业才可能超越对手，持续吸引关注目光。专业是一个企业微博重要的竞争力指标。

微博不是企业的装饰品，如果不能做到专业，只是流于平庸，还不如不去建设企业微博，因为作为一个“零距离”接触的交流平台，负面的信息与不良的用户体验很容易迅速传播开，并为企业带来不利的影响。

（8）注重方法与技巧。

想把企业微博变得有声有色，持续发展，单纯在内容上传递价值还不够，必须使用一些技巧与方法。比如，对于微博话题的设定，表达方法就很重要。如果你的博文是提问性的，或是带有悬念的，引导粉丝思考和参与，那么浏览和回复的人自然就多，也容易给人留下印象；反之，新闻稿一样的博文会让粉丝想参与都无法参与。

（9）注重模式创新。

美国一些企业已经取得了较为显著的微博运营的成效，中国的企业应该多借鉴这些成功案例，再结合企业自身特点与客观环境进行创新。

想一想

微博活动策划方案由哪八个方面的内容构成？

4.3 微博营销推广

微博目前是最热的一个推广平台。微博，微型博客的简称，是一种通过关注机制分享简短、实时信息的广播式的社交网络平台。在微博平台上，每个用户可以是观众，浏览、关注感兴趣的信息；也可以是博主，发布信息，将信息分享、传递给粉丝。

2009年8月，新浪网推出“新浪微博”内测版，成为国内门户网站中第一个微博服务的网站。中国互联网络信息中心（CNNIC）发布的《第33次中国互联网络发展状况调查统计报告》显示，2013年我国微博用户规模为2.81亿。截至目前，新浪微博和腾讯微博分别拥有数以亿计的用户，成为国内最有影响力的微博平台。

随着使用微博的群体越来越庞大，微博推广的效果也越来越好，很多卖家通过微博推广淘宝店铺赚了不少钱。通过微博推广，能够给自己的网店带来较大流量，带来新客户。

4.3.1 微博营销特点

1. 微博营销优势

（1）回报率高。淘宝卖家利用微博推广店铺，投资少，收益高。卖家要将推广的宝贝全方位包装优化，以最实惠的价格、最靓丽的图片、最美妙的文字打动粉丝，引导粉丝进入网店购买宝贝。当然，发布广告要注意观察粉丝的接受程度及反应情况。

（2）打响品牌。卖家的微博账号名称可以以淘宝店铺的名字或是商品的名字命名，这样简单易记，久而久之，店铺品牌和产品品牌自然就越来越响了。

（3）立体化展示宝贝。微博营销可以借助先进的多媒体技术手段，以文字、图片、视频等展现形式对产品进行描述，从而使潜在消费者更形象、直接地接受信息。

（4）传播面广。通过粉丝关注的形式进行病毒式的传播，影响面非常广泛，同时，名人效应能够使事件的传播量呈几何级放大。

微博让人与人之间的交流更容易，创造了一个网上微交际圈子，也催生了有关的营销方式，这就是微博营销。微博营销是指通过微博平台为商家、个人等创造价值而执行的一种营销方式，也是指商家或个人通过微博平台发现并满足用户的各类需求的商业行为方式。

自2012年12月后，新浪微博推出企业服务商平台，为企业在微博上进行营销提供一定帮助。微博营销对企业的价值表现在以下几点：第一，帮助企业迅速提升品牌的名气；第二，推动新产品和新服务的推广；第三，作为中小企业的低成本营销工具；第四，为公关服务；第五，用微博跟踪和推动品牌传播；第六，用微博来改进客户服务。

2. 微博营销的特点

微博深受广大网民和企业的喜爱和追捧，缘于其具有以下特点：

（1）速度快。微博被称为一句话博客，不仅容易快速发布信息，而且信息传播的速度非常快。例如，你有2万听众（粉丝），你发布的信息会在瞬间传播给这2万人。

（2）便捷性。与传统的广告行业相比，发布微博营销信息的主体无须经过繁复的行政审批，从而节约了大量的时间和成本。

（3）成本低。微博营销受众群体较广，传播力度大，而成本相对于其他营销方式来说低廉很多，可谓是“物美价廉”。微博仅发布140字以内的营销信息，发布门槛低，远比博客容易，且成本远低于广告，维护成本低廉，效果却不差。

（4）互动性高。通过利用微博的各种功能，企业与粉丝之间沟通特别顺畅，企业可以及时获取用户对于品牌、产品的意见反馈。

3. 微博营销的作用

企业开展微博营销活动，能达到以下效果：

（1）维系客户。在传统经济条件下，企业和客户之间是纯粹的买卖关系，这种关系是建立在双方交易的基础上的。交易前和交易完成之后，企业和客户之间的关系淡薄。而在微博上，企业和客户之间不再是单纯的买卖关系，客户是企业微博的粉丝，长时间的关注和良好的互动有利于促进客户的忠诚度和满意度。

（2）及时获取用户反馈。在微博上，客户与企业之间、客户与客户之间可以就企业所提供的产品和服务畅所欲言，提出批评和改进建议，参与产品的设计，拉近了企业与客户之间的距离。企业获取最及时的反馈信息后，能迅速改进产品和更新营销策略。

(3) 推广品牌和产品。企业可以利用微博的各个板块来宣传和推广产品，比如在微博背景图、微博头像、企业详细信息中宣传企业品牌和产品。同时，也可以在博文中推出产品促销活动，通过粉丝的评论和转发，提高产品的口碑效应。越来越多的传统企业利用微博营销，通过口碑效应获得长期效益。

4. 微博营销的技巧

企业应掌握相关技巧，提高微博营销的效果。这些技巧主要包括以下几个方面：

(1) 善用大众热门话题。企业在更新微博之前，可先到微博平台上搜索最近的热门话题，并将这些热门话题策划进微博的内容之中，不仅能增加被用户搜索到的概率，而且能引起用户的兴趣，进而提高营销效果。

(2) 注意微博的更新频率。开通了微博却很少更新内容，或者每天发布数量众多的博文，对吸引和留住粉丝是没有任何作用的。一般来说，企业应控制微博的发布频率，每天有十几条的更新即可。

(3) 注意加强互动性。如果粉丝只浏览信息而不转发、评论，微博粉丝再多也是无济于事的。微博的魅力在于互动，互动性是保持微博持续发展的关键点。目前，“活动内容 + 奖品 + 关注（转发/评论）”的活动形式一直是微博互动的主要方式。奖品能吸引粉丝的眼球，转发和评论能让企业零距离感受粉丝的思想，换取用户的情感认同。

4.3.2 微博推广基本步骤

1. 微博推广网店步骤

一般来说，利用微博推广网店应遵循以下步骤：

(1) 注册。以新浪微博为例，如果原来网店已经有博客，那么可以直接利用；如果没有，则需注册开通新浪微博。

(2) 加关注。开通微博后，卖家需要选择自己想要关注的人，选择的人群越多，自己的粉丝数量也就会更多。

(3) 找人。卖家可以通过兴趣爱好等条件找到自己的目标客户，进行主动联系。

(4) 发微博。卖家可以单击导航栏上的“热门话题榜”和“热门标签”，查看当前的热门词汇，这些词汇是被搜索次数最多的词。卖家要不断地发表包含这些热门标签的博文，并在内容的最后加入网店的网址。

卖家发微博时，有一点需要注意，即微博信息价值要高。只有博文的内容包含有价值的信息，众多的粉丝才有可能跟帖，才会有人来点击店铺活动的链接，因为他们想要了解更多的内容和你本身。

2. 利用微博账号推广网店应用

例如，如何利用微博推广微小店？

其步骤如下：

①建立一个属于你的微博。

②定位你的微博。

③在自己微博的个人简介中添加微小店的链接，介绍店铺。

④结合微小店一起来发微博。

在注册微博账号时，可以填写与网店相关的信息，以此来推广网店。

（1）微博昵称的选择。这个最好能填写和卖家所卖的宝贝有关联性的，例如卖美食特产的，那么微博名字可以写成“美食特产”，如图5－82所示。这样一看就知道卖家的微博是介绍特产的，在后期微博里面发一些自己淘宝店里面的产品图片也是比较合情合理的。

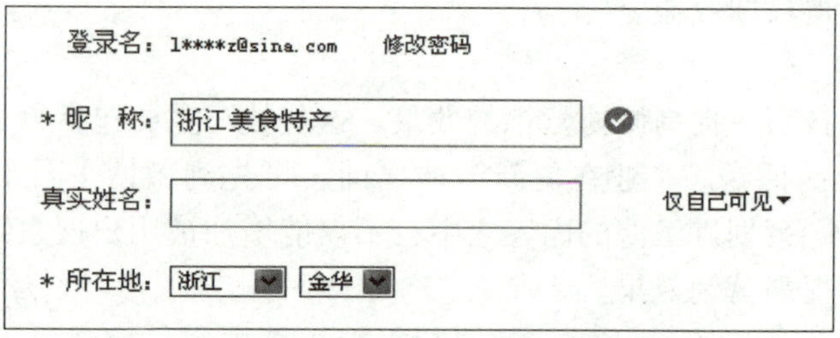

图5－82　微博名称设置

（2）微博描述里面尽量不要太过广告化。可以将淘宝店铺地址嵌入进去，如图5－83所示。

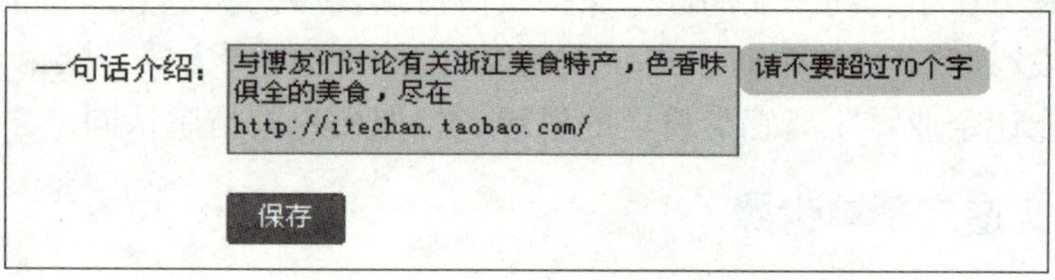

图5－83　微博描述设置

（3）微博标签设置。卖家在设置微博标题时，可以把淘宝店铺宝贝的关键词适当地嵌入2～3个，便于粉丝搜索到卖家的微博，如图5－84所示。

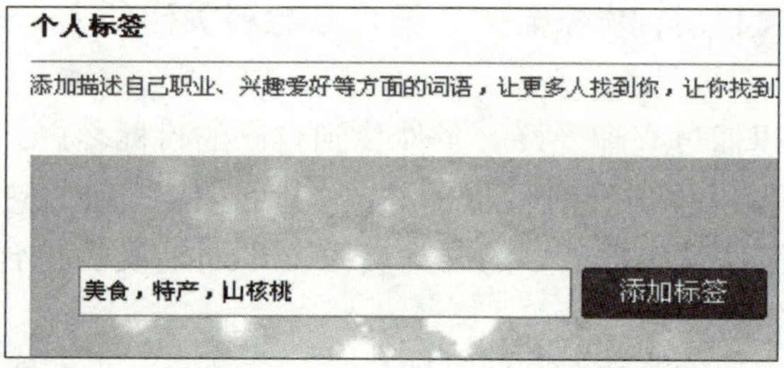

图5－84　微博标签设置

3. 利用微博空间推广网店

（1）微博相册。

将店铺的产品传进微博相册，每张图片放置店铺小logo，以吸引注意。相册不能只放产品图片，也要放一些意境图、笑话、明星和景物美图等，如图5－85所示。这样浏览相册的人多了，产品曝光率自然就高。

（2）微博新鲜事。

每日发帖10～15个，笑话、明星等话题是最受关注的，适当地在几个帖子中加入店铺链接。话题够新颖，能引起别人注意，就成功了一半，如图5－86所示。

图 5-85　微博相册

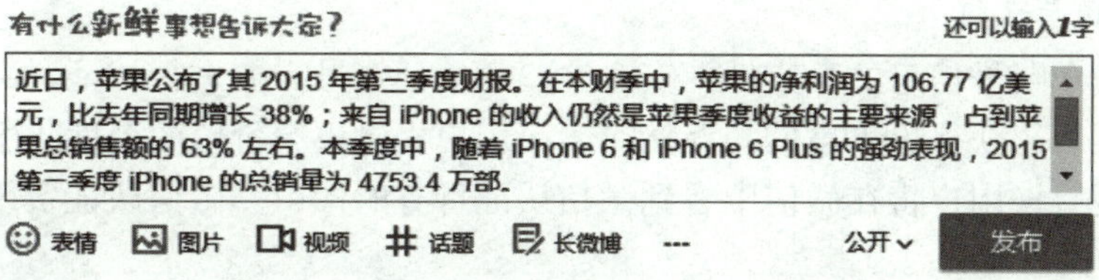

图 5-86　微博新鲜事

4.4　微信公众号营销

4.4.1　微信公众号概念

微信公众平台，简称公众号。曾命名为官号平台、媒体平台、微信公众号，最终定位为公众平台，是一个给个人、企业和组织提供业务服务与用户管理的全新服务平台。在这里可以通过渠道将品牌推广给线上平台。微信公众平台于 2012 年 8 月 23 日正式上线，从此开启了一个新的媒体传播的时代。

目前微信已经有了亿级的用户，正在努力挖掘自己用户的价值，为这个新的平台增加更优质的内容，创造更好的黏性，形成一个不一样的生态循环。企业利用公众账号平台进行自媒体活动，简单来说，就是进行一对多的媒体性行为活动，如商家通过申请公众微信服务号，进行二次开发来展示商家微官网、微会员、微推送、微支付、微活动、微报名、微分享、微名片等，已经形成了一种主流的线上线下微信互动营销方式。

1. 微信公众平台的账号类型

（1）微信订阅号。公众平台订阅号，是公众平台的一种账号类型，旨在为用户提供信息。

①每天（24 小时内）可以发送 1 条群发消息。

②发给订阅用户（粉丝）的消息将会显示在对方的“订阅号”文件夹中。单击两次才可以打开。

③在订阅用户（粉丝）的通讯录中，订阅号将被放入订阅号文件夹中。

备注：在微信4.5版本之前，申请的订阅号有一次机会升级到服务号，新注册的微信公众平台账号在注册到第四步时可以选择订阅号或者服务号，选择后就不可以改变了。推荐选择服务号，因为后期腾讯有一些高级接口对服务号开放，企业可以更好地利用公众平台为客户服务。

个人申请时，只能申请订阅号。

（2）微信服务号。公众平台服务号是公众平台的一种账号类型，旨在为用户提供服务。

①1个月（自然月）内仅可以发送4条群发消息。

②发给订阅用户（粉丝）的消息会显示在对方的聊天列表中。

③服务号被放在订阅用户（粉丝）的通讯录中。通讯录中有一个公众号的文件夹，点开可以查看所有服务号。

④服务号可申请自定义菜单。

2. 微信公众号认证

为了确保公众账号信息的真实性、安全性，微信公众号需要进行认证。

①微信认证后，获得更丰富的高级接口，向用户提供更有价值的个性化服务。

②微信认证后，用户将在微信中看到微信认证特有的标识。微信认证费用及认证后的特权见表5-3。

表5-3 微信认证费用及认证后特权

账号类型	微信认证费用	微信认证后的特权
订阅号	政府及部分组织（基金会、国外政府机构驻华代表处）免收认证费用； 其他类型认证需要缴纳300元/次。 期限：1年	①自定义菜单（可设置跳转外部链接，设置纯文本消息） ②可使用部分开放接口 ③可以申请广告主功能 ④可以申请卡券功能 ⑤可以申请多客服功能 ⑥公众号头像及详细资料会显示加“V”标识
服务号		①开放全部高级接口 ②可申请开通微信支付功能 ③可申请开通微信小店 ④可以申请广告主功能 ⑤可以申请卡券功能 ⑥可以申请多客服功能 ⑦公众号头像及详细资料会显示加“V”标识
温馨提示： 1. 个人类型公众号暂时不支持微信认证（2014年8月24日前注册成功且条件满足的公众号可以认证）。 2. 政府与媒体类订阅号认证后可申请微信支付。 3. 申请微信认证，填写的认证主体与当前公众号主体信息保持一致，否则可能无法通过审核。		

想一想

微信订阅号和微信服务号分别适合什么类型和营销需求的企业？

4.4.2　微信公众号营销的概念及特点

微信公众号营销是随着微信公众号的火热而产生的一种营销手段，不少企业和个人都从中获得利益，发展前景也非常值得期待。简而言之，微信公众号营销就是企业利用微信公众号平台及用户的大流量、一对一的互动等优势，开展企业品牌营销活动。

微信公众号营销主要有以下特点：

1. 用户流量大

微信以其丰富多样的社交、平台及生态功能属性，连接影视、吃喝玩乐、打车、火车票及机票、酒店旅游等多种消费场景，改变了用户消费习惯与模式，拓展了传统消费需求，提升了消费品质。微信平台生态系统的用户流量巨大，如果商家能够有效利用微信大流量平台去做好微信公众号的营销，其发展潜力是巨大的。

2. 一对一的精准营销

微信公众号营销是移动互联网经济时代企业营销模式的一种创新。微信不存在地理区域的限制，用户注册微信后，通过位置定位系统添加附近的微信用户。在微信公众平台上，企业无法主动添加好友，只能被用户订阅和关注，这样确保粉丝对商家能够提供的服务是有需求的。因此，网上有这样的一个说法："一千个微信粉丝相当于十万微博粉丝。"

微信的一对一精准营销，注定了其能够通过互动的形式将普通关系发展成强关系，从而产生更大的价值。通过互动的形式与用户建立联系，可以解决用户的疑虑，还可以介绍商家的品牌故事、最新动态甚至"卖萌"，用一切形式让企业与消费者形成朋友关系。

4.4.3　微信公众号营销模式

微信公众号营销模式一直处于动态发展状态。微信公众号兴起时，人们热衷于"扫码有礼""分享有礼"等简单的福利模式，随着微信公众号的不断发展运营及用户粉丝的心理成长变化，商家发展了多元化、更有趣、更有传播价值和营销价值的模式，比如企业创业故事+产品专享福利的营销模式、热点事件的营销模式等。随着整个微信生态圈的不断发展和成熟，未来还将涌现更多有创意的微信公众号营销模式。

1. 互动营销模式及福利

（1）互动营销模式。

1）转发福利式：转发福利式，是将整个活动传播开去，再利用优惠券等转发形式促使用户消费，从而带动整个平台的销售额。这种活动可以长期进行，人们对代金券有长期的需求，但是成本较高。

2）测试表达式：用户转发各种星座、性格的测试，不仅是一种娱乐，更是一种对自我的表达，体现的恰是一种认同感。不可否认，测试的确可以当成引爆点，但在用户的转化上是一个难点。

3）投票福利式：投票赢福利是许多微信公众号都尝试过的形式。往往商家会特别设置，通过关注微信号才能参与该活动，从而收获用户，同时也能使用户主动传播。

4）评论点赞式：在微信公众号运营一段时间之后，微信公众号官方将根据推送的内容给予该公众号原创评论功能。这就意味着，可以利用每篇文章内容之后的评论功能进行互动，即根据用户留言评论后的点赞量进行人气排行，拥有高点赞量即可赢取相应的福利。

（2）互动营销模式中的福利。

福利的分享是病毒式营销的极大助力。

1）红包、优惠券：这是电商提升销售额的常用手法，只要与传播方式结合得恰当，通常可有较好的传播效果。

2）手机话费、电影票等：手机话费、电影票等福利形式也是目前微信用户粉丝乐于接受的形式，操作方便，又具有一定的实用性。

3）体验活动的机会：这类活动通常是人们无法实现的，或者需要很大代价或者精力才可以自己实现，这样才能体现出其福利的可贵价值。

4）具有诱惑力的礼品：礼品的选择一定要有特色或者高价值。比如欧诗漫官方微信平台在宣传其产品时，将Angelababy手绘定制版礼盒作为礼品，在颜值上和产品价值上就非常有吸引力。

2.“故事+产品优惠”营销模式

如今最受到热捧的营销模式当属“故事+产品优惠”。

故事性营销就是借用文学创作的手法，将商品和服务的信息通过新颖、独特的情节设计展现给受众，深化受众对信息主体的感受认同，从而达到广而告之的目的。研究发现，优秀的故事性广告容易给受众留下深刻的印象，并且赢得相当高的点击率。以往的故事性广告中，视频类居多。

“故事+产品优惠”的营销模式就是通过故事性广告，文末带上营销产品的优惠福利。这样的形式更让受众容易接受，同时也赋予了产品本身更丰富的内容。

“故事+产品优惠”的营销模式具有以下特点：

（1）可读性强。

“故事+产品优惠”的营销模式之所以会受到欢迎，很大程度上在于其可读性。通过阅读微信公众号中的故事型内容可以发现，这类营销模式往往通过一个饶有趣味的话题或一个一波三折的故事引出要营销的商品，毫无违和感，在非常自然的情况下打动消费者，并产生较为理想的广告效果，甚至加深传播层次，产生“病毒式传播”效应。

这种营销模式赋予目标用户一种强烈的身份标签，让他们有社群归属感，有情绪共鸣。将内容植入故事中，产品成为一种实体化的社交工具。用户使用该社交工具，首先和产品产生了最直接的互动，然后和其他人因该产品而碰撞出各种故事。

（2）粉丝专享优惠。

这种营销模式在讲完故事后，会带给粉丝微信专享的优惠特权。也就是让粉丝享受一些折扣优惠，这些优惠折扣往往会比该产品官方销售更优惠。这样公众号平台既收获了粉丝，也实现了广告效应；粉丝既免费看了精彩故事，也知道了产品。真正将公众号、粉丝、商家串联起来，形成三赢局面。例如，咪蒙微信公众号上的一篇文章《我是如何从极度自卑变成死不要脸的》，就是从她的个人奋斗历程说起，得出结论：自卑会影响一辈子，从小建立自信很重要。在文章最后插入广告：“一个好老师，是会帮助你跨越自卑，甚至改变你的命运的。可是你一定会说，哪有那么靠谱的老师啊？其实是有的。轻轻家教 App，聚集了很多专业和靠谱的老师。”粉丝评论说：“咪蒙的广告有魔力，令人乐在其中地看下去。”这是基于微信公众号的文字类故事性广告有别于一般营销广告的一大特色。

（3）渠道资源互换。

“故事 + 产品优惠”的营销模式，其推送内容的公众号往往不是商家本身的企业微信公众号，而是和该产品领域中具有高人气高粉丝量的微信公众号合作。因为这些人气公众号拥有长期稳定的粉丝群体，所以商家利用其粉丝传播资源。比如生产母婴类产品的商家，会寻找母婴类达人的微信公众号，通过这些公众号主理人讲述生动的故事，融入这些公众号一贯的价值观与行文风格，并巧妙地结合商家的产品，最后商家与这些高人气公众号实现资源互换，达到双赢的效果。

想一想

商家如何讲故事才能更吸引微信平台粉丝的共鸣？

3. 事件营销模式

事件营销是很多商家津津乐道的营销方式。在微信公众号营销出现之前，就被很多企业营销大咖们所青睐。

事件营销是指企业通过策划、组织和利用具有新闻价值、社会影响及名人效应的人物或事件，吸引媒体、社会团体和消费者的兴趣与关注，以求提高企业或产品的知名度、美誉度，树立良好的品牌形象，并最终促成产品或服务的销售的手段和方式。

微信公众号营销中的事件营销，具有区别于其他媒体平台的特点：

（1）事件议程设置更为紧凑。

由于微信平台本身的传播速度极为迅速，因此，微信公众号的事件营销议程的时间安排也变得更为紧凑。一旦事件成为微信朋友圈刷屏的热点，其事态走向就会变得极为微妙。商家需要及时、迅速地做出相应的内容推送，从而达到预期的营销效果。

（2）事件舆论导向影响大。

当事件营销具有一定的争议性时，其社会舆论导向及对当事人的舆论压力是极为巨大的。因此，商家的微信公众号事件营销模式需要经过反复考量，谨慎对待。避免事件对企业品牌形象产生负面影响。

商家需要根据自身的品牌情况、发展阶段，去选择一个适合自身产品的模式。同时也需要灵活运营，多种模式结合并创新地进行操作，在一次次的尝试过程中，找到匹配自身品牌营销的方式。

4.4.4 微信公众号注册

1. 微信公众号注册的类型

微信公众号分为订阅号和服务号，如图 5－87 所示。

2. 注册公众号需要准备的材料

注册公众号需要准备的材料如图 5－88 所示。

图5－87　微信公众号类型

个体户类型	企业类型	政府类型	媒体类型	其他组织类型	个人类型
个体户名称	企业名称	政府机构名称	媒体机构名称	组织机构名称	
营业执照注册号/统一信用代码	营业执照注册号/统一信用代码	组织机构代码	组织机构代码/统一信用代码	组织机构代码/统一信用代码	
运营者身份证姓名	运营者身份证姓名	运营者身份证姓名	运营者身份证姓名	运营者身份证姓名	运营者身份证姓名
运营者身份证号码	运营者身份证号码	运营者身份证号码	运营者身份证号码	运营者身份证号码	运营者身份证号码
运营者手机号码	运营者手机号码	运营者手机号码	运营者手机号码	运营者手机号码	运营者手机号码
已绑定运营者银行卡的微信号	已绑定运营者银行卡的微信号	已绑定运营者银行卡的微信号	已绑定运营者银行卡的微信号	已绑定运营者银行卡的微信号	已绑定运营者银行卡的微信号
	企业对公账户				

图5－88　注册公众号需要准备的材料内容

想一想

订阅号、服务号分别适合哪些类型的团体注册？

3. 微信公众号认证

（1）微信公众号认证申请。

可以通过以下两种方法申请微信认证。

方法一：进入微信公众平台，单击“设置”→“微信认证”→“开通”，如图 5-89 所示。

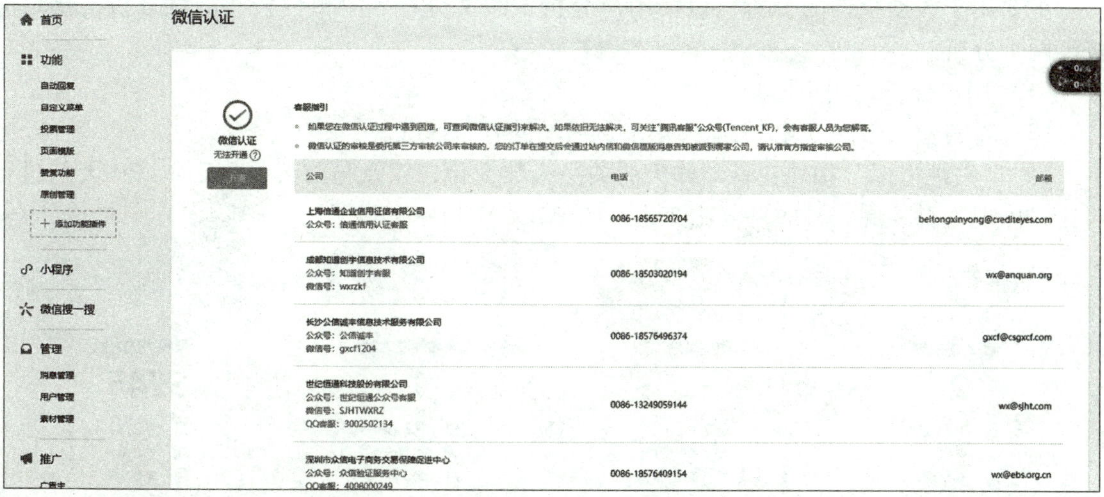

图 5-89　微认公众号认证（方法一）

方法二：进入微信公众平台，单击“设置”→“公众号设置”→“账号详情”→“申请微信认证”，如图 5-90 所示。

图 5-90　微信公众号认证（方法二）

（2）微信认证方法步骤。

1）同意协议：同意并遵守《微信公众平台认证服务协议》。

2）填写资料：选择企业/网店商家/媒体/政府及事业单位/其他组织类型，填写相关资料。

3）同意命名规则：如果你申请的认证账号名称不符合以上规则，会有审核人员与你沟通修改，符合规则后才能通过认证审核。

4）填写发票：需要开具发票时填写相关信息，如果不需要发票，则选择“不开具发票”，可以直接单击“保存订单”按钮进入下一步。

5）支付费用：支付费用300元。

4. 微信公众号统计

主要用于数据统计的分析，包括用户分析、图文分析、菜单分析、消息分析、接口分析、网页分析。

（1）用户分析之用户增长。

即查看粉丝人数的变化/当前公众平台粉丝的分布情况。

“昨日关键指标”模块：针对昨天的关注人数变化，以及与前天、7天前、30天前进行对比，体现为日、周、月的百分比变化，如图5－91所示。

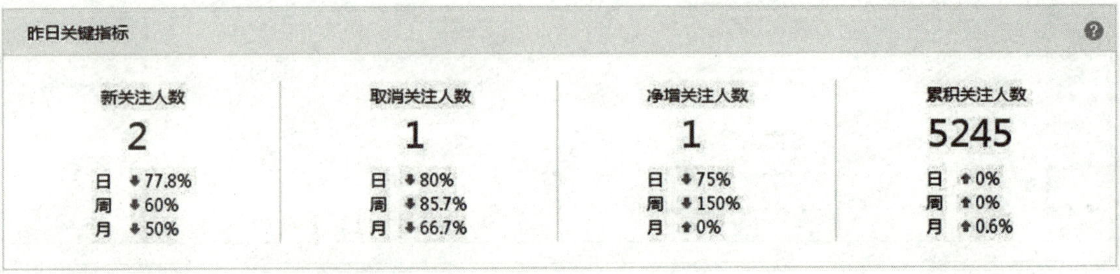

图5－91 “昨日关键指标”模块图

关键指标详解趋势图：可选择7天、15天、30天或某个时间段的关注人数变化，也可以选择按时间对比，如图5－92所示。

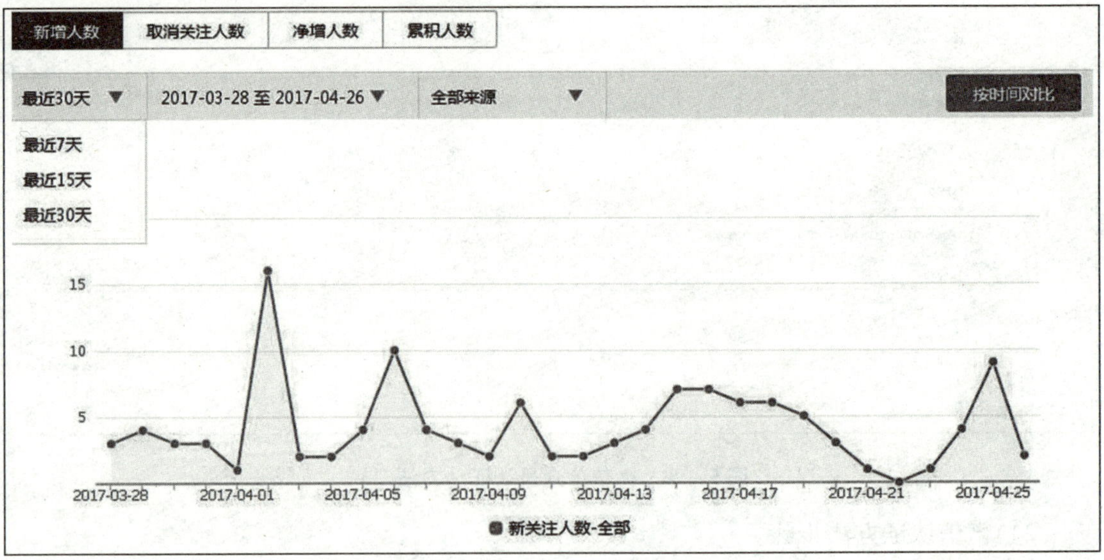

图5－92 关键指标详解趋势图

（2）用户分析之用户属性。

微信公众平台所有用户会按性别、语言、省份的分布情况进行统计。每日数据统计截至晚上24时，会在第二天中午12点前显示前一天的数据。由于服务器缓存，以及指标计算方法和统计时间的差异，数据可能会出现微小误差。如图 5－93 所示。

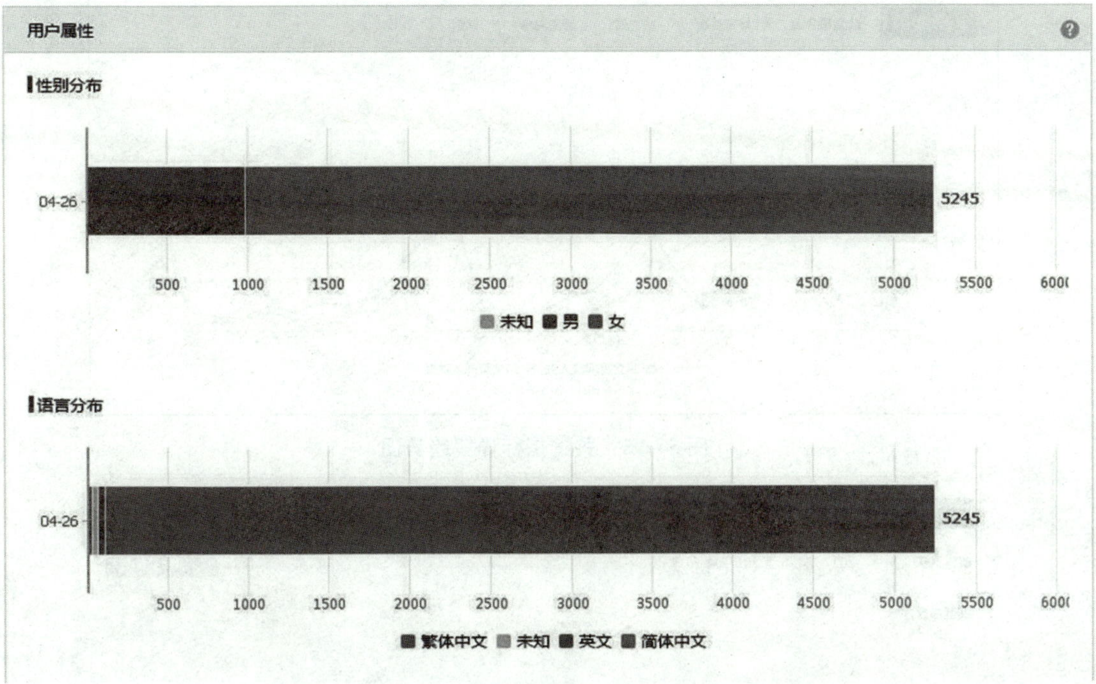

图 5－93　后台数据统计图

（3）图文分析。

图文分析包含单片图文及全部图文的数据分析。可以选择选定时间内的图文，或者指定按标题搜索，会显示图文对应指标的数据，包括送达时间、图文阅读人数、分享人数等。

“昨日关键指标”模块：会针对昨天的图文阅读、转发、分享次数变化，以及与前天、7 天前、30 天前进行对比，体现为日、周、月的百分比变化，如图 5－94 所示。

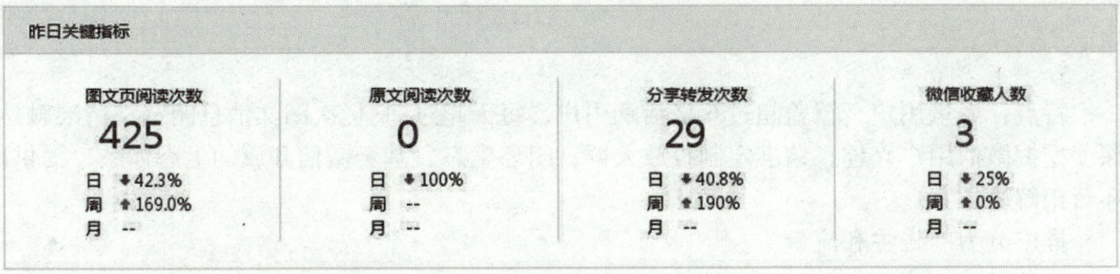

图 5－94　“昨日关键指标”模块

关键指标详解趋势图：可选择 7 天、15 天、30 天或某个时间段的阅读人数、阅读次数变化，也可以选择按时间对比。可查看图文页阅读人数、图文页阅读次数，原文页阅读人数、原文页阅读次数，分享转发人数、分享转发次数，微信收藏人数，如图 5－95 所示。

图文页阅读渠道：可以按照会话、好友转发、朋友圈、历史消息页、其他渠道查看图文阅读数据，如图 5－96 所示。

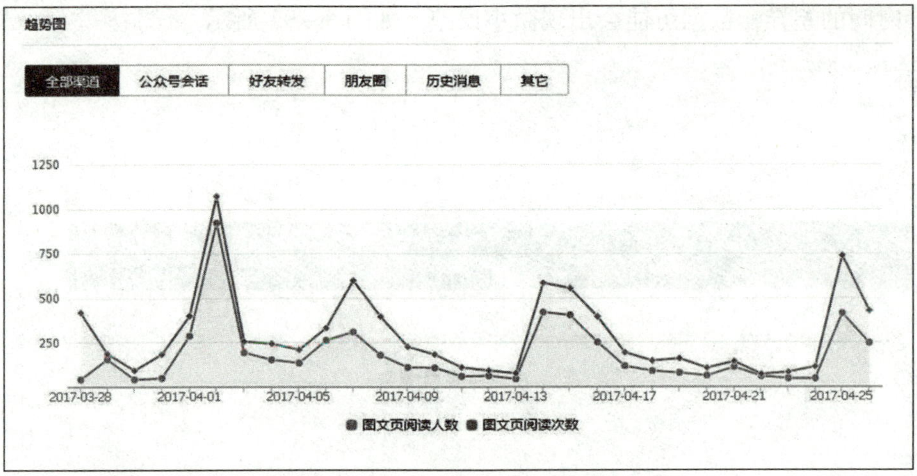

图 5－95　关键指标详解趋势图

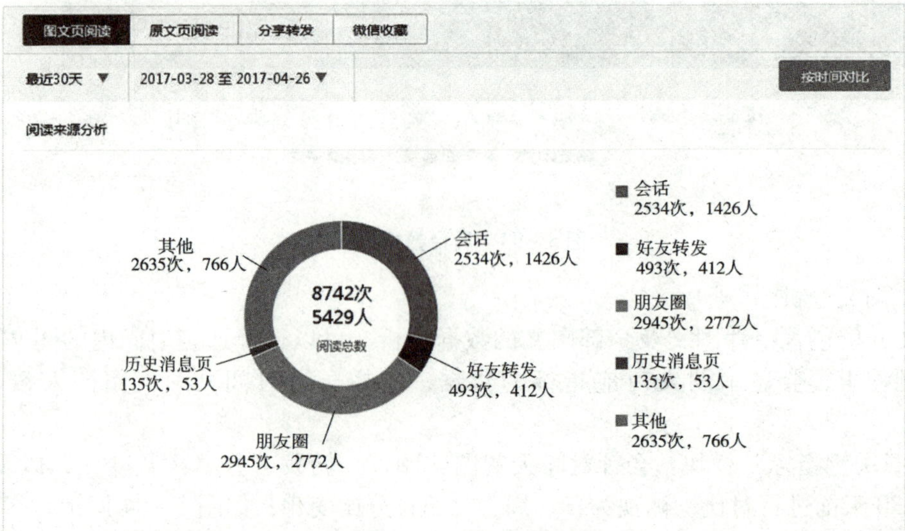

图 5－96　后台统计图

5. 微信公众号推广

特点：海量用户，覆盖超过 6 亿活跃用户，每天超过 20 亿次图文消息阅览；精准触达，深度挖掘微信用户兴趣，精准定制投放人群；闭环生态，基于微信开放的生态体系，提供闭环营销解决方案。

推广分为广告主和流量主。

（1）广告主。

公众账号运营者通过广告主功能可以向不同性别、年龄、地区的微信用户精准推广自己的服务，获得潜在用户。微信认证的公众号可以申请开通投放服务，成为广告主。

展示位置：图文消息的全文页面底部。

展示形式：

①下载和关注，如图 5－97 所示。

②图片和图文，如图 5－98 所示。

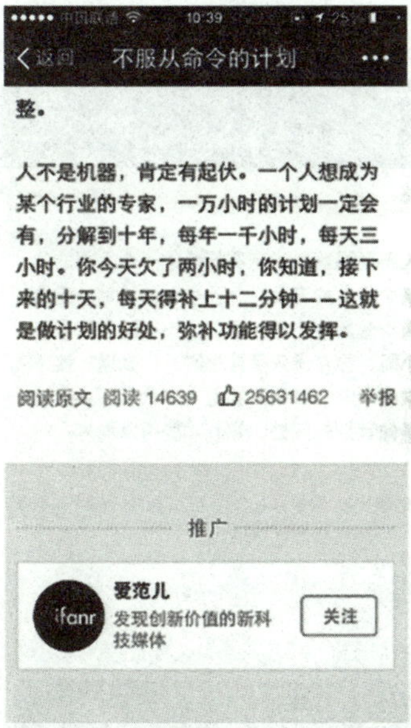

图 5－97　广告主展示形式（1）

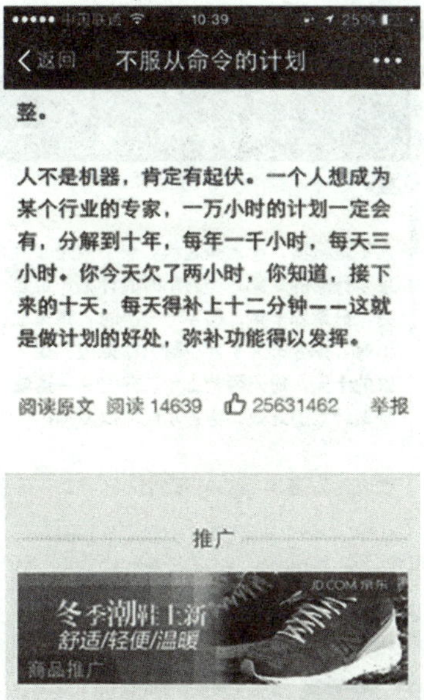

图 5－98　广告主展示形式（2）

（2）流量主。

公众账号运营者自愿将公众号内指定位置分享给广告主作广告展示，按月获得广告收入。粉丝人数超过 5 000 的微信公众账号都可以提供广告展示服务，成为流量主。

展示位置：图文消息的全文页面底部。

展示形式：

①下载和关注，如图 5－99 和图 5－100 所示。

图 5－99　流量主展示形式（1）

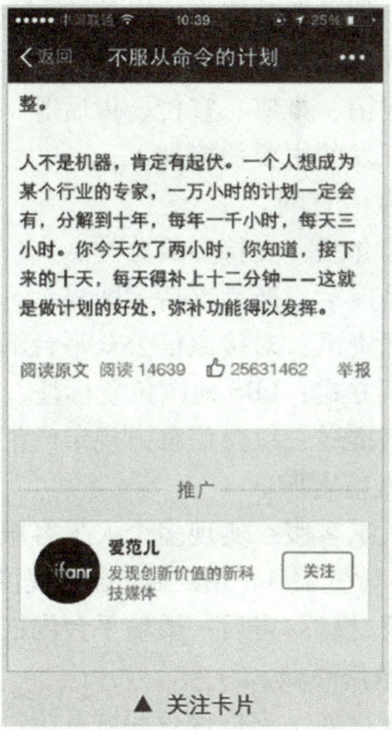

图 5－100　流量主展示形式（2）

②图片和图文，如图5－101和图5－102所示。

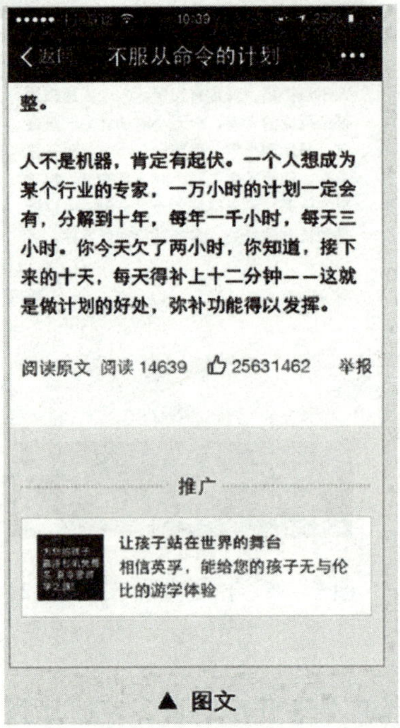

图5－101　流量主展示形式（3）

图5－102　流量主展示形式（4）

6. 微信公众平台开发

微信公众平台开发，将企业信息、服务、活动等内容通过微信网页的方式进行表现，用户通过简单的设置就能生成微信3G网站。通过微信公众平台将企业品牌展示给微信用户，减少宣传成本，建立企业与消费者、客户的一对一互动和沟通，将消费者接入企业CRM系统，进行促销、推广、宣传、售后等，形成一种主流的线上线下微信互动营销方式。

微信开发的主要功能如下：

（1）微信官网。

①公司介绍：支持多级分类。

②产品展示：产品支持多图显示，手指滑动浏览图片。

③新闻资讯：对接微信公众平台消息推送。

④联系方式：LBS地图位置标注，点击电话号码直接拨打。

⑤信息推送：以微信官方规定的消息推送为标准。

（2）微信客服。

①多人工客服：实现多个人工客服在线与微信公众平台客户进行沟通。

②LBS位置服务：用户通过微信提供位置，公众平台自动应答离用户最近的门店、经销商。

③建议/投诉/售后：微信平台内嵌售后服务表单。

（3）微信商城。

①在线订购：支持现有商城系统进行对接。

②会员系统：支持现有会员系统进行对接。

③在线支付：支持在线支付功能，若无须在线支付，则只记录订单信息与流程。

（4）活动与促销。

①活动发布：软商系统直接对接微信平台发布。

②抽奖刮刮卡：支持系统自定义奖品。

③抽奖转盘：支持系统自定义奖品。

想一想

微信公众平台的注册有哪几步？

4.4.5 微信公众号后台的内容编辑与美化

微信内容的编辑与美化关系着微信的推广及粉丝的阅读量。人们常常利用微信编辑器排版工具来进行内容的编辑与美化。

微信编辑器排版工具的特点：提供美化微信图文消息的功能，模板多样且样式漂亮，可以轻松编辑非常美观的微信图文消息。

常见的微信图文编辑美化软件有秀米、135 编辑器、i 排版等。

1. 编辑内容的规则

进入微信公众平台，单击“管理”→“素材管理”→“新建图文消息”，即可编辑单图文。如果需要编辑多图文消息，直接单击左侧图文导航中的“＋”来增加一条图文消息，最多可以编辑 8 条图文内容。

（1）新建图文消息，如图 5－103 所示。

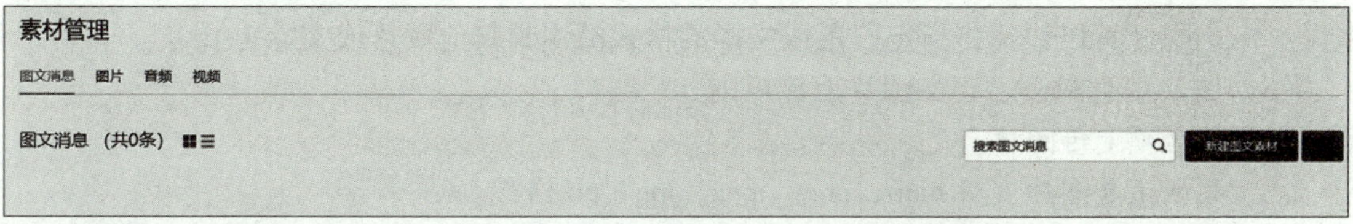

图 5－103 新建图文消息

（2）输入标题，如图 5－104 所示。

标题不能为空且长度不超过 64 字（不支持换行及设置字体大小）。

（3）原文链接。

粉丝通过手机登录微信并接收到消息后，单击“阅读全文”可跳转到设置的链接，如图 5－105 所示。

（4）图文消息正文内容编辑规则。

①正文必须输入文字内容，不能超过 20 000 字。

②可设置字体大小、颜色、背景色、字体加粗、斜体、下划线。

③可以通过居中、居左、居右、段落间隔功能调整正文内容。

④可以通过浮动功能把图片调整到需要的位置。

⑤可以设置字体背景颜色，但图文消息背景颜色不支持自定义设置。

⑥右边导航栏的多媒体功能支持添加图片、视频、音乐、投票等内容。

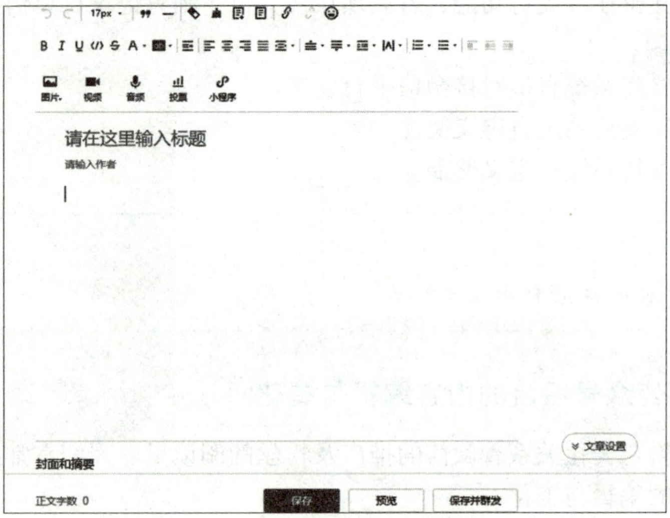

图 5－104　输入标题

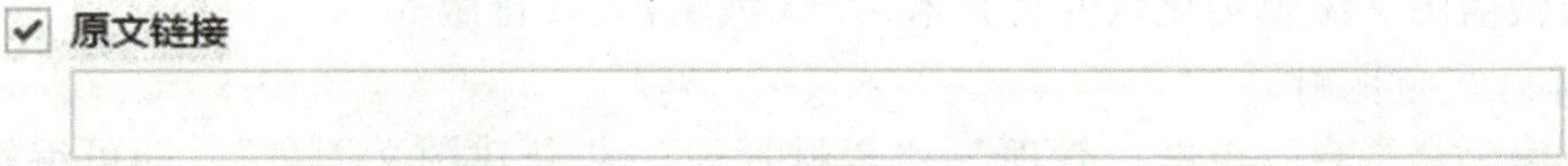

图 5－105　原文链接

⑦可以把编辑好的图文在左边导航条进行上下移动，调整图文顺序。

新增加的功能有：手动输入 10～50 px 范围内的字号大小、手动输入颜色代码、撤销、重做、格式刷（可以快速将指定段落或文本的格式沿用到其他段落或文本上）。

（5）图文消息封面、正文图片上传规则。

①封面必须上传图片。

②封面和正文图片支持 bmp、png、jpeg、jpg、gif 格式。

③封面图片大小在 5 MB 以内，正文图片大小不能超过 5 MB。

④大图片建议 900×500 像素，但上传后图片会自动压缩为宽 640 像素（高会压缩为对应比例）的缩略图，在手机端可点击查看原图。

⑤封面和正文支持上传 gif 格式动态图片，会显示上传的原图（但因手机客户端系统问题，可能会导致部分手机无法显示动态封面）。

（6）预览编辑完成的图文消息。

单击“发送预览”，输入个人微信号，发送成功后可以在手机上查看效果。发送预览只有输入的个人微信号能接收到，其他粉丝无法查看。如图 5－106 所示。

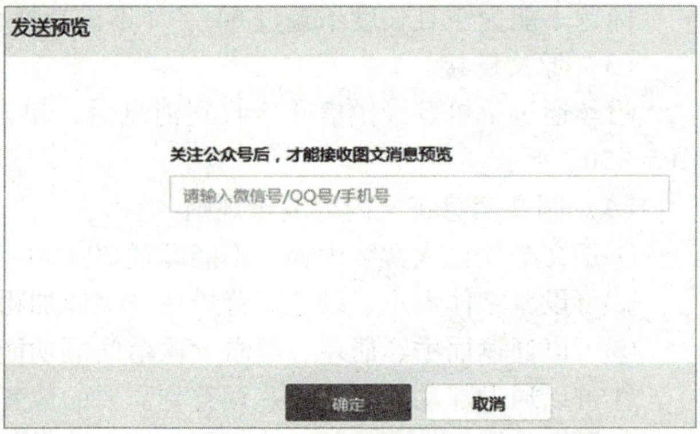

图 5－106　发送图文消息

目前预览的图文不支持分享到朋友圈，可以分享给微信好友/微信群。

值得注意的是，预览微信号需是已关注该公众号的私人微信号；素材库文章预览功能已全面升级，在电脑端、手机端看到的预览文章，当预览次数达到 500 次或预览后超过 12 小时，内容会自动失效。

2. 内容美化

微信内容的美化主要有标题、图片、多图、卡片、分割线、关注和原文、模板等几大类。

秀米、135 编辑器、i 排版这三大微信内容美化软件的界面，主要版式是左侧为分类部分，右侧为编辑部分。编辑完毕后，可以通过右侧的微信复制键复制粘贴到微信公众平台。如图 5－107～图 5－109 所示。

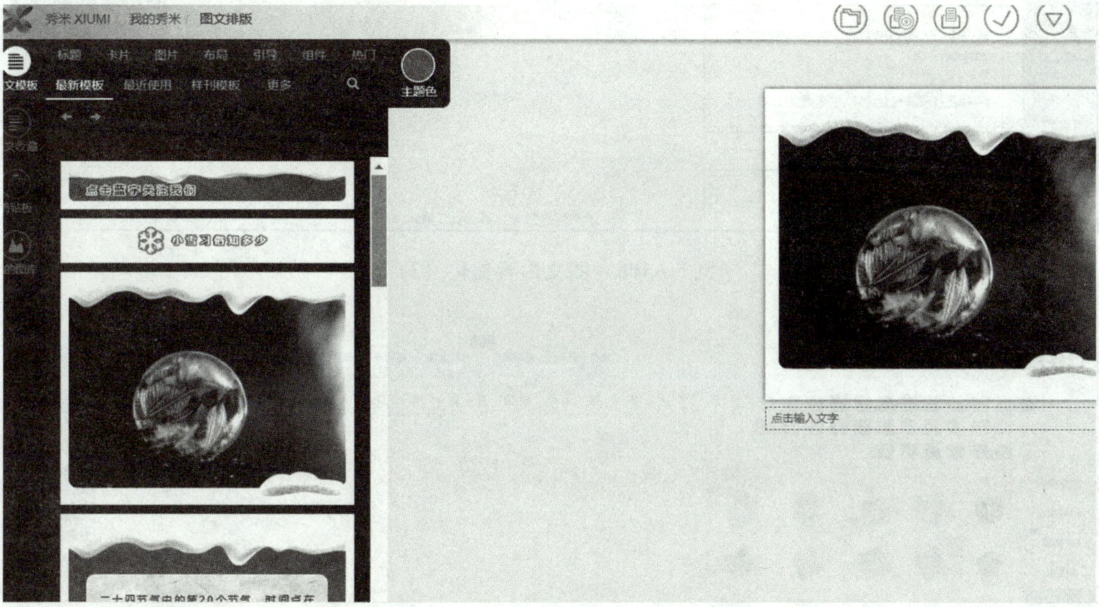

图 5－107　图文内容美化（1）

此外，还可以使用流行的表情包，运用视频、音乐、音频、投票等功能，使内容更丰富。

3. 标题的美化

微信时代，标题是最重要的因素。要想创作一篇热门文章，首先要有好的标题。因为很多人看文章会先看标题，如果标题很吸引人，他就会阅读。

易于传播的标题主要分为短标题、长标题、数字标题、体验类标题、简化标题、对话式标题。

（1）短标题：要求有态度，观点鲜明。如《年轻人要多吃苦？呵呵》（咪蒙）、《我！要！卖！公！众！号！》（西瓜君）、《女人年纪大了就该将就？我偏不》（小北）。

（2）长标题：要求信息前置，或者有冲突反转。如《她曾被两任前夫家暴抛弃，亲生儿子拒绝与她相认，拍戏被摔半身不遂差点丧命，现在近 70 岁的她终于被宠成孩子》（言情说）、《他是刘诗诗的初恋，却成了绑架刘德华的凶残悍匪，竟然还和 TFboys 有蜜汁联系?》（美颜秘笈）。

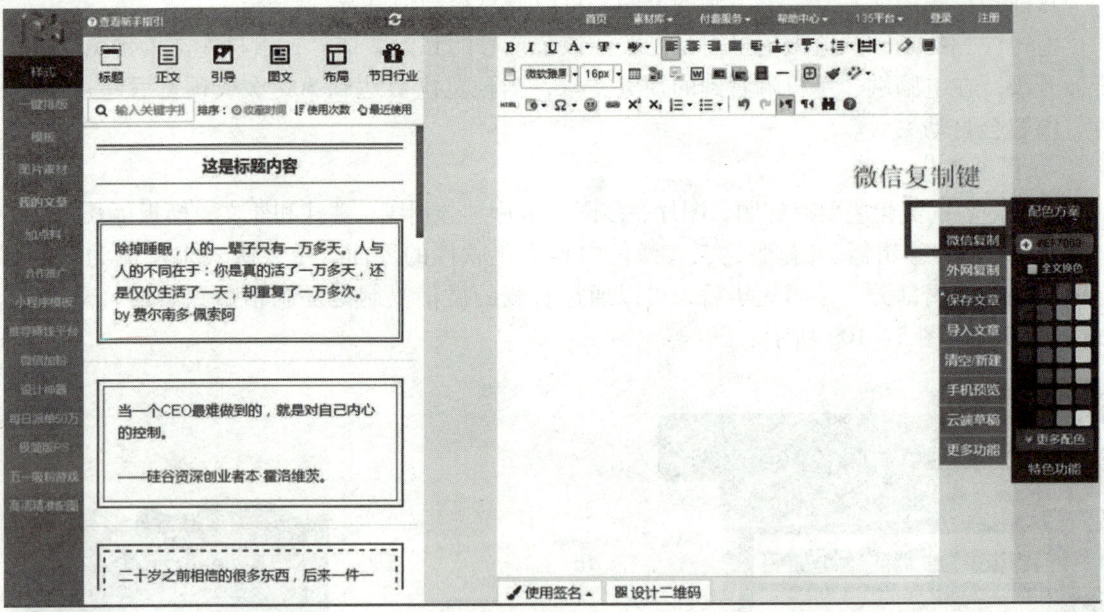

图5－108　图文内容美化（2）

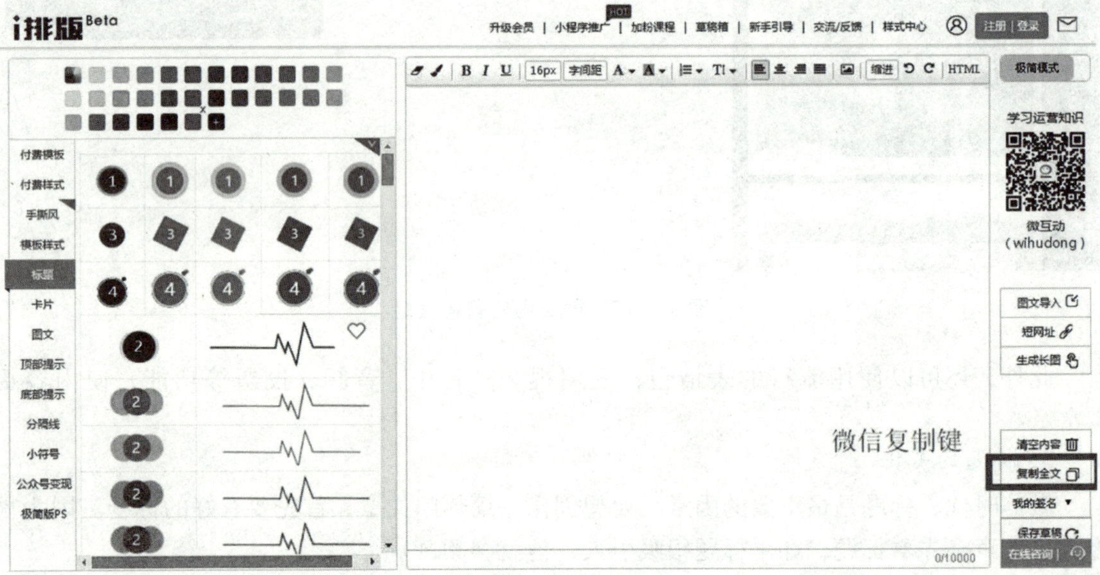

图5－109　图文内容美化（3）

（3）数字标题：要求制造体验感或有比较。如《吃掉一只优秀的小龙虾，就抓住了南京的夏天》（企鹅吃喝指南）、《看了这10支小众口红，我扔掉了我的YSL!》（深夜发媸）。

（4）简化标题：要求通过标题把内容简化。如“30天学习疯狂英语”“七天作文速成”“一天让你变大厨”“三步教你打造完美身材”。

（5）对话时标题：简而言之，就是对话形式。如《我有超能力，然而我爱你》（咪蒙）、《妈呀……你！们！好！有！钱!》（深夜发媸）。

4. 常见排版问题

（1）内容。

问题：行间距过小或过大；字号过大或过小；样式套用繁杂或太过单调。

正确示范：行间距以1.5或者1.75为佳；正文字号不小于14号，一般不大于16号；文字首行不需要缩进（不需要空2格）；段落与段落、段落与图片之间空一格；需要重点强调的部分可适当加粗或用其他颜色加以区分；如果不是长文，可以尝试把段落打碎居中处理。

（2）颜色。

问题：使用高饱和度的颜色；一篇文章中出现多种颜色的字体或者格式。

正确示范：使用同色系的颜色或者同色系＋黑白灰，让颜色过渡自然；一篇文章中主要颜色最好不超过5种，尽量控制在3种以内。

5. 其他常见问题

（1）如何获得超链接功能，跳转到外部链接？

已开通微信支付的用户可以获得图文插入超链接的功能，支持跳转到外部链接，如图5－110和图5－111所示。

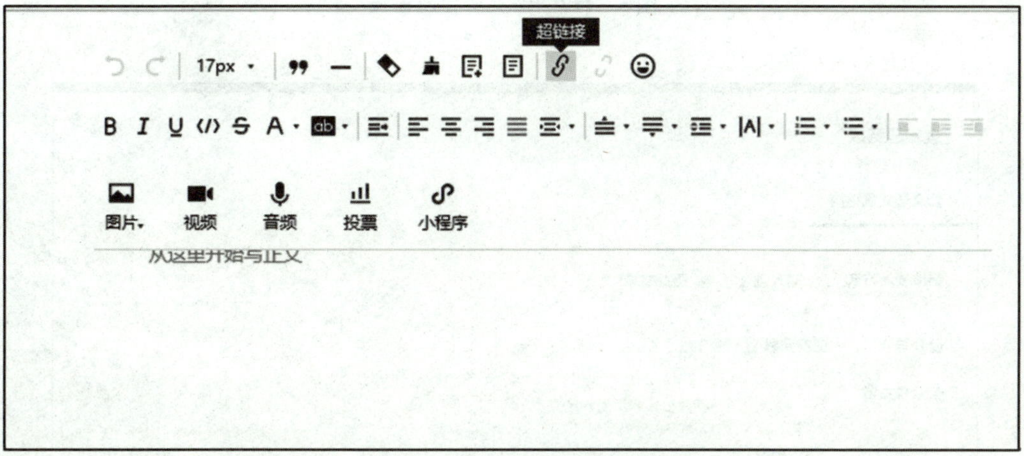

图5－110　图文外部超链接

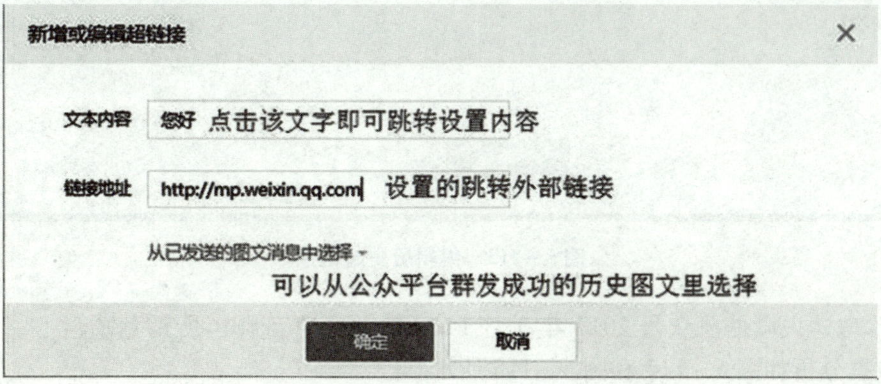

图5－111　编辑图文超链接

（2）如何获得超链接功能，跳转到已发送的图文消息？

已开通微信支付或者是获取原创功能的用户，可以设置跳转到已发送的图文消息，如图5－112和图5－113所示。

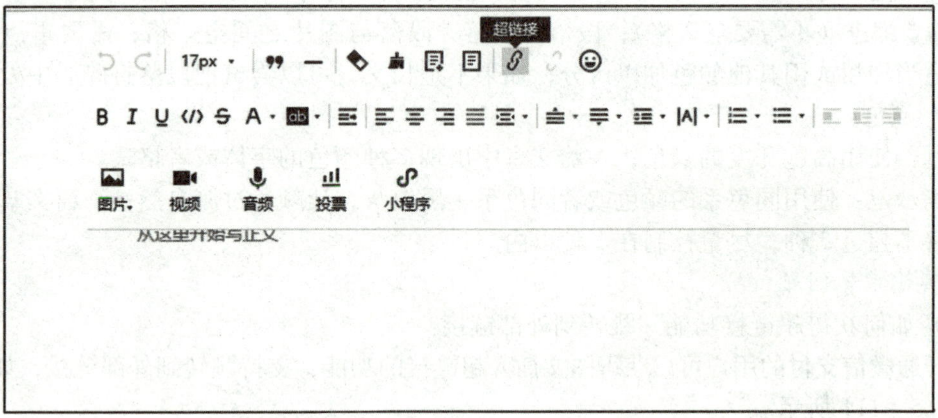

图5－112　图文历史超链接

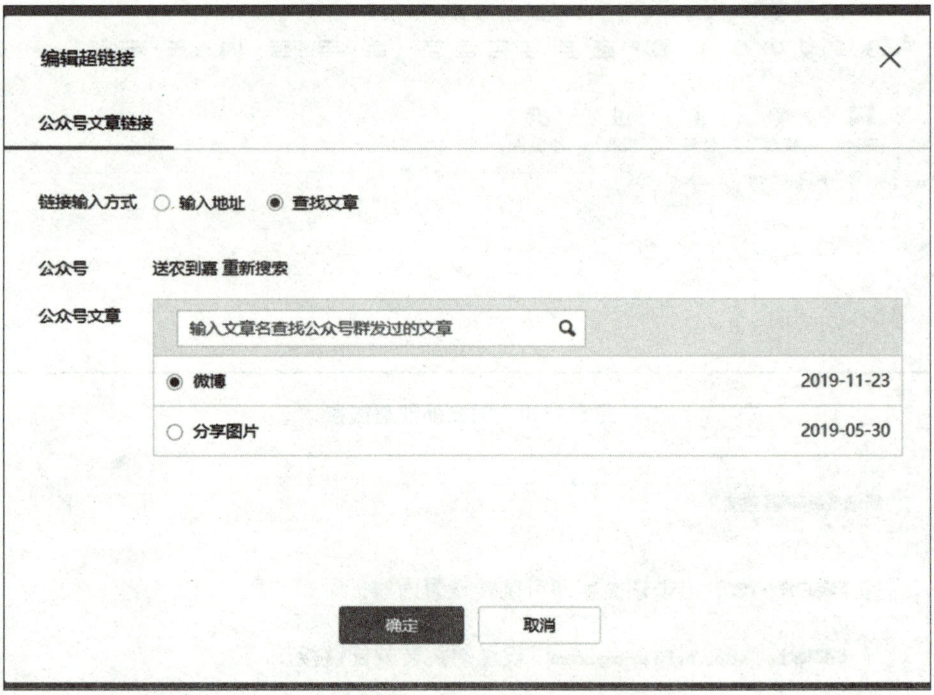

图5－113　编辑历史超链接

例如珍珠达人微信公众号2017年3月14日推送的“董卿：所谓蕙质兰心，大抵如珍珠。”的数据分析如图5－114和图5－115所示。

图 5-114　案例数据分析

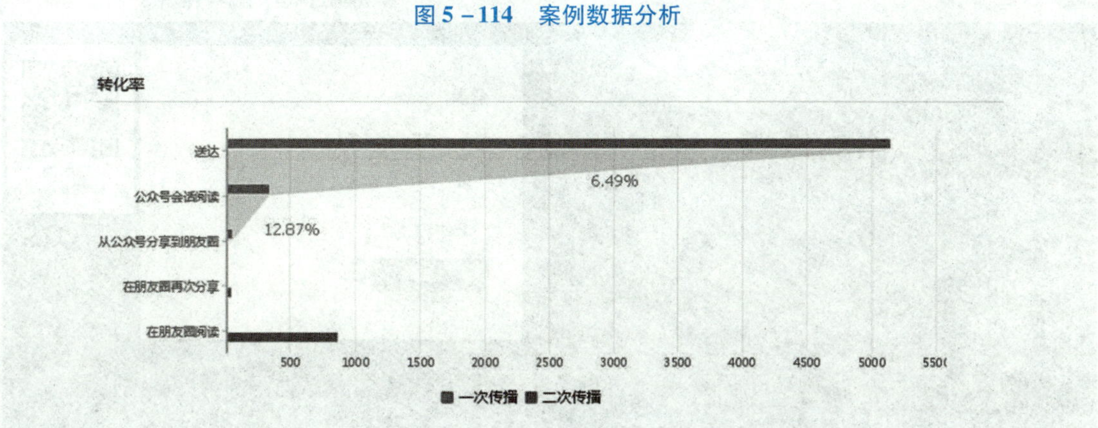

图 5-115　案例数据转化

想一想

美化微信内容的常见软件有哪几个？你认为还需要运用哪些软件？

4.4.6　微信公众号后台的粉丝管理

微信公众号通过创建自定义菜单、二次开发、关键词回复、信息推送、互动、活动等方式吸引消费者关注，并且通过各种方式黏住用户，让用户成为该企业公众号的忠实粉丝，这些粉丝在一定程度上是认可企业、产品的。

通过各种互动形式进行粉丝管理，包括留言、点赞、投票、问卷等形式。微信自带的有留言、点赞、投票的功能，但是由于微信的投票数量及展示风格的局限，建议使用第三方平台软件。

第三方平台软件推荐：

麦客：一款在线“表单”制作工具，同时也是强大的客户信息处理和关系管理系统。

爱豆子：集公众号展示、朋友圈推广、粉丝互动于一体的第三方运营服务平台。

【任务实施】

实训1　注册微信公众号

【实训目的】

通过注册微信公众号，能够熟练操作，加深对微信公众号的认识。

【实训内容与步骤】

注册一个个人微信公众号。

（1）搜索微信公众号官网。

直接在搜索引擎上搜索“微信公众平台”，就可以看到官网的地址，单击进入即可。进入页面后，单击“立即注册”按钮，如图5-116所示。

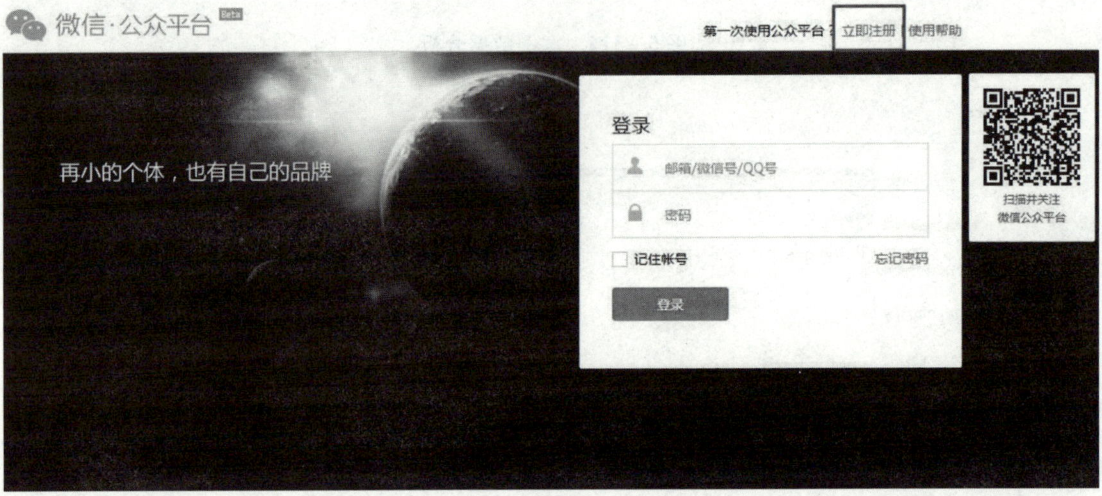

图5-116　注册公众微信号

（2）了解订阅号、服务号、企业号等，如图5-117所示。

订阅号、服务号、企业号的功能区别如图5-118所示。

（3）填写基本信息，如图5-119所示。

（4）登录注册的邮箱，激活邮箱，如图5-120所示。

（5）选择公众号类型，个人选择“订阅号”，如图5-121所示。

注册
请选择注册的帐号类型
订阅号
具有信息发布与传播的能力
适合个人及媒体注册
服务号
具有用户管理与提供业务服务的能力
适合企业及组织注册
小程序
具有出色的体验，可以被便捷地获取与传播
适合有服务内容的企业和组织注册
企业号
具有实现企业内部沟通与内部协同管理的能力
适合企业客户注册
若无法选择类型请查阅帐号类型区别

图 5－117　微信公众号类型

功能权限	普通订阅号	微信认证订阅号	普通服务号	微信认证服务号
消息直接显示在好友对话列表中			✓	✓
消息显示在“订阅号”文件夹中	✓	✓		
每天可以群发1条消息	✓	✓		
每个月可以群发4条消息			✓	✓
无限制群发				
保密消息禁止转发				
关注时验证身份				
基本的消息接收/运营接口	✓	✓	✓	✓
聊天界面底部，自定义菜单	✓	✓	✓	✓
定制应用				
高级接口能力		部分支持		✓
微信支付-商户功能		部分支持		✓

图 5－118　公众号功能区别

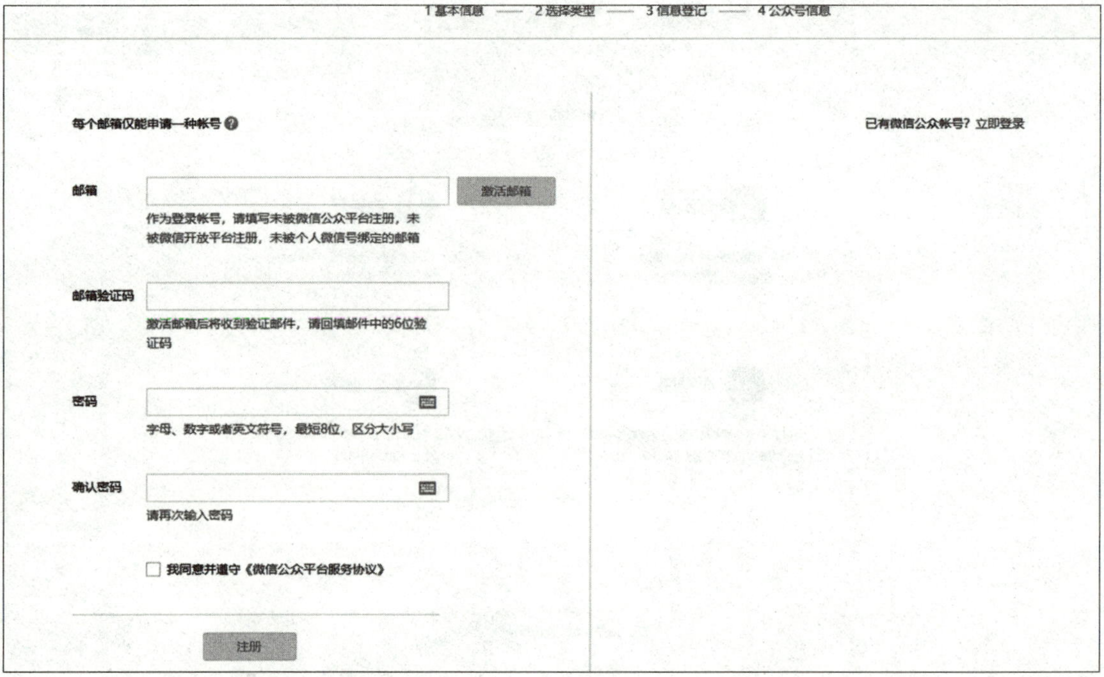

图 5－119　填写基本信息

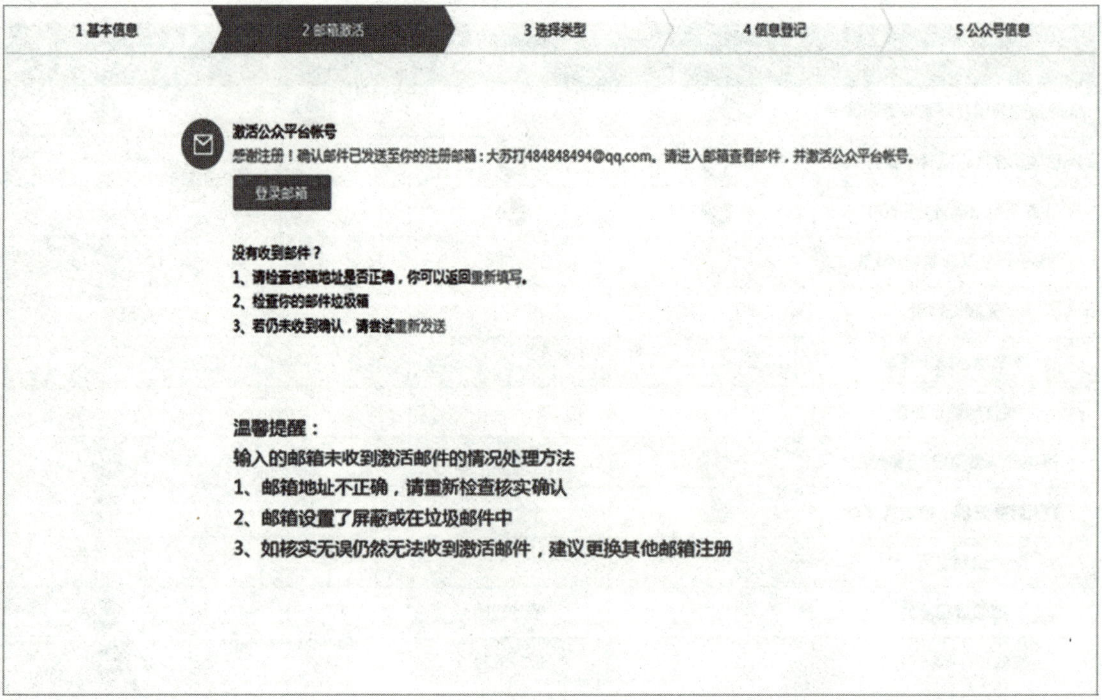

图 5－120　激活邮箱

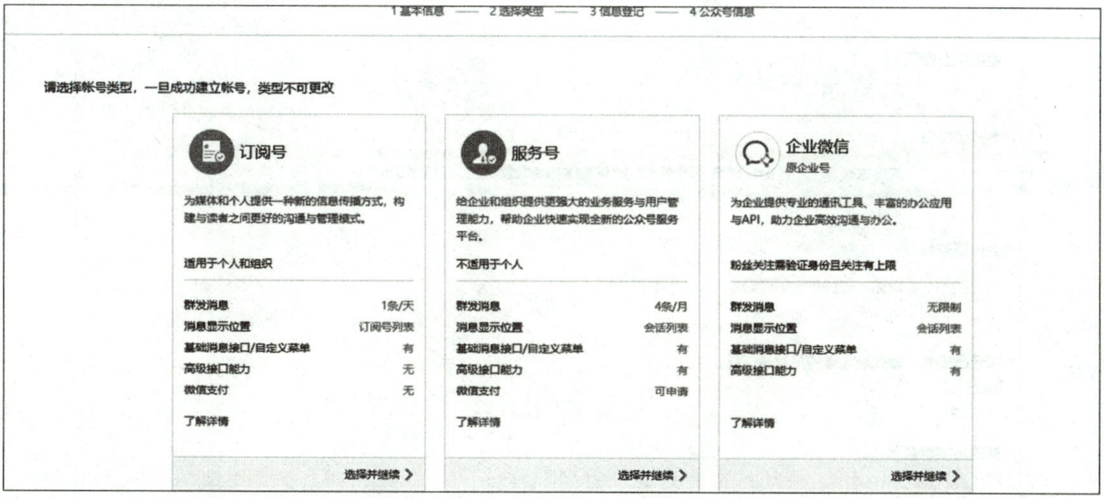

图 5－121　选择公众号类型

（6）进行信息登记，选择个人类型后，填写身份证信息，如图 5－122 所示。

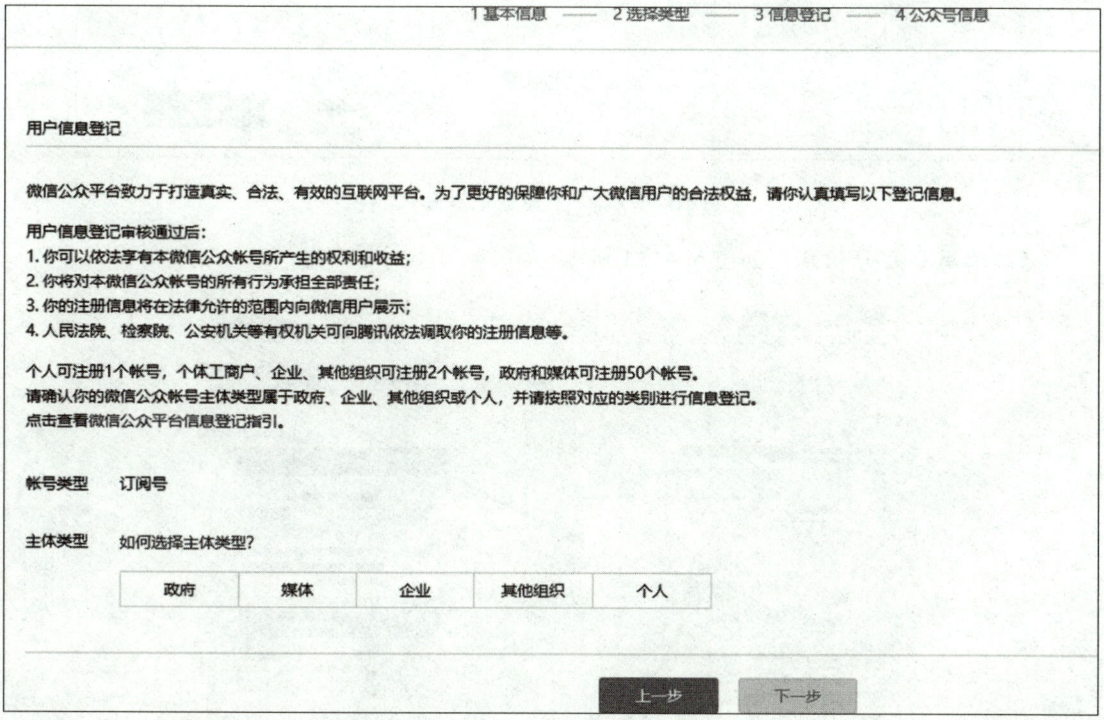

图 5－122　信息登记

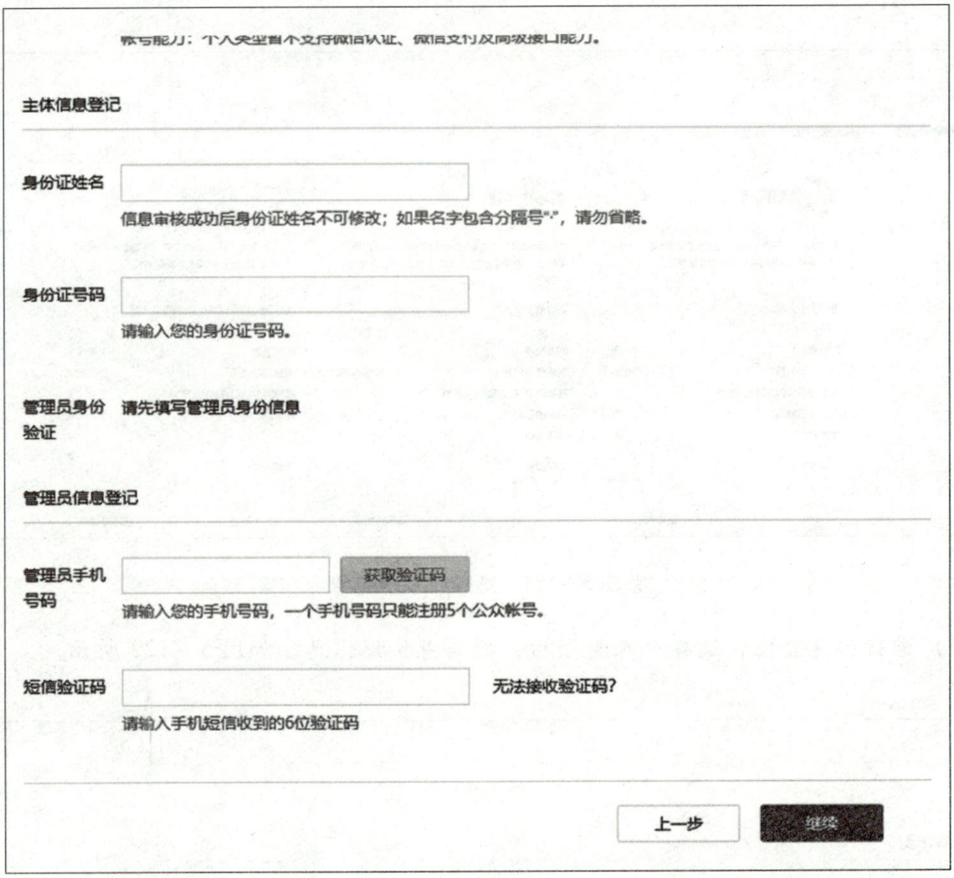

图 5－122　信息登记（续）

（7）填写公众号信息，如图 5－123 所示。

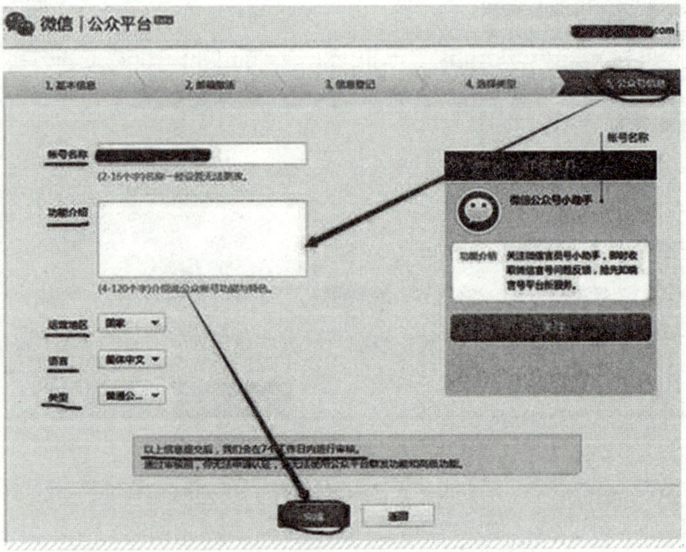

图 5－123　填写公众号信息

注册成功后就可以使用该公众号了，如图 5－124 所示。

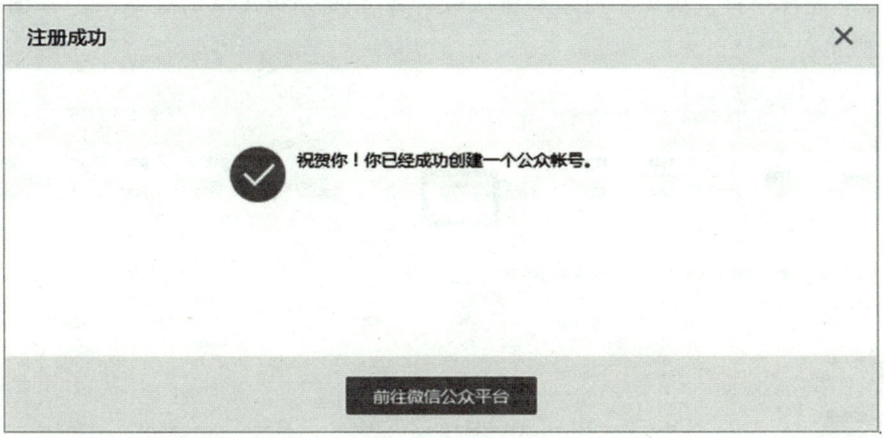

图 5－124　注册成功

实训 2　欣赏优秀的微信公众号

【实训目的】

了解我国不同行业、地区、服务的微信公众号的榜单，为企业注册微信公众号提供参考。

【实训内容与步骤】

（1）在地址栏输入 http://www.newrank.cn/public/info/list.html? period = day&type = data，登录“新榜排名列表－日榜”网页，如图 5－125 所示。

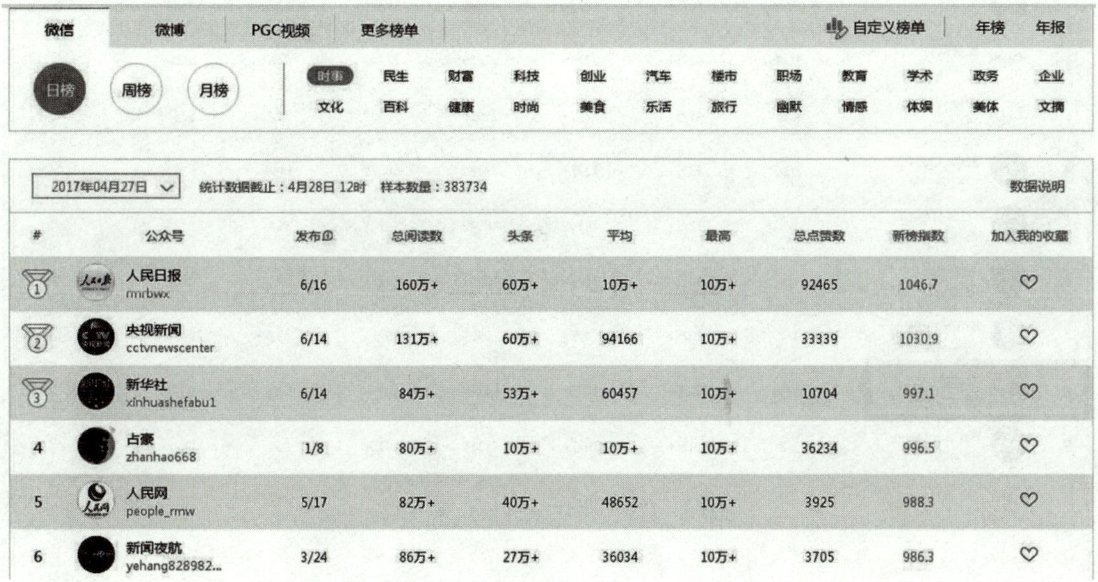

#	公众号	发布④	总阅读数	头条	平均	最高	总点赞数	新榜指数	加入我的收藏
1	人民日报 rmrbwx	6/16	160万+	60万+	10万+	10万+	92465	1046.7	♡
2	央视新闻 cctvnewscenter	6/14	131万+	60万+	94166	10万+	33339	1030.9	♡
3	新华社 xinhuashefabu1	6/14	84万+	53万+	60457	10万+	10704	997.1	♡
4	占豪 zhanhao668	1/8	80万+	10万+	10万+	10万+	36234	996.5	♡
5	人民网 people_rmw	5/17	82万+	40万+	48652	10万+	3925	988.3	♡
6	新闻夜航 yehang828982...	3/24	86万+	27万+	36034	10万+	3705	986.3	♡

图 5－125　公众号日榜排名列表

（2）调查你感兴趣行业的微信公众号，关注1～2个微信公众号，分别找一篇热点文章，对该文章进行分析，从文字内容和排版设计等角度分析文章的优缺点。如图5－126～图5－128所示。

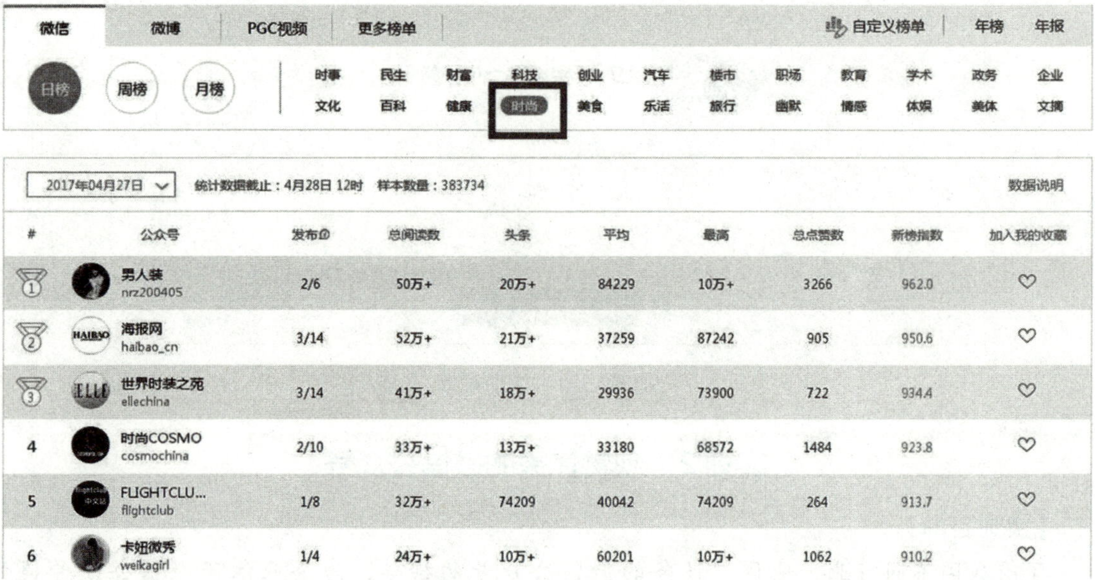

#	公众号	发布	总阅读数	头条	平均	最高	总点赞数	新榜指数	加入我的收藏
1	男人装 nrz200405	2/6	50万+	20万+	84229	10万+	3266	962.0	
2	海报网 haibao_cn	3/14	52万+	21万+	37259	87242	905	950.6	
3	世界时装之苑 ellechina	3/14	41万+	18万+	29936	73900	722	934.4	
4	时尚COSMO cosmochina	2/10	33万+	13万+	33180	68572	1484	923.8	
5	FLIGHTCLU... flightclub	1/8	32万+	74209	40042	74209	264	913.7	
6	卡妞微秀 weikagirl	1/4	24万+	10万+	60201	10万+	1062	910.2	

图5－126　关注微信公众号（1）

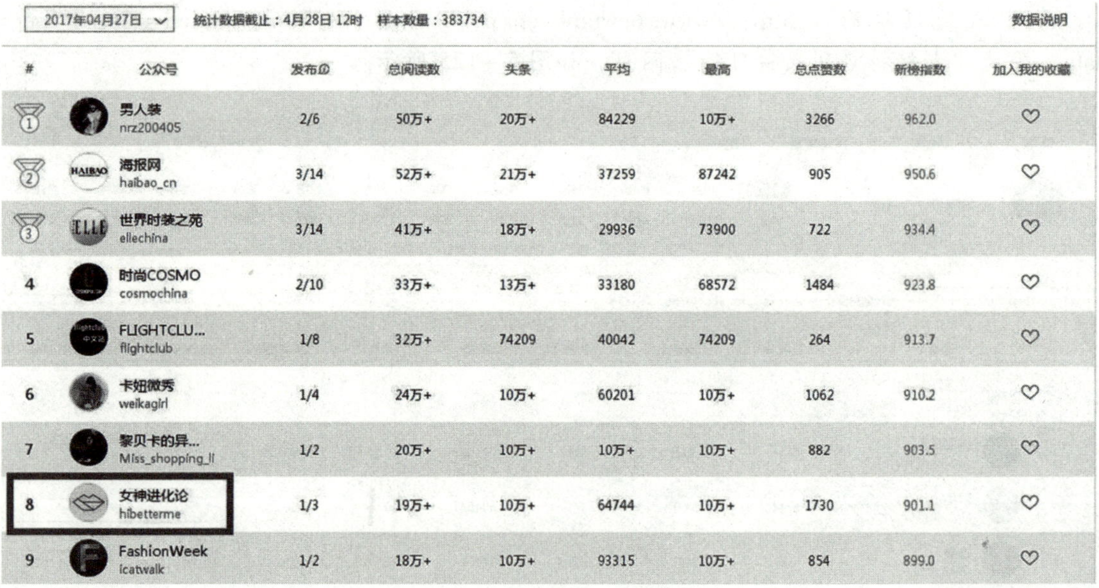

#	公众号	发布	总阅读数	头条	平均	最高	总点赞数	新榜指数	加入我的收藏
1	男人装 nrz200405	2/6	50万+	20万+	84229	10万+	3266	962.0	
2	海报网 haibao_cn	3/14	52万+	21万+	37259	87242	905	950.6	
3	世界时装之苑 ellechina	3/14	41万+	18万+	29936	73900	722	934.4	
4	时尚COSMO cosmochina	2/10	33万+	13万+	33180	68572	1484	923.8	
5	FLIGHTCLU... flightclub	1/8	32万+	74209	40042	74209	264	913.7	
6	卡妞微秀 weikagirl	1/4	24万+	10万+	60201	10万+	1062	910.2	
7	黎贝卡的异... Miss_shopping_li	1/2	20万+	10万+	10万+	10万+	882	903.5	
8	女神进化论 hibetterme	1/3	19万+	10万+	64744	10万+	1730	901.1	
9	FashionWeek icatwalk	1/2	18万+	10万+	93315	10万+	854	899.0	

图5－127　关注微信公众号（2）

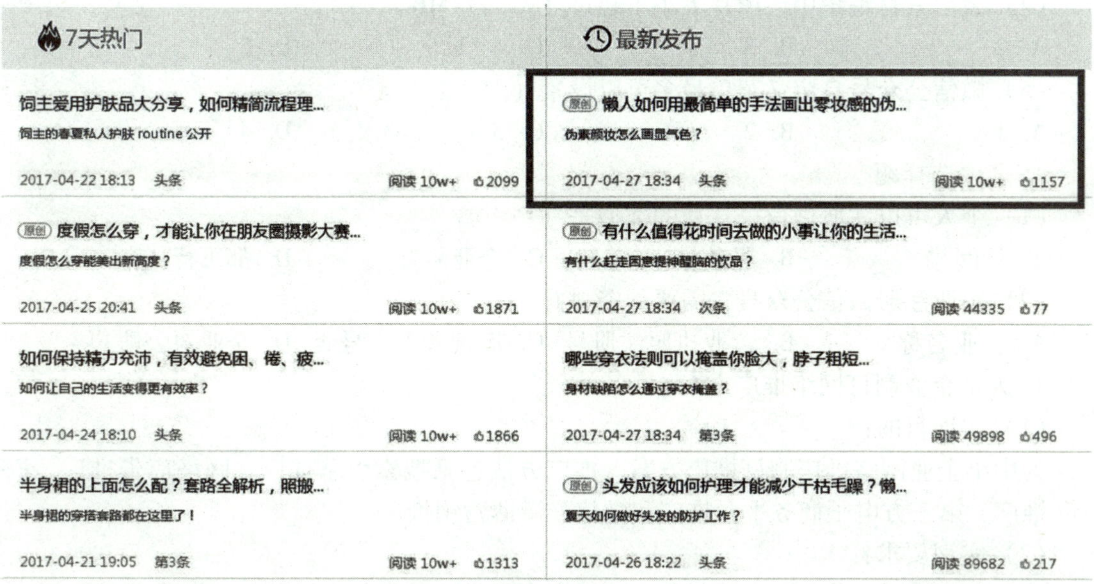

图 5－128　关注微信公众号（3）

【实训提示】

注册微信公众号时，需要提早准备好注册的资料，并按照步骤一步步操作。

【项目总结】

网络营销推广的方法很多，除本项目主要介绍的电子邮件营销推广、搜索引擎营销推广、网络广告营销推广、社群营销推广、微博营销推广、微信营销推广外，还有抖音、视频等自媒体营销推广，在互联网中可借鉴的方法比较多，使用者可以根据企业实际选用与整合各种推广的方法。

【项目习题与训练】

一、理论自测题

1. 关键概念：微信公众号、微信公众号营销。

2. 思考题

（1）找出近期你认为微信公众号营销成功的案例，分析它成功在哪里。

（2）找出同一行业的两个微信公众号，对比两者排版风格、文字风格、互动类型等方面的不同点。

二、实务自测题

1. 单项选择题

（1）微信订阅号每天可以发（　　）条图文信息。

A. 1　　B. 2　　C. 3　　D. 4

（2）微信服务号每月发送（　）条。

A. 1　　B. 2　　C. 3　　D. 4

（3）预览微信后，超过（　　）小时内容会自动失效。

A. 10　　B. 12　　C. 24　　D. 36

（4）微信素材编辑中，图片大小不超过（　　）MB。

A. 2　　B. 3　　C. 4　　D. 5

（5）微信公众号自定义菜单最多可以设置（　　）栏。

A. 1　　B. 2　　C. 3　　D. 4

2. 多项选择题

（1）个人可以注册微信公众号的类型是（　　）。

A. 订阅号　　B. 服务号　　C. 企业号　　D. 都不行

（2）企业注册微信公众号，需要的资料有（　　）。

A. 企业名称　　B. 营业执照注册号　　C. 运营者手机号码　　D. 企业对公账户

3. 为某企业制订网络推广方案

（1）实训目的：

为中小企业网络推广制订推广方案。推广方法包括搜索引擎推广、网络广告推广、E－mail推广、第三方电子商务平台推广和微信、微博营销推广。

（2）实训要求：

分组完成实训中的各个细分任务，填写实训报告。各组制作幻灯片进行课堂汇报。

【项目案例】

案例：媒体微博运营策略创新
——2017年、2018年人民日报微博全国两会报道

人民日报微博开通6年来，逐步形成了较强的运营维护能力和影响力。通过对2017年与2018年两会报道内容的策划、发布、运作等进行了比较研究，发现了媒体微博行之有效的运营策略。

1. 数量与形式

2018年全国两会的会期比2017年的长5天，但人民日报微博对2018年全国两会的报道数量比2017年的增加了1倍多。这一方面是因为2018年全国两会的会期长、议程重要，另一方面也是人民日报微博运营效率提升的表现。

新浪微博对媒体全国两会报道的统计数据显示，2017年人民日报微博全国两会报道的阅读量为14.7亿，2018年提高到50.4亿，相较排名第二的央视新闻微博，跃升幅度很大。

（1）图表重要性不断上升。2017年人民日报微博全国两会报道中，有23条原创图表，2018年这一数字增加了2倍多。从效果上看，2018年的图表报道获得了极高的人气，互动量甚至超过短视频。这说明图表这种简明扼要的报道形式契合微博平台的传播特点，在重大时政报道中能迅速突出重点、解释信息、增强可视化表达，受到用户青睐。人民日报微博图表报道手法有“多、快、好、省”四个特征。

（2）短视频运用更加频繁。近年来，随着移动端视频直播兴起，媒体将直播作为日常报道手段。2017年人民日报微博全国两会报道的直播内容为52条，占微博报道总量的25%。2018年，直播内容数量略有下降，但针对直播剪辑的短视频数量却提升了近2倍。这从一个侧面反映了受众接受习惯的变化：作为信息流产品的使用者，他们需要更直观、更有效、更快捷的信息，短视频显然是更符合这一特点的传播形式。

人民日报微博2018年全国两会报道的几乎每条直播内容都剪辑了2条短视频，对于较为精彩的直播内容，如王毅外长答记者问的发布会，更是剪辑了8条之多。

2. 时效与节奏

每年全国两会有大量固定议题和程序性议题。在同题报道中从发稿时效和节奏上突破，是人民日报微博探索出的一条成功经验。

（1）拼抢第一落点。

2018年全国两会报道中，人民日报微博强化了即时消息及其可视化解读的实时推送，全力拼抢第一落点。人民日报微博10点54分转发了习主席宪法宣誓的新华社快讯，11点01分就播发了剪辑的同题短视频，时隔仅7分钟。正因抢到了第一落点，这条短视频获得了1.4亿的观看量。央视新闻微博38分钟后发布的剪辑短视频因时间窗口已过，仅获得了487万次的观看量。

另一个有代表性的例子是人民日报微博对李克强总理做政府工作报告的报道。2017年全国两会，人民日报微博在总理做政府工作报告结束2小时后推出了《2017年政府工作报告极简版！只有600字》。但2018年，人民日报微博将概要推出时间缩短了100分钟以上，在报告结束后15分钟内立即推出了《政府工作报告极简版来了，只有800字！》。

强时效带来大量转发和刷屏，仅微博端的阅读和互动量就为上年“同款”的近3倍，一些新媒体机构的编辑甚至将其誉为“新媒体端的通稿”。

（2）调整生产机制。

人民日报微博对时效性的把握随着运营经验的积累不断加强，其背后是生产机制的不断调整适配。人民日报微博主创人员在“十九大”报道回顾中就对这套生产机制做了总结，关键在于两个方面：一是重要议程加派人手，细化分工，将值守任务细化到发布、截图、截视频、与网友互动、对接各群组等具体环节，各自明确职责，有效衔接。二是利用工具高效生产，编审配合。通过速记的文字实录，配合直播的实时听看，及时编发快讯。短视频则由视觉编辑在“亿幕云剪”系统中快速剪辑。

3. 策划与角度

受众的注意力和时间都是有限的，如何在提高信息总量和密度的同时保持对受众的吸引力，加强整体的产品策划、不断创新报道角度尤为重要。

（1）专题化操作，提升传播效果。

2018年全国两会报道中，人民日报微博对重要新闻点的报道形成了专题化的操作思路，即围绕一个新闻点，拓展尽可能多的报道角度，形成系列，持续推出，实现对受众“滴水穿石”的影响。

（2）活动策划，线上线下场景连接。

2018年全国两会报道中，人民日报微博尝试了更大范围、更高参与度、线上线下场景连接的主题活动——“中国很赞”手指舞MV众筹。活动由人民日报社新媒体中心发起，以“点赞青春，点赞中国，奋斗新时代”为主题，让网友共同参与、深度互动，用形象化的手指舞表达对祖国的热爱和祝福。活动还与“中国很赞”地铁专列、主题火车票、共享单车等线下推广方式相结合，营造全民为中国点赞的舆论环境。人民日报微博是手指舞众筹活动的主要传播渠道，通过明星的带动，警察、医生、消防官兵等各行业人士接力加入，引发刷屏之效，网友参与热情很高。据新浪微博统计，该活动的总阅读量超过10亿。

（3）结合热点，唤起关注。

除了预先策划的创新报道，人民日报微博还善于抓住新闻热点，在全国两会报道中结合相关传播热点，以多种方式接力深入报道，充分挖掘传播潜力。比如，2018 年元宵节恰逢全国两会即将召开，人民日报微博报道了人大代表提出的“应将元宵节纳入国家法定节假日”的建议，并在“你好，明天”专栏中配发相关评论，起到了较好的预热效果。全国两会开始后，人民日报微博的“人民微评”和“你好，明天”专栏几乎每天都选取当日全国两会热点进行评论，有时两个专栏针对同一热点先后发声，在唤起网友关注的同时，也提升了舆论引导效果。

4. 情感与态度

心理学研究显示，特定情绪的唤醒可以促进社会性传播行为。在微博平台，带有感情色彩、引起网民共鸣的内容往往能够获得关注，取得“病毒式”传播效果。人民日报微博在长期运营中，探索了一套有效的话语策略和受众服务理念。

（1）调动情感，唤起共鸣。

无论是标题还是文风，人民日报微博的表述尽量避免居高临下的“灌输”模式，而是用平等的视角和沟通协商的方式拉近与受众的距离，最突出的特点是表述中经常用到“你”字，如“带你看”“你知道吗”“你会吗”“你觉得”等。“你”字的加入让人民日报微博形象人格化、具象化，如同朋友之间的倾诉与对话，更容易让受众接受。

人民日报微博常常使用“问句”句式。比如，“你会用英语介绍两会吗?”“快对照看看，你属于哪个群体?”等。这种表述更具开放性，也为受众提供了互动和参与空间。

人民日报微博还善于运用立场鲜明、气势强烈、情感饱满的感叹句来调动情感、唤起共鸣。比如，总结全国人大五年成绩的一条图表微博，标题为《这五年，民有所呼、我有所应!》，激情澎湃、感染力强，获得 15 984 次转发，11 154 条评论。当然，并不是所有议题都适合情绪化的表达，其考验的是媒体对新闻的判断力和受众情绪的把握。

（2）强化社交属性，提升参与度。

在主题活动的策划中，强化社交属性并保持活动的开放性，有利于激发受众的参与热情。人民日报微博在“手指舞”MV 众筹活动中循序渐进，先发起倡议，再引入媒体、警察、医生、消防官兵等各行业人士进行示范，扩大活动影响范围，同时邀请曝光度高的演艺明星参与，引爆传播热度。在倡议、推动、升温的过程中，人民日报微博不断强化活动的社交属性，呼吁受众和朋友一起体验，一起“PK”，模仿喜爱的明星，以与明星出现在同一视频画面中作为“奖励”，受众成功被“奖励”后又引发了新一轮的参与热情。

（3）挖掘受众需求，增强服务意识。

对于社交媒体而言，受众是运营的最大变量。人民日报微博对目标受众群不断细分，让内容更有贴近性和针对性。比如，在解读《政府工作报告》时，将对象细分为城镇居民、科研人员、农民、学生等，挖掘不同受众感兴趣的新闻点。另外，人民日报微博还提高了服务性、知识性的内容比重，根据年轻群体日常英语学习的需求，或即将就业、考研的学生群体的考试需求，增加了双语类图解的发布数量，获得了很好的效果。

【案例分析】

新浪微博已经成为拥有超过 4 亿月活用户的中文互联网最大社交媒体平台。对许多媒体机构而言，新浪微博已经是不可或缺的传播渠道。如何把握媒体微博运营规律，有效提升传播效果和影响，有以下思考：

1. 增强时效意识，抢占第一落点

在重大时政报道中能迅速突出重点、解释信息、增强可视化表达，抢占第一落点，在确保准确性和政治安全的前提下，打造速度优势，吸引注意力，扩大影响力。

2. 重视图表和短视频制作，提升可视化效果

在微博的4亿月活用户中，93%来自移动端，媒体微博应当更加重视图表、短视频等可视化产品的制作。一方面要提升图表制作水平，从视觉设计上增强辨识度和美观度，从创意文案上增强表达力和感染力，并适当增加在重大报道中图表制作的数量。另一方面，要转变短视频生产思路。在针对重大事件的微博报道中，及时传递现场内容的短视频传播效果。

3. 加强策划意识，创新报道角度

媒体微博的运营应当视为一个独立媒体来对待，根据平台及媒体自身的特点形成独立的策划思路、发布节奏、内容角度及个性特点，通过打造媒体品牌来聚拢更多受众。应当加强策划意识，尤其在可预见的重大事件报道中，提前策划，进行专题化操作，挖掘报道深度，创新报道角度，提升传播效果。

4. 改进话语体系，关注年轻用户需求

放低身段、跟受众交朋友是媒体微博吸引粉丝的关键点。在新浪微博持续的战略调整后，用户结构已经发生质的变化，18～30岁的年轻用户超过75%，成为平台的主力用户。媒体微博的话语体系更多地运用“网言网语”，以年轻、亲和、平等、幽默的形象和受众交朋友。更关注年轻受众的需求，注重与他们互动，提供更有价值的服务。

5. 开发创意活动，提升社交参与

媒体微博可以以重大报道为契机推出相关主题的创意活动，精心策划活动的参与方式，用游戏、社交、明星效应及奖励元素保持对年轻群体的吸引力，用线上线下场景连接的方式扩大活动的覆盖面，并通过与新浪微博官方的合作提升活动的参与度和影响力，从而形成新一轮的粉丝积累和沉淀。

6. 优化资源配置，完善运营机制

人民日报微博有专门的策划团队和值班团队，策划团队负责创意产品的生产制作，值班团队负责当日稿件的编发。重大报道中，值班人员的任务还会细化发布、截图、截视频、与网友互动、对接各群组等具体环节，各有专人负责。正是机制上的分工细化和明晰，保证了人民日报微博的发稿时效和传播力。

（资料来源：http://www.xinhuanet.com/newmedia/2018-07/24/c_1123168471.htm）

项目六

无线网络推广

【项目目标】

有了手机淘宝，网购变得方便快捷。通过本项目的学习，学生能了解无线推广对商家开展营销活动的真正意义，了解无线推广的内容与方法，掌握手机淘宝应用推广的方法，了解 Wi－Fi 的功能，掌握 Wi－Fi 认证登录的方法，并能有针对性地制订无线推广方案。

学习任务	能力要求	知识目标
任务 1 手机无线 推广应用	1. 会安装手机淘宝 2. 能运用手机淘宝开展营销	1. 了解无线推广的应用知识 2. 掌握手机淘宝的类型与内容 3. 掌握手机淘宝应用推广的方法
任务 2 实体店免费 Wi－Fi 推广	1. 会使用“无线天”软件 2. 会手机测试 Wi－Fi 认证登录 3. 能利用 Wi－Fi 进入移动网店	1. 了解 Wi－Fi 的功能 2. 掌握 Wi－Fi 认证登录的方法 3. 理解实体店免费 Wi－Fi 推广事项
任务 3 微店推广	1. 会使用微店 App 2. 能运用微店开店并推广	1. 了解微店基本功能 2. 掌握微店开店方法 3. 了解微店推广方式

任务 1　手机无线推广应用

【任务描述】

通过学习，了解无线推广的应用知识，掌握手机淘宝的类型与推广方法。

【任务导入】

小张在 2013 年“双 11”之前就意识到无线端营销的重要性，开始策划无线淘宝、天猫客户端、微淘等活动，以做好数据化引流，增加访问量，提高销售收入。那么，小张是如何利用手机来开展无线推广的呢？

【知识准备】

1. 移动电子商务发展历程

移动电子商务大约经过了以下几个阶段：第一阶段是访问基于简讯的移动电子商务系统，在此阶段有大量严重的技术缺陷，缺乏实时性，查询不会立即获得应答；第二阶段主要为 WAP 运用，通过 WAP 访问的形式来实现信息查询，部分解决了上一阶段移动接入技术的相关问题，但此阶段的主要问题是 WAP 的交互访问体验非常差；第三阶段使用 SOA 架构进行综合的 WEP 服务，智能移动终端和第三代移动访问处理技术的移动 VPN 技术相结合，同时融入 3G 移动通信技术和智能移动设备技术，使系统的安全性和互动性得到极大提高；第四阶段是在 4G 移动技术、智能移动终端和安全智能加密技术极大发展的基础上，丰富移动电子商务的使用场景和涵盖内容，利用技术完善将旧的商业行为进行移动精准化推送。如图 6－1 所示。

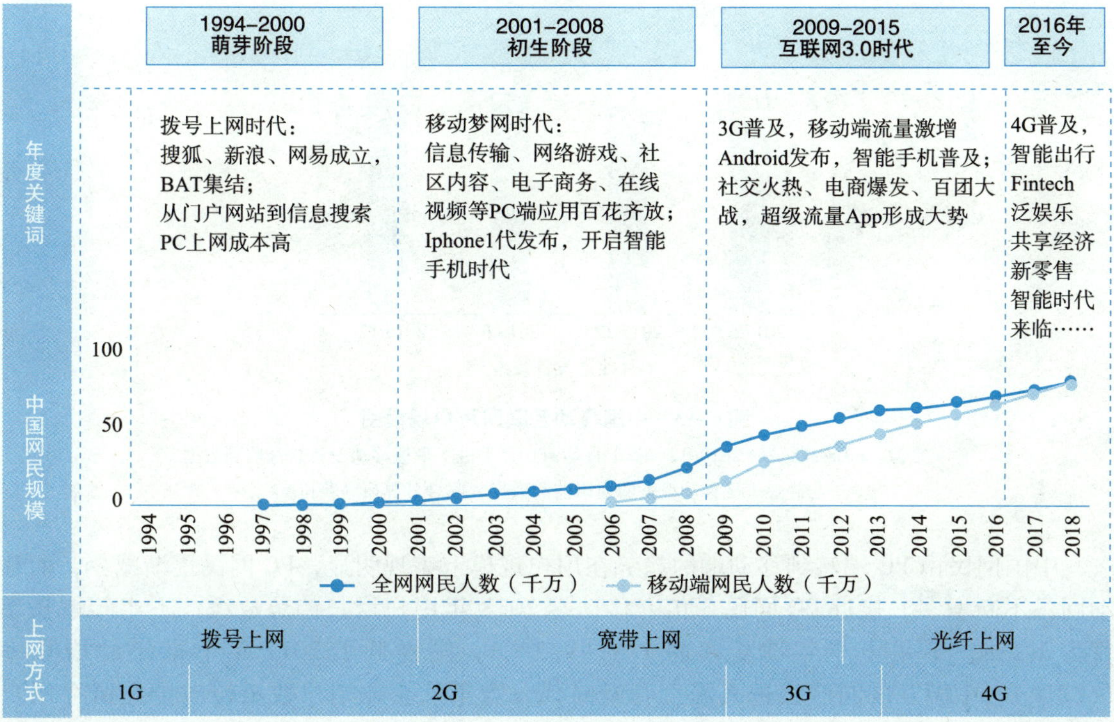

图 6－1　无线网络发展历程图

2. 中国移动电子商务外部环境分析

艾瑞咨询集团的数据显示，截至 2018 年 12 月，中国 PC 互联网月度覆盖人数达 5.09 亿人，同比下降 3.9%；移动互联网月独立设备数达 13.47 亿台，同比增长 12.8%，移动端网民单日使用时长已达到 186 分钟，超过 PC 端的 2 倍，约为看 4 集电视剧的时间。电子商务行业月独立设备数达 9.42 亿台，同比增长 14%。月独立设备数在 11 月达全年最高，为 9.7 亿台，是上一年的 1.12 倍。热门细分行业中，社交电商、生鲜电商迅猛增加，月独立设备数分别达 3.17 亿台、942 万台，同比增长率分别为 69.6%、65.7%。如图 6－2 和图 6－3 所示。

图6-2 中国互联网用户规模图

（来源：iUserTracker，家庭办公版2018.12，基于对40万名家庭及办公（不含公共上网地点）样本网络行为的长期监测数据获得）

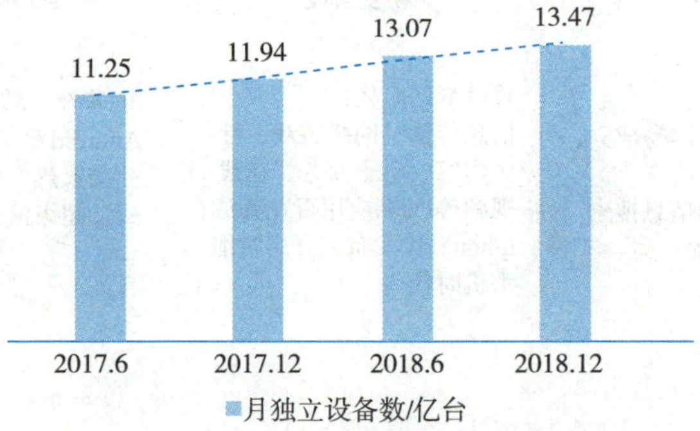

图6-3 中国移动互联网用户规模图

（来源：mUserTracker.2018.12，基于日均400万手机、平板移动设备软件监测数据，与超过1亿移动设备的通讯监测数据，联合计算研究获得）

中国网民由PC端转到移动端的趋势在用户规模上表现明显，PC网民逐渐减少，而移动网民不断增多，接近PC网民3倍。移动端2018年用户增长趋势放缓，下半年增长率仅为3.1%，不足上半年增长率的1/3（9.5%），同样低于2017年下半年的增长率（6.2%）。中国互联网已然进入深度存量时代，竞争从获取用户数量转向抢夺留存用户时长。

数据显示，2015—2017年中国网络购物市场规模从3.7万亿元增长至2017年的6.3万亿元，随着红利的逐渐消退，市场规模增速有所回升。随着网络购物市场线上线下融合，行业稳定发展，2018年中国网络购物市场交易规模达到7.7万亿元，2020年中国网络市场规模将突破10万亿元。如图6-4所示。

伴随着智能手机的快速推广和普及，移动电商应运而生，凭借着便捷和碎片化的购物时间，移动电商持续火热，用户逐渐从PC端向移动端倾斜。数据显示，2013—2017年中国移动电商用户规模快速增长，从2.15亿人增长至4.73亿人，5年间增长了2.61亿人，年均复合增长率为21.8%。2018年用户规模进一步增长，将达到5.17亿人。如图6-5所示。

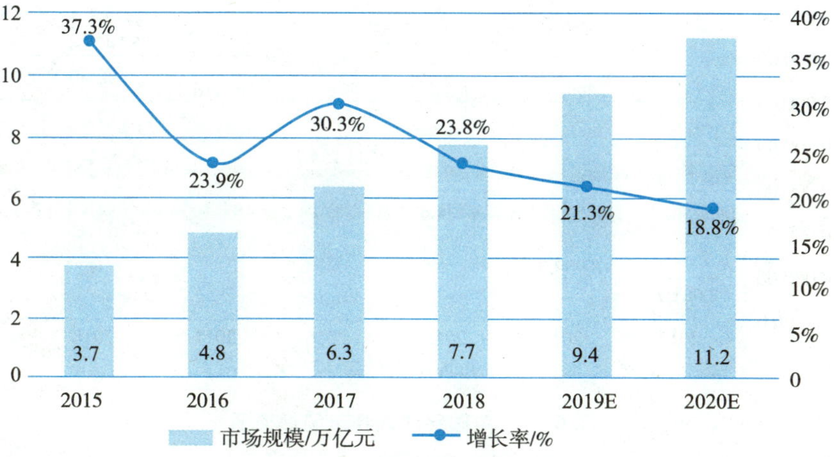

图 6－4　中国互联网购物市场规模图

（数据来源：中商产业研究院整理）

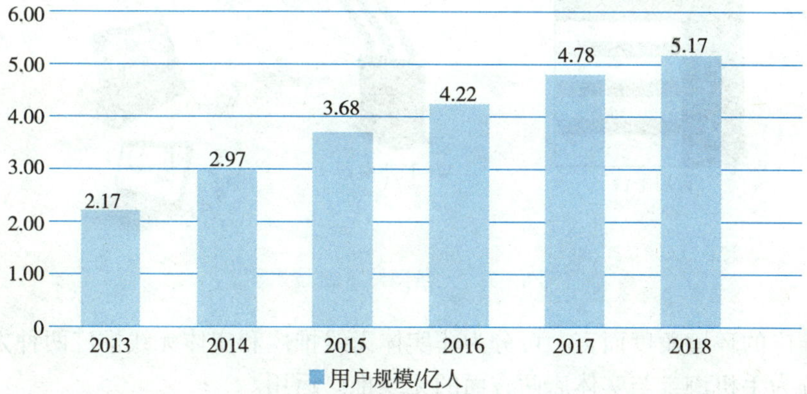

图 6－5　中国移动电商市场规模图

（数据来源：中商产业研究院整理）

在移动购物市场规模方面，2013 年以来中国移动购物市场规模快速发展，从 2 681. 7 亿元增长至 2017 年的 46 416. 4 亿元，5 年间增长了 43 734. 7 亿元，年均复合增长率为 104%。伴随着电商商务行业的逐步完善、消费者消费习惯的逐渐养成，中国电子商务进一步发展，2018 年中国移动购物市场规模达到 57 427. 4 亿元。如图 6－6 所示。

无线网络，即利用无线通信技术替代传统的网线或光纤把两个或多个不同的网络连接起来，适合于无法或者不方便有线施工的场合，例如港口、工地、货场、路口等。与有线网络相比，具有组网灵活、施工方便、成本低廉等优点。

无线网络上网可以简单地理解为无线上网，几乎所有智能手机、平板电脑和笔记本电脑都支持无线保真上网，这是当今使用最广的一种无线网络传输技术。实际上就是把有线网络信号转换成无线信号，使用无线路由器供支持其技术的相关电脑、手机、平板等接收。手机如果有无线保真功能，在有 Wi－Fi 无线信号时，就可以不通过移动和联通的网络上网，节省了流量费。如图 6－7 所示。

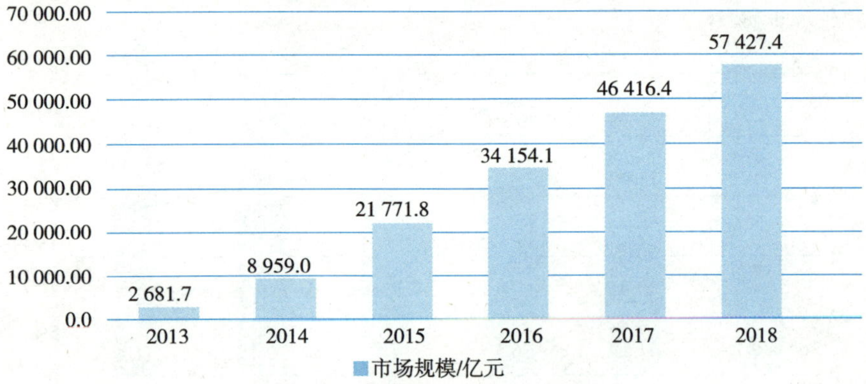

图6－6　中国移动购物市场规模图

（数据来源：中商产业研究院整理）

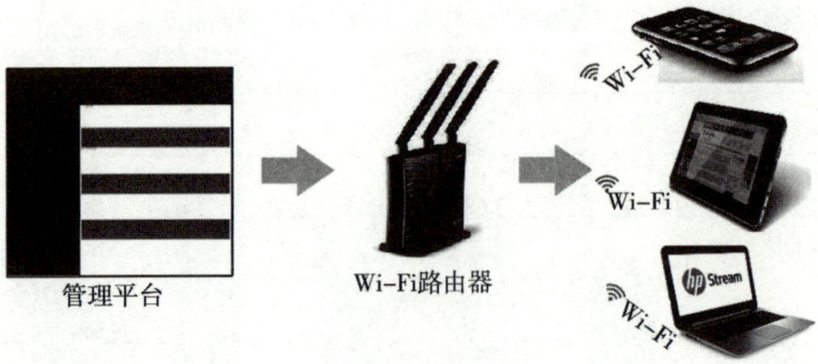

图6－7　无线网络传输技术图

从无线推广的环境角度而言，可分为非实体无线推广和实体无线推广两种方式。非实体无线推广又分为手机淘宝与实体店两方面的无线推广运用。

1.1　手机淘宝推广应用

近年来，我国移动通信业务发展迅速，无论是通信设备、基础设施还是用户规模，都保持着较快的发展速度。随着移动通信业务的发展，移动互联网的商业价值正逐渐展现。得益于智能终端的普及和移动网络环境的改善，网民使用的服务从即时通信、手机阅读等相对简单的应用，拓展到移动办公、电子商务等对终端性能和无线网络环境要求较高的应用。

因此说，移动互联网已经渗透到人们生活、工作的各个领域，为移动电子商务的发展奠定了很好的基础，可以为用户随时随地提供所需的服务、应用、信息和娱乐，同时满足用户及商家的从众、安全、社交及自我实现的需求，使人们对移动性和信息的需求急速上升。

1.1.1　手机淘宝推广应用

在现代越来越多人开始使用智能手机，并用手机打发闲暇时间。无论是坐公交车还是挤地铁，睡觉前还是起床后，抑或是上厕所，你会发现，只要是能腾出时间，都会拿着手机各种折腾。看电影的、玩游戏的、看网页新闻的、看电子书的……手机在人们的生活中无处不在。

人们的日常生活已经离不开手机，在淘宝里也得到了很好的验证。

1. 手机淘宝的概念

淘宝手机客户端是淘宝官方推出的提供给用户使用的手机购物软件，为用户提供快捷方便的手机购物新体验。其具有如下优势：海量商品，便捷检索，支持文本搜索、语音搜索、条码搜索多种搜索方式；手机购物，轻松搞定，查看收藏、旺旺咨询、下单、付款轻触即可实现；随时随地查询物流状态。

随着手机上网的普及和3G时代的来临，手机网购日趋大众化，覆盖各年龄段、各阶层。

2. 手机淘宝的发展方向

（1）手机淘宝发展现状。

随着智能手机的普及，手机购物开始成为网购的一大热点。移动购物是购物模式的“一次升级”，其优势在于：因无线的存在，使顾客在需要特定需求时，移动购物能结合无缝覆盖的3G网络，给用户提供更有特色的无线购物体验和价值。

2013年，随着淘宝的发展，淘宝把各种流量开始变现。各种流量都可以通过竞争出价来获得，很多中小卖家发现自然流量变得更加稀少了。随着淘宝大力推动移动购物，通过无线客户端购物的顾客不断增加。但是无线设备屏幕小、费流量，这是其两大硬伤，通过手机购物的顾客普遍不会翻太多页去挑选商品，也不会过多地关注关联销售，移动购物的购物者目的一般比较明确。

2013年1—6月，手机淘宝新增用户数突破1亿，活跃用户数较2012年同期增长了3倍。5月开始内测的分享类公众账号“微淘”两个月内有超过5 000万用户访问，且用户在手机淘宝平均逗留时间为20分钟。其中一线城市为18.5分钟，二线城市为19分钟。2013年第二季度，无线交易额占整体销量10%以上的淘宝卖家数已经达到110万，同比增长489%；无线交易额占比在30%以上的淘宝卖家数达到33.9万，同比增长412%。

从全国来看，广州的无线淘宝卖家增长幅度最大，该数字6月份达51.5万，较2012年12月增长48.5%。

对比微信可以发现，2012年年底，手机淘宝的累积用户数和微信用户数都是3亿，2013年上半年微信总用户数突破4亿，而手机淘宝上半年仅客户端的新增用户数就已经破亿，可见在2013年上半年，手机淘宝与微信在用户数量的增长幅度上基本持平。

分析认为，我国移动电子商务发展如此迅速的原因主要有三方面：一是手机用户数量和用手机上网用户数量攀升；二是廉价智能手机及平板电脑的大量普及；三是上网速度、无线宽带、资费下调。同时，传统电商沉淀也为移动电子商务的发展奠定了基础。

客户端新用户量的激增也带动了手机淘宝整体访问量的增长，数据显示，2013年1—6月，手机淘宝日均用户访问量也大幅增长，每天的活跃用户数已经达到了2012年同期的3倍以上。同时，用户在手机淘宝上停留的时间也更长，每个活跃用户在客户端上的平均停留时间在20分钟左右。

手机淘宝2013年的一系列“变形”举措也大大提升了用户在客户端上的停留时间。如

2013年5月初开始内测的导购分享类公众账号——“微淘”，仅两个月就有超过5 000万用户访问。

中国消费者对于手机网购的接受程度要远远高于全球其他地区，美国2013年移动电子商务的增长率仅在55.7%左右，在智能手机上的交易额达到134亿4 000万美元。相比之下，占据中国移动电子商务市场八成份额的手机淘宝增长率已经连续3年保持2~3倍以上的平均增速，而无论是手机购物用户的总量、活跃度，还是在整体交易额，都已经领先世界。

（2）手机淘宝的变革与危机。

变革：淘宝扩大了市场，带来了更多的精准的实时化购物。

无须固定场所的实时网络接入给了移动购物很好的体验，实时购物和价格对比性、地域性、特色性都是其优点。移动购物主要是发掘顾客的碎片时间来制造商机扩大市场，且由于智能手机持有量增大，这是个未被挖掘的宝库。

危机：移动淘宝营业额占比越大，大卖家与小卖家两极分化越严重。

2013年，随着淘宝的发展，淘宝把各种流量开始变现，各种流量都可以通过竞争出价来获得，很多中小卖家发现自然流量变得更加稀少了。随着淘宝大力推动移动购物，通过无线客户端购物的顾客确实在不断地增加之中，但是无线设备屏幕小，费流量，这是其两大硬伤。通过手机购物的顾客普遍地不会翻太多页去挑选、去淘货，也不会过多地去关注你的关联销售，移动购物的购物者目的一般比较明确，毕竟流量不多。

手机淘宝流量目前来说还没有可以竞价的地方，这种流量目前来说是不可竞争的。

淘宝搜索、手机淘宝这两者排名比较靠前的产品，销量都是很大的，一般来说，其推广的直通车排名也是非常靠前的。由于自然流量较多，付费推广的占比一般都是在20%以下。

手机淘宝访问量已达淘宝PC端的40%，而交易额仅为10%，这是行业数据，对排名靠前的大卖家来说，这个数据占比是更高的。手机淘宝交易额占比保守来说，也能达到15%以上。

按照这种方式来算，排名最前面的店铺，相当于同时开两个直通车，其中一个还是无法竞争的推广。

也就是说，付费推广投入都相同的情况下，谁自然流量多，谁就可以排名靠前，就可以额外获得15%左右的销量。简单来说，“手机淘宝”这就是个“加速外挂”。

每家店铺都有5%以上的回头客，回头客一般都有不错的成交率，8%的回头客成交率可以说是一个比较保守的数字。

排名比较靠前的店铺，手机店铺交易额占总交易额的15%是很正常的。

排名比较靠前的店铺，淘宝自然流量占比率达50%左右。

剩下的流量即使全部算成可竞价的流量，即使你出价到最高，也是很难靠销量来超过这些排名比较靠前、积攒销量较多的大店铺的。

这样导致的结果是进一步地拉大了爆款与非爆款之间的销量差距，手机交易占的比重越高，两极分化就越严重。

排名第一的大卖家＝花费推广＋最大的自然流量＋15%以上的额外的不可竞争的手机营业额＋固定比例的回头客

普通中小卖家＝同等推广花费＋适量的自然流量＋固定比例的回头客

（3）手机淘宝发展趋势。

用户行为的模式肯定有所改变，因此我们的思路以及商家的运营思路都需要有所改变。在移动端，我们是运营流量，还是运营用户关系，还是运营其他东西？

1）移动端流量的获取。这跟 PC 端有很大的差别。举个例子，PC 上有淘宝客，可能提供了 10% 的流量。但在移动端很难从外部获取流量。目前手机淘宝的流量有百分之八九十是原生的，是用户主动打开的。这时候，品牌就变得更重要，这就是我们要做新的用户发现机制的原因，我们希望流量更多元化。商家也需要思考运营的方式，很多东西是无效的。在 PC 端上，流量对搜索的依赖很大，而在移动端，场景变了，消费者有更多的碎片化的时间用来闲逛，有时候是无目的地购物。搜索在移动端不会像在 PC 端那样主要，应该有新的模式，比如线上线下结合的机制，构建成新的内容发现机制。

2）到店的转化。手机确实有屏幕的限制，但其实手机的屏幕大小不是影响转化率的首要因素，更多的是手机使用的场景。可能随机产生的流量，会容易拉低转化率，但这个以后会提升。如何提高消费者的到店转化率，我们可以做很多事情，比如我们可以做便于消费者购物的软件设计，可以进行详情页和店铺页的打通等。

3）客户的互动。手机淘宝对消费者的黏性很差，很少会有回头客二次购买。所以可以借用手机淘宝互动的便利性，在满足消费者基本需求的同时增加互动性，比如可以一起做游戏，让商家和消费者参与进来，这样可以提升商家和消费者之间的黏性。

3. 手机淘宝安装步骤（以案卓系统为例）

（1）登录淘宝，打开淘宝首页，在左上角，点击“手机逛淘宝”，如图 6－8 所示。

图 6－8　手机与淘宝应用界面

（2）这时将弹出一个系统选择页面，手机用户可以直接扫描右边的二维码，或者直接单击“Android”，如图 6－9 所示。

图 6－9　手机直接安装的 Android 界面

（3）选择“下载到电脑”，保存到桌面即可，如图 6－10 所示。

（4）这时将弹出一个保存对话框，单击“浏览”按钮，设置保存位置，如图 6－11 所示。

（5）选择桌面作为保存位置，单击“保存”按钮，如图 6－12 所示。

图 6－10　下载保存页面

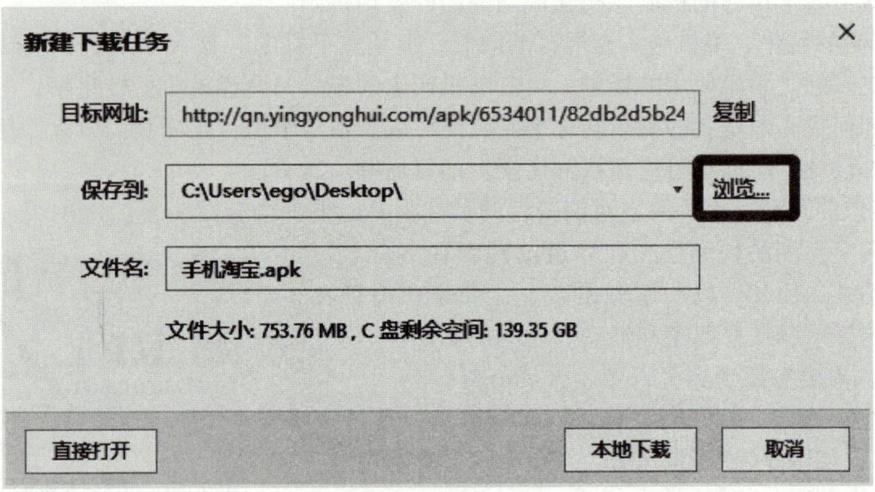

图 6－11　浏览保存界面

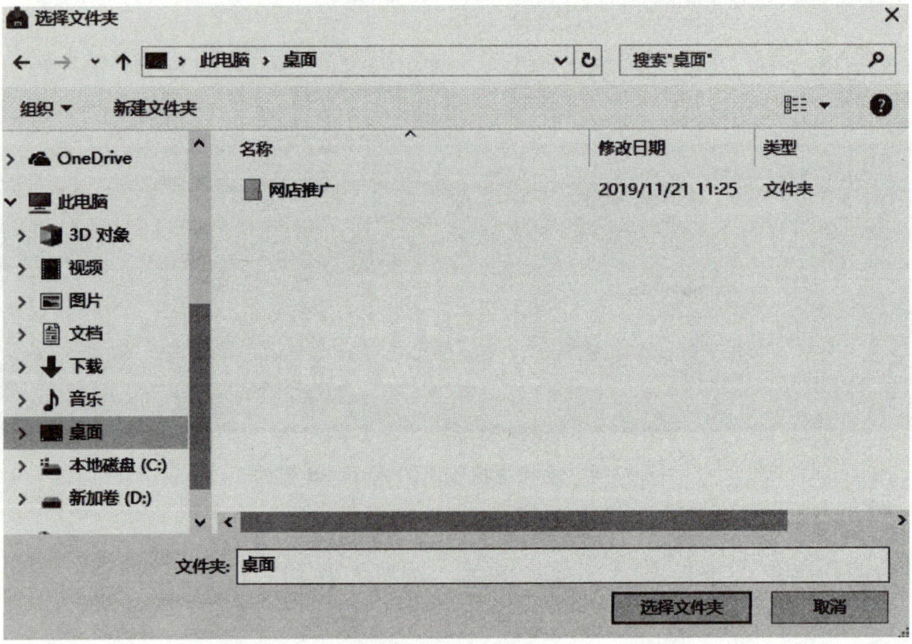

图 6－12　保存界面

（6）在下载任务框中，单击“下载”按钮，如图6－13所示。

（7）将手机连接电脑，右击打开下载的App，或者双击打开，如图6－14所示。

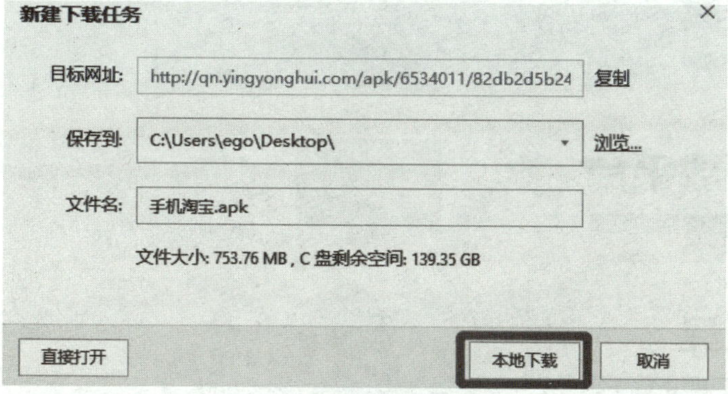

图6－13　下载任务界面

图6－14　App任务窗口

（8）在弹出的安装窗口单击“开始安装”按钮即可，如图6－15所示。

（9）手机淘宝将成功安装到手机上了，如图6－16所示。

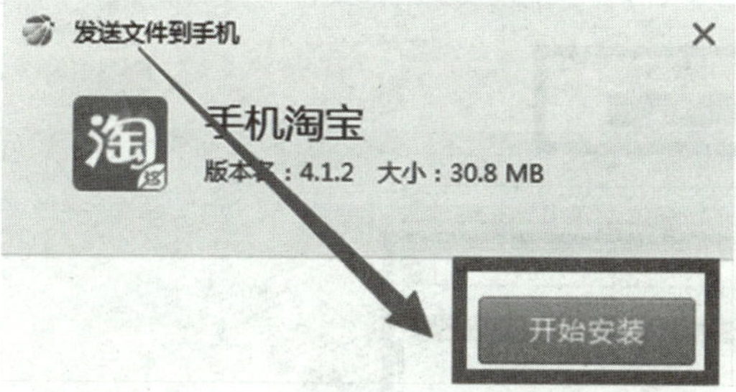

图6－15　手机淘宝安装

图6－16　手机淘宝快捷图标

4. 使用手机淘宝的用户越来越多的原因

（1）手机下单方便快捷，小额支付不用二次输入支付密码。

（2）随时随地性，路途中、被窝里……突破了传统PC端的局限性。

（3）手机下单优惠更给力，我们共同期待手机专享价营销端口的全面开放。

（4）手机淘宝将不再是一个简单的工具，更多承担起包括地理位置信息、解决用户的碎片化时间、帮助用户解决问题的角色。

5. 淘宝卖家如何应用手机淘宝

（1）手机店铺及活动设置。

1）开通手机店铺。

进入淘宝“商家后台”→“店铺管理”→“手机店铺”，点击进去设置开通手机店铺，进入手机店铺后，会看到图6－17所示的界面。

在手机旺铺中，能设置6个推广位置（类似于电脑端展示模块分区），其中3个以文字的形式展示，3个以图片形式展示。每个推广位置能在首页展示6款产品（标准版），也就是说，能展示36款产品（标准版）。

2）进入推广位置设置栏，进行推广位编辑（图6－18）。

图 6－17　淘宝手机店铺开通图

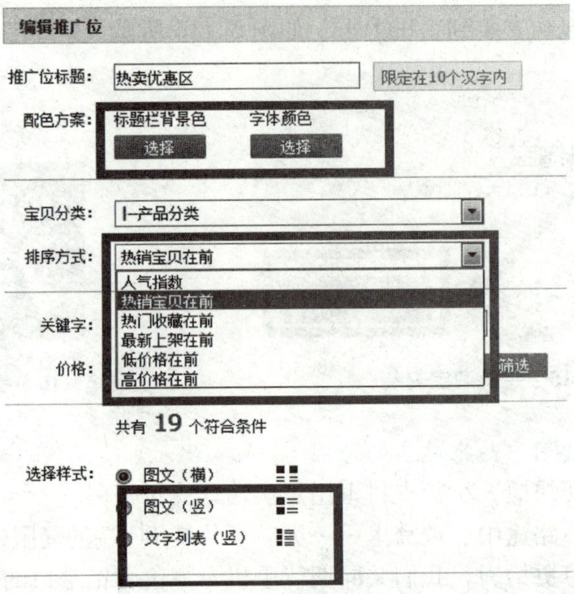

图 6－18　手机推广设置图

第 1 个推广位尽量放置“热销产品”或者“优惠产品”，因为顾客第一次进店，如果没有产品吸引他，则马上就会跳失。

第 1 个推广位尽量设置成“图文样式”，因为好的产品图片比文字能够更加吸引顾客。

排序方式建议以“热销排名”为主，首先，不少消费者会有“从众心理”；其次，在不方便看“详情页”的情况下，“销量”应该是说服顾客下单购买的利器。

注意：在设置推广栏时尽量避开“各推广栏产品基本雷同”的情况，店内的爆款建议在 2 个推广栏展示就好（第 1 推广栏和第 3 推广栏是不错的选择）。

最关键的是将需要推广的产品推荐到需要的位置。

3）活动推广设置。

一共可以设置 10 个活动，但是一般情况下尽量控制在 3 个以内，如图 6－19 所示。

原因：目前“手机淘宝触屏版”正逐渐推广开，而活动在这一版本中以“首焦轮播”的形式展示，每一屏一次展示时间只有5秒，活动多了难以突出重点。

在活动页设置中，我们可以做什么呢？

①设置好的活动名称，要求在15个字内，建议尽量不要超过10个字。

②为活动设计1张有吸引力的“宣传图”，考虑到手机屏幕小，尽量突出重点。

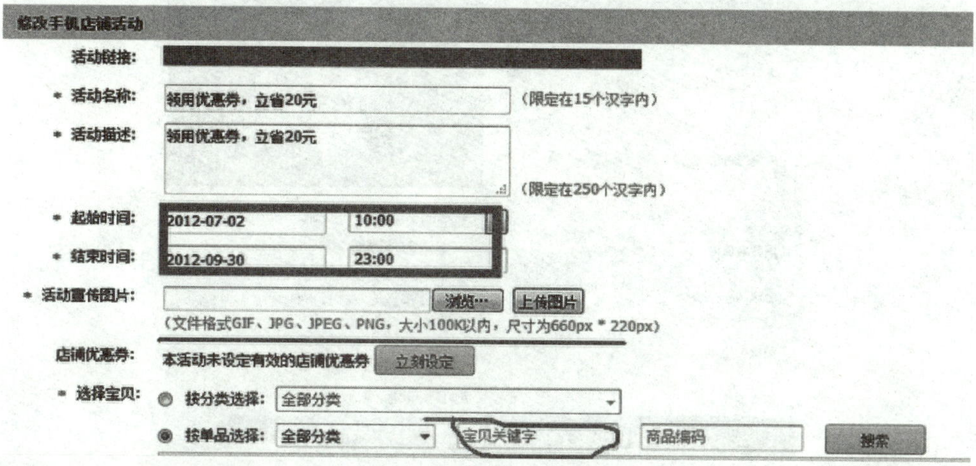

图6－19　手机活动推广设置

③对于活动描述，官方规定250个字，最好控制在50字左右。若活动产品为单品，在描述中对宝贝进行相应介绍（在不方便看“详情页”的情况下，文字的作用更加突出）。

④设置活动优惠券：一般情况下不建议设置优惠券。

⑤二维码引流的利用，是联系线上和线下、手机和PC的有力工具，如图6－20所示。

很多商家都已经开始在使用二维码。但是，使用跟用好是两回事。目前周围大多数网店店主将二维码挂在“PC店铺”，这样做很好，但除非告诉顾客通过手机端购物有PC端没有的优势，否则，想利用好手机流量还是不够的。

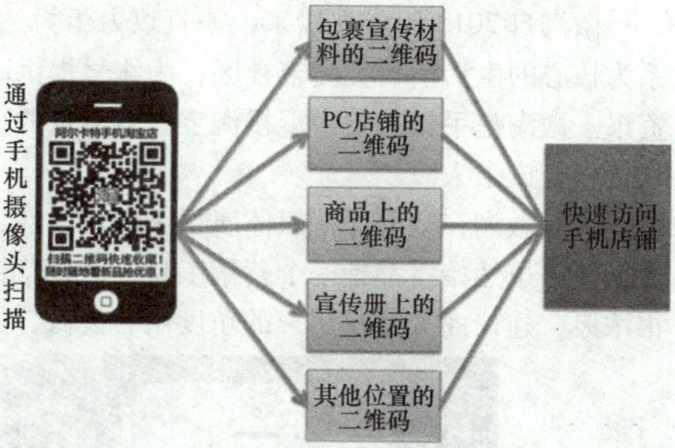

图6－20　二维码连接手机与PC机

顾客与我们产品的第一次亲密接触应该是拿到包裹的那一刻，经过一段时间的念想终于拿到了自己的包裹，这个时候顾客第一时间的动作是拆开包裹。如果我们在包裹上印有二维码，并且标注扫码手机购物优惠的话，顾客有更大的可能性在下次通过移动端购买（一般领取快递会带上手机），而且通过手机端购物的体验应该也不会差。

（2）手机活动类型。

什么是手机专享价？

手机专享价是一款专门针对手机端下单的促销工具，可实现在手机和电脑上不同的促销价格折扣。手机专享界面如图6－21所示。目前可和“双12”大促销、聚划算（仅限C商品）、天天特价、限时打折、天猫特价宝（天猫B商品）所有第三方促销工具叠加使用，支持折上折，并且可以做到交易记录不显示手机专享价，只显示电脑端优惠价或一口价；手机专享价还可以指定享受优惠的人群，目前支持全网用户专享、微淘粉丝专享两类。

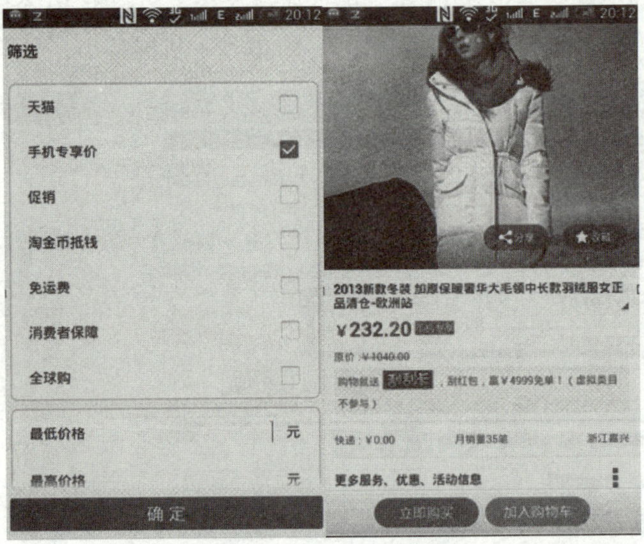

图6－21　手机专享价界面

1.1.1　手机淘宝应用类型

1. 微淘

微淘自2013年成立以来，一直致力于为达人、为商家提供内容平台服务，是以关注关系为核心的生活消费类内容社区，为账号提供确定性的粉丝触达，为消费者提供最新的消费资讯。微淘是手机淘宝中承接淘宝内容流量的重要模块。和货架的运营思路不同，内容运营从价格变成了人。

无线微淘，只要保持媒体属性＋沟通属性，可读性＋品牌传播，那么这个圈子就会是良性循环。虽然始终都是一个营销工具，但是营销的方式和手段就不同了，营销气味也并不是很浓厚，建议商家站在用户的角度用心去做，这是值得尝试的。如图6－22所示。

图6－22　微淘界面

2. 一阳指

手机淘宝客户端因为手机屏幕大小的限制，用跟 PC 端同样的店铺装修描述，买家体验效果肯定是不同的。好的店铺装修会延长买家的浏览时间、引导买家逐步在店内逛下去，而不是看了一个页面直接跳失。所以，一个好的店铺首页是占据手机流量的关键。而一阳指管理工具的出现，很好地满足了商家对店铺个性化的展示与手机营销活动的推广需求。2014 年 6 月份开始，一阳指可以自定义页面了，以根据无线端的购物特点去装修无线店铺首页和宝贝详情页。配合无线推广，一阳指建设落地页也是很重要的，要学会使用一阳指工具服务我们的店铺。图 6 – 23 所示即为一阳指界面。

图 6 – 23　一阳指界面

3. 手机无线直通车

移动流量的风生水起，成为不少卖家的必争之地，而淘宝对移动端的重视与扶持更让我们不得不重视这块的流量，抓住这个机遇，小卖家能让自己的店铺起死回生，大卖家能让自己店铺流量订单有质的飞越。无线端已成为一个主流，必须重视。淘宝对无线端直通车开放也说明了这一点。

无线直通车是 2013 年 9 月底最新上线的无线推广产品。直通车无线端推广包含站内和站外。前者移动设备到淘宝站内，其范围包括手机淘宝网标准版主搜下方最后一个单品，掌柜推荐后的 20 个单品，淘宝网触屏版主搜下方最后三个单品，以及淘宝主客户端等位置。而站外的范围包括淘宝与第三方应用的合作，如 UC 浏览器“爱淘宝”、墨迹天气、美图秀秀等。只要勾选无线站外投放，商家就可以把商品展现在无线端的消费者面前，赢得更多的展示机会。

新版直通车增加了无线的投放，展示位置不多，触屏版的 HOT、非智能机的掌柜推荐、客户端的热卖标签都是无线直通车的展示位置，而客户端的展示位置不固定，根据用户使用习惯而展示。最重要的一点，目前 PPC 比 PC 端便宜很多。

（1）无线直通车推广的展现位置。

手机无线直通车是基于移动设备 WAP 以及 App 端搜索产品，让你的商品随时随地在消费者掌心展现。熟悉直通车后台的都知道，直通车流量来源分为站内和站外，按类型分为关键词和定向投放，无线端也一样。无线直通车的位置划分如下：

1）无线站内（手机淘宝）。

①明星店铺位置（图6－24）。

图6－24　无线直通车站内明星店铺推广位置——页面上方

这是无线端最优质的流量。开通条件是皇冠级淘宝店铺或者天猫店铺，必须是自有品牌，并且在直通车后台申请明星店铺通过。目前是内测，不是所有卖家都有权限。强烈建议已经开通权限的卖家朋友好好利用，它的点击率可能高达50%以上。

②关键词搜索结果列表页上的位置。

当搜索某个关键词后，结果列表里左上角带有HOT字样的宝贝（图6－25），间隔20或者40个出现连续的1～3个，具体内容安卓和IOS会有些细微区别。

2）无线站外（合作App）。

淘宝的自有流量不够用之后，开辟了新的流量入口，采购外部流量，以点击付费形式销售给卖家，这就是无线的站外流量。目前已经上线在用的媒体App包括暴风影音、墨迹天气、今日头条等。

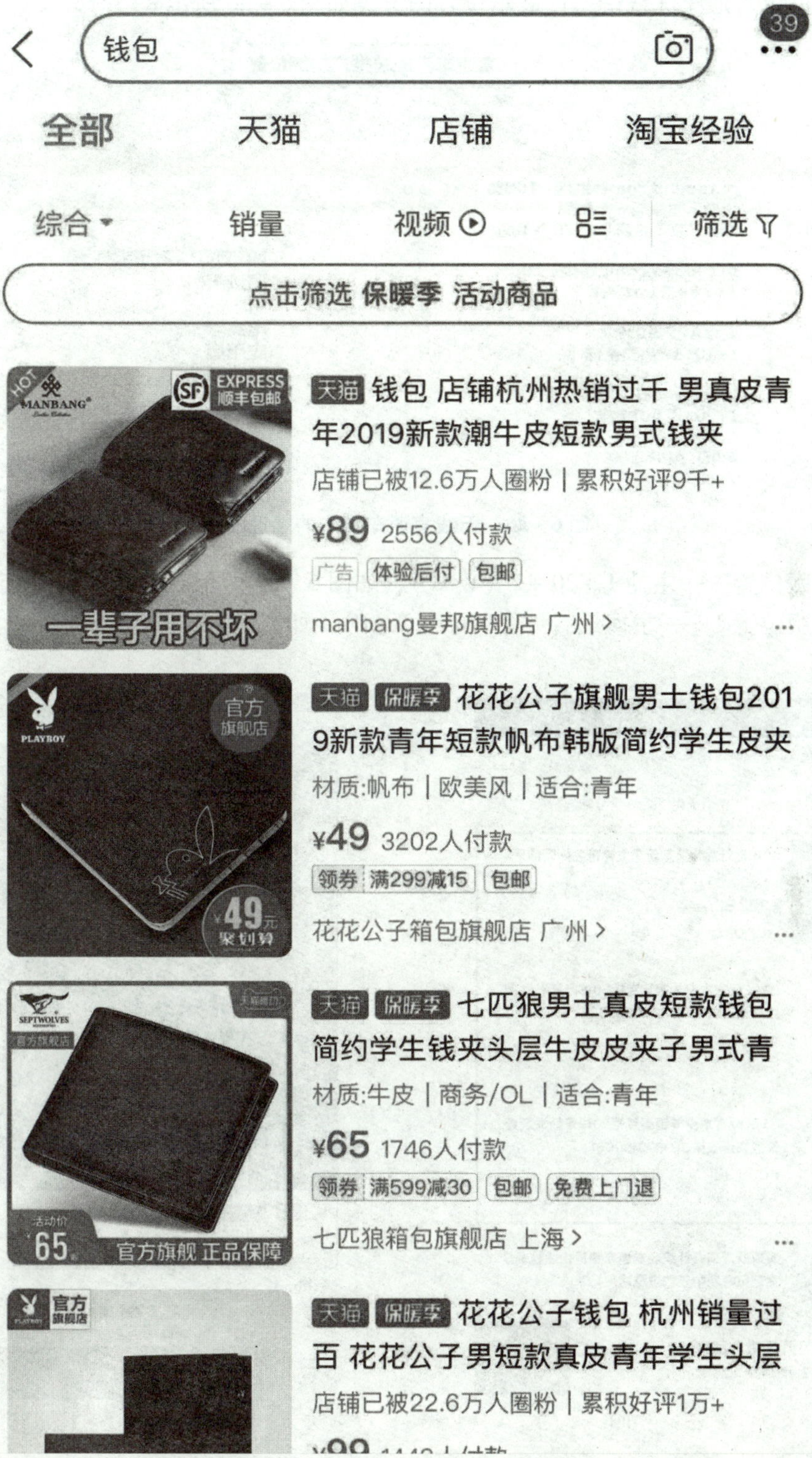
钱包
39
全部
天猫
店铺
淘宝经验
综合
销量
视频
筛选
点击筛选 保暖季 活动商品
HOT
MANBANG
EXPRESS 顺丰包邮
一辈子用不坏
天猫 钱包 店铺杭州热销过千 男真皮青年2019新款潮牛皮短款男式钱夹
店铺已被12.6万人圈粉 | 累积好评9千+
¥89 2556人付款
广告 体验后付 包邮
manbang曼邦旗舰店 广州
PLAYBOY
官方旗舰店
天猫 保暖季 花花公子旗舰男士钱包2019新款青年短款帆布韩版简约学生皮夹
材质:帆布 | 欧美风 | 适合:青年
¥49 3202人付款
领券 满299减15 包邮
花花公子箱包旗舰店 广州
SEPTWOLVES
官方旗舰店
活动价
65
官方旗舰 正品保障
天猫 保暖季 七匹狼男士真皮短款钱包简约学生钱夹头层牛皮皮夹子男式青
材质:牛皮 | 商务/OL | 适合:青年
¥65 1746人付款
领券 满599减30 包邮 免费上门退
七匹狼箱包旗舰店 上海
官方旗舰店
天猫 保暖季 花花公子钱包 杭州销量过百 花花公子男短款真皮青年学生头层
店铺已被22.6万人圈粉 | 累积好评1万+

图6－25　无线直通车站内关键词推广位置——左上角HOT

因此，淘宝直通车无线端推广展示位置图分类如图 6－26 所示。

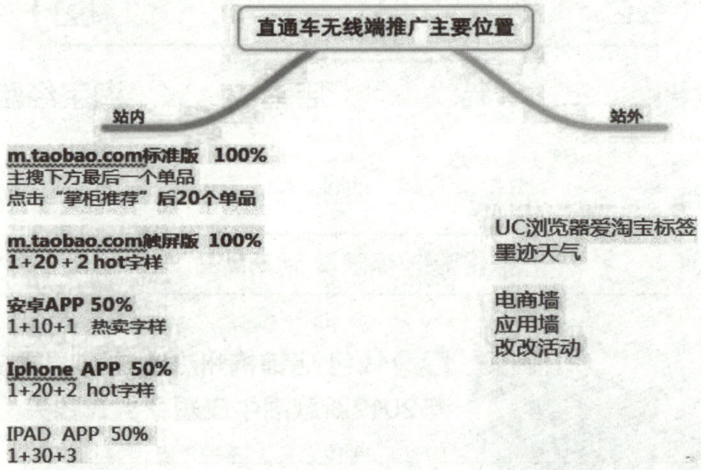

图 6－26　无线直通车推广的展现图

①触屏版位置——主搜 1＋20＋2（WAP），如图 6－27 所示。

②标准版位置 1——主搜最后一个单品（WAP），如图 6－28 所示。

图 6－27　触屏版位置

图 6－28　标准版（1）

③标准版位置 2——掌柜推荐的 20 个单品，如图 6－29 所示。

图 6－29 标准版（2）

④主要站内位置图例（安卓 App）目前流量 100%，1＋10＋1 形式，如图 6－30 所示。

⑤主要站内位置图例（iPhone App）目前流量 100%，1＋20＋2 形式，如图 6－31 所示。

（2）无线推广规则。

了解了展现位置后，还需要知道无线推广的规则：

1）展现规则：目前能得到可参考的排名方式和 PC 的基本相同。综合排名＝质量得分＋出价。

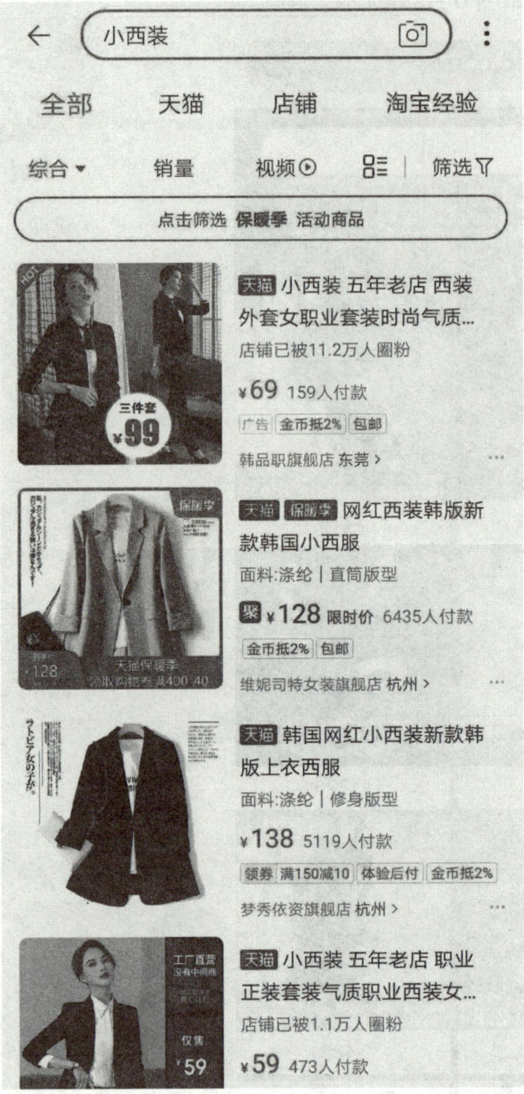

图6-30 主要站内位置图（1）

图6-31 主要站内位置图（2）

2）扣费方式：根据点击扣费，等同于PC端扣费，开通无线单独投放功能，可以针对无线单独出价。由于在测试阶段，根据不同关键词，会有PPC×（3~4折）的优惠（根据关键词热门及深度决定折扣比例）。

3）质量得分

两个维度决定你是否出现：一是关键词与标题、属性、类目的匹配度分档位展现，有完全命中、不完全命中。但是重要词匹配度高，缺失重要词匹配，完全不命中。举例说明关键词：2013新款蕾丝白色连衣裙。你的宝贝标题："2013新款蕾丝白色连裙特价包邮"为一档，则"2013蕾丝白色连衣裙特价包邮"为二档。二是，比较同一级别中的各宝贝的CTR（Click Through Rate）。

（3）无线直通车投放形式。

近几年来，PC 端的红利正逐渐消逝，倒是移动设备的高速发展和普及，让越来越多的投资者将目光投向无线这片蓝海。在淘宝上，已经可以看到，不少店铺的无线流量占比远超 PC 端，高达 70% 以上，无线已是大势所趋，如图 6－32 所示。

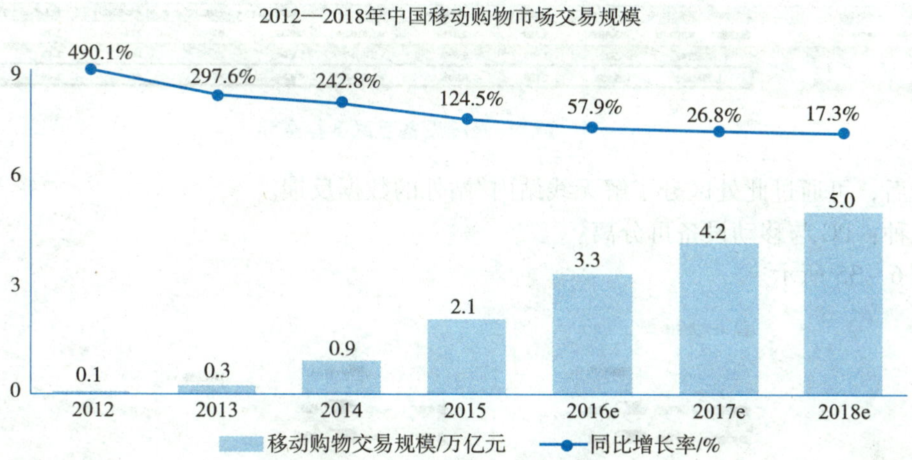

图 6－32 中国移动购物市场交易规模

既然无线的趋势如此明显，又应该如何抢占无线流量，让无线店铺旺起来呢？

根据目前淘宝卖家直通车后台权限的不同，可以把无线直通车的投放技巧归纳为以下两种。

第一种：PC 与移动设备互联。

这种情况下，PC 端与无线端是紧密相连的，如图 6－33 所示，无法单独对无线端进行投放设置。

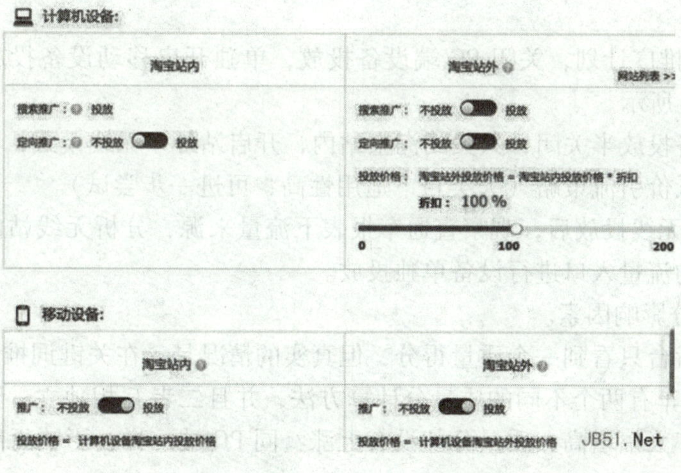

图 6－33 PC 与无线设备互联

投放策略：

1）单独测试 PC 端与移动端淘宝站内互联策略。关闭 PC 端与移动端淘宝站外，加大移动端推广力度，可降低 PC 端宝贝关键词出价，通过提高移动折扣的形式来调整权重。

2）单独测试移动设备端站内/站外策略。无线站内测试法：开启 PC 端，只开移动端淘宝站内进行投放；无线站外测试法：开启 PC 端，只开移动端淘宝站外进行投放，如图 6－34 所示。

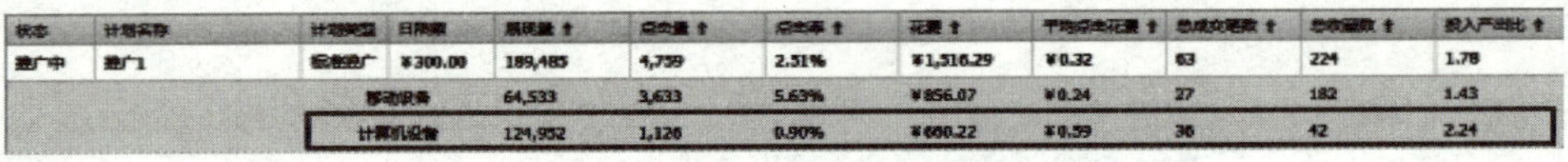

状态	计划名称	计划类型	日限额	展现量 ↑	点击量 ↑	点击率 ↑	花费 ↑	平均点击花费 ↑	总成交笔数 ↑	总收藏数 ↑	投入产出比 ↑
推广中	推广1	标准推广	¥300.00	189,485	4,759	2.51%	¥1,516.29	¥0.32	63	224	1.78
		移动设备		64,533	3,633	5.63%	¥856.07	¥0.24	27	182	1.43
		计算机设备		124,952	1,126	0.90%	¥660.22	¥0.59	36	42	2.24

图 6－34　PC 与无线设备互联数据显示

投放后，可通过此处区分了解无线站内/站外的数据反馈。

第二种：PC 与移动设备可分离。

如图 6－35 所示。

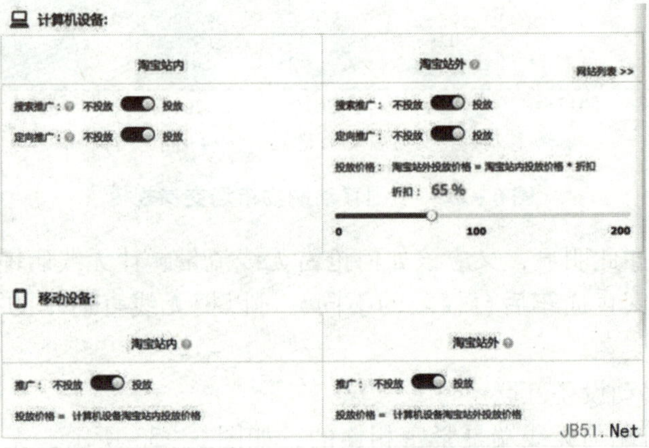

图 6－35　PC 与无线设备分离

投放策略：

1）新建无线推广计划，关闭 PC 端设备投放，单独开启移动设备投放，直观把控无线流量，如图 6－36 所示。

2）PC 端设备投放半关闭，只关闭淘宝站内，开启站外＋无线模式，点击成本低，点击单价高，可实现低价引流策略（大类目下适用性高，可进一步尝试）。

3）单独开启无线投放后，观察直通车报表下流量来源，分析无线站内外数据情况，可选择性关闭数据的流量入口进行设备单独投放。

（4）质量得分影响因素。

虽然直通车后台只看到一个质量得分，但真实的情况是，在关键词推广的情况下，无线直通车和 PC 直通车有两个不同的质量分计算方法，并且二者互相独立。开通无线端直通车后，为什么点击率大幅增高，质量分却没有上涨？同 PC 端一样，影响无线端质量得分的前 37 因素如下：

1）文本相关性。

和 PC 端相比，无线端的文本相关性更为重要。这里的文本相关性，主要指的是宝贝的创意标题。因为在直通车位置上，显示的是最多 20 个字的直通车创意标题，而非原标题。需强调的是，文本相关性，不仅仅是关键词要尽量在标题中出现，卖点词更要在标题中出

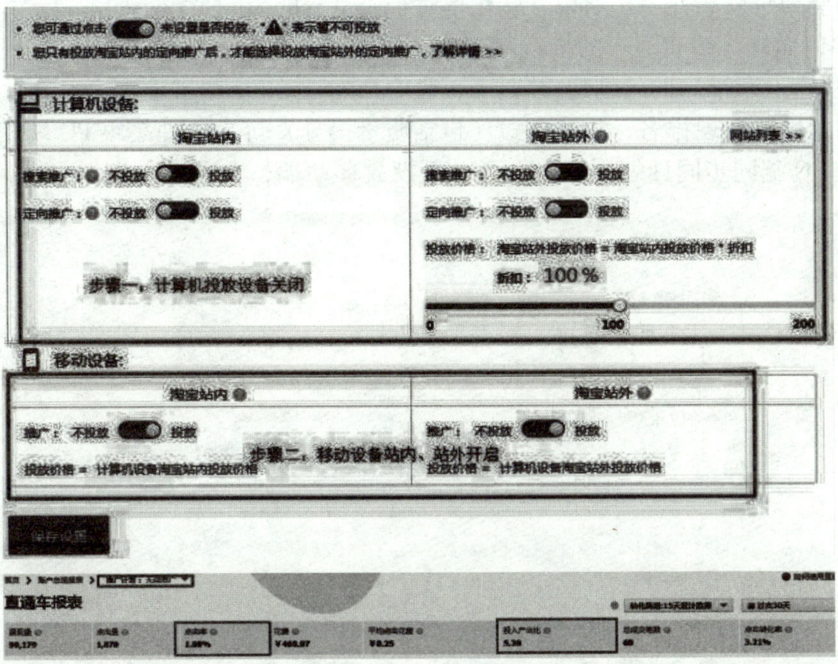

图 6－36　单独开启移动设备投放

现。即卖点词的相关性高，会极大提升该关键词的基础质量得分。

2）点击率。

任何时候，点击率都是质量得分最重要的因素。第一，为屏幕小、宝贝少，点击率普遍很高；第二，要区分开站内和站外，并要排除掉 PC 端的点击数据的影响，如图 6－37 所示。

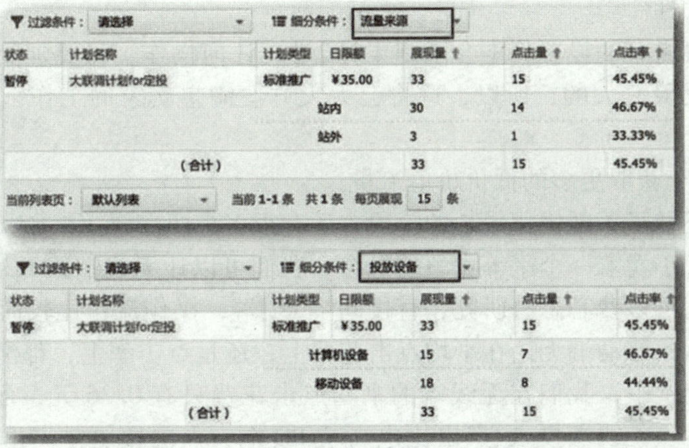
过滤条件：请选择　细分条件：流量来源

状态	计划名称	计划类型	日限额	展现量	点击量	点击率
暂停	大联调计划for定投	标准推广	¥35.00	33	15	45.45%
			站内	30	14	46.67%
			站外	3	1	33.33%
	（合计）			33	15	45.45%

当前列表页：默认列表　当前 1-1 条　共 1 条　每页展现 15 条

过滤条件：请选择　细分条件：投放设备

状态	计划名称	计划类型	日限额	展现量	点击量	点击率
暂停	大联调计划for定投	标准推广	¥35.00	33	15	45.45%
			计算机设备	15	7	46.67%
			移动设备	18	8	44.44%
	（合计）			33	15	45.45%

图 6－37　按流量来源与按投放设备查看数据

3）转化率。

2014 年，直通车官方强调要加强客户体验对质量分的影响。客户体验最重要的指标是点击转化率。由于目前无线端卖家转化能力普遍差，从竞争的相对性来讲，既然大家表现都差，其影响能力也就弱化了。所以，转化率对于质量分的影响是较小的。

（5）如何做好无线直通车的推广。

1）无线直通车推广的计划建立。

无线端的推广展现排名、扣费方式（包括质量得分）等，原理是跟PC端相同的。投放可以选择跟PC端同步同计划推广，也可以只投放移动端，单独建立计划去做，如图6－38所示。

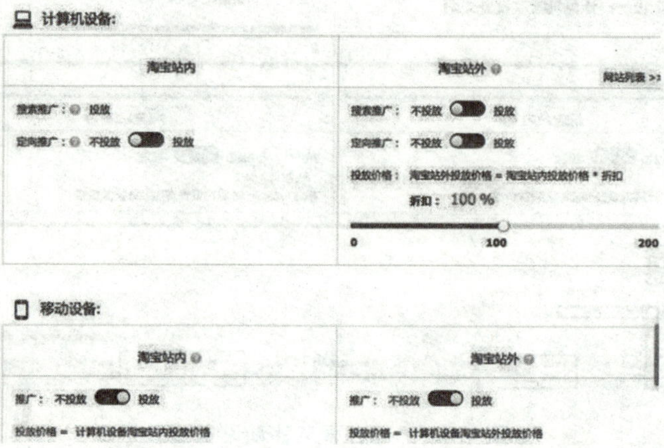

图6－38　无线直通车推广计划建立图

为了提升无线端的投放效果，卖家可以用上边介绍的一阳指店铺工具创建无线端页面，以便于更好地推广。在无线端的竞价排名上，卖家可以根据自身推广需求分别针对每个计划去选择是否开启移动端的投放。对于无线端的投放，还要多研究无线买家搜索习惯，比如无线端的关键词，买家会更多搜索概括性比较强的词，投放系统推荐词会更好些，也要注意宝贝与关键词的相关性。

淘宝卖家对直通车的设置将不会限制于PC端，任何操作，只要延展到了移动端，就意味着使用场景是无限放大的，所以，这将会大大方便淘宝卖家的工作，并提高他们的运营效率。

2）无线直通车获取更多的低价价值流量。

无线端现在还处于不断优化成长的阶段，还有很多东西需要完善，大家的起点差不多都是相同的，也给了小卖家一个平等竞争的机会。我们可以让无线端跟PC端同步，对于关键词、出价，都不用再多费心思去研究，直接同步PC端，操作流程比较简单。开通移动端做出的测试结果显示，移动端无论在平均点击花费上，还是点击率上，都优于PC端数据。

在投放效果测试中，我们在无线端的平均点击花费只有0.36元，而PC端是1.26元，是移动端的3倍多。无线端投入/产出比也高于PC端，点击率更是高出很多，可见无线直通车的流量成本更低，流量价值更高。

无线直通车能给我们带来什么？如图6－39所示，通过手机端店铺分析数据，我们可以看到，移动端的访客数持续攀升，成交笔数、成交金额也不断提升。

手机端的点击率很高，拉高了整体关键词的点击率，但是转化率还是有待提升，即使PPC低，但是ROI不是很高，这主要和人们的支付使用习惯与安全性的考虑有关。此外，

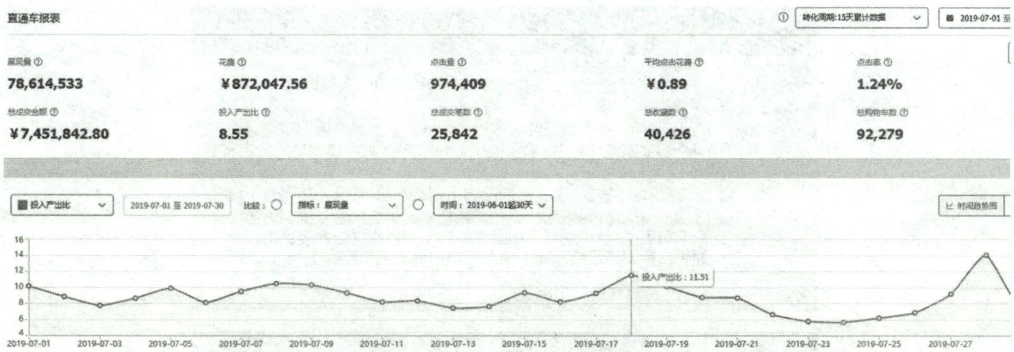

图 6－39　无线直通车推广后数据显示

现在可以设置手机专享价，大大提升了移动端的转化。总之，手机端的直通车流量现在已经很大了，无线是趋势，无线运营也得重视了。

虽然移动端的转化还不是很高，平台接力是伴随移动端的爆发形成的一种新现象，也不排除在手机端浏览加入收藏或者购物车而在 PC 端下单的情况。原因是很多用户在上下班等公交车的时候，因为无聊拿出手机刷一下淘宝，一时兴起，将某件商品加入了购物车，但又因为对商品的细节不够放心，转而在电脑上查看更为清晰的宝贝描述，最后达成了购买，从而也提升了店铺的成交订单。

在 PC 端流量竞争如此激烈的形势下，做无线端可谓是一个新的尝试，如运营得当，会很好地增加店铺流量，提高店铺销量。

1.2　手机淘宝案例分享

成功案例分享 1：御泥坊手机店铺活动

这次活动得到了手机淘宝的大力支持，活动效果远超预期；活动第一天手机成交额突破 22.5 万，打破店铺手机单日最高成交纪录。活动 3 天手机端销售额超过 53.6 万元，流量突破 16 万（图 6－40）；此外，活动在手机上和 PC 上形成了良性互动，活动结束后，不但手机店铺的成交额有所上升，PC 店铺的流量和销售也有所增长。

成功案例分享 2：手机店铺运营，App 图片设计取胜

很多卖家会把店铺 PC 端的图片直接搬到手机淘宝来用，然而会出现尺寸不合、效果不好、体验不佳的问题。手机淘宝的图片看似小，其实有玄机，对最终成交起到关键性作用。

目前无线端主要分成 WAP 和 App 两个端口。WAP 端的重点在于图片选择而非设计，即针对有限的展位选择最佳产品图片；App 端则是注重排版和设计的。

图 6－41 所示是 WAP 端一个首页截图的直观展示。虽然较以往的展现形式来说，这种纯图片加价格的展示有了很大的视觉提升，但图片过小的问题仍然会存在。由于是模板化的后台操作，所以 WAP 端基本上是每个分区呈现一大图加五小图的形式。大图的图片质量还

主题	寻找童话爱情
目的	1）手机淘宝联合主题活动尝试； 2）御泥坊&阿狸活动（新品首发聚划算）手机淘宝落地； 3）手机会员积累； 4）引起淘品牌对手机资源的重视，共同做大手机淘宝市场；
形式	1）4个淘宝原创TOP品牌联合推广（12款产品,其中御泥坊阿狸定制版5款）； 2）商家组成：护肤2家（含御泥坊）+女装1家+食品（巧克力）1家 3）规则：4店铺以8折扣优惠和满赠让利给手机顾客，御泥坊免费合作商家每天提供2份免费定制版面膜用于免费赠送给各店手机订单（面膜由御泥坊发给商家；免费名单由商家随机选择）
时间	8月21日-8月23日

品牌	计划（万）		完成情况		完成率	总计
御泥坊	成交额	30-36万	成交额	53.6万	179%	成交额64.7万，完成率190%； 流量27.05万，完成率193%；
	流量	10-13万	流量	16.05万	161%	
韩都衣舍	成交额	2-3万	成交额	10万左右	300%	
	流量	2-3万	流量	10万左右	300%	
可可芭蕾	成交额	1-2万	成交额	1万左右	100%	
	流量	1-2万	流量	0.8万左右	80%	
花瑶花	成交额	1-1.5万	成交额	0.35万左右	35%	
	流量	1-1.5万	流量	0.3万左右	30%	

图6－40　御泥坊手机店铺活动

是有保证的，但是小图就会比较麻烦。一个单一的“豆腐块”并不是什么产品、什么样的图片都可以展示的。如果以视觉清晰作为门槛，那么这个形式的展位一定是半身图或局部特写图，并且图片背景不能是深色或者暗背景。如图6－42所示，看框内的图，深色背景加全身图，就是一团模糊。

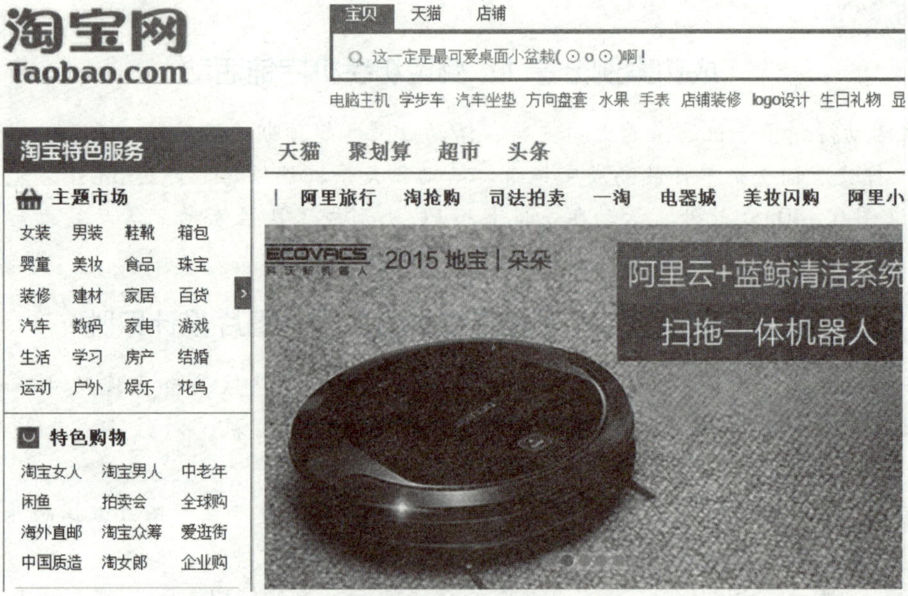

图6－41　淘宝界面

图 6-42 淘宝图示例

所以，合理地给不同尺寸的图片展位设定准入门槛，会让合适的图片在合适的展位出现，避免出现视觉混乱的情况。但是从操作的角度来讲，WAP 端的后台因为还是老版的，所以操作起来不是很便捷，如图 6-43 所示。

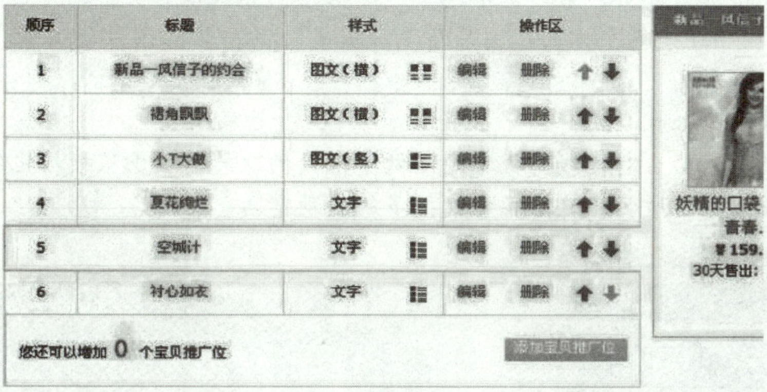

顺序	标题	样式	操作区
1	新品—风信子的约会	图文（横）	编辑 删除
2	裙角飘飘	图文（横）	编辑 删除
3	小T大做	图文（竖）	编辑 删除
4	夏花绚烂	文字	编辑 删除
5	空城计	文字	编辑 删除
6	衬心如衣	文字	编辑 删除

图 6-43 淘宝图示例

这里并不能直观地同步新版的首页展示，很多时候只能以文字的形式告知各区域的展示内容。所以，卖家就要不辞劳苦，每次设置的时候，都用手机登录检查一下自己的展位设置图片质量是否过关。回到这个后台界面，如何调整不合适的图片呢？

有两种方法：第一种方法是批量修改排序方式，如图 6-44 框中所示。根据不同的排序方式给产品排序，排名前五的宝贝才能上图片展位，比如按热销高低进行排序、按照上架时间进行排序或者按照人气高低进行排序等。随着排序的改变，展位的宝贝位置也会发生改变。这种方法操作比较便捷、简单，但是不够精准。那么就要用到第二种筛选法：两个维度的筛选——关键字筛选和价格区间筛选，会让展位上的产品更精准。难点是操作起来很麻烦，几乎无法批量操作，所以修改一次可能会花费较长的时间。因此，要根据自己的需求和精力来选择这两种有利有弊的方式。

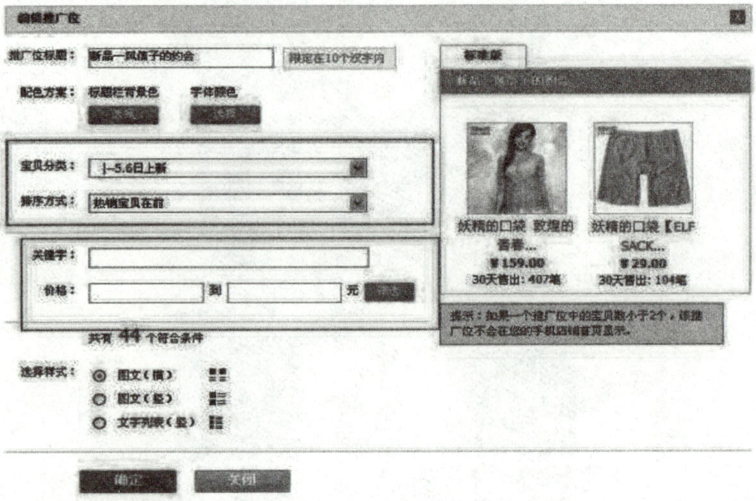

图6－44　淘宝图示例

无线端的另一个特性是浏览的通畅性、连贯性不如PC端。PC端只要点击一下鼠标就能做到的事，WAP端可能要操作好几步，浏览体验不如PC端。所以，要开门见山地展现产品是无线的一个特性，比如单品详情，如图6－45所示，不要在一开始就给出各种关联信息。

如果单品详情页第一页、第二页不包含这些信息，那么客户就会流失。无线的硬伤，特别是WAP端的硬伤还是两个方面：图片质量和流量。高质量的图片费流量，保流量的图片没质量。

App端，以设计取胜。

天猫无线的商家后台对无线的视觉缺陷做了很大的改善，至少从模板化的店铺装修演变成模板化，如图6－46所示，这给了卖家很多的变动空间。

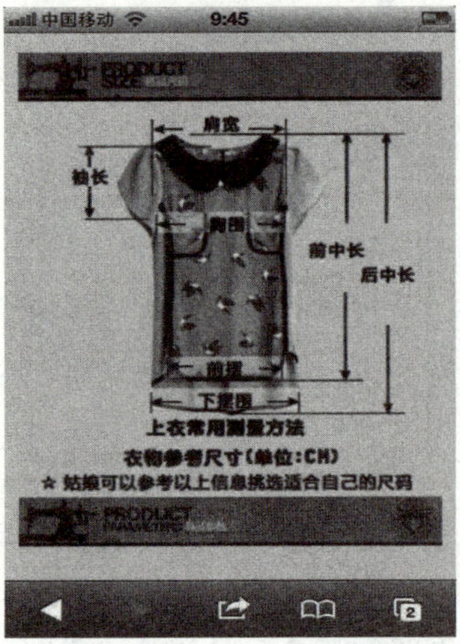

图6－45　淘宝图示例

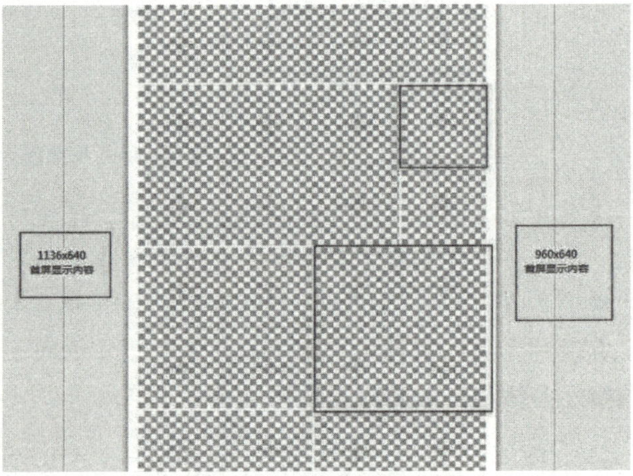

图6－46　淘宝图示例

由模板化的填充，演变到了模块的自由组合再填充，多个小格可以拼接组合成不同大小的展位，让店铺首页更加多样性。但仍然存在两个缺陷：首先，展示空间太小。目前的首页只有一屏半的空间展示，即使全部用最小的“豆腐块”，展现的内容也是十分有限的。不过这个缺陷很快就会得到改善，会扩充到六屏的首页展示。其次，展位尺寸。由图 6－46 不难看出，即使做出了不小的改进，图片展位还是面临着太小、看不清的问题。

最大的图片展位尺寸：1 136 × 640 像素，最小的图片展位尺寸：146 × 150 像素，最佳的图片展位尺寸：300 × 300 像素。

每个人都想用最大图片，但是店铺首页能只放一张图吗？99.9% 的人认为不能，所以退而求其次，选择最佳尺寸的图。可是一屏半的首页能放几个展位呢？这时，又有一小部分卖家再退而求其次，我要的是内容而不是图片质量，于是很多家店铺首页变成了无数个 146 × 150 像素的“豆腐块”。一个首页就这么浪费掉了。还有一部分卖家做的是资源整合，在一个页面里用多种不同的模块尺寸，拼接出一个首页，如图 6－47 所示。

在后台看似错落有致，内容丰富，到了手机前台页面，却因为过于繁杂而减分了，如图 6－48 所示。

图 6－47　淘宝图示例

图 6－48　淘宝图示例

按手机屏幕尺寸来显示，虽然尺寸变小，复杂的内容显得杂乱，但至少这样的首页可以保证买家的信息获取和基本操作。所以，按不同尺寸去排版，一定要进行严密的设计。

还有的卖家把一张大图放到了店铺首页，如图 6－49 所示。这样的首页是不是很有新意，也有很好的视觉体验呢？其实看似一张大图，要做到点击的精准，可以说是一个个小“豆腐块”的拼接和制作。正是由于想法上的创新大胆和执行上的细心严谨，也就有了这样又好看又有高客户体验的店铺首页。

图 6－49　淘宝图示例

【任务实施】

无线直通车推广全攻略

实训目的：

目前，很多个人店铺的流量无线端已经占到了50%以上，已成为无线推广的主要应用内容。通过实训，理解并掌握选词工具优化标题的方法、无线直通车的应用推广方法。

操作内容：无线直通车投放设置

从图6－50中可以看出，手机端的用户主要集中在19～25岁，学历主要集中在大学生。

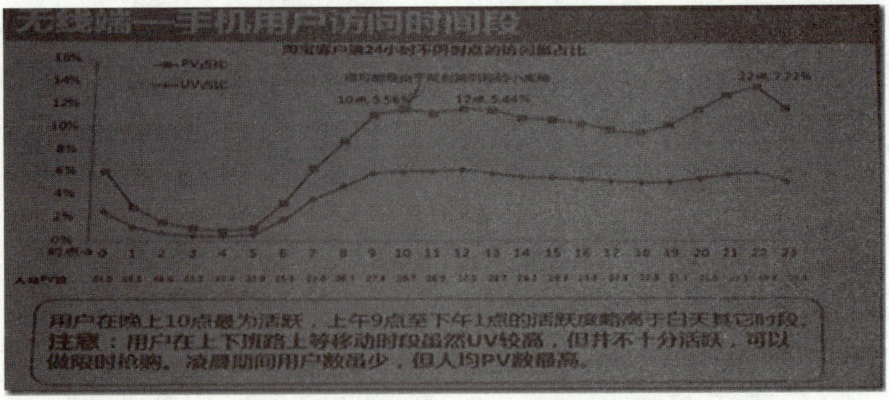

图 6－50　手机端用户上网分布图

无线端的访问时间：从图6－50可以看出，18时后流量是持续上升的，晚上转化很好，特别是21—24时，时间投放比例可以放大。上下班时间流量较大，但是转化率较差，建议适当降低投放比例。晚上睡觉前，不想开电脑，以及午休、出差等时间，都会用手机购物，37%的人会查看订单信息、物流信息；27%的人会查找需要的商品；12%的人会参加活动等。根据以上分析，要设置一个直通车计划，可设置点有很多。

这里只强调以下几点：

1. 时间折扣

时间碎片化时代，用户花在手机上的时间越来越多，但不意味着都花在手机淘宝上。手机淘宝的流量，在24小时内具有非常明显的流量集中特点。早上起床后/公交车/地铁时间都不属于有效的购物时间，真正的购物时间，集中在中午午休和晚饭后到睡觉前，如图6-51所示。

例如，①周一到周五：00:00—8:00设为30%，11:30—13:30设为120%，19:30—22:30设为130%；②周六、周日：对于无线端来讲，是流量较好的时间，所以从10:00—00:00都可以设130%来获取更多流量。

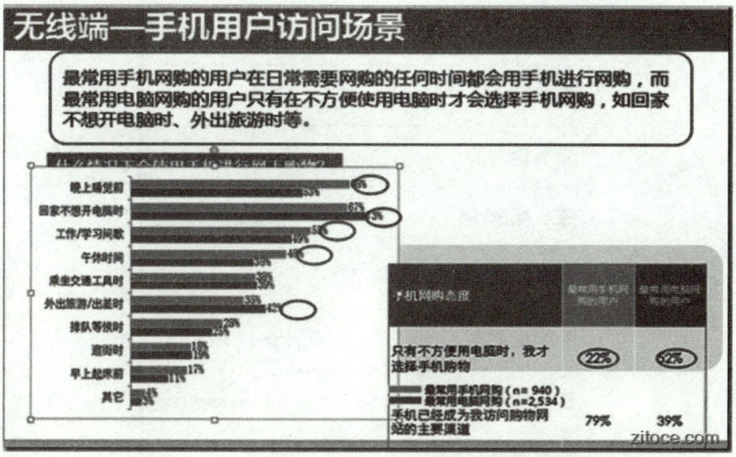

图6-51　手机端用户访问分布图

2. 无线直通车位置

如图6-52所示，图片左上角有“HOT”标注的，都是无线直通车位置。比如iPhone手机搜索结果是第一个位置是直通车位置，然后每隔20个宝贝，有2个直通车位置。大家使用手机端，可以看到点击率是非常高的，特别是排第一的时候，点击率能达到5%以上。

3. 无线直通车选词

手机端打字还是比较麻烦的，很少有买家在搜索框直接输入“连衣裙　韩版　修身显瘦”这样的长词和“连衣裙”热门属性词。热门属性词只有12个，这些词的流量应该都是很大的，我们去流量解析看看。12个词中，有“七分袖”这个关键词，有引导和没引导流量对比情况如图6-53所示。

“七分袖连衣裙”这个词流量很大，比五分袖高很多，所以有人主观臆断认为手机端影响了其中的一部分流量。手机下拉框的关键词和热门词的推荐属性词都是手机流量的爆点！

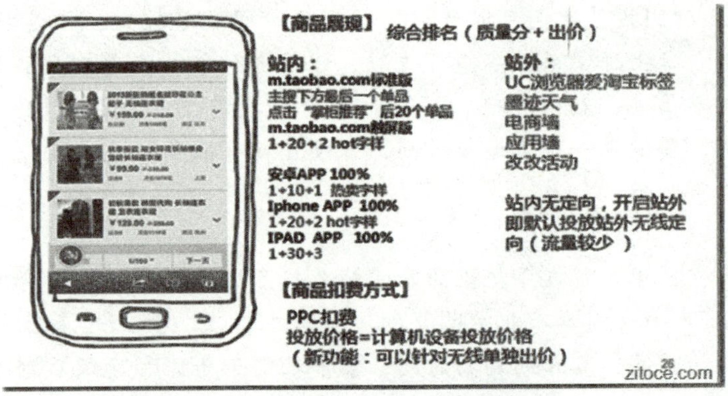

图 6－52　无线直通车投放位置图

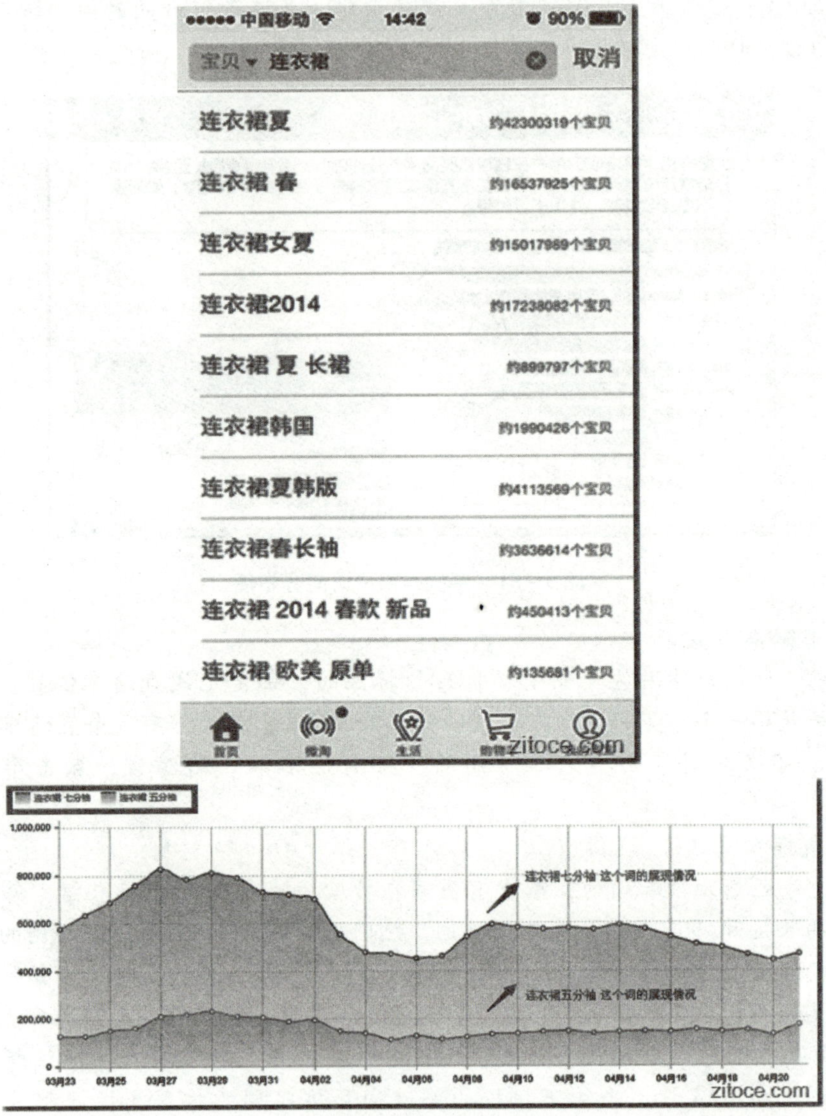

图 6－53　无线直通车选词流量统计图

PC 淘宝首页有搜索推荐词，无线也有，如图 6 – 54 所示。这个是无线端浏览器看到的 4 个推荐词：连衣裙、单鞋、打底裤、女包，如果这几个词顶到第一，无线端每天可以消费 1 万 ~2 万元钱，无线端的点击率很高，转化率相对低一些，也就意味着花 1 万元，可以引来 1.5 万 ~2 万元的 UV。

图 6 – 54　无线端推荐词显示图

4. 无线端推广攻略

如图 6 – 55 所示，关闭 PC 端的投放，只开无线端。这样有一个好处：可以控制无线端的出价、日限额等，非常方便。

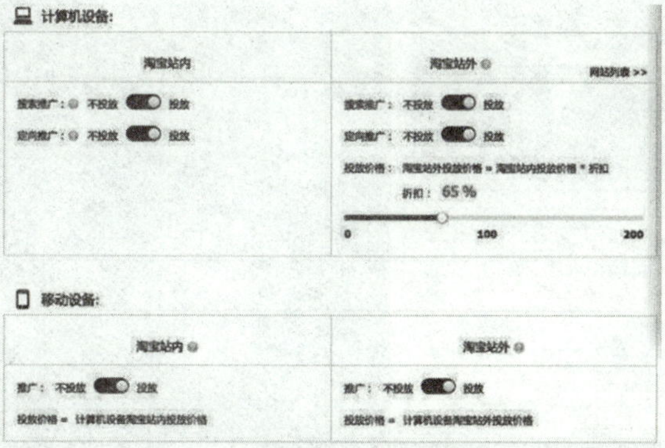

图 6 – 55　无线端投放平台显示图

其次设置投放地域：

方案 1：投放全国，然后看数据删减。

方案 2：投放 1 ~2 线城市。

投放时间如图 6－56 所示。

无线端	00:00~00:59	229	6
无线端	01:00~01:59	123	3
无线端	02:00~02:59	55	2
无线端	03:00~03:59	40	1
无线端	04:00~04:59	39	1
无线端	05:00~05:59	69	2
无线端	06:00~06:59	179	5
无线端	07:00~07:59	276	7
无线端	08:00~08:59	336	12
无线端	09:00~09:59	267	7
无线端	10:00~10:59	602	50
无线端	11:00~11:59	555	17
无线端	12:00~12:59	568	15
无线端	13:00~13:59	548	14
无线端	14:00~14:59	553	14
无线端	15:00~15:59	528	31
无线端	16:00~16:59	495	12
无线端	17:00~17:59	443	10
无线端	18:00~18:59	387	10
无线端	19:00~19:59	387	9
无线端	20:00~20:59	488	11
无线端	21:00~21:59	608	14
无线端	22:00~22:59	663	15
无线端	23:00~23:59	467	11

图 6－56　无线端投放时间显示图

上面讲的都是流量方面的，但是有了流量却不转化怎么办？所有要优化好无线端的宝贝详情页。手机端宝贝详情肯定要单独做，这样才能更好地促进成交。如图 6－57 所示，其中，图 6－57（a）所示是 PC 端的宝贝详情，但是在手机端看，字太小，优化成图 6－57（b）所示，看起来就舒服得多了。

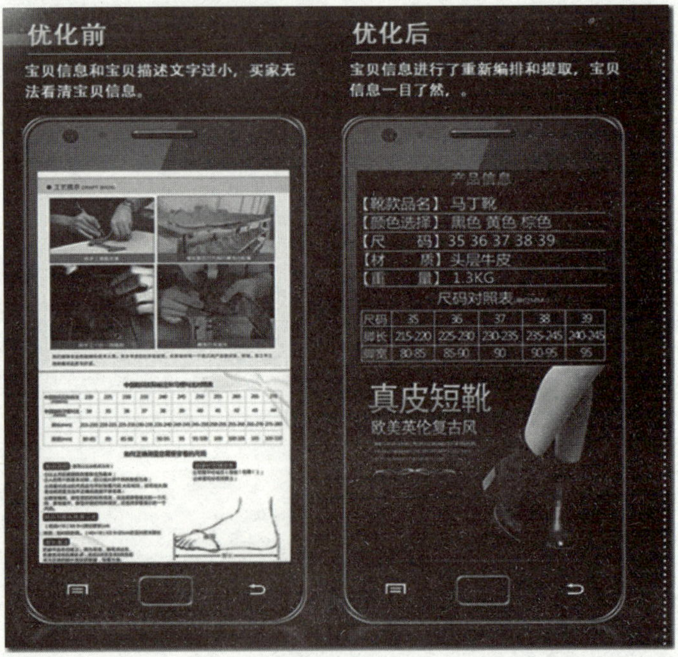

（a）　　（b）

图 6－57　PC 端与手机端的宝贝详情页

【任务拓展】

移动搜索 App 推广

一、百度搜索引擎是用户最主要的获取 App 渠道

如图 6－58 所示，互联网络信息中心（CNNIC）发布的《2014 年中国网民搜索行为研究报告》显示，在手机 App 的搜索渠道，60.8%的手机用户在过去半年内最常通过应用商店搜索 App，同时有53.4%的用户使用搜索引擎网站或搜索应用搜索 App。

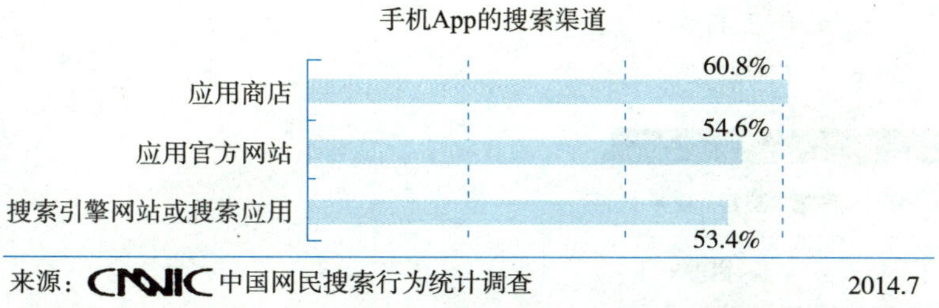

图 6－58　网民手机搜索行为数据

根据 CNNIC 数据显示，截至 2014 年 7 月，使用手机综合搜索引擎的用户中，在过去半年内使用过百度搜索的比例为 91.7%，在移动端占据绝对市场优势。如图 6－59 所示。

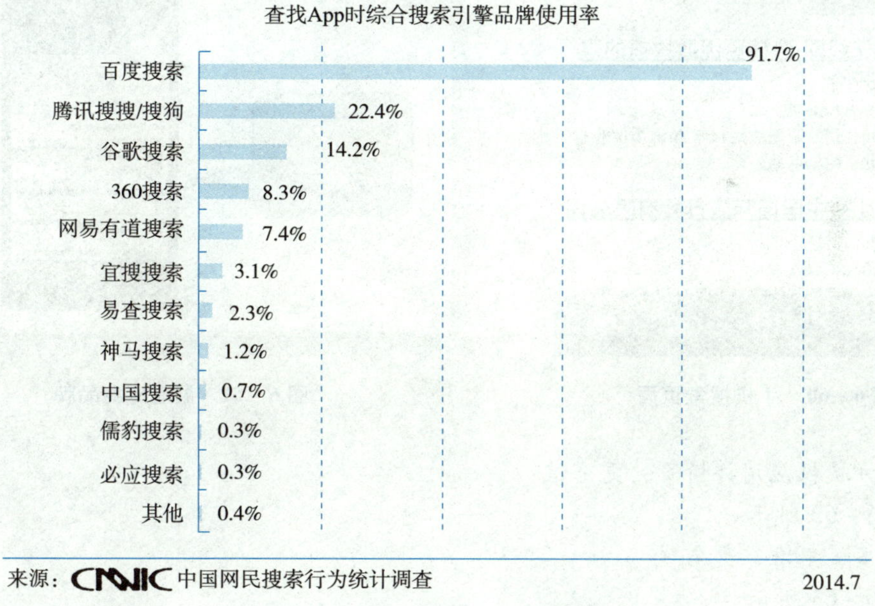

图 6－59　网民综合搜索引擎品牌使用率

二、百度移动搜索 App 推广

百度移动搜索 App 推广就是“指尖上的流量”。在搜索结果页上，直接显示 App 下载按钮，一次点击，完成下载。其功能主要有以下几方面：

展现：只展现在高端机上（Android＋IOS）。

排序：与搜索推广一致，依据质量度×出价。

交互（点击指向）：

- “立即下载”：Android 终端，直接下载；IOS 终端，跳转至 App store 下载。
- “广告标题”：指向访问 URL。
- “icon”：跳转至应用商店详情页。
- “应用详情”：跳转至应用商店详情页。

计费：按 CPC 收费。标题、图标、详情，以及下载按钮的点击价格一致。

如图 6－60 所示。

三、百度移动搜索 App 推广能带来什么

1. 展现醒目，树立专业品牌形象

如图 6－61 所示。

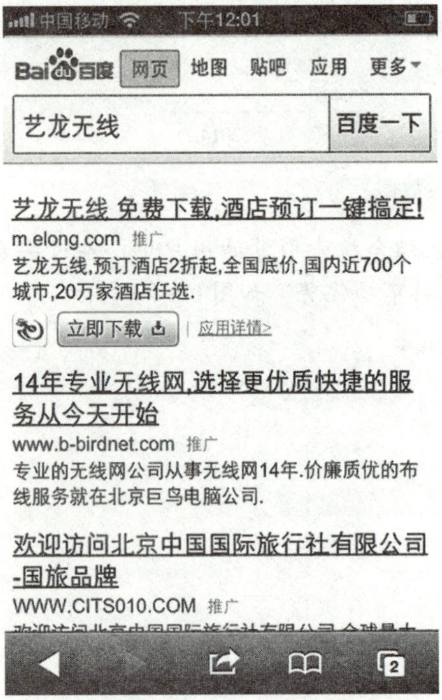

图 6－60 手机搜索页面

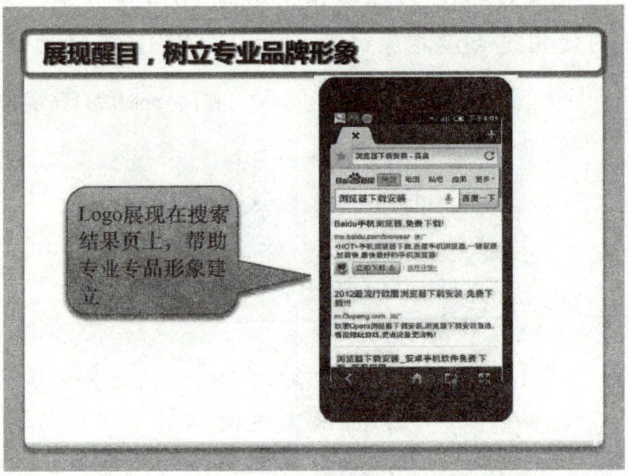

图 6－61 展现专业品牌

2. 官方授权应用详情页，更可信

如图 6－62 所示。

3. 更多、更准、更省钱

如图 6－63 所示。

四、如何加入百度移动搜索 App 推广

1. 如何设置 App 推广

（1）在图 6－64 的“推广管理”下新增“附件创意”标签是进行 App 推广的入口。

（2）在投放设备中选择投放“仅移动设备”或“全部设备”的计划可用于 App 推广。

（3）选择“仅移动设备”时，App 推广仅展现在高端机上；选择“全部设备”时，App 推广在 PC 和高端机上都会展示。

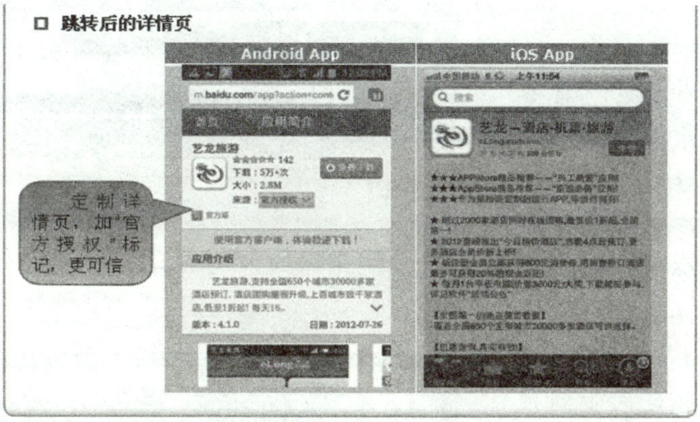

图 6－62　定制官方授权页

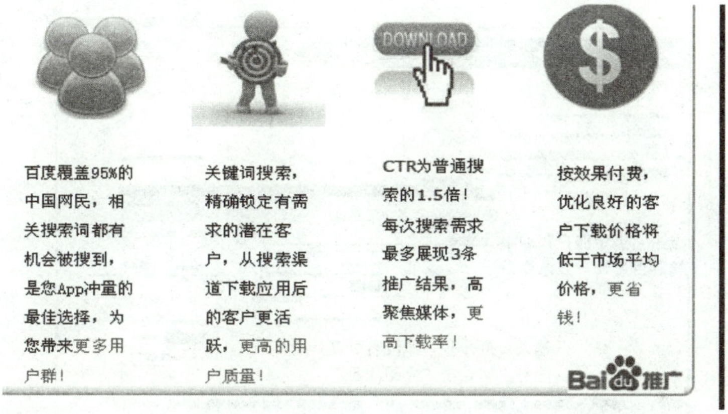

图 6－63　手机搜索应用类目

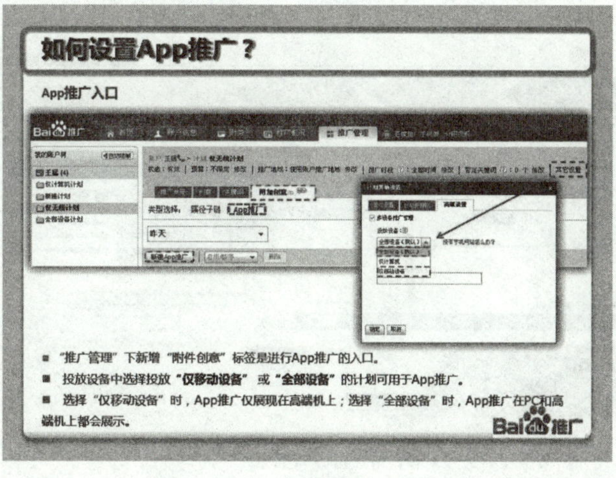

图 6－64　App 推广入口图示

2. App 推广操作流程

App 推广操作流程分三步，即账号绑定、应用提交和物料提交。账号一次绑定，长久生效。

第一步：账号绑定

（1）选择“附加创意”标签下的“App推广”开始投放。

（2）第一次进行App推广的账户需完成百度推广账号和百度开发者中心账户的绑定。通过绑定关系，客户可在百度推广账号中调用相关的App信息，App在开发者中心的更新也会同步到推广账号中。具体操作如图6－65～图6－67所示。

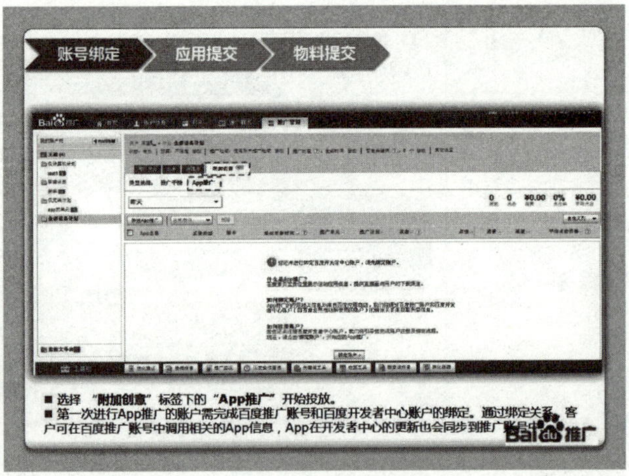

图6－65　百度推广账号绑定（1）

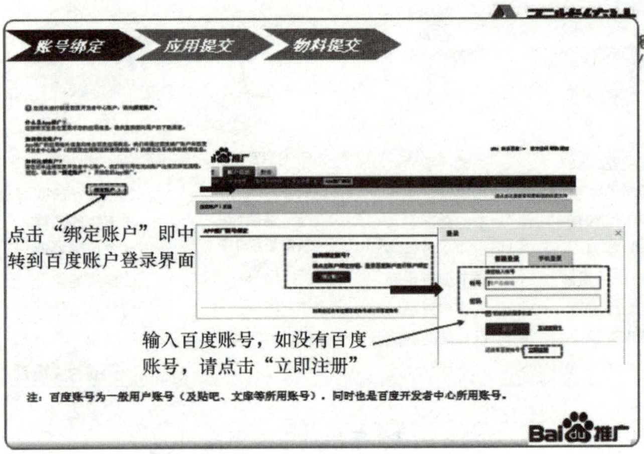

图6－66　百度推广账号绑定（2）

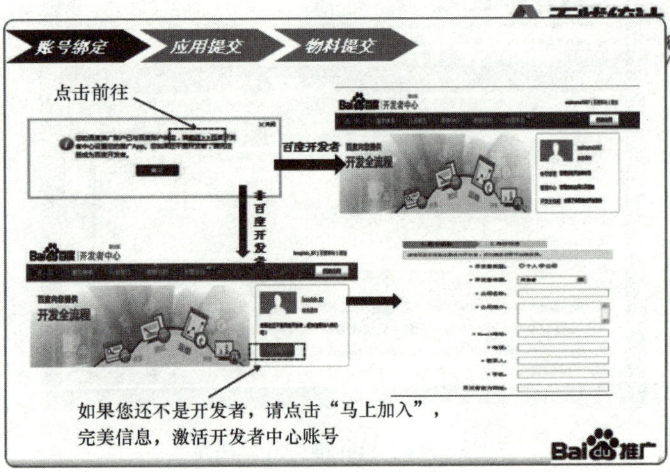

图6－67　百度推广账号绑定（3）

第二步：应用提交

应用提交创建，Android 应用需提交包括 APK 在内的应用基本信息；IOS 应用只需填写 itunes 的下载页地址及其他应用基本信息。如图 6－68～图 6－72 所示。

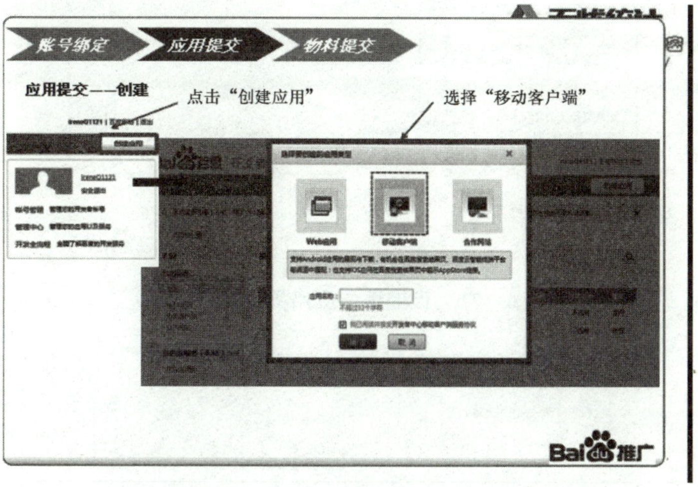

图 6－68　百度推广应用提交操作页面（1）

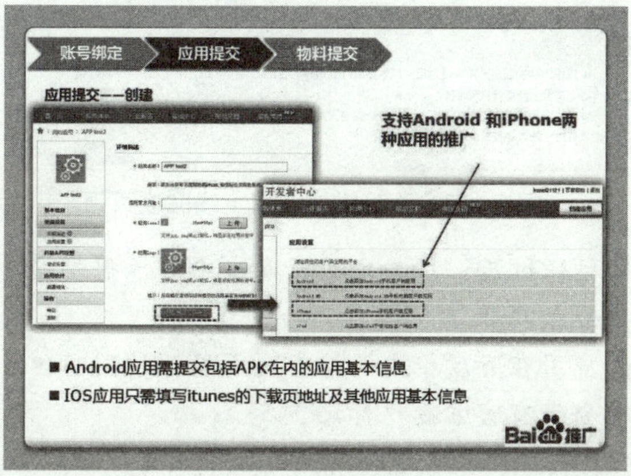

图 6－69　百度推广应用提交操作页面（2）

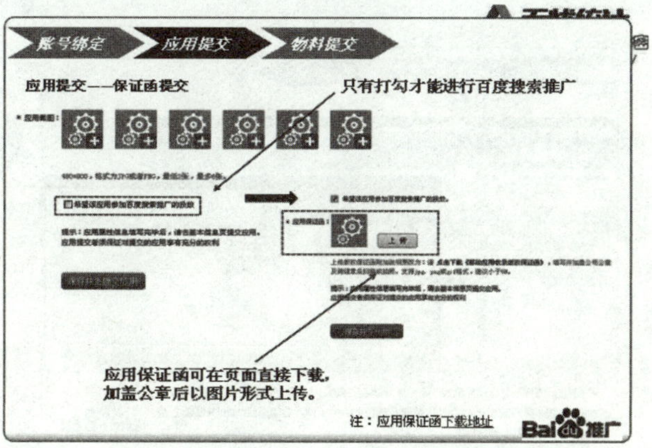

图 6－70　百度推广保证函提交操作页面（3）

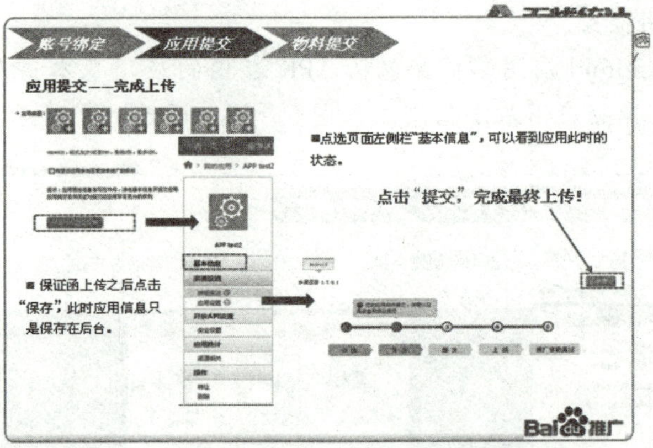

图 6－71　百度推广应用提交完成页面

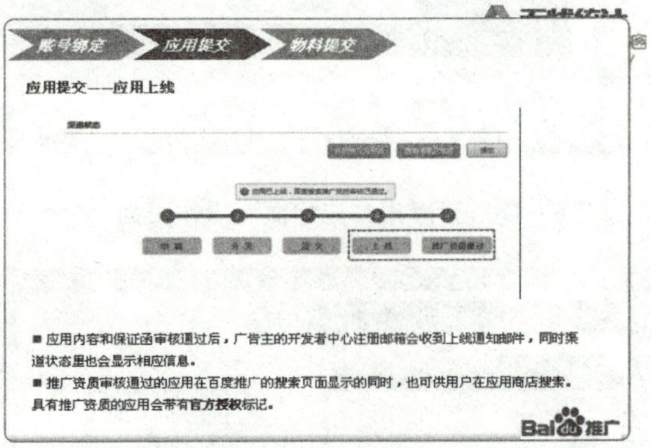

图 6－72　百度推广应用上线完成页面

应用内容和保证函审核通过后，广告主的开发者中心注册邮箱会收到上线通知邮件，同时渠道状态里也会显示相应信息。

推广资质审核通过的应用在百度推广的搜索页面显示的同时，也可供用户在应用商店搜索。具有推广资质的应用会带有官方授权标记。

第三步：物料提交

成功上线的应用会在百度推广账户中新建 App 推广时，显示在 App 推广列表中，如图 6－73 所示。

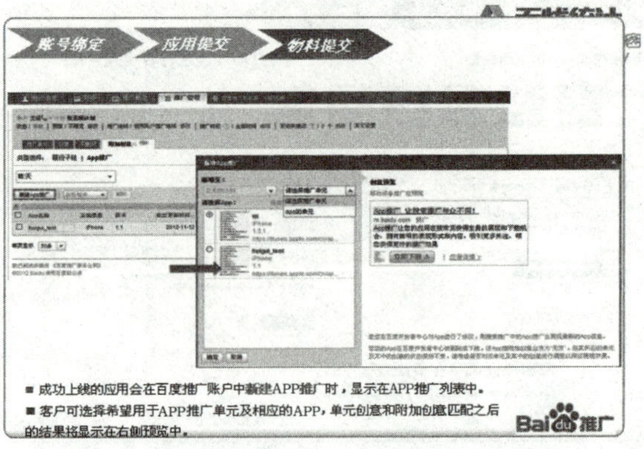

图 6－73　百度推广显示在 App 推广列表

客户可选择希望用于 App 推广单元及相应的 App，单元创意和附加创意匹配之后的结果将显示在右侧预览中，如图 6－74 所示。

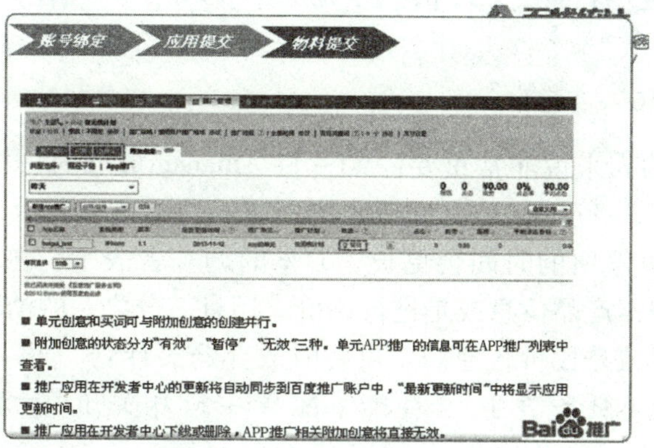

图 6－74　百度推广物料提交页面

单元创意和买词可与附加创意的创建并行。

附加创意的状态分为“有效”“暂停”“无效”三种。单元 App 推广的信息可在 App 推广列表中查看。

推广应用在开发者中心的更新将自动同步到百度推广账户中，“最新更新时间”中将显示应用更新时间。

推广应用在开发者中心下线或删除，App 推广相关附加创意将直接无效。

无线搜索 App 推广操作流程如图 6－75 所示。

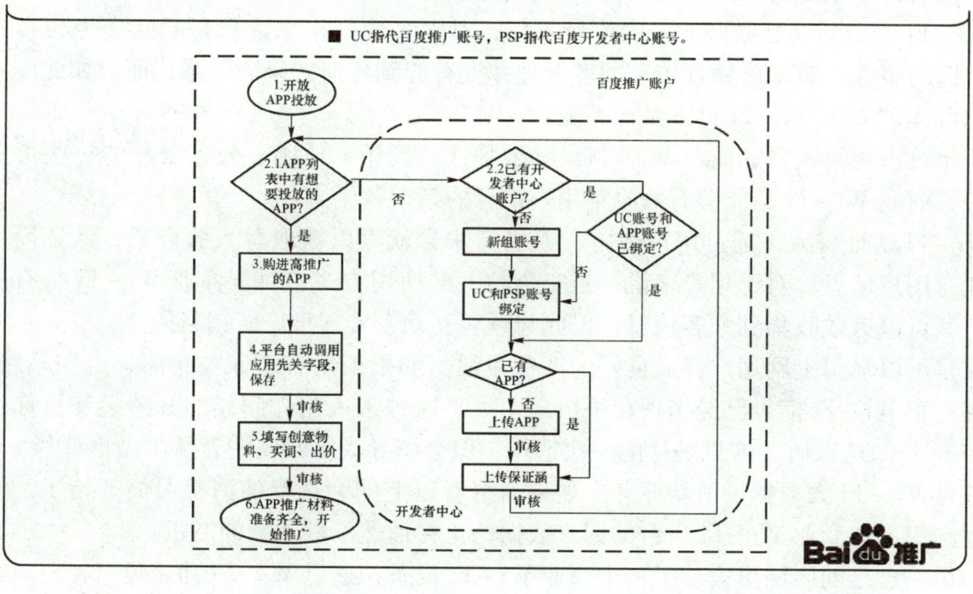

图 6－75　无线搜索 App 推广操作流程

任务2 实体店免费 Wi－Fi 推广

【任务描述】

Wi－Fi 对于现在的人来说非常重要，Wi－Fi Alliance 最近的一次调查显示，消费者更喜欢去那些提供免费 Wi－Fi 的实体店进行购物。28%的调查者表示，如果某个店铺提供免费 Wi－Fi，他们在这里停留的时间会更长。69%的调查者表示，在实体店内购物的时候，他们会使用移动设备搜索产品信息或是进行比价。还有三分之一的消费者表示，如果他们无法在店内完成产品搜索或是比价，他们宁可暂时放弃购买计划。Wi－Fi 已成为人们必备的无线上网设备了。通过本任务学习，学生能掌握 Wi－Fi 相关知识，会下载相关软件，会利用 Wi－Fi 进入移动网店。

【任务导入】

Wi－Fi 作为移动互联网的一大流量入口，可为客人提供免费上网的服务，那么对于店铺宣传和顾客管理有没有起到宣传推广的效果呢？应用 Wi－Fi 可以做什么呢？实体店又是如何利用免费 Wi－Fi 做推广的呢？

【知识准备】

据不完全调查数据显示，目前已有69%的智能手机流量来自 Wi－Fi，预计3年后80%的互联网流量将来自 Wi－Fi。无疑免费 Wi－Fi 正在成为市场的刚性需求。对于餐饮、娱乐、休闲、公务服务的一些可上网场所来说，免费 Wi－Fi 已经成为必不可少的服务内容。

Wi－Fi 作为移动互联网的一大流量入口，对大多数商家来说只是起到一个为客人提供免费上网的服务，对于店铺宣传和顾客管理并没有起到任何效果。但是，面对如此庞大的潜在用户群体，应用 Wi－Fi 可以做什么呢？

一是抢占流量入口的商业 Wi－Fi，对于餐饮、娱乐、休闲、公务服务的一些可上网场所来说，商业 Wi－Fi 是能够有效收集用户信息的新型营销方式。

Wi－Fi 认证登入，通过用户微博、手机等账号就可以获取登入验证码，认证简单，且不会泄露用户信息。对于用户来说，是安全的上网使用方式，对于商业 Wi－Fi 持有的商家来说，又可以有效收集到顾客信息，以此与顾客互动，实现推广营销目的。

二是可以吸引上网用户养成良好的消费习惯。如果街角有2家咖啡店，走在马路中间，你发现一家 Wi－Fi 信号已经出现在手机之中了，这种未入门先问候的好感会支持你选择有 Wi－Fi 信号的这家店。这只是你的一次选择，但会引导大多数消费者从中做出选择。

三是 Wi－Fi 大数据增值新业务。如果消费者以上网为选择的消费习惯开始了，不难判断，逐渐积累在商业 Wi－Fi 后台的用户数据，正在悄然酝酿着新的商机。

如果在自己的店铺里安装了一个商业 Wi－Fi 设备，通过 Wi－Fi 功用吸引客户时，会发现有人已经开始通过商业 Wi－Fi 赚钱了。新型智能 Wi－Fi 营销工具已经上市，Wi－Fi 网络服务、移动门户建站、营销解决方案等系列整合营销方案，包含 Wi－Fi 信息营销、精准定位、信息推送、商业展示等功能，把 Wi－Fi 营销系统完善而富有时代创新性的特点表现得淋漓尽致。

Wi-Fi 数据入口将成为新的广告投放平台，可预见性的增值业务也会带来海量的人民币。

2.1　利用 Wi-Fi 进入移动网店

随着 Wi-Fi 网络建设的加速，很多实体店开始打造自身产品的品牌效应，利用网络关系网的超强黏度及巨大的信息扩散力度为自己的商户实现产品推广，但是移动网店营销的前提是：必须得有接受信息的受众，难题就在这些受众从何而来？下面将以一款网络流行的免费 Wi-Fi 推广工具，即无线天，来简单说明操作步骤，具体如下：

1. “无线天”软件使用过程

首先搜索百度“无线天”软件，并进行下载安装，如图 6-76 所示。

运行完安装向导.exe 后，桌面会产生“无线天 Wi-Fi 广告和大数据”快捷方式，直接运行即可。首次运行请检查主界面右上方的连接路由器的网卡是否正确。有线网卡不受无线信号干扰且很稳定的状态如图 6-77 所示。

图 6-76　“无线天”软件快捷方式图

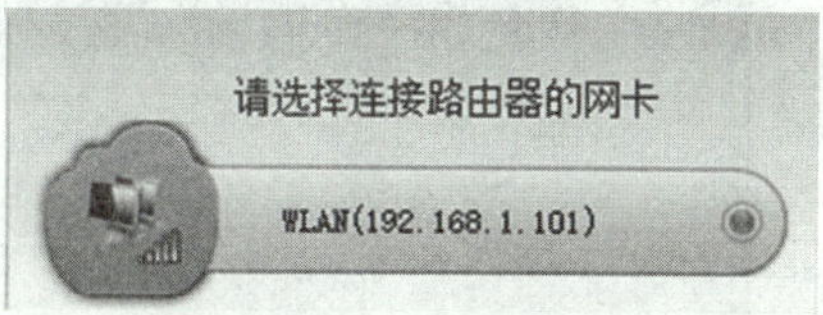

图 6-77　无线网卡稳定状态图

在实时数据窗口，如果出现了设备信息，即表示操作正常且无误，如图 6-78 所示。

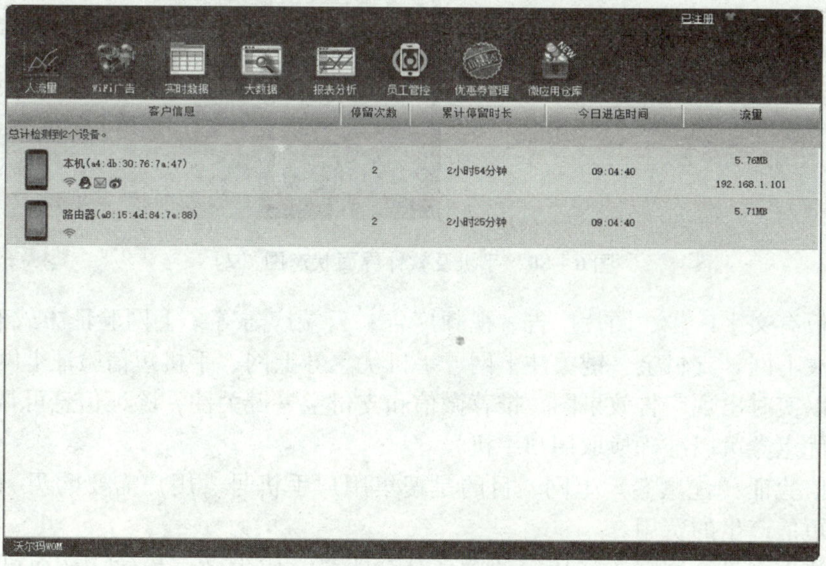

图 6-78　设备信息截图

Wi－Fi 广告编辑如图 6－79 和图 6－80 所示。

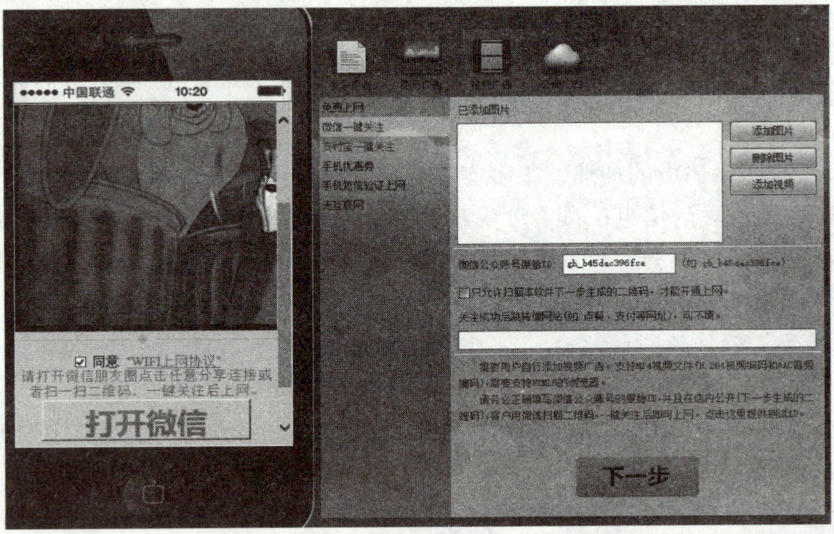

图 6－79　手机及软件界面状态图（1）

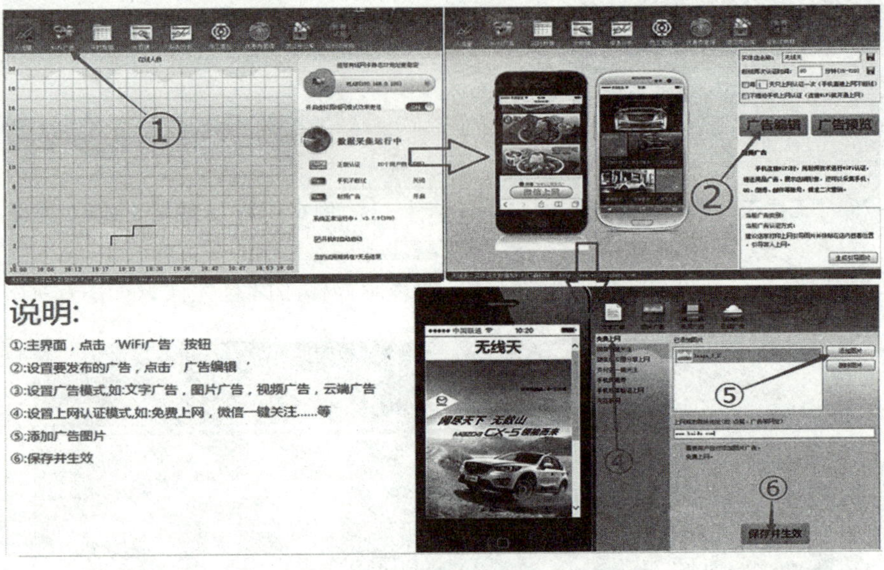

图 6－80　手机及软件界面状态图（2）

广告模板有文字广告、图片广告、视频广告、云端广告等，上网验证方式有免费上网、微信一键关注上网、支付宝一键关注上网、手机优惠券上网、手机短信验证上网、无互联网等。左边可以实时出现广告效果图，推荐微信和支付宝一键关注，验证信息可帮助商家积累粉丝，手机优惠券可以准确换取用户手机号。

手机短信验证（优惠券）上网，目的是搜集用户手机号。用户需要购买一个用户名和密码，支付短信产生的费用。

微信关注上网是让用户关注店家的微信公众账号，成为微信粉丝，从而可以免费二次营销。

2. 手机测试 Wi－Fi 认证登录

注意：只有当手机连接 Wi－Fi 的时候，如图 6－81 所示，才弹窗 Wi－Fi 认证和广告，广告效果极佳。最佳测试机型：三星、苹果、联想、中兴、诺基亚，这些手机“重新连接 Wi－Fi”后，如果没弹窗广告或者登录提示，请立刻打开手机的上网浏览器，如果出现广告页面，就正常。

苹果 iPhone 或者 Windows Phone 连接 Wi－Fi，会直接弹窗 Wi－Fi 登录认证和广告推送页面。图 6－82 所示是 iPhone 弹窗广告图。

图 6－81　手机 WLAN 接入方式图

图 6－82　iPhone 弹窗广告图

Android 4.0 以上会在屏幕顶上通知栏目，出现 Wi－Fi 登录认证提示，手工点击也会转到 Wi－Fi 广告页面，如图 6－83 所示。

图 6－83　Wi－Fi 广告页面图

3. 操作中要注意以下常见问题

手机不能弹出窗口广告或者认证登录提示，解决方法如下：

1）首先保证本机只有一张网卡，连接到路由器并上网，确认本机和手机能连通。

2）手机要重新连接 Wi－Fi 的时候，才会出现广告。

3）iPhone 和 Windows Phone 连接 Wi－Fi 的时候，可以直接弹窗广告。iPhone 如果长期连接一个 Wi－Fi，它是不会弹窗广告的。一旦路由器修改 Wi－Fi 名字并重启后，iPhone 立刻就弹广告。

4）华为、小米等部分机型不支持连接 Wi－Fi 的时候，弹出 Wi－Fi 认证登录提示，可以用浏览器打开看广告效果。

5）拿自己手机重复测试没意义，有的手机是有弹窗广告时间间隔的（iPhone、小米都可能）。只要成功过，客户进店连接 Wi-Fi，绝大多数是可以看到广告的，看了广告后才能上网。

2.2 实体店免费 Wi-Fi 推广注意事项

（1）由于是个人网络，可能网速不会太快，所以这里的广告类型选择文字、图片或云端广告，视频广告可能由于网速问题打开时间会较长。上网验证方式选微信“一键关注”最好，可以进行互动营销。

（2）实体店铺最好位于人群集散地，每天有稳定的客流，否则 Wi-Fi 推广的效果不明显。

（3）通过一些软件可以看到通过推广 Wi-Fi 进行上网浏览的客户信息，对于这些信息，实体店铺应对用户的访次消费记录等留存分析，以便于之后的跟踪。

（4）尽量关闭本机的防火墙软件，不要多张网卡上网，以免影响数据采集。

（5）保证本机只有一张网卡连接到无线路由器，并正常上网。通过电脑有线网卡连接路由器是最稳定的，避免了无线信号的干扰和自动切换。

【任务实施】

用 Wi-Fi 广告软件为实体店微信公众账号有效加粉的方法

目的与要求：

再好的商家微信微网站，也需要做 Wi-Fi 入口导航，否则很难积累粉丝。通过本实训为商家创造价值，用 Wi-Fi 广告软件，可以将微信加粉做到极致。

操作内容：

第一步，下载无线天 Wi-Fi 广告软件。百度搜索“无线天”软件，在官网上下载最新的3.5及以上版本。安装如图6-84所示。

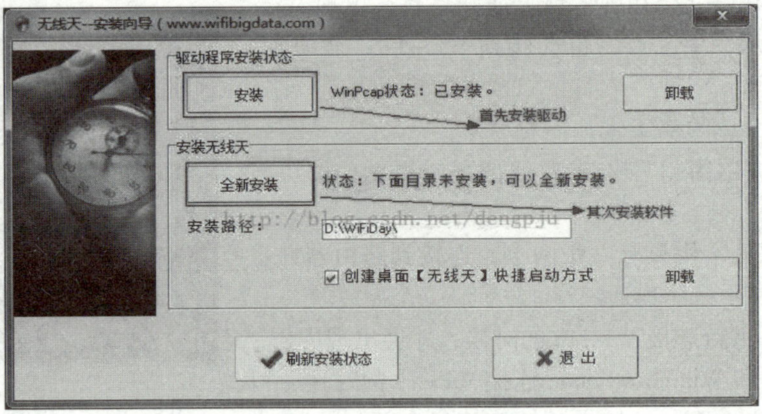

图6-84 “无线天”软件安装页面

第二步，编辑广告，Wi-Fi 广告——广告编辑，如图6-85所示。

之后出现图6-86所示页面。

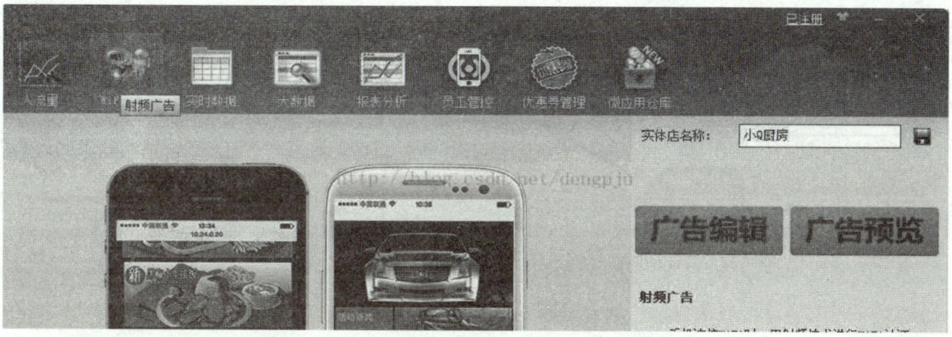

图 6-85　Wi-Fi 广告——广告编辑

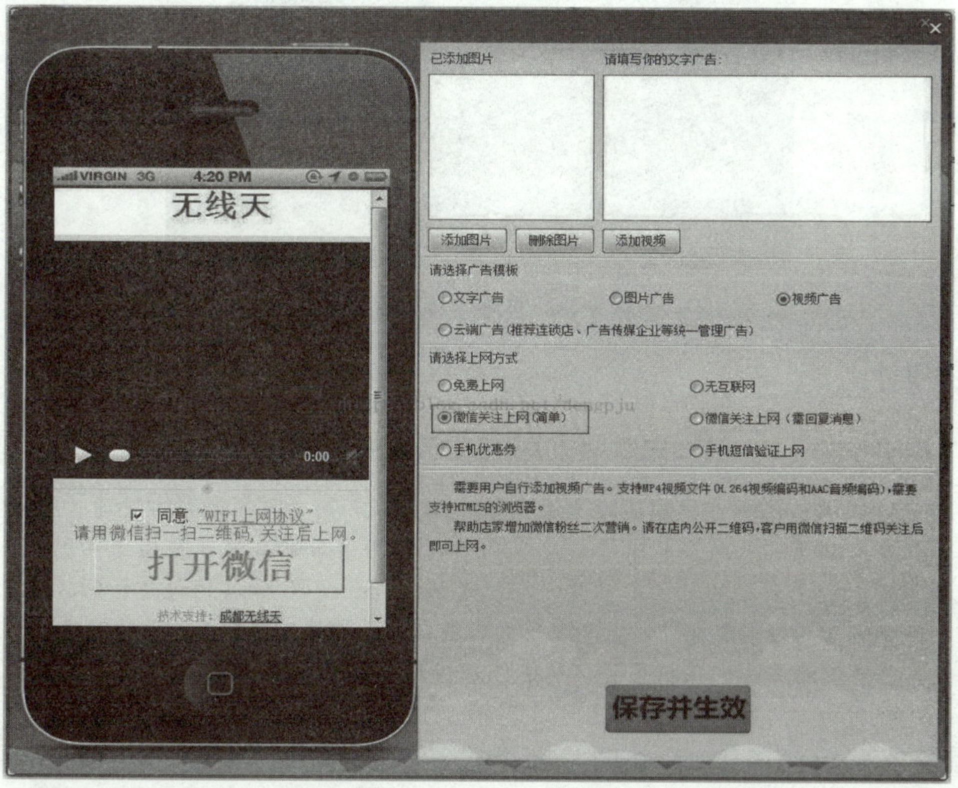

图 6-86　Wi-Fi 广告保存页面

选择“微信关注上网（简单）”，然后点击“保存”，生效即可。

第三步，测试。

首先要保证按照图 6-87 所示方式连接网络。

然后手机重新连接 Wi-Fi，成功之后，手机的网络是不通的，只有打开微信，扫描二维码，点击“关注”，网络才会开通。为了更好地体验效果，可参看图 6-88。

第四步，微信强制关注认证步骤：

手机连接 Wi-Fi（只能上微信，其他 App 不能上网）→打开微信→扫描店内二维码，关注上网→开通全部网络。

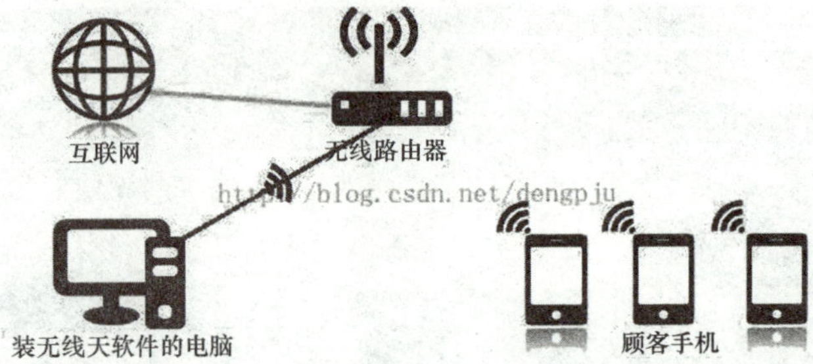

图 6－87　无线网络连接页面

图 6－88　微信关注打开页面

【任务拓展】

星巴克咖啡为顾客提供无线上网服务

遍布全球的星巴克咖啡连锁店为了使顾客有理由在非高峰时间光顾咖啡店，并停留更长的时间，在零售店里购买更多的服务，几乎在所有的连锁店都安装了无线上网的接入设备，从而使顾客可以利用自己的笔记本电脑、智能电话、Pocket PC 和其他设备访问互联网。

星巴克咖啡店的顾客现在可以在享用他们的第二杯或者第三杯拿铁咖啡的同时，接入企业的内联网，与他们的办公室保持连接。同时，通过提供各种基于无线的应用，例如 Starbucks Express——一种咖啡“信用卡”，顾客可以进行预订，从而缩短在柜台前排队的时间。

（资料来源：世界互联网移动手机 http://blog. sina. com. cn/yidongshoujiceo）

任务 3　微 店 推 广

2014 年年初，微店红遍天下，几乎每个知道互联网电商的人都听过微店，于是各种微店犹如雨后春笋般涌起，让人眼花缭乱。微店是一种新移动电商模式，就像淘宝里面的店铺一样，可以进行产品上下架、店铺装修、商品买卖的购物平台。目前市面上主要的微店类型有三种：

①平台类型微店，如微信小店、京东拍拍微店、淘宝微店、口袋购物微店。

②以服务类型为主的微店，如微盟、京拍档、各大电商平台自己推出的微店。

③由个人推出的一种建微商城的工具，这类受众少。

下面介绍几种常见的微店。

（1）口袋购物微店：零门槛，不收费。该微店主要是面向网络小卖家推出的开店软件。商户可利用该软件自助添加商品、修改价格、进行促销活动等，也可以将原有的淘宝店铺“一键搬家”。

（2）微信小店：门槛不低，必须是企业认证的服务号；必须开通微信支付接口；必须缴纳微信支付接口的两万元押金。这是一款由微信公众平台推出的原生电商模式。在功能上，微信小店类似于移动端的淘宝，基于微信支付并通过公众账号售卖商品，可以实现包括开店、商品上架、货架管理、客户关系维护、维权等功能。

（3）京东拍拍微店：门槛要求是，成功注册拍拍网店铺的个人或商家；开通微信支付。拍拍微店是基于移动端的微店铺，具备订单管理、CRM（如优惠券、会员、积分等）、店铺装修、物流查询、售后服务等功能。付款时，用户可通过微信支付所购买的商品，因京东与微信联盟，所以它与微信同属腾讯旗下，可拿到更多资源。

（4）阿里诚信通微店：微旺铺是专门为阿里巴巴诚信通客户打造的旺铺 App 在线生成的平台。无缝对接阿里数据，无须任何技术，只要动一动手指即可生成自己的苹果（IOS）、安卓（Android）旺铺移动客户端，从此为中小企业打开移动电商之门，手机上做生意不再是梦想。门槛要求是有阿里巴巴账号。

（5）淘宝微店：门槛要求是，淘宝店商家；付费 99 元/月至 399 元/年不等。淘宝微店主要是把淘宝店架设到微信公众平台的一个管理平台。让公众平台变成移动端淘宝店的后台管理，让微信公众号具备商品搜索、自动回复、自定义回复、商品分类、数据统计等功能。

（6）喵喵微店：零门槛。喵喵微店是一款和口袋购物相类似，但用户群体偏向女性的开店软件。具有发布商品、订单管理、查看店铺、编辑信息等功能。

如今电商已经越来越普遍了，而利用微信软件在网上开店也是时下非常盛行的。不管是什么年龄段、什么收入阶层，都纷纷加入微商的行列之中。不过对于许多想加入微商行列的人来说，却不知道微店怎么开，其实微店主的开店形式主要有两种：可以下载 App 进行手机开微店，也可以利用商家微信公众号绑定第三方平台进行开店。对于没有店铺、没有公司的人来说，可以通过微店网 App 进行开店。开微店的步骤如下。

第一步：下载微店 App，如图 6－89 所示。

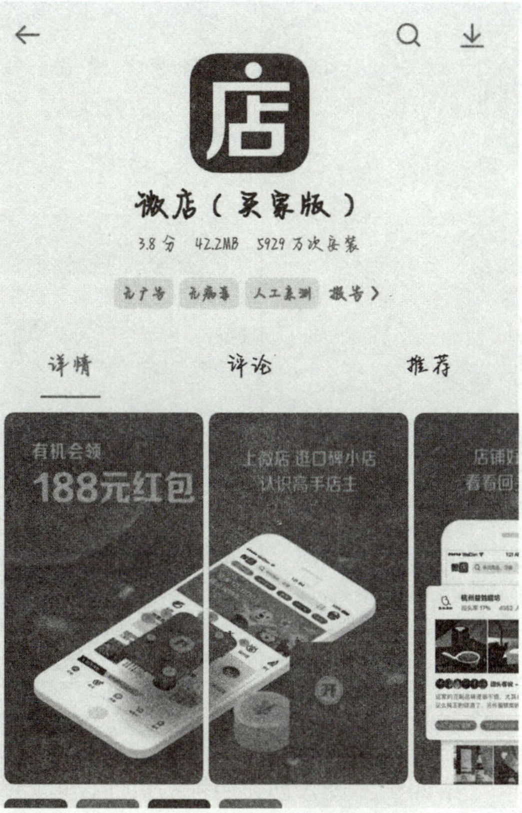

图 6－89　微店下载页面

第二步：打开微店 App，如图 6－90 所示。

图 6－90　打开微店 App 页面

第三步：完成注册，同时设置登录微店的密码，如图 6－91 所示。

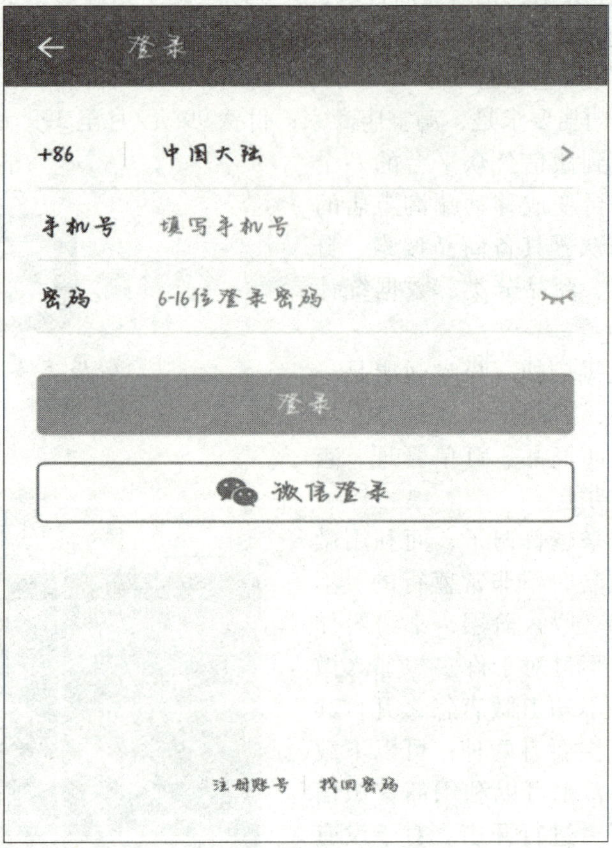

图 6－91　登录微店页面

第四步：进入创建店铺的页面，可以设置微店头像的名称、编辑生意档案、完善个人信息等，如图 6－92 所示。

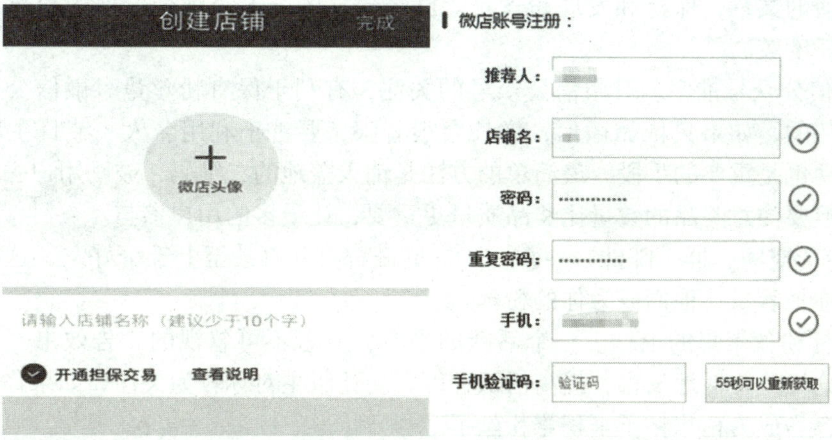

图 6－92　创建店铺页面

这样微店就开成了。

下面需要考虑采用何种经营方式。微店主收入一般来源于两个方面：（1）卖别人的产品，赚自己的佣金。注册一个微店，就拥有了整个云端产品库的产品销售权，即获得了一个网上百货商城。消费者进入你的微店，产生了购买行为，你可以获得推广佣金。分销越多，你得到的奖励越多。

（2）卖自己的产品，赚商品利润。你在自己的微店里上传自己的产品，通过自有产品的包装、运营和管理，消费者进入你的微店产生交易，获得销售商品的利润。

在产品选择方面，主要关注：

（1）选择微信朋友需要的。微店营销很重要的是朋友圈关系的维护，而之所以是个圈子，就是因为圈子里的人在某些方面具有共性。选择产品时，为了尽量覆盖朋友圈更多的人群，可以研究统计一下现有朋友圈中好友的共性，从中发现他们的需要，也许这就是他们都想要的。

（2）选择有兴趣并有信心做好的产品。尽量选择自己感兴趣并熟悉的产品，如果自己也很喜欢就最好了，这样做起来有乐趣，在朋友圈中推广也很有感染力。

（3）选择优质产品。消费者一般都希望以较低的价格买到优质的产品，如果价格很低，但质量也很次，虽然满足了买家的低价心里，但是用起来会让对方感到不舒服甚至心里很难受。因此，尽量选择同类产品中的优质产品，让朋友们买得放心，有品质保障。

（4）产品的利润空间要大，单价要高。如果想微店能够迅速成长并有较高盈利，建议选择单价稍高的产品。如果单价过低，需要走量才能获得较高收益，对于新店铺，短时间内产生巨大销量是有困难的。因此，为朋友们介绍质优价廉，单价有一定空间利润的产品可以尽快让微店盈利并快速获取信任。

（5）货源足且稳定。微店网上的供应商也是需要选择的。尽量选择有一定品牌，货源充足稳定的供应商，以免出现发货延迟、售后服务不周等问题。

选择好产品后，就需要对微店进行推广，可采取以下措施：

（1）微博、微信上定期发布文章，保持和发展粉丝量。微博是拓展用户的渠道，微信则是用来留住用户渠道。首先是做好个人微博、个人微信账号。可以通过微博、微信定期发布一些有价值的文章，保持和发展粉丝量。已经建立的个人品牌会让你的粉丝逐渐趋于稳定，并且信任度较高。

（2）微信公众号推广。对微信公众号的关注，有利于保有粉丝量。微信公众号的粉丝引流是有技巧的，如果只依靠微信，增长会很有限，要善于利用名人、节日主题等进行营销。线下活动也是重要的手段，最简单的方法是铺天盖地的二维码，鼓励用户去扫描，可以使用奖品，但要注意奖品的数量比奖品质量更重要，让最多的用户参与。

（3）QQ（空间、群、邮件）。每个QQ、旺旺都有几百甚至上千个好友，这些好友对你是信任的，你最容易让他们成为你的粉丝。

（4）目标粉丝聚集的论坛。一个活跃的平台，有着不可忽视的广告效果。可以到目标粉丝较多的论坛经常性地发言，提高活跃程度，会让版主对你较为关注，如果你的帖子也很有价值，就容易成为精华帖子来积累粉丝了。

最后，要想经营好微店，微店主需要从多方面努力，需要持续不断地运营管理，才能取到良好的收益。

【项目总结】

本项目主要介绍了手机无线推广应用和实体店免费Wi－Fi推广两个任务的内容。手机无线推广应用重在手机淘宝站内与站外的使用推广的方法，同时对实体店免费Wi－Fi推广的Wi－Fi认证登录的方法也进行了实际操作说明，对更好地做好无线推广的实际工作有很大帮助。

【项目习题与训练】

一、理论自测题

1. 关键概念：无线技术、无线推广、手机淘宝

2. 思考题：

（1）如何对独立无线计划进行宝贝推广的操作？

（2）建立了无线独立计划后，引入的流量一直不高是什么原因？如何提升无线独立计划的流量？

（3）开通无线独立计划后，原计划同ID宝贝需要关闭无线设备推广吗？

（4）如何排到无线端第一名？

（5）如何看数据评估无线的效果？

二、实务自测题

某企业新产品开发成功后，需上市宣传，推广自有品牌知名度，请用无线手机进行推广宣传，并结合操作总结无线推广策略。

【项目案例】

新捷达无线营销推广

【案例背景】

2013年3月9日，有着22年传奇历史、超过230万老用户的捷达品牌正式发布新车。为了在竞争激烈的A级车市场有良好的销售业绩，也为了在同门新车中脱颖而出。2013全新捷达理性地选择新媒体传播形式，实现了营销突围，在移动互联网进行全面宣传推广，引

发受众对品牌产品的关注。此次应用无线营销传播，通过多种营销推广形式及资源为一汽大众新捷达上市进行推广宣传、造势。传递新捷达一贯“可靠、耐用和经济”优势的同时，进一步展现其“年轻、动感、时尚”的形象。

【营销目标】

整体传播目标：2013 新捷达上市广而告之，引发受众对品牌产品强烈关注。传递新捷达一贯“可靠、耐用和经济”优势的同时，进一步展现其“年轻、动感、时尚”的形象，延续品牌好感度，并最终实现拉动销售的目的。

商业性目标：新捷达成功占领一、二线城市目标人群的同时，也覆盖到众多三、四线目标人群，希望将品牌销售渠道在当前的基础上做进一步加深推广，扩大市场占有率，拉动销售。

消费者行为目标：通过媒体策略，增强同消费者的互动，引导消费者对新捷达产生兴趣，进而实现试乘试驾及产生最终销售购买行为。

消费者认知/态度目标：传播新捷达全新升级改变，吸引人们关注新捷达的全新定位与活力形象，延续品牌好感度。

【目标受众】

一汽大众新捷达的受众以男性为主，他们大多受过高等教育，高中以上学历者占大多数，同时也是智能高端手机的用户。这些家庭、事业都相对稳定的人群心态更加年轻，生活态度更加多元化，在生活和工作中也更具活力，十分符合新捷达“年轻、动感、时尚”的形象定位。

【创意表达】

（1）利用电信资源将 PC 端与手机端捆绑进行投放，实现了双屏的互补。

（2）移动主流媒体：在移动主流媒体上投放。

（3）多种广告形式：采用全屏、浮动、直播、专题、软文等广告形式，借以达到高曝光及新颖创意形式的投放目的。

【传播策略】

新捷达以广覆盖、高曝光、深营销的媒介策略进行投放，内容全面跨越 PC 终端与手机端，形成优势互补投放组合。

【执行过程】

首先在 PC 端，利用焦点新闻栏进行投放；在手机端，采用多层次、多渠道、差异化的投放方式，将新捷达上市的信息广而告之，让新捷达的声音，从不同媒体和渠道中释放开来。

与此同时，还结合了媒体资源，将新捷达上市信息进行广泛传播，并达到覆盖高端用户群体，提升用户度的营销目的。

除了通过运营商媒体资源推广外，新捷达还希望借助目前的主流移动媒体将品牌核心信息持续地传递。多平台资源打通运营，提升品牌上市传播影响力，展现新捷达风采。

此次营销传播运用了多种创意表现形式，包括全屏、浮动、直播、专题等，力求让新捷达在受众面前的每一次展示都以崭新面貌出现，带给人们不一样的广告体验。除硬广传播外，新捷达还借助软文与消费者进行最有效的公关沟通，应用内容营销，抓住受众的眼球，采用新闻露出的形式，将新捷达的上市信息进行公布。在 wapsite 平台开展与用户互动及产品展示，并对用户数据进行聚合，更准确地对潜在客户进行筛选，达到精准营销的目标。

【效果总结】

2013年3月9日至2013年4月30日，持续近2个月的投放周期中，广告总曝光量18.7亿次，首页总点击225万次，共186万人浏览了广告。此外，本次营销传播从地域分析发现，广东、江苏和山东用户访问量占了1/3，从机型分析，发现中高端机型用户是访问主体。

（资料来源：http://mp.weixin.qq.com）

项目七

网店效果评估

【项目目标】

通过本项目的学习，学生能够根据实际工作需要进行网络零售运营效果的评估工作，掌握网络零售运营效果相关的评价指标的概念，会利用相关的监测和统计工具进行数据的统计分析，能根据统计的数据对零售效果进行评估和解释。

学习任务	能力要求	知识目标
任务 1 网店运营 评估工具	1. 能够使用量子统计进行流量分析 2. 能够使用量子统计进行销售分析和掌握销售详情	1. 了解量子统计工具中的网络店铺统计分析等相关功能 2. 了解量子统计工具中的电商分析和网站统计的内容
任务 2 网店运营 效果评估	1. 能够描述网络零售运营相关指标的概念 2. 能够熟练操作网店运营监测和统计工具 3. 能够利用统计的数据指标进行定性的解释和分析	1. 了解运营评价指标的类型及含义 2. 掌握网络零售运营效果的统计指标监测工具的操作方法

任务 1　网店运营评估工具

【任务描述】

目前网络零售中应用最多的运营评估工具——量子统计，其主要包括三大部分内容：店铺统计分析，即为淘宝卖家提供权威、标准、实时、易用的数据分析服务；电商分析，专为独立 B2C 等电商网站提供专业数据分析服务，展示分析流量、来源、成交、转化等多个视角的数据；网站统计，免费专业网站流量分析工具，提供网站流量监控、统计、分析等专业服务。

【任务导入】

量子统计是一套免费的网站流量统计分析系统，也是淘宝网店运营评估的主要工具之一。为所有个人站长、个人博主、所有网站管理者、第三方统计等用户提供网站流量监控、统计、分析等专业服务。那么，如何进行量子恒道店铺统计分析呢？

【知识准备】

1.1 量子恒道店铺统计分析

量子恒道店铺统计是为淘宝店铺量身打造的专业店铺数据统计系统。深度植入淘宝后台，通过统计访问使用者店铺的用户行为和特点，帮助使用者更好地了解用户喜好，为店铺推广和商品展示提供充分的数据依据。可以通过登录淘宝后台开通量子统计服务。

1.1.1 流量分析

1. 流量概况

流量分析中展现了店铺的一些基本流量数据，通过查看该页面，可以大致了解店铺的流量情况，包括以下 5 个方面：

（1）流量概况：该页面展示店铺的流量概况，系统会每分钟对数据进行更新。可以选择“按天”和“按小时”这两种方式查看数据。同时，通过图表下方的时间轴可调整查看时间。拖动时间轴上选中区域可以查看不同时间段，拖动选中区域边界可以调整时间段的大小。

（2）最近 7 天被访问商品（展示前 10 个）。

（3）最近 7 天访客来源（展示前 10 个）。

（4）最近 7 天访客地区（展示前 10 个）。

（5）店铺基本信息。

2. 实时客户访问

显示店铺当前被访问情况。系统每分钟更新客户的访问数据，包括访问时间、入店来源、被访页面、访客位置、是否是回头客，可即时了解店内客户访问情况。

同时可使用“顾客跟踪”功能，详细了解客户的访问轨迹、访客地区、进店时间、停留时间、入店来源，探索客户的关注范围和行为规律，如图 7－1 所示。

序号	访问时间	入店来源	被访页面	访客位置	访客编号 ?
1	10:31:43	已买到商品	包邮 10寸小清新 diy相册手工影集粘贴式 生日宝宝 礼物送礼包	黑龙江省伊春市	访客6
2	10:31:15	已买到商品	包邮 10寸小清新 diy相册手工影集粘贴式 生日宝宝 礼物送礼包	黑龙江省伊春市	访客6
3	09:52:33	淘宝搜索 diy手工相册 …	包邮 10寸小清新 diy相册手工影集粘贴式 生日宝宝 礼物送礼包	河南省鹤壁市	访客5
4	09:49:47	淘宝搜索 diy相册	优惠 DIY相册配件 原创复古唯美LOMO卡片 手工相册必备 20张入	江西省萍乡市	访客4
5	08:53:35	已买到商品	DIY相册必备相册笔自制配件金属笔 黑卡影集专用笔 照片写画笔	河南省商丘市	访客3
6	08:52:51	已买到商品	diy相册 5/6/7寸/8寸/9寸/10寸数码冲印洗相片非打印照片	河南省商丘市	访客3
7	08:51:09	已买到商品	店铺首页	河南省商丘市	访客3
8	08:50:21	已买到商品	特卖10寸星座创意diy手工影集粘贴式相册情侣生日宝宝闺蜜礼物	河南省商丘市	访客3
9	00:36:54	淘宝搜索 纪念册diy手工…	16寸diy相册大本手工粘贴式情侣宝宝成长家庭影集纪念册创意礼物	上海市	访客2
10	00:27:33	淘宝搜索 明信片册	包邮 插页式5寸小本相簿影集 日单尾货时尚 布艺相册明信片收纳册	山东省泰安市	访客1

图 7－1 量子统计工具店铺统计分析之实时客户访问

3. 按小时流量分析

可以查询店铺内某一天的流量情况，形成 24 小时分时段的数据报表。各时段用户浏览量和访客数一目了然，为安排店内人手和商品上线时间提供参考，如图 7－2 所示。

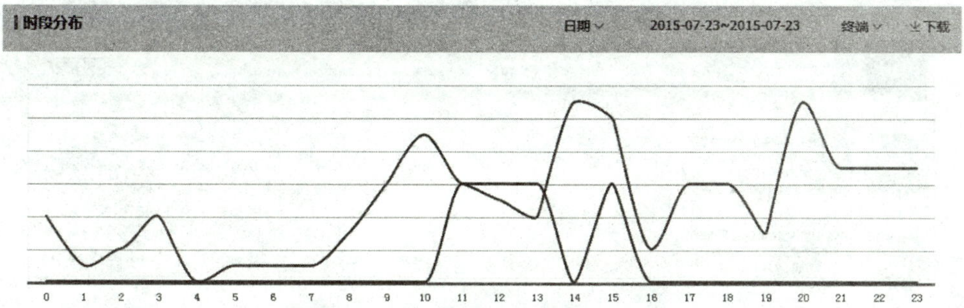

图 7－2　量子统计工具店铺统计分析之按小时流量分析

4. 按天流量分析

可以自定义查看不同日期的统计数据，也可以快速查看当月、最近 3 个月、最近 6 个月和最近 12 个月的统计数据，帮助你最简单、直接地了解店铺一定时期内顾客的浏览量和访客数。当鼠标放置在图表区域以外时，还可以显示你选择时段内浏览量和访客数的最高值与最低值。

“流量对比”功能，可以同时对比任意两天的浏览量和访客数信息，如图 7－3所示。

另外，可以对两个不同月份各天的店铺浏览量和访客数进行对比。

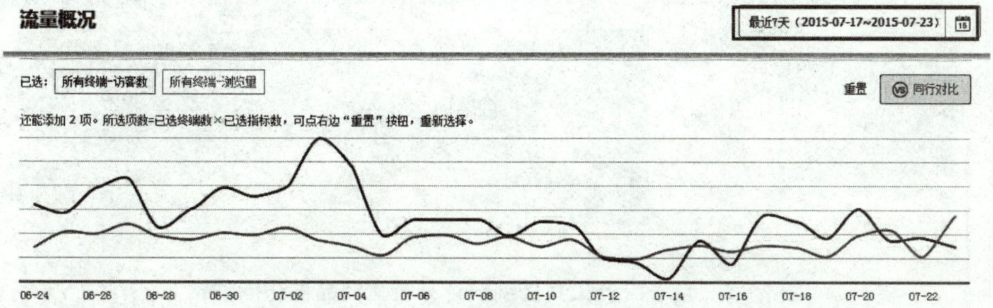

图 7－3　量子统计工具店铺统计分析之流量对比

5. 商品被访排行

可以自定义查看不同时间段的统计数据，也可以快速查看最近几天、本周、本月等不同时段的统计数据。在商品较多时，还可以通过按分类或按商品进行相应的商品查询，快速了解商品的情况，如图 7－4 所示。

“商品被访详情”提供排名 TOP10 的商品被访详情信息，包括关注度、浏览量、访客数、平均访问时间、入店和出店次数等，并清晰地显示出查询日期内商品每天的浏览量和访客数。在页面的上方可以选择不同的时段查看数据，商品图片右侧的下拉菜单可用来选择查看 TOP10 中其他商品的详情，在页面的下方是商品被访趋势图以及商品访问来源和访问地区，帮助多角度了解商品信息，如图 7－5 所示。

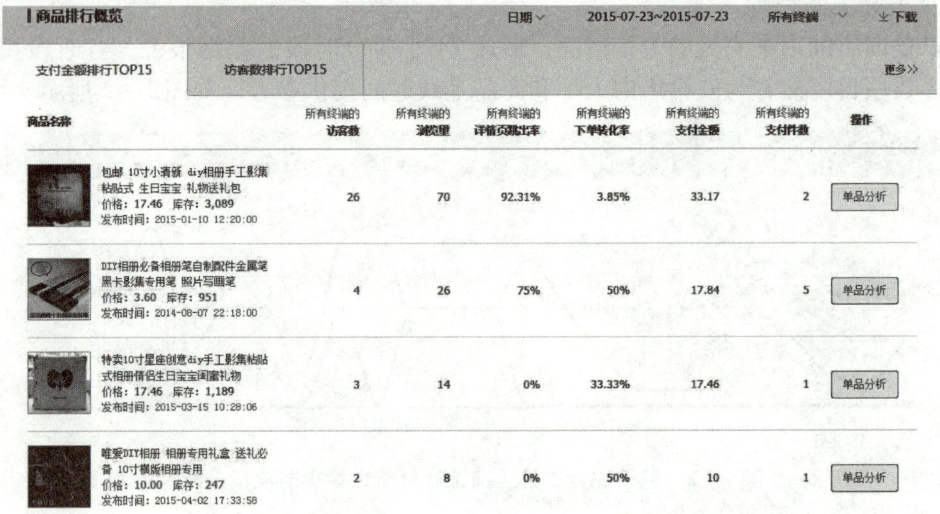

图7－4　量子统计工具店铺统计分析之商品访问

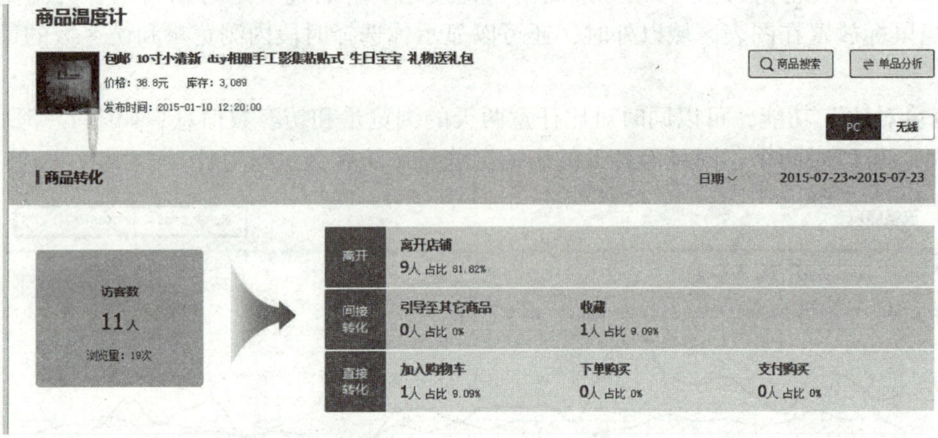

图7－5　量子统计工具店铺统计分析之商品被访问详情

6. 分类页被访排行

提供所有分类页当天、最近7天及最近30天的详细被访信息，包括浏览量、访客数、入店人次、出店人次等。排行默认按浏览量降序排列，也可选择按访客数、入店人次、出店人次等其他指标进行排序。

另外，也可以直接输入某个分类名称，单击“查询”按钮，即可查看所查询的分类页信息，如图7－6所示。同时，为了方便在本地进行数据分析以及对统计报表进行操作，可以单击“下载”或“打印”按钮进行相应操作。

7. 店内搜索关键词

提供访客在店内查找商品时所使用的全部关键词的统计信息，如搜索次数、跳失率等，可以自由选择时间段，系统会自动根据选择的时段，显示店内搜索排名前十位的关键词以及每个关键词所占的搜索比例。

商品分类引导转化　　日期　2015-07-23~2015-07-23

自定义分类　商品类目

商品类别	商品数	访客数	加购件数	下单转化率	操作
创意礼品	77	90	43	3.33%	查看趋势 商品详情
相框/画框	11	6	0	0%	查看趋势 商品详情
照片冲印	2	4	0	0%	查看趋势 商品详情
日用/装饰定制	9	4	7	25%	查看趋势 商品详情
贴饰	2	4	5	50%	查看趋势 商品详情
日常学习用品	2	2	0	0%	查看趋势 商品详情
笔类/书写工具	1	1	1	0%	查看趋势 商品详情
手工制作/创意DIY	1	1	1	100%	查看趋势 商品详情

图 7－6　量子统计工具店铺统计分析之分类页被访情况

另外，可以用“趋势查看”功能查看随着时间的变化，每个关键词的到达页浏览量、搜索次数及跳失率的变化趋势，为及时优化商品的名称以便能够被高效地搜索到提供参考，如图 7－7 所示。

店外搜索关键词　　日期　2015-07-23~2015-07-23　指标　下载

搜索词	带来的访客数	引导下单转化率	全网搜索热度	全网点击率	全网商品数	操作
diy相册	2	0%	2,348	295.40%	241,957	收藏 详情分析
相册diy手工	2	0%	917	265.21%	93,667	收藏 详情分析
10寸内环宝宝情侣创意礼品韩国	1	0%	2	700%	122	收藏 详情分析
6寸相册 插页式100张	1	0%	21	152.38%	1,223	收藏 详情分析
6寸相册 插页式影集	1	0%	25	368%	38,053	收藏 详情分析

图 7－7　量子统计工具店铺统计分析之关键词搜索情况

8. 推广效果

来源构成中总结了店内所有浏览的来源情况，比如某来源的到达页浏览量及其所占的百分比，如图 7－8 所示。

9. 客户分析

“访客地区分析功能”支持国际和中国各省、自治区、直辖市、特别行政区内城市浏览量及访问人数的查询，以地图的形式展示地区分布。当鼠标放置在地图当中某一区域内时，会相应显示该区域的浏览量和访客数。系统每小时对该数据进行更新，可以选择不同时间段查询数据。

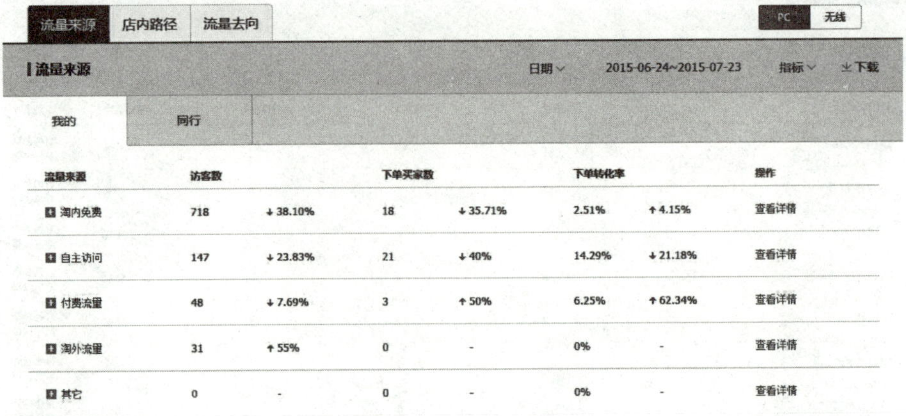

图7-8 量子统计工具店铺统计分析之推广效果

另外，单击某一地区对应的访问趋势“查看”按钮，可以查看本周、一月、一个季度等不同时间段内各地区浏览量、访客数的变化趋势，为针对不同地区做推广提供决策。

1.1.2 销售分析

量子恒道店铺经（即量子恒道统计）中的标准包提供了“销售分析”功能，销售分析是网络经营过程中的得力助手。它将销售指标和店铺业务关联起来，从卖家的角度提供量、率、度的经营数据，帮助诊断店铺经营并做出相应决策。目前销售分析提供“销售总览”和“销售详解”数据。

1. 销售总览

“销售总览”以月/日为维度来分析店铺的整体经营情况，可以帮助对比分析自家店铺与主营类目以及淘宝一级类目下店铺经营数据，以评估自己店铺的经营状况，同时提供全方位的经营分析指标。

2. 分析指标

（1）数据指标分析。

数据指标分析从三个最为重要的维度来提供一个便于理解的经营思路，即访客数、全店成交转化率、客单价。需要说明的是，这不是一个绝对的公式，而是通过简化原本复杂公式中一些干扰项，使最后得到的结果更加清晰简洁，易于理解，如图7-9所示。

（2）店铺经营概况。

在“店铺经营概况”中，可以看到按月或按日的汇总经营状况。

部分指标前标注的“u”，表示“去重计算”，如图7-10所示。

（3）店铺经营趋势/店铺经营对比。

在“店铺经营趋势”中，可以看到按月或按日的经营趋势分析。系统默认展示“访客数”“支付宝成交量”“成交用户数”三项指标趋势图。可以通过自定义选择需对比的经营数据类型，并通过对比趋势图进行店铺运营分析，如图7-11所示。

在“店铺经营对比”中，可以查看主营类目经营对比趋势，并加入了淘宝一级类目的峰值、均值数据、所选类目的店铺数及店铺在所选指标中的排名情况。可以自定义选择查看

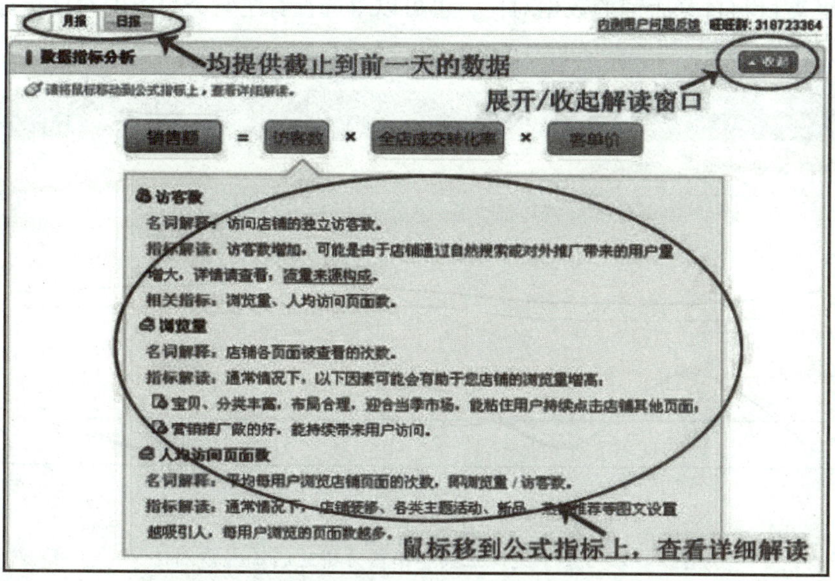

图 7－9　量子统计工具中销售分析之指标分析（1）

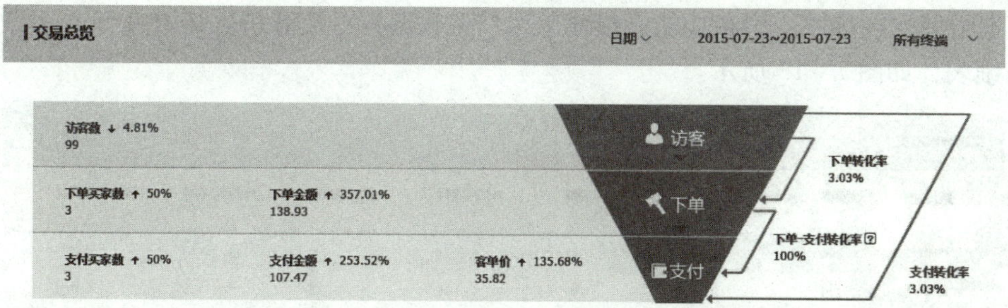

图 7－10　量子统计工具中销售分析之数据指标分析（2）

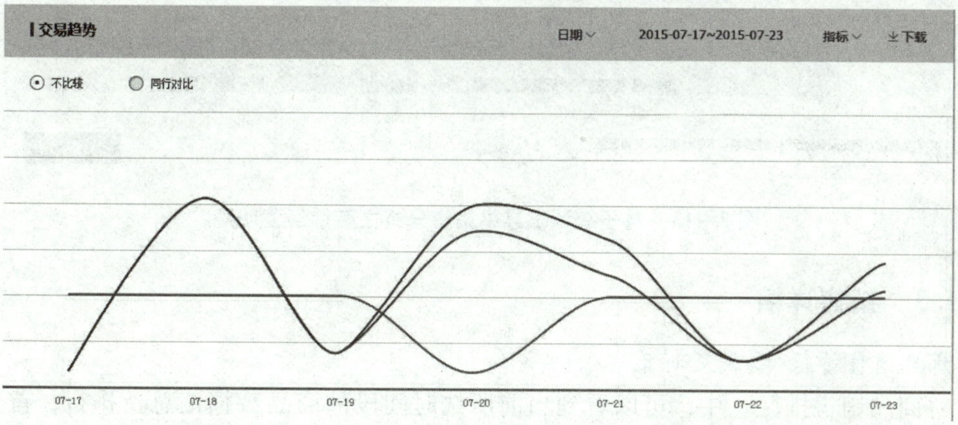

图 7－11　量子统计工具中销售分析之店铺经营趋势

淘宝所有一级类目与自家店铺的数据对比，也可以单选查看主营类目下的对比指标，如图7－12所示。

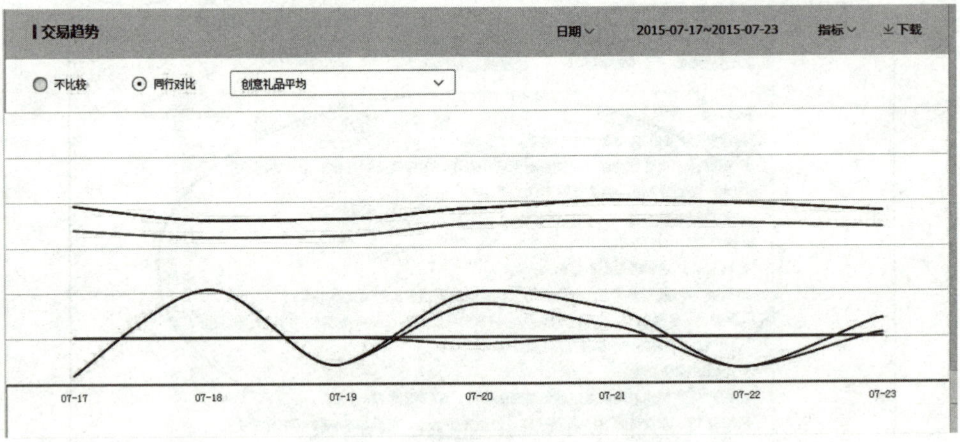

图7－12　量子统计工具中销售分析之店铺经营对比

（4）店铺经营明细。

在“店铺经营明细”中，可看到当前所选时间段或日期的经营详细报表，并对其中涉及的数据指标实现排序、隐藏功能，以便于用户做数据查看及分析。还可选择“下载”“打印”明细表，如图7－13所示。

报表数据预览

统计日期	浏览量	人均浏览量（访问深度）	人均停留时长（秒）	PC端访客数	PC端浏览量	无线端访客数	无线端访客数占比
2015-07-17	246	2.10	50	32	56	87	73.11%
2015-07-18	229	2.03	69	36	72	77	68.14%
2015-07-19	171	1.64	36	24	45	81	77.14%
2015-07-20	318	2.65	57	32	70	89	73.55%
2015-07-21	354	3.47	39	25	62	77	75.49%
2015-07-22	169	1.62	68	31	43	73	70.19%
2015-07-23	452	4.57	45	28	77	72	72.00%

共7条数据，预览最多显示前10条数据，下载数据可以查看更多

下载全部数据

图7－13　量子统计工具中销售分析之店铺经营明细

1.1.3　销售详情

1. 商品销售排行/零成交商品

在“商品销售排行”中，可以看到当前所选时间段的商品数据汇总及排行，首先应对商品信息有整体的了解，如图7－14所示。

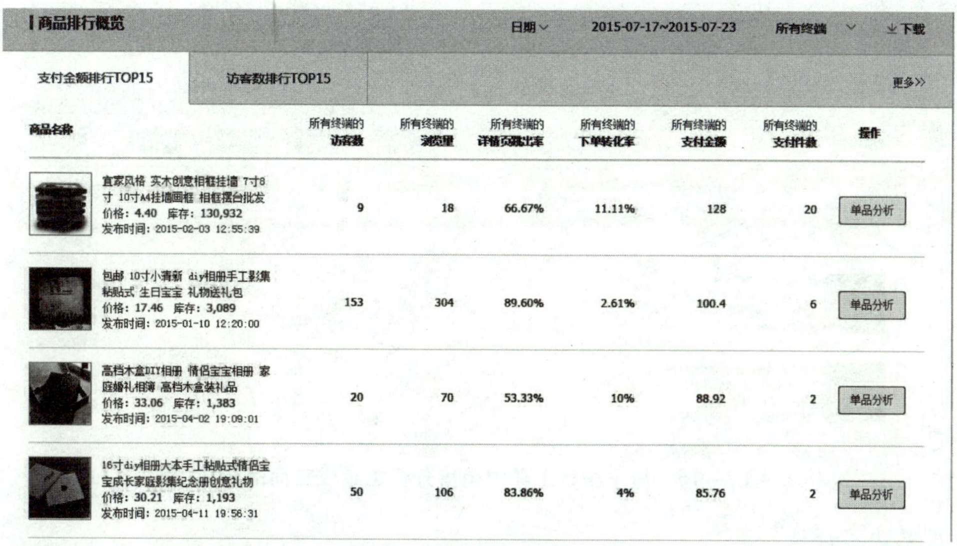

商品排行概览　日期　2015-07-17~2015-07-23　所有终端　下载

支付金额排行TOP15　访客数排行TOP15　更多>>

商品名称	所有终端的访客数	所有终端的浏览量	所有终端的详情页跳出率	所有终端的下单转化率	所有终端的支付金额	所有终端的支付件数	操作
宜家风格 实木创意相框挂墙 7寸8寸 10寸A4挂墙画框 相框摆台批发 价格：4.40 库存：130,932 发布时间：2015-02-03 12:55:39	9	18	66.67%	11.11%	128	20	单品分析
包邮 10寸小清新 diy相册手工影集粘贴式 生日宝宝 礼物送礼包 价格：17.46 库存：3,089 发布时间：2015-01-10 12:20:00	153	304	89.60%	2.61%	100.4	6	单品分析
高档木盒DIY相册 情侣宝宝相册 家庭婚礼相簿 高档木盒装礼品 价格：33.06 库存：1,383 发布时间：2015-04-02 19:09:01	20	70	53.33%	10%	88.92	2	单品分析
16寸diy相册大本手工粘贴式情侣宝宝成长家庭影集纪念册创意礼物 价格：30.21 库存：1,193 发布时间：2015-04-11 19:56:31	50	106	83.86%	4%	85.76	2	单品分析

图 7－14　量子统计工具中销售分析之商品销售排行

在下方的明细报表中输入商品名称，也可以直接对商品进行查询。点击查看详情，便可以查看具体每件商品的销售趋势，同时可以自定义选择各数据指标的多向组合查看，如图 7－15 所示。

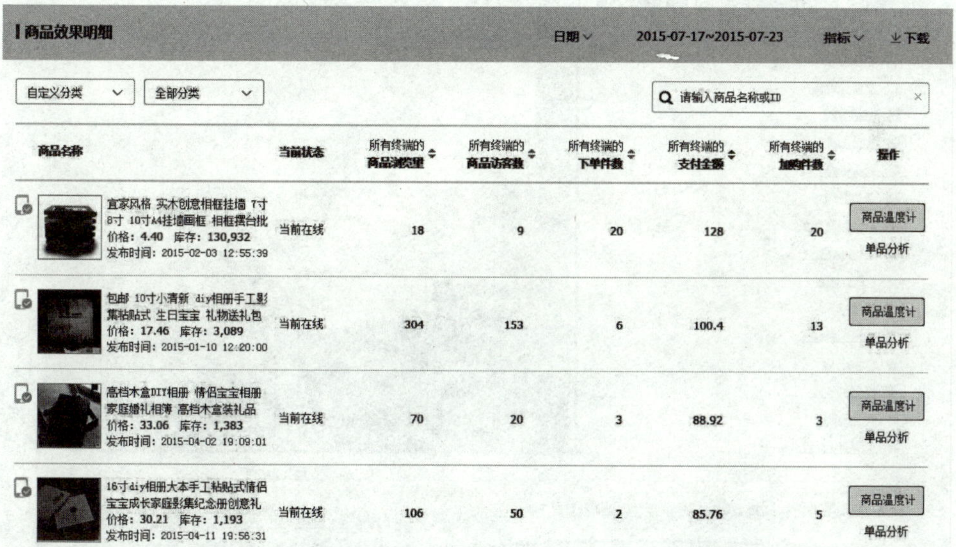

商品效果明细　日期　2015-07-17~2015-07-23　指标　下载

自定义分类　全部分类　请输入商品名称或ID

商品名称	当前状态	所有终端的商品浏览量	所有终端的商品访客数	所有终端的下单件数	所有终端的支付金额	所有终端的加购件数	操作
宜家风格 实木创意相框挂墙 7寸8寸 10寸A4挂墙画框 相框摆台批 价格：4.40 库存：130,932 发布时间：2015-02-03 12:55:39	当前在线	18	9	20	128	20	商品温度计 单品分析
包邮 10寸小清新 diy相册手工影集粘贴式 生日宝宝 礼物送礼包 价格：17.46 库存：3,089 发布时间：2015-01-10 12:20:00	当前在线	304	153	6	100.4	13	商品温度计 单品分析
高档木盒DIY相册 情侣宝宝相册 家庭婚礼相簿 高档木盒装礼品 价格：33.06 库存：1,383 发布时间：2015-04-02 19:09:01	当前在线	70	20	3	88.92	3	商品温度计 单品分析
16寸diy相册大本手工粘贴式情侣宝宝成长家庭影集纪念册创意礼 价格：30.21 库存：1,193 发布时间：2015-04-11 19:56:31	当前在线	106	50	2	85.76	5	商品温度计 单品分析

图 7－15　量子统计工具中销售分析之商品销售明细

在“零成交商品”中，可以看到所选时间段或日期的成交量为零的商品数据，如图 7－16 所示。要注意明细报表只提供最近 3 个月的数据查看，要及时下载。

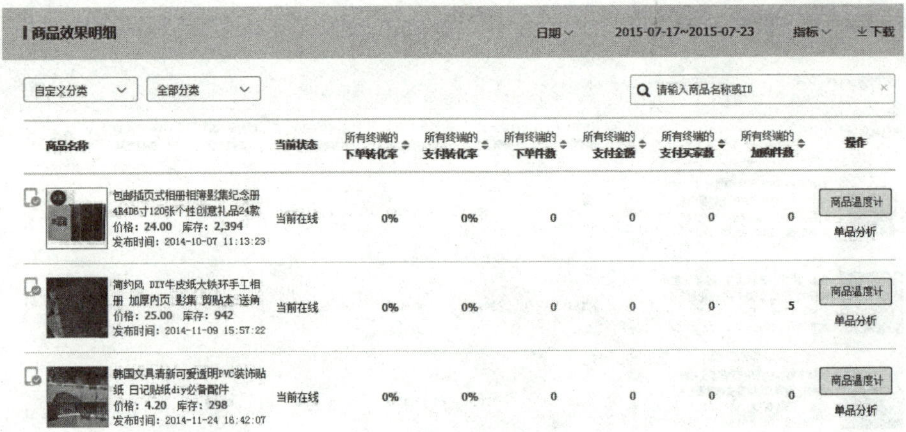

图 7－16　量子统计工具中销售分析之零成交商品分析

2. 买家购买详情

在“买家购买详情”中，可看到当前所选某天、某周或某月的买家购买详情报表，也可根据需要查看各数据指标排行情况。买家购买明细中提供 TOP25 的买家 ID，便于分析忠实用户。其中前 TOP15 的买家可查看其近期购买状况趋势，如图 7－17 所示。

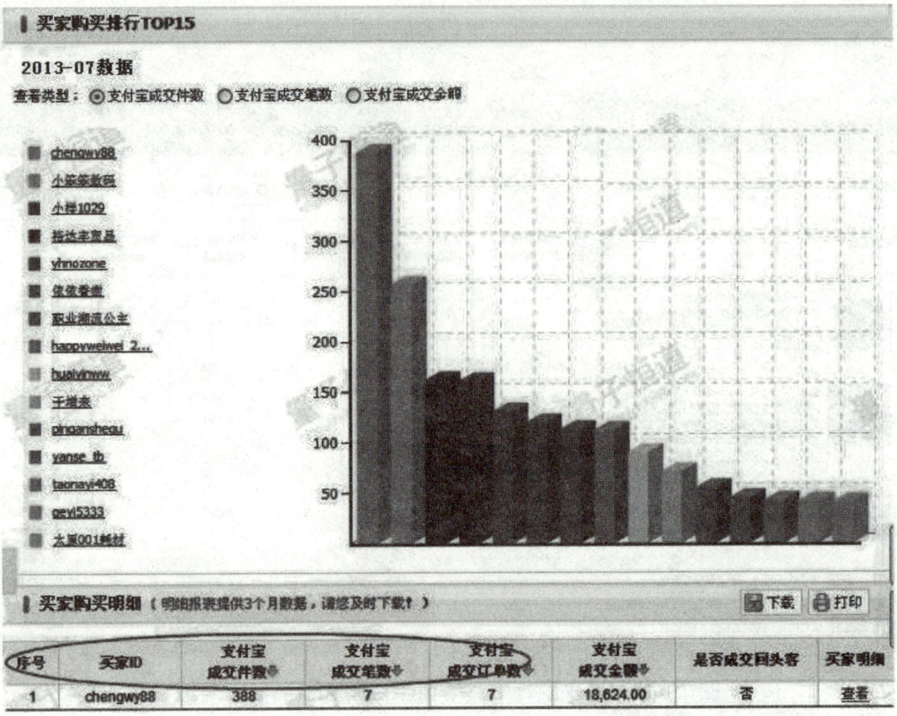

图 7－17　量子统计工具中销售分析之买家购买详情

3. 促销手段分析

在“促销手段分析”中可看到所选时间段的促销手段效果概况，同时提供按促销手段分类的汇总数据，也可根据需要查看各数据指标的促销商品排行情况，如图 7－18 所示。

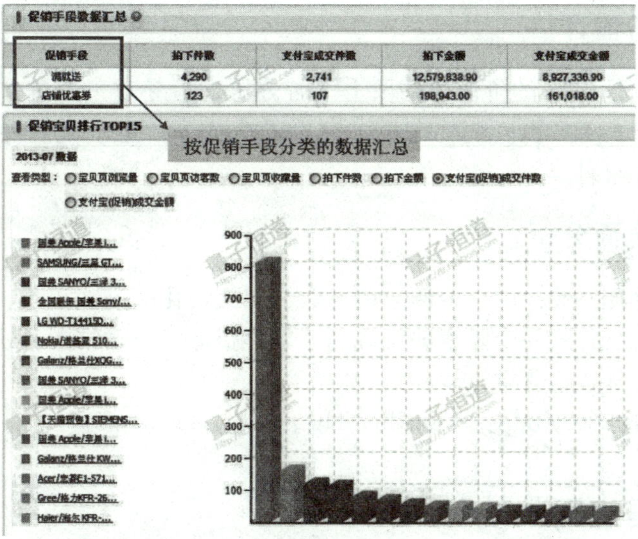

图 7－18　量子统计工具中销售分析之促销手段分析

量子恒道店铺经提供了促销商品的成交明细列表，输入分类名或商品名还可以对相应促销商品进行数据查询。将参与促销的商品的促销手段、上架时间及商品价格作为固定指标，并将促销与非促销的支付宝成交金额、成交件数、成交用户数、成交转化率分开统计，不仅可以整体查看到不同商品的促销手段，也可帮助通过促销与非促销的对比评估商品的促销后续效果。同时，量子恒道店铺经提供单个商品的促销成交趋势，以便纵向对比商品促销前后的浏览、成交效果。

另外，零成交促销商品也可从不同的角度提供经营思路，让卖家清楚选择合适的促销商品。

销售分析结合了销售指标和店铺业务，综合销售和浏览等各方面数据，更加直观地分析数据，更加有利于对于店铺的决策。

1.2　电商分析

1.2.1　实时路径分析

可以快速分析和呈现访客路径。“着陆页分析”实时分析广告等流量的站内分流情况，指导优化站外引流布局及站内流量分配；“全站路径分析”和“自定义路径分析”可帮助网络零售运营人员找出转化路径中的“瓶颈”及优质路径。

1.2.2　广告效果评估

智能分析独立 B2C 的广告投放通路（如主流媒体、搜索引擎、中小网盟、客户分群、内容营销等）所带来的站内转化效果（入站→跳失→浏览商品页→添加到购物车→下单→支付），以提升引流效果。

1.2.3 页面价值评估

支持查询任一页面URL的价值评估及上下游分析，指导改善关键页面（如首页、专题页、注册页、类目页、商品页、购物车页、订单成功页等）上下游层次，可用于优化商品关联销售和专题商品陈列。

1.2.4 交易全面分析

根据量子恒道经典公式：成交金额=访客数×成交转化率×客单价，层层剖析各环节的变化情况，点击公式中的每一个要素即可看到其分解指标的波动情况，快速定位业绩波动原因，掌控业绩变化和商品运营重点。

本部分详细内容可参考http://data.linezing.com/product.html。

1.3 量子恒道网站统计

量子恒道网站统计是一套免费的网站流量统计分析系统。可以为所有个人站长、个人博主、所有网站管理者、第三方统计等用户提供网站流量监控、统计、分析等专业服务。

通过实时掌控流量变化，即时呈现网站流量数据统计分析结果，第一时间掌控流量变化，提升网站运营效率。

通过深度挖掘流量来源，如关键词分析、访问来源分析、访问地区分析等，明确网站引流方向。

统计系统主要功能包括：统计功能，提供全部统计站点流量总览、管理统计站点、获取统计代码等功能；留言查看、删除功能；报表解读及导出数据功能，量子恒道网站统计所有的分析报表均提供导出数据功能，并且报表附有弹出设计的解读功能，帮助深入、迅速分析报表意义。

量子恒道网站统计通过对大量数据进行统计分析，深度分析搜索引擎蜘蛛抓取规律，发现用户访问网站的规律，并结合网络营销策略，提供运营、广告投放、推广等决策依据。

【任务实施】

实训目的：

本任务的目的是让大家对量子统计工具有直观的认识和体验，通过网络操作体验如何使用量子恒道网站统计进行统计。

操作内容：

（1）登录量子恒道网站http://www.linezing.com/register.php，进行注册，如图7-19所示。

老客户可直接使用量子ID及密码登录统计系统，如图7-20所示。

（2）单击“添加网站”，进入添加页面，填写正确的站点名称及正确格式的URL地址、联系邮箱，并选择站点类型。

（3）选择数据是否公开。如果选择公开，则对应的该统计网站的“综合报告”数据将被公开。

填写“查看账户”。如果希望其他用户可以查看到你全部的报表信息，又不希望对方使

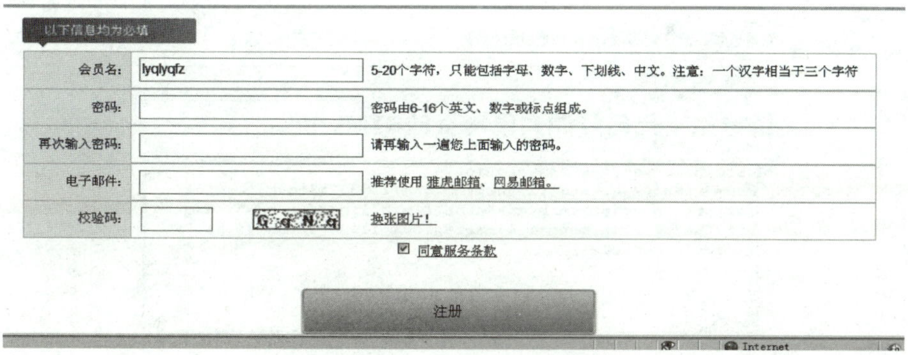

图 7-19　量子恒道用户注册

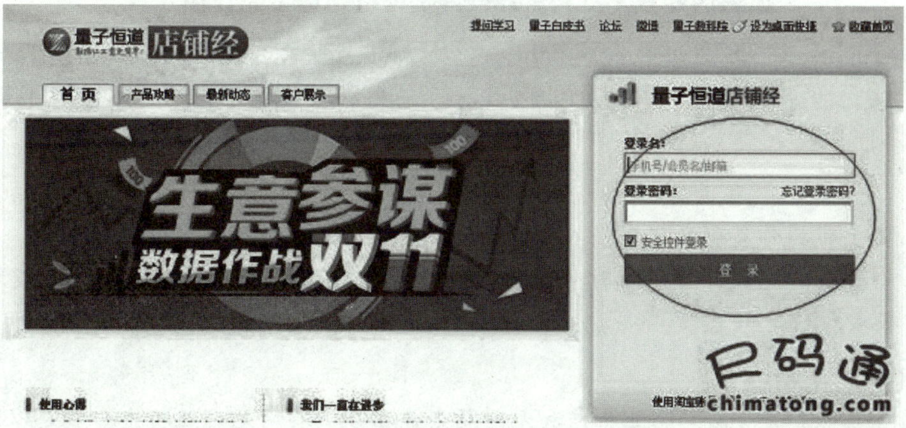

图 7-20　老客户登录量子恒道统计系统

用你的账号登录修改或管理内容，可以在这里输入对方量子邮箱地址，对方就可以使用自己的量子 ID 登录查看数据报表信息。

（4）根据需要选择统计标识。店铺、BBS 等站点适用。

选择“待定”，则安装统计代码之后，在你的网站相应位置显示一个量子恒道网站统计图片 Logo。

选择“linezing!Stat”，则安装统计代码之后，在你的网站相应位置显示英文“linezing!Stat”。

选择“隐藏图标和文字”，选择安装统计代码之后，在你投放统计代码的页面上将不会出现量子恒道网站统计的图标和问题，但是统计数据不会受到影响。

选择“给我留言”，则安装统计代码之后，在你的网站相应位置显示“给我留言”字样，并可以享用量子恒道网站统计为你提供的免费留言功能，访问者可以在此平台给你留言。

（5）同意服务条款，单击“提交”按钮后，进入“获取统计代码”页。

选择“复制代码”，将此框内代码复制到你的页面即可实现统计功能。

选择“复制图片代码”，将此框内图片地址（图 7-21）复制到你的页面即可实现统计功能。此功能适用于不支持 JavaScript 的站点，个人空间、BLOG、B2B 个人店铺、BBS 等站点适用。

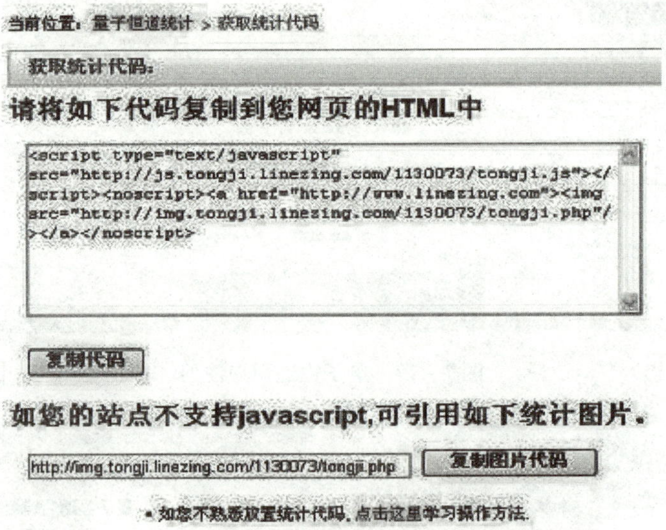

图7－21　获取统计代码

（6）将上步操作复制的代码嵌入你的网站相应页面，注意代码的正确性。

（7）全部操作完成，可以随时登录你的统计查询页面，单击“详细数据”查看流量状况及分析报表。

【任务拓展】

企业网上推广分有网站企业推广和无网站企业推广。有网站企业推广一般是以网站推广为主，而无网站企业推广一般是以贸易平台信息发布和分类广告投入等形式为主，所以，搜索引擎平台是基于有网站企业推广来说的。下面简单地针对有网站企业推广来分析企业网上推广的效果评价。

企业网上推广一般是以网站推广为核心来进行推广的，即便是在贸易平台上发布企业或产品信息，也仍会突出本企业独立网站。潜在客户在浏览了在贸易平台发布的信息之后，也将有进一步去浏览公司网站的欲望。

目前国内并没有一套统一的标准来对网站推广的效果进行监测和评价，但企业网站推广的效果有多种表现，如网站访问量增加、网络品牌的提升、在线用户注册数量增加、促进线下销售的增长、直接产生销售。

但是，企业网站推广的终极目标是获得更多的潜在用户，直到达到增加企业收益的最终目的。

目前常用的企业网上推广评测指标如下。

1. 网站流量的指标分析和评价

一般采用免费或收费的网站流量监测系统，比如免费的目前有51la等，但是，如何去根据后台监测数据进行挖掘，这并不是每一个非专业人员都能做得到或做得更好的。

通过网站流量监测系统，从浅层次可以获得访问你企业网站的来访人群的地域分布、访问时间段、访问来源以及访问入口。从这几个简单的指标就可以做出一些报告，更多的数据可以参考各网站监测系统的后台数据报告。

2. 网站推广对企业网络品牌建立或拓展的评价分析

这部分综合数据和动态性太大，企业很难监测得到，一般是通过潜在客户的反馈信息、本企业渠道和竞争对手的反应等方面来做出评价。

3. 企业销售促进或直接销售形成

这或许是目前非常多的中小企业最在乎的一个评价指标，可以通过网络反馈、企业线下电话反馈的记录，以及企业业务人员和潜在客户的沟通等方面去监测网站推广或者企业网络推广所带来的潜在客户及对线下销售的促进，或直接在网上有订单形成。目前众多企业网站一般将目标定位在促进企业销售，包括线下和网上。

任务2　网店运营效果评估

【任务描述】

网店推广运营的好坏，可直接通过网络零售效果来反映，而网络零售效果评估是电子商务运营的核心内容。学生通过本任务的学习，能够理解网店运营的重要性，掌握网络零售运营及效果评估的基本方法，并能熟练运用多种工具进行效果监测和分析。

【任务导入】

网店推广运营效果如何，需要通过退出率、跳出率、转化率等一定的指标来反映。在利用指标评估前，还需分析掌握网店运营的基本情况，才能正确评估网店推广运营的效果。

【知识准备】

随着电子商务浪潮日益兴起，很多网络零售商在冲入浪潮后感到迷茫，而大潮中有经验的“弄潮者”，那些有经验的老电商也在日益激烈的竞争环境中感受到了企业自身成长的压力。在制订好了整体策略、创造了购物环境、更新了上线的商品信息后，就常感到不知所措。优化流程、降低成本，提升效率、降低损耗，增加销售、提高用户满意度、降低退换货率等，每一个运营环节都提出了新的挑战，那应该怎么着手来做呢？

网络零售运营的每一个环节的调优，是不可轻视的，需要网络零售商持续地关注分析年度、月度，甚至每周、每日的网店运营数据，通过分析网店运营的各个节点，逐步建立了整体 B2C 运营体系的模型，反复试错、不断调优，才能在发现问题、解决问题的过程中，逐步使运营工作稳健地上升。以下根据日常运营所关注的基本点和重要方面，介绍基本的数据分析方法，同时讲解网络零售运营应该从哪些维度、通过关注哪些配套的数据指标来深刻了解网店运营状态，以及如何调优网店运营的各个环节。

2.1　网店日常运营基本情况

2.1.1　网店运营核心分析

在网店运营过程中，有一些日常的关键指标直观反映着网店运营的效果。

网店的使用情况：人流量、浏览数、访问数，反映着网店的人气，独立访客能基本反映网店真实访问的人数，而平均访问页数反映访问者对网店的兴趣度。

网店的运营情况：网店能够带来多少实际收益，通过订单量、订单总额、平均单价可以看出；订单的转化率反映出目前网店的营销能力。

相关概念：

独立访客：在一个统计周期内，访问被统计对象的不重复访问者总和。是指用户在一定周期内，比如一个自然天内访问网站的用户，一位用户不管访问多少次，都只计算为一个独立访客。所以，独立访客直接表示关注网站的真实人数。

浏览数：在一个统计周期内，独立访客访问被统计对象时所浏览的页面总和。

访问数：在一个统计周期内，独立访客访问被统计对象的次数总和。

平均访问页数（平均访问深度）：每次访问的平均浏览页面数。

订单量：在一个统计周期内，访客完成下单的订单数总和。

订单总额：在一个统计周期内，访客完成下单的订单额总和。

平均单价：在一个统计周期内，通过访问获得在线下单的平均订单额。

转化率：最终转化为购买的网站访问次数在所有访问次数中所占的比例。

运营部门对某个产品或者营销活动做了调整，都会影响到这些指标的变化，如果没有提高，说明方法有问题或者存在其他的原因。一般需要对这些核心指标做跟踪观察。周报就是最好的对比方式，汇总每日数据，用户下单与付款可能不在同一天，但是一周的数据相对是精准的。将一周的数据与上一周做趋势对比，就能明显地看出网店在做过调整后的运营指标变化，从而重点指导运营内部的工作，如产品引导、定价策略、促销策略、包邮策略等。这些指标都是网店的访问核心指标，要提高这些指标数据确实不容易，需要不断地发现问题、解决问题。

2.1.2 网店运营基础分析

重要的指标能够反映网店的运营情况，但要发现运营中存在的具体问题，就还需要其他方面分析的辅助。依据各种营销推广方法的种类，对这些营销推广的效果分析也进行分类。做基础分析时，一般从几个方面着手：

（1）对网店的流量来源进行分析（来源分析），能够帮助了解哪些流量能给网店带来收益。

（2）将广告后获得的流量单独做流量分析（付费流量分析），更有利于对不同推广渠道做跟踪和效果分析。

（3）监测每个时段的流量和销售的转化情况（时段分析），能够帮助了解网店的销售高峰时间，还能帮助网店安排运营人员的工作时间，提高工作效率。

（4）对通过在搜索引擎输入关键字进入网店的流量进行分析，分析每个关键词通过不同搜索引擎进入网店的流量（关键词分析），可以帮助运营部门做搜索引擎营销的有力数据参考。

（5）对网店的访客的地区进行跟踪，能够了解网站的主要顾客地区，给运营部门做出营销引导。例如，对于订单量少、流量高的地区，可以进行免邮活动之类，同时，在访客中要区分新老顾客，老顾客的回访行为能够协助邮件营销达到更好的效果（访客分析）。

（6）评估流量在网店中的分布（页面类型和热门页面的分析）。

（7）评估着陆页面的质量（入口分析）。

（8）结合退出率和访客离开网店的页面分析顾客离开网站的原因（出口分析）。

2.2 分析发现运营中的细节

2.2.1 每周运营指标的趋势对比分析

跟踪并汇总每日的数据，发现每个重要指标的变化趋势，发现网店运营中出现的问题。为什么订单数减少了，但销售额增加了？为什么客单价提高了，但利润率降低了？

2.2.2 监控不同时段的流量变化

监控时段流量，跟踪各个时段的销售转化情况，哪个时段的销售量最高。这么做能更好地分析每日工作的黄金时间，合理安排客服、销售的工作时间，提高运营效率。

2.2.3 了解流量在网店中的分布

仅仅独立地分析单个页面，不能够了解网店获得流量后，这些流量具体流向了哪些类型的页面。需要将网店的页面进行分类，才能够清晰地观察流量在网店内的分布情况，结合浏览数、选购商品、进入购物车、下单、支付成功这些指标，可以看出网店总体的购物车漏斗转化情况。

2.2.4 分析页面内容，寻找网店的热门点

页面内容分析能够帮助运营部门在新的运营工作中做重点引导，推荐消费者最关注的品牌、促销最关注的商品，等等。

将热门页面从页面内容中提出，对这部分内容单独进行分析，用来指导运营工作，配合基础的指标，如浏览数、访问数、转化率，可以分析出消费者最关注什么，什么产品、分类、品牌点击量最高。

2.2.5 观察不同来源的质量

网店的流量从何来？不同的来源能为网店带来多少收益？销售转化如何？这些问题都关系到网店运营中核心的指标，需要去对网店流量的来源进行分析，对比不同来源带来流量的质量。

进行网店流量来源分析时，更关注来源的域名，将进入网店前的访问地址做统计，配合重要的运营指标，例如从销售转化率、订单量、订单额可以看出具体哪个域名的网站能为网店带来真正的顾客。如果来源域名带来的流量非常高，但是却没有销售转化，或者转化率非常低，说明此类来源的质量比较差。出现这种情况的原因有多种，可能是访问来源网站的访客并不是网店的目标客户人群，也可能是着陆页和推广的内容不匹配等问题。具体的情况还需要进一步做分析，可以通过来源 URL 过滤出通过这类域名进入网站的 URL。

2.2.6 了解整体流量，要更关注付费采购获得的流量

将付费流量单独做流量分析更有利于对不同推广渠道做跟踪和效果分析。

对付费推广获得流量，除了监控以外，还需要对比不同投放渠道的效果，看哪个渠道能给网店带来更多的目标客户，哪些渠道的转化情况比较差。除了关注不同渠道带来的流量大小外，加入销售转化更有意义。当然，若能更具体到某个渠道的某个频道，甚至某个广告位置的销售转化情况，将更有利于我们对付费广告的成本控制。对那些高转化的广告位加大投入，无形中流量就变成了销量。

除了对自然流量和付费流量的分析外，对于每个营销活动的效果进行分析也很重要，运营指标能够告诉商家活动是否成功，并且能够跟踪顾客的反馈和互动。

2.2.7 关键词分析配合搜索引擎，挖掘高转化关键词

更为细致的多角度分析，将帮助我们发现产生问题的原因。例如，在做B2C网店的搜索引擎营销时，如果不能让所有的搜索引擎推广工作都具有策略性、协调性、统一性，那么，网店最终会面对由于局部竞争导致的营销成本不断攀升问题。提高有效关键词的投放，需要对关键词做多角度分析，传统的20/80原理已经不适用于电子商务网站的搜索引擎营销。关键词分析需配合搜索引擎。观察关键词时，结合运营核心指标：访问数、订单量、订单额、转化率，可以挖掘出高转化的关键词，以及合适的投放渠道。除了高访问量和高转化的关键词，那些高转化但是访问量不高的关键词，可以列入搜索引擎营销的关键词投放计划中。

2.2.8 对会员顾客单独进行消费分析

通过给访客的IP进行地域归类，依照地域省份、城市的级别区别汇总，将会发现我们的目标顾客的所在地域，以及网店的消费主力所在地域。

除了要知道访客的分布地区，老顾客的维护很重要。维护老顾客的成本远低于获得一个新顾客的成本。如何维护？除了使用传统CRM，还可以通过跟踪老顾客的访问、登录、选购、下单等动作，分析会员消费周期，配合恰当的促销活动、折扣等信息，帮助维护老顾客，提高老顾客的重复购买率。

相关概念：

退出率：在一个统计周期内，以当前页作为访问最后一页离开的访问数占网站总访问数的比例。

选购商品：在一个统计周期内，访客在查看商品时，对该商品做的“加入购物车”动作，并且计算动作次数占总访问数的比例。

进入购物车：在一个统计周期内，顾客进入结算页面的次数占访问数的比例。

下单：在一个统计周期内，顾客进入确认订单页面，完成购物流程的访问数。

支付成功：在一个统计周期内，顾客完成购物流程，成功在线支付的次数。

来源：在一个统计周期内，用户进入网站的途径（外部地址）。

来源关键词：在一个统计周期内，在搜索引擎输入搜索框中的文字。

IP：在一个统计周期内，访问被统计对象的不重复源IP地址数总和。多个用户共享一个IP地址时，被统计为一个独立IP地址；一个用户在不同时间段使用不同的IP地址时，被统计为多个独立IP地址。因此，独立IP地址数一般不等于独立访客数。

2.3 网店运营效果监测

在运营过程中，各种细小的问题都会影响网店运营效果，如何发现这些问题？除了需要运营的经验外，也需要一些技巧。

2.3.1 站内关键词搜索优化，发掘盈利商品

除了通过在搜索引擎中输入的关键词，站内的搜索入口也能提示，当某个关键词在站内搜索次数中一直居高不下，说明顾客对相关产品有需求，而相关的产品在网站中没有被辨识，或者不容易被发现，同时，没有返回搜索结果的内部搜索词也能够帮助发现商品别称、普遍的错误输入内容或者尚未发掘的盈利商品。分析一个页面中被输入最多的搜索关键词还能够帮助优化页面内容安排。

2.3.2 监测推广活动效果

在做 CPS 投放、广告投放时，都会想监控广告的投入真正给网站带来了多少流量，能够产生多少销售转化。之前提过，通过对付费流量的分析，可以实现跟踪不同广告渠道的效果，但是当同一渠道中有多个推广位时，我们就需要更为精准的分析，细致到将每个推广链接绑定对应的广告位置（广告位置：目前记录站外推广链接的来源代码，作为推广位置标识）。渠道、活动名称，结合运营核心指标，将更容易判断一个活动在不同渠道投放的效果，以及同一个渠道，不同广告位之间的差异，从而指导运营，做好推广活动的绩效，以及控制推广的成本，将更多的资源投放在能够产生销售转化的渠道上。

2.3.3 跟踪邮件营销转化情况，提高邮件营销的效果

邮件营销是 B2C 网店使用最普遍的营销方式，那么如何跟踪它的效果呢？可以对每封邮件中的推广链接做跟踪统计，设置容易识别的来源。当用户通过推广链接进入网店时，我们就可以跟踪到访客是被哪个邮件营销活动吸引，结合运营的核心指标：访问数、订单量、转化率，进而跟踪邮件营销活动推广的效果，评估每个活动实际带来的收益，也可以跟踪会员的互动情况、反馈。

2.3.4 利用时段分析及销售转化指标，选择合适的广告投放时段

如何用有限的资源获得最好的回报，对于大部分做广告投放推广的电商来说一直是非常关心的部分。如何选择合适的广告投放时段呢？可以用时段来分析 24 小时时段的浏览量和转化情况，如图 7-22 所示。

从图中可以看出，流量的高峰时间段在 8:00—11:00、14:00—17:00，以及 19:00—22:00。

从图 7-23 观察，实际产生订单转化的高峰时间段在 13:00—16:00、19:00—22:00。由于现在白天上网的人群大部分是在办公室的白领，上午上网浏览的人数不少，但是真正有购买需求的用户比例很小，所以高峰时间段早上的流量转化率不高。而另一个高峰时间段 13:00—16:00，这个时间段大部分人上网时间充裕，购买意愿也比较集中，所以对比流量转化图中，19:00—22:00 的生成订单率和流量趋势对应。

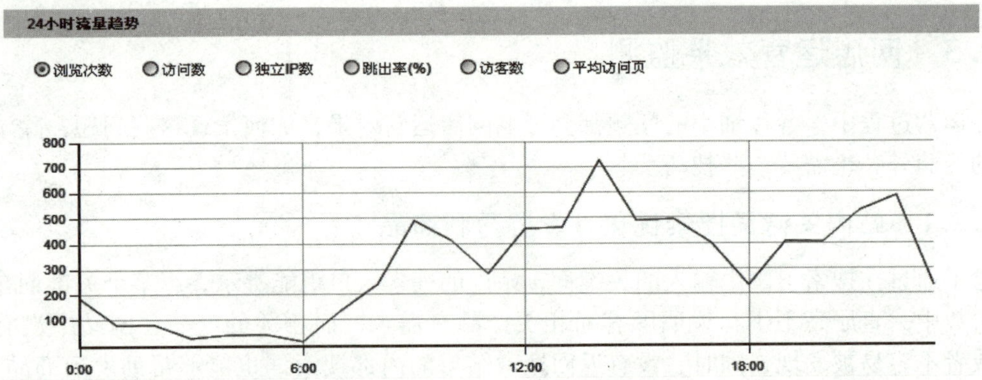

图 7－22　24 小时流量趋势图

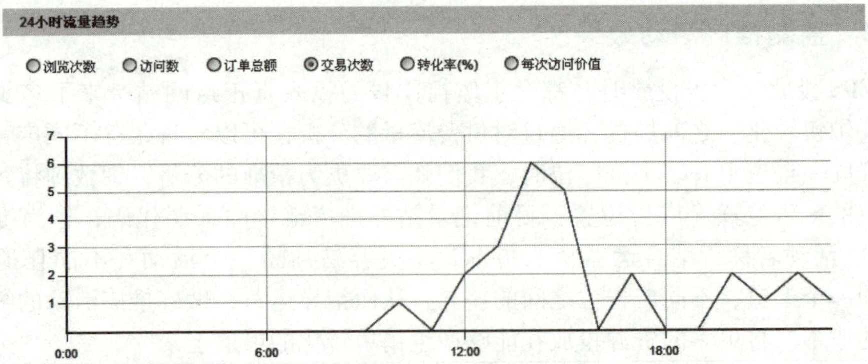

图 7－23　24 小时销售转化图

结合时段的流量趋势和各时段的转化率可以看出，网店主要购买的对象为办公室白领，如果在 13:00—16:00，投放广告的效果要比 19:00—22:00 的效果更好。

2.4　网店运营评估指标

2.4.1　退出率

退出率适合用于给 B2C 网店做全面检查，哪里的退出率高，基本就说明页面存在些问题。在做分析时，重点关注登录、注册、购物车、用户中心。这些页面是基础的，也是关键的。利用退出率排序，列出 TOP20 退出率高的页面，然后依次进行改进。

2.4.2　跳出率

跳出率：在一个统计周期内，访客仅访问一页便离开网站的访问数占网站总访问数的比例。

跳出率高绝不是好事，但跳出的问题在哪里才是关键。在一些推广活动或投放大媒体广告时，跳出率都会很高，跳出率高可能意味着人群不精准，或者广告诉求与访问内容有巨大的差别，或者本身的访问页面有问题。

常规性的跳出率关注于登录、注册、订单流程、用户中心等基础页面，如果跳出率高于20%，可能网店存在不少的问题，可以根据跳出率来改进购物流程和用户体验。

2.4.3　进入购物车

进入购物车指标与转化率不同，除了反映了访客在选购商品时的动作，还能从侧面了解访客对某些产品的购买意愿。结合产品页面的分析，从那些进入购物车指标偏高，但是没有最终下单转化，或者转化偏低的页面寻找问题，是产品描述不吸引访客，还是价格因素？从这些问题引导产品页面的优化和商品价格的调整。

2.4.4　转化率

针对网店的分析维度不同，转化目标也不同。

结合来源流量分析，这时的转化率适合监控各渠道的转化，引导运营工作，针对不同的渠道做有效的营销，转化率代表着营销效果。

结合热门页面分析，这时的转化率适合观察各热门商品、热门品牌、商品分类的转化，针对转化率较低的页面，合理地调整页面内容。

结合入口页面分析，这时的转化率适合检测着陆页在网店中的销售提升力。评估促销活动对网店提升转化的效果。

【任务实施】

实训目的与要求：

本任务以淘宝网为例，给大家展示如何通过卖家中心的工作平台进行相关操作，获取淘宝商家自己的店铺及所在类目、所处行业的相关数据，从而对店铺的运营效果进行评估。

操作内容：

(1) 登录淘宝网，进入卖家中心，界面主区域即为“卖家工作台”，如图 7－24 所示。卖家工作台可自定义添加，如图 7－25 所示。

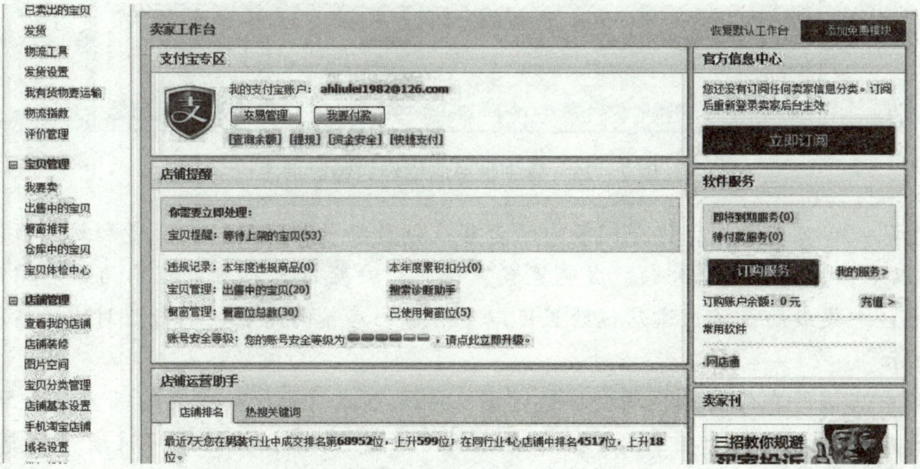

图 7－24　淘宝零售平台卖家后台工作台

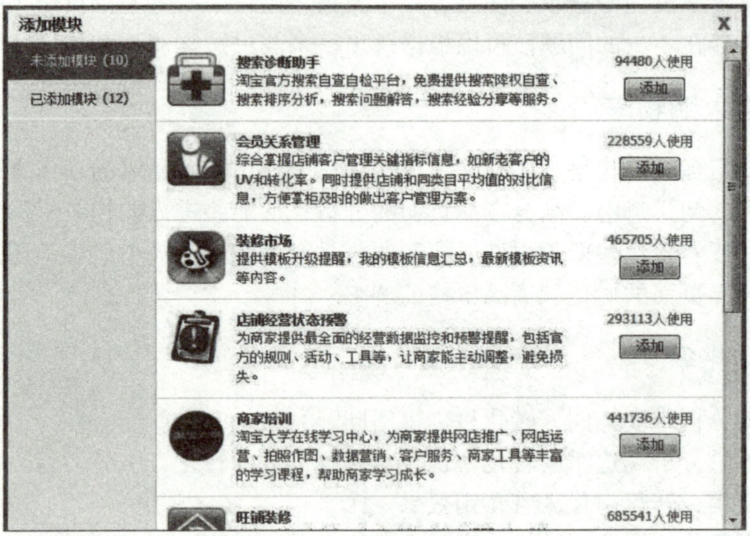

图7-25 自定义添加卖家工作台模块图

（2）访问 http://lz.taobao.com，用自己的淘宝卖家账号开通并查看量子恒道数据功能，可以查看本店的相关数据，如图7-26所示。

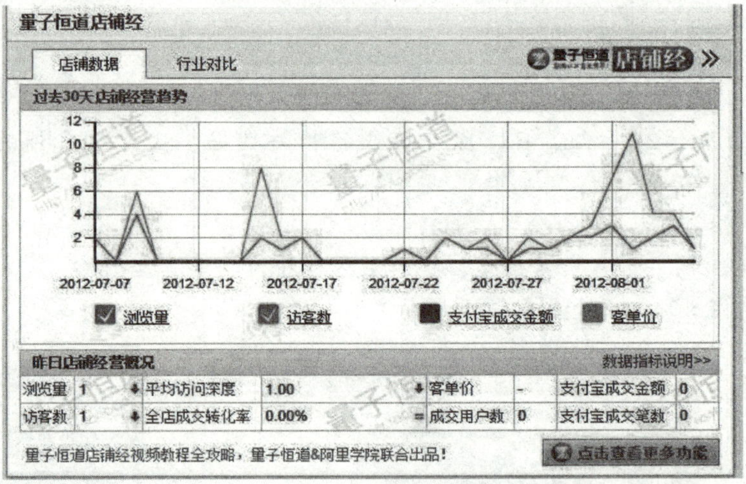

图7-26 量子恒道店铺经店铺数据图

从图7-26可以看出，这个例子中的卖家店铺数据是极少的，浏览量和访客数波动，均在10个以下，支付宝成交金额、成交笔数、成交用户数及客单价数据均为零。同时，在卖家工作平台中集成的量子恒道店铺经里可以查看自己店铺与所在的同行业对比的情况，如图7-27所示。

示例中店铺所在的行业平均数据通过图7-27可以得知，如成交均额为142.56元，这个级别的店铺日均浏览量在122个，日均访问用户数55位，平均访问深度（浏览量/访客数）为2.22，客单价为66.21元，支付宝成交金额为118.93元，平均成交用户数0.71，平均全店成交转化率（成交用户数/访客数）为2.6%。

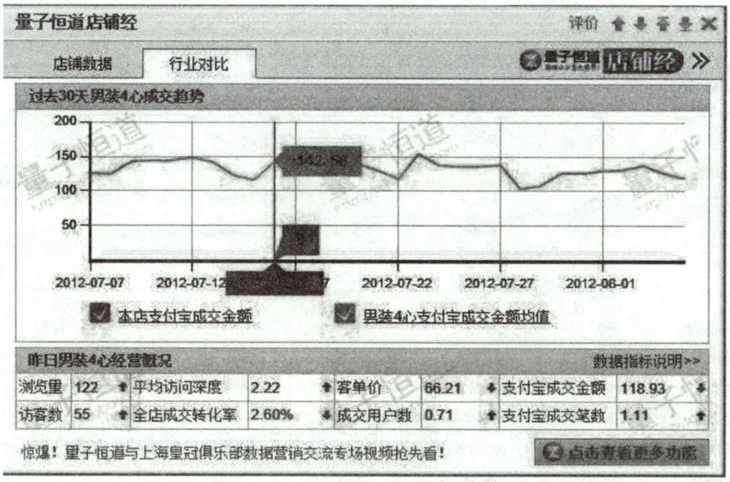

图7－27　量子恒道店铺经行业对比数据图

（3）量子恒道店铺经中的数据还可以通过卖家工作平台中的店铺数据模块展示，如图7－28、图7－29所示，可以查看店铺的交易数据和访问数据，并进行店铺经营数据对比，如图7－30所示。

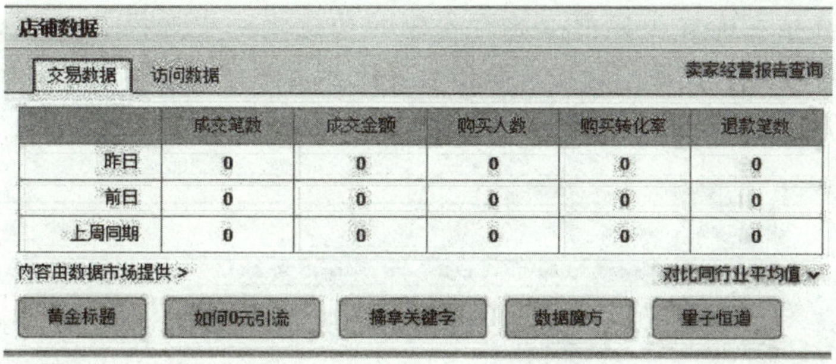

图7－28　卖家工作平台中的店铺交易数据图（1）

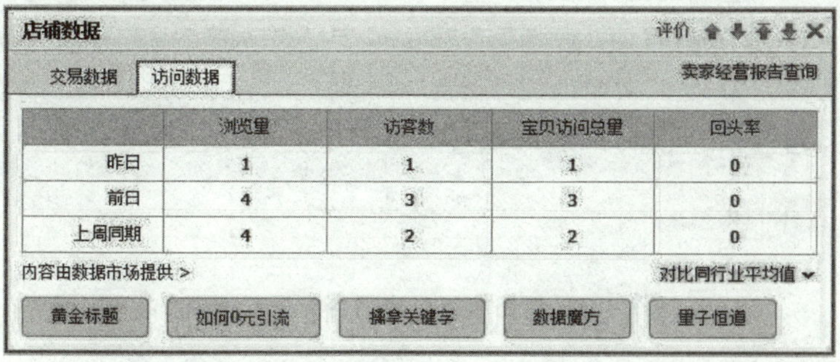

图7－29　卖家工作平台中的店铺访问数据图（2）

店铺经营数据对比

指标项	本店	类目平均值	与我最相近卖家(交易额)	与我最相近卖家(交易笔数)
销售额(元)	128.50	58276.10	474.74	3357.02
日均成交金额	0.00	502.07	0.72	21.76
日均成交笔数	0.00	6.22	0.28	0.03
熟客率	9.09%	9.52%	10.37%	9.24%
购买转化率	0.00%	5.41%	9.34%	5.80%
客单价	0.00	301.87	17.28	627.16
购买UV	0.00	4.13	0.09	0.03
日均页面浏览量	1.57	353.22	21.80	23.19
畅销商品率	0.00%	15.56%	2.82%	2.75%
滞销商品率	100.00%	72.57%	84.27%	87.59%
宝贝相符DSR	4.98	4.82	4.36	4.30
好评率	100.00%	97.44%	83.21%	96.03%
旺旺响应速度	826.00	96.61	33.83	38.84
服务态度DSR	5.00	4.87	4.38	4.31

用雷达模式查看

图7-30　店铺经营数据对比

注：对于淘宝店铺的经营分析，现在要求卖家都要订购一些分析工具，如量子恒道统计、生e经-全能店铺分析等统计软件。

（4）也可以直接在淘宝卖家中心后台左侧的功能模块中选择“营销中心-数据分析”子模块，查看店铺的基本数据。数据来源仍为量子恒道等统计，只是查看的数据范围及维度稍有不同，如图7-31所示。

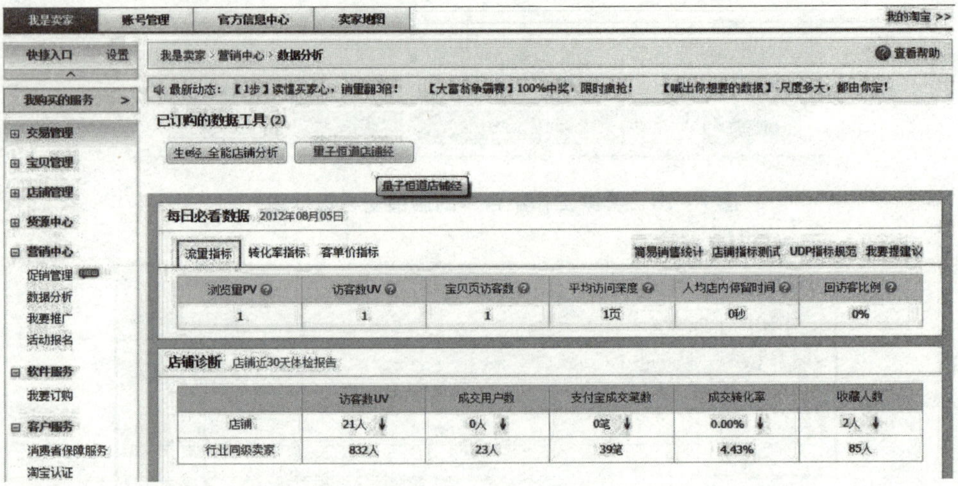

图7-31　网络店铺卖家后台数据分析中心

在图7-31中，每日必看的数据中分为三个标签：流量指标、转化率指标、客单价指标，可以逐一查看，相关指标解释说明可以查看各个指标右侧的小问号标签。

同时，该页面右侧还有简易销售统计功能，可以获取相关的销售统计报表，如图7-32所示。

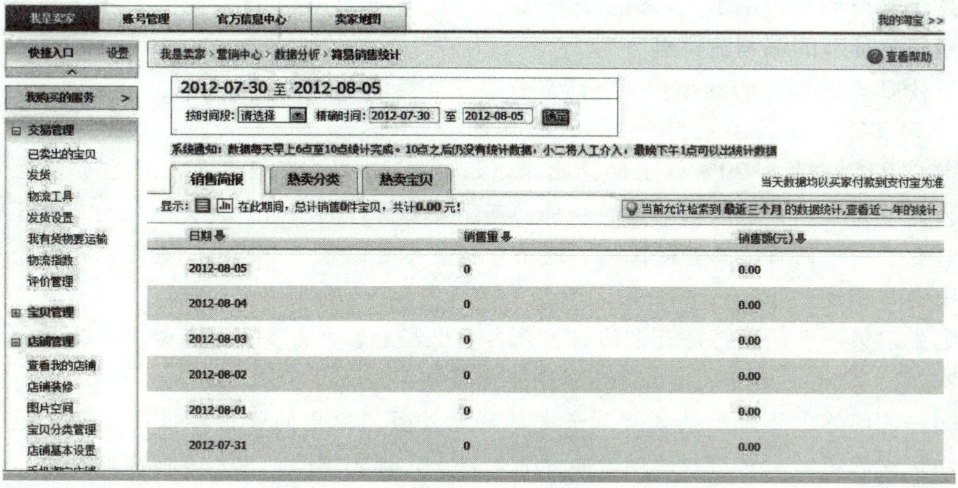

图 7-32 卖家后台数据分析之销售统计

可以选择不同的时间段进行数据的查看，如前一天、近三天、近一周、近一个月、近三个月，或者按照精确的日历表选择起始时间段进行查看。

以上通过第三方提供的数据检测统计工具，可以较为精确地监控网络零售商在零售平台上运营的相关数据，通过对数据的科学、有效的分析，进而指导网商进行改进，提升运营的水平。

【任务拓展】

目前，国内绝大多数 B2C 的转化率都在 1% 以下，做得最好的也只能到 3.5% 左右（比如以卖图书为主的当当）。那么究竟其余的 97% 去了哪里？自己的网站在什么环节变成了“漏斗”，让进来的客户像沙子一样一点点地流失？我们要怎么检修隐藏的“漏斗”，减缓“漏水”的速度？其实数据可以解释一切。

一、分解 B2C“漏水”之因

大家都知道 B2C 的转化率不高，却从不知道客户从哪里流失掉。众多用户进入网站后，需经过首页、中间页、产品页、购物车以及结算等重重关卡，通常他们在这几个环节是怎么分批离开的呢？

图 7-33 是依据网络零售行业较为普遍的经验总结得到的数据。假定 400 个客户到了网络零售网站，会到中间页（包括搜索页、分类页、促销页）的只有 320（60% ~ 80%）个用户，点击进产品页的只有 190 个用户，最后能够走到购物车的只有 9% ~ 13% 的用户。这个时候还不能开心太早，因为并不代表这些用户会掏钱，留到最后会付钱的用户仅仅只有 3% ~ 5%。

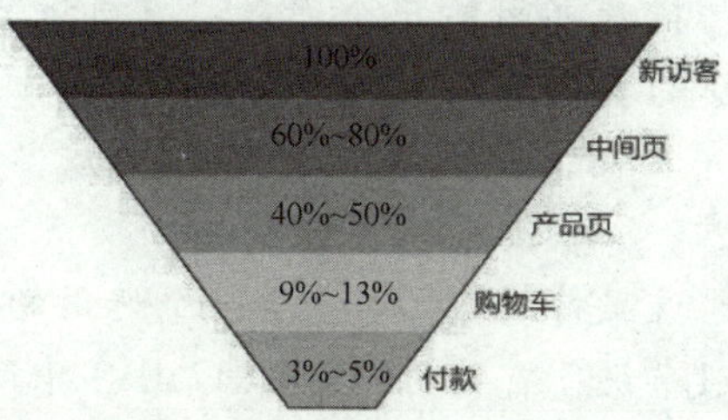

图 7-33 网购转化率漏斗图

更让人难以接受的是，在这最终购买的 3% ~ 5% 中（不包括支付成功），最后回头再次购买的，又要打一个大折扣。而国内的 B2C 网站，转化率更低，其中较好的京东也只有 2% 左右的转化率。在惊讶 B2C 生意难做之后，大家可以检查一下自己网站的“漏水”数据。

只有清楚了哪个环节“漏水”，才能“补洞”。

二、排查每个环节的漏洞在哪里

以下按照“漏水”的顺序，一个环节一个环节摸下去。

1. 三问首页

大部分B2C首页有20%以上的弹出率（bounce rate），可能许多人对这个数据习以为常，认为非常正常。如果做很细致的分析，可能就有意外的收获。弹出率指的是浏览者来到网站，只看了一个网页就离开的比例。这个分析主体可以是一个网站，也可以是一个栏目或者是一个内容模块。

我们先问第一个问题：每天来的新客户占多少？老客户占多少？新老客户的弹出率分别是多少？

比如一些网络零售商用很多流量来支持网站首页，他们的弹出率很高，那也是很正常的。但要留意的是，新老用户的弹出率分别是多少，这是考验网站基本能力的指标，新客户的弹出率可以检验一个网站抢客户的能力。一般来说，如果是一个新网站，正处于开拓期，新老客户的比例最好是在6:4（甚至7:3），那么首页就要有一些手段偏向抓住新客户。如果新用户或者老用户的弹出率非常高，那么网站运营者就该反思，是不是网站首页的设计出现了问题。

再问第二个问题：流量分几个大渠道进来，每个渠道的弹出率情况如何？

接下来可能发现从百度和谷歌进来的用户，弹出率可能差异非常大。而且现在主流B2C网站，都在费尽心思引进流量，比如凡客现在做很多促销，许多不是从“正门”（官网首页）进来的，而是“旁门”（促销页）进来的，所以在注意首页之余，还要看一下“旁门”。

接着再问第三个问题：首页被点击最多、最少的地方是否有异常情况？在首页，点击次数异常高，或者异常地低的地方，应该引起注意。

这里特别给大家分享一个好用的“规律”。一般来说，首页的“E”（以E字中间的“一”为界，上部是首页第一屏）部分是最抓用户眼球的地方，具体如图7-34所示。在这个“E”上如果出现点击次数较低的情况，就属于异常情况，应当注意，或者干脆移到“E”外面去；同理，如果在“E”的空白处出现了点击次数

图7-34　购物网站最吸引消费者眼球的“E”字形区域

较高的情况，也可分析原因，可以考虑移到“E”上面来。

国内的B2C网站首页非常长，可能许多用户不会浏览到首页底部，所以“E”最下面的“一”就往往可去掉，变成“F”规律。

2. 中间页留客的三个技巧

美国调查出来的数据显示，在B2C网站上的准买家，有18%的用户有找不到需要的产品的困难，有11%的用户找到了产品但却不是自己想要的，这29%的用户基本会漏掉。

大部分用户进入首页之后开始找产品，第一是看促销，第二是看目录，第三是用搜索工具。其中，大概有60%~70%的用户是通过“搜索+目录”的方式走到产品页面。这里和大家分享一下几个技巧。

技巧1：要判断促销、目录和搜索是否成功，就看一下走到产品页的用户百分比是多少，哪一个渠道走得不好，就要改善。那么怎么改进？一般来说，促销的原因与营销部的关系大一些，目录与采购部关联度大一些。

如果一个网站前端的东西做不好，是营销的责任多一些。到中间页面，可以按照目录的转化率查一遍，转化率差的目录就要注意一下。其中，以月结的日平均首次购买率是检查整个过程一个较好的指标。

搜索方面，一般B2C网站是按“目录经理+技术”来做的。通过搜索工具找产品的用户，自己有精确的需求，那么除了搜索技术之外（此环节与产品经理的关系非常大），还要提供符合用户需要的产品。假想一下，如果一个用户搜索出来的页面只有3个产品，他肯定会判断这个网站的东西非常少，如果还不那么符合自己要求的话，离开概率几乎是100%。

技巧2：在离开率高的页末尾，推荐给用户另外一个搜索路径，让用户换一条路径找产品。

技巧3：对于那些找不到自己想要的东西的用户，弹出一个菜单，告诉他们10个人就有9个人买了某产品，可能就会把他整个思维重新激活，又可能留下。

技巧3比技巧2对用户的刺激大，但是也更冒险，如果对推荐的产品没有足够大的把握，用户可能转头就离开了。

3. 产品页要特别留意用户停留时间

到了产品页，用户留不留，与产品描述、质量有非常大的关系。所以，要特别留心客户停留在产品页的时间，如果许多用户只是不到一秒就走了，就要留意、分析原因。是不是这个产品没有吸引力、是不是产品描述不准确，等等。

4. 购物车里未付款的产品

许多用户把产品放进购物车，但是并不付款。这对于一个B2C网站来说，是一个很严重的事情。这里有三个点值得一提。

一是许多B2C网站，用户要下单时就提醒“请先注册”，这时30%的人可能会选择离开。从站外把用户引进来好不容易到了这一步，还要送他离开，B2C网站思考过是否有必要设立这一“提醒”吗？

二是如果找不到用户不付款的原因，可以直接给几个用户打电话访问。

三是分析同时被放在购物车的产品之间的关联性。

总之，到了购物车，是网站自己和自己比，定性的多，定量的少。

B2C网站从0到1，可以说明网站的推广能力。如何从1做到更多，还有许多要网络零售商努力的地方，大部分用户只有第一次购物体验非常好才会回来重复购买。当然，做好了从0到1，从1到更多就已经成功了一半了。

（资料来源：http://i. wshang. com/? p=459，作者：车品党）

【项目总结】

本项目根据实际工作需要，对网络零售运营效果相关的评价指标进行了介绍，主要选择量子统计这一代表性运营评估工具进行网络零售运营效果的评估工作，利用该工具进行数据的监测、统计分析，进而对网络零售效果进行评估和解释，为更好地指导网络零售运营工作提供了参考和指导。

【项目习题与训练】

一、理论自测题

1. 关键概念：流量、跳失率、转化率、客单价、退出率、选购商品。

2. 思考题：

（1）量子统计适用于哪些统计场合？

（2）页面访问量和访客数有什么区别和联系？

（3）怎样理解转化率这个指标？常用的转化率有哪些？

（4）请列举能反映网络零售运营效率和效果的重要指标类型。

（5）谈谈网络零售运营人员应具备哪些素质和能力。

（6）什么是量子恒道网站统计？

二、实务自测题

1. 登录 http://linezing. com/，按照量子统计产品分类逐一查看功能并进行体验。

2. 量子恒道网站统计基础数据定义指标有哪些？

3. 根据你的网店实际，开通量子统计等第三方监测统计工具，对自己的店铺运营情况进行监测、统计，并对结果进行描述和解释，提出要努力和改进的方向。

4. 量子恒道可对店铺的被访及经营状况等数据进行分析、解读，帮助掌柜更好地了解店铺的情况。图7-35是A店铺某天下午的数据。

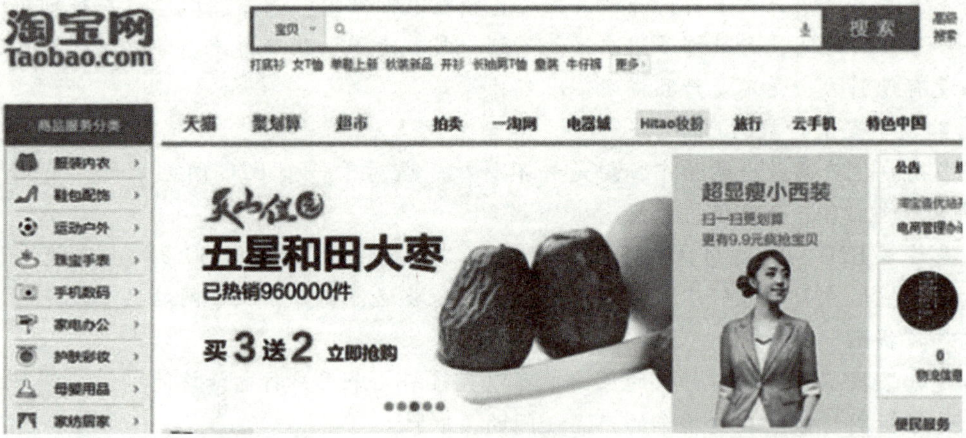

图7-35　A店铺数据

（1）小费是A店铺的客服，该店铺掌柜同意小费从每笔订单销售额中抽取0.5%的提成，请问根据图中数据，小费应该（　　）。

A. 提高浏览量

B. 提高服务态度

C. 降低访客数

D. 提高客单价

（2）从图中数据中，小费能得出今天（　　）相对前一天有所进步。

A. 访客数

B. 访客数和浏览量

C. 转化率和服务态度

D. 浏览量

（3）图中“08-04~08-25”中的数据显示的是（　　）。

A. 表明8月4日至8月25日每天的转化率

B. 表明8月4日至8月25日每天的动态

C. 表明8月4日至8月25日每天的流量

D. 表明8月4日至8月25日每天的访客数

（4）小费根据图中数据，决定将在第二天做出改变，提高店铺交易，小费可从（　　）方面改进。

A. 流量和转化

B. 客单价和转化

C. 访客数和访问深度

D. 客单价和成交金额

【项目案例】

对东北山宝养身庄网店的推广情况的评估

一、网店推广和品牌评价

（一）网店推广

1. 网店的开设宣传

网店在建设之前必须要有好的定位，要有自己的特色产品，看一下和别人相比有没有竞争优势，要选一个有特色的名字，东北山宝养身庄是我们给网店起的一个比较容易被记住的名字。网店产品的类别划分要清楚明了，比如类别的设置，买家才能更好地找到和选择商品。还要做好相关友情链接。

2. 网店装修设计宣传

在现实中，装修设计好的店，客流量比较多，在网上也一样，要结合网店的特色风格进行设计和宣传。我们的网店主要以产品的协同颜色为主。

3. 在线客服的服务

在网店上要留有QQ、手机号，旺旺也要同时在线，要方便客户迅速联系到你。对买东西的客户，售前和售后服务都很重要，可以吸引新的买家，老用户以后也会常来。

4. 提高信用的等级

对于我们刚建立的网店，没有太多的人关注，没有信用，开始要多开展一些促销活动，或以成本价多卖一些东西，也可以利用一些小产品开展促销。买家在选择这些产品的时候，也会关注店里的其他商品，多赚一些人气和信用。

5. 关键词的优化

大家买东西时，开始都是搜索相关的产品，因此，设计大家比较常用的关键词，可以让买家多次搜索到我们的店和产品。

6. 签名的推广

可以利用 QQ 签名及时发布促销信息，博客论坛的签名可以带动态的相关网店图片进行宣传。

7. 博客论坛宣传

开设我们网店专有的博客，写与自己卖的产品相关的行业文章，去一些和自己产品目标对象相关的论坛进行宣传。

（二）品牌评估

品牌评价的成果与品牌资产评估结果相结合，可以更完整地体现品牌的“内在价值”和“交易价值”，解决了一般只采用无形资产评估方法评估品牌价值的不足之处。

在品牌评价的基础上，我们有针对性地提出改进品牌管理、提升品牌价值的解决方案，从而使改进品牌管理产生直接作用。

①认知度，包括知名度、美誉度和联想度。

②参与度，包括参与广度、参与深度、参与频度。

③忠诚度，包括依赖性、排他性、传承性。

从这几个方面，东北山宝养身庄只是被少数网民所接受，我们还要进一步宣传自己的网店。

二、网店访问量指标评价

1. 独立访问者数量

独立访问者数量，有时也称为独立用户数量，是网站流量统计分析中另一个重要的数据，并且与网页浏览数分析之间有密切关系。独立访问者数量描述了网站访问者的总体状况，指在一定统计周期内访问网站的数量（例如每天、每月），每一个固定的访问者只代表一个用户，无论他访问这个网站多少次。独立访问者越多，说明网站推广越有成效，也意味着网络营销的效果越好，因此是最有说服力的评价指标之一。

2. 产品页面被浏览总数

根据计数器的统计，我们网店搞活动的那几天访问量有了一定的增加。在国庆节、中秋节等法定节假日中，我们网店点击率有了明显的提高。但还有一定的局限性，还要继续改进。

三、各种网络营销推广活动反映率评价指标

1. 博客的点击率

传统的市场营销和广告模式是：“我出钱满大街告诉你，这是我的产品，这就是你要的效果”；博客营销则是把一些人们感兴趣的东西放进博客中，得到大多数人的点击，这不可否认地会给我们的网店带来一定的宣传效果。传统的市场营销和广告直接影响的是销售，在博客营销中，销售不是直接目标，但它可能是被最终影响的一个目标。

2. 百度的链接

在百度中可以链接到我们的博客，进而可以让更多的网民进入我们的网店。可采用到其他博客上留言的方式，请博友务必到你博上留言，该法切实有效，成功率达95%；寻求加盟各个博客圈，待圈主审核后，自然会到我们的博上留言。

（1）页面访问率。

从这个数据统计中得知，很多用户收藏了我们的网店，这说明我们的网店人气旺，店铺设计比较受人喜爱，但产品信息有待提高。但是这仅仅是一个网络营销的参考数据，也是我们制定下一步产品战略的依据。另外，我们网站可以依据这些数据进行下一步的改进。信息摆放位置应该调整。

（2）停留时间。

一个访客在我们网站访问页面数量和停留时间，足以证明这个访客是否可能成为我们的客户。用户访问的页面多，停留时间长，证明该用户对我们网店信息、产品信息相当有兴趣，很有可能转为客户。我们网店的访问量还是可以的，基于产品的性质，我们的用户潜在率很大。

（3）回头率。

这个数据是我们根据访问IP的历史记录来分析的，比如哪些用户是二次访问网站，哪些是三次访问网站。掌握用户信息后，可以主动采用打电话或者发邮件的方式来和这些二次访问、三次访问的潜客户保持联系。这对我们网店的营销是很有帮助的。

3. 校友录宣传

我们都有自己的校友录，应该把它合理利用起来，走上前去，告诉我们的同学、朋友，自己开了家网店，让师友同你一起分享开店的喜悦，同时也等于是聚集人气了，如此，又有了一批潜在客户。

四、存在的问题及改进的方向

1. 信任度问题

由于我们从事网络生意不久，不可避免地会遇到信任度问题，顾客普遍存在害怕上当受骗的心理。因此，我们应该在这一方面进行改进，与顾客的真诚沟通自然非常重要，通过沟通增进了解、增加信任度是让顾客订购的关键。虽然我们设立客户服务QQ，给顾客提供了一个沟通交流的平台，但是在培养店铺的人气方面还是有一定的欠缺，是以后要注意的。

2. 宣传推广

网络生意涉及宣传推广问题，而且比实体店铺的推广更为重要。在浩如烟海的网络中如何吸引大家关注我们的店铺，增加网店的客流量，是我们做好生意的前提。网店由于资金限制，先期不可能做媒介广告，我们要进一步采取费用低廉的网络宣传模式。加大在各类相关热门论坛发帖频率，增强介绍推荐产品的力度。

3. 售后服务

由于网店经营模式的独特性，很多顾客在异地，导致售后服务费用大而且往返周期很长，顾客不会满意。如果不理会顾客，则会引起顾客投诉，影响店铺信誉！经过考虑，我们决定要在售后服务方面加强，毕竟是刚开张的小店，我们要在不亏本的基础上尽量满足顾客的需求。

4. 交换友情链接

为了提升自己网店的人气，增加流量，多留意一些与自己网店内容相关或相近的网站，特别是那些流量高、人气旺的，可以与他们交换链接。我们在这一点上也是需要改进的。虽然建店初期别人可能因为你的网站没有流量而不予理会，但只要放下姿态，诚心诚意地与他们交谈，相信我们的网站也会很快出现在他们的站点上，与他们相互宣传。

（资料来源：沐卉的博客 http://blog.sina.com.cn/bao04）

参考文献

1. 参考书籍

[1] 刘博、网店推广［M］. 北京：电子工业出版社，2012.

[2] 崔恒华. 网店推广、装修、客服、运营一本通［M］. 北京：电子工业出版社，2014.

[3] 邵举平，董绍华. 淘宝店铺营销推广一册通［M］. 北京：人民邮电出版社，2013.

[4] 李玉清，方成民. 网络营销［M］. 沈阳：东北财经大学出版社，2012.

[5] 李玉清，方成民. 网络营销［M］. 北京：清华大学出版社，北京交通大学出版社，2012.

[6] 李玉清，方成民. 网络营销［M］. 北京：中国财政经济出版社，2005.

[7] 李玉清，方成民. 网络营销实训指导［M］. 北京：中国财政经济出版社，2005.

2. 参考网站

[1] 阿里巴巴 http://china. alibaba. com.

[2] 淘宝网 http://www. taobao. com.

[3] 淘宝网店营销推广方案
http://www. alibado. com/course/detail - imageTextPlay - 18931 - 1. htm.

[4] 李悦的博客 http://blog. sina. com. cn/u/1705922104.

[5] 网店推广定位
http://baike. baidu. com/link? url = gsmMQz77uOiP1yHS8iQwmH07Nw0Qg5 -- KOM7T - HD0Szpyu5hwS1OBM3gjpcXrJO0H8Yn4z5NsyI5MdHdNMUeXa.

[6] 网站推广效果评估 http://blog. sina. com. cn/s/blog_7aa4c0530100tda3. html.

[7] 冯英健 http://www. marketingman. net.

[8] http://baike. haosou. com/doc/2072682. html.

[9] 群贤堂主 http://blog. sina. com. cn/andy813.

[10] 小米社会化营销 http://info. hhczy. com/article/20140331/20151. shtml.

[11] 依依时尚生活馆 http://jasonshi. taobao. com.

[12] 淘宝网店流量综合分析
http://blog. sina. com. cn/s/blog_62efd60b0101bbtm. html.

[13] 网店推广基础技巧 http://blog. sina. com. cn/qingdazhiquan.

[14] 微信营销效果评估
http://www. srzxjt. com/Article/weixinyingxiaodexiaoguo_1. html.

[15] 豆瓣网 http://www.douban.com/note/250267764/.
[16] http://blog.sina.com.cn/s/blog_67699d0e01013sn9.html.
[17] 南通职院 http://www.docin.com/p-445449657.html.
[18] http://www.doc88.com/p-995974430202.html.
[19] Miss-木的博客 http://blog.sina.com.cn/u/2344182661.
[20] http://www.18show.cn/zt597613/Article_967175.html.
[21] 派代网 http://www.shuaishou.com/school/infos7271.html.
[22] 甩手网 http://wenku.baidu.com/view/57f120e9e009581b6bd9ebbf.html.
[23] 项目案例1资料来源 http://shop33302711.taobao.com/.
[24] http://blog.sina.com.cn/s/blog_7aa4c0530100tda3.html.
[25] 傲骨枫擎的博客 http://blog.sina.com.cn/jidufengwu.
[26] C博客 http://blog.csdn.net/dengpju/article/details/22040399.
[27] 陕西传媒网 http://www.sxdaily.com.cn/n/2015/0203/c142-5619333.html.
[28] 祝福网 http://www.zhufu3.com/?post=3101.
[29] 营销管理资源网 http://www.qywd.com/soft/1037.htm.
[30] 企业网络营销专家 http://www.etop2000.com/.
[31] 网络营销网 http://www.nameschina.com/domain.
[32] 网上促销策略 http://www.enetmaker.net/.
[33] 网上营销新观察 http://www.marketingman.net.
[34] 中国电子商务协会 http://www.ec.org.cn/.
[35] 电子商务世界 http://www.ebworld.com.cn/.
[36] 中国网络营销论坛 http://www.wangluoyingxiao.com.
[37] 电子商务先锋资讯 http://www.21eb.org/.
[38] 企业网络营销专家 http://www.etop2000.com/.
[39] 中国营销研究中心 http://www.21cmc.net/.
[40] 中国网站推广联盟 http://www.zhongtui.com/.
[41] 新竞争力网络营销管理顾问 http://www.jingzhengli.cn/.
[42] http://www.56zg.com.
[43] 中国营销传播网 http://www.emkt.com.cn/.
[44] 新浪 http://www.sina.com.cn.
[45] 搜狐 http://www.sohu.com.
[46] 雅虎 http://cn.yahoo.com.
[47] 易趣 http://www.ebay.com.cn.
[48] 海尔 http://www.haier.com.
[49] 网络营销顾问 http://www.netmarket.cn/.
[50] http://www.chimatong.com/news/201409/24-376.html
http://www.18show.cn/zt597613/Article_967175.html
http://wenku.baidu.com/view/0d9fae3f67ec102de2bd89cb.html 移动搜索 App 推广 V2.0（客户版）